财务轻松学丛书

政府会计
从入门到精通

姜艳玲 白兰春 刘井平 编著

机械工业出版社
CHINA MACHINE PRESS

2017年10月24日，财政部印发了《政府会计制度——行政事业单位会计科目和报表》。本书对新制度理论进行了详解，每种经济业务都配以实例，帮助读者运用清晰明了的理论知识解决实际会计问题。

本书共分为4篇，包括10章，涵盖的主要内容有政府会计基础知识、资产类科目核算、负债类科目核算、收入类科目核算、费用类科目核算、净资产类科目核算、预算收入类科目核算、预算支出类科目核算、预算结余类科目核算和政府会计报表编制。从新政府会计制度的立意出发，全面、细致、准确地讲述了各个会计科目的核算方法及双基础的会计核算。

本书内容通俗易懂，实用性强，文中提供实例300余个，针对每种会计处理，分别给予实例，读者可根据自己具体需要，按目录索骥，有针对性地重点阅读。本书特别适合政府会计的入门读者和进阶读者阅读，同时也适合会计职称考试人员对政府会计部分加深理解，更适合正在学习政府会计的学生参考。

图书在版编目（CIP）数据

政府会计从入门到精通／姜艳玲，白兰春，刘井平编著. —北京：机械工业出版社，2019.10
ISBN 978-7-111-63824-7

Ⅰ.①政… Ⅱ.①姜… ②白… ③刘… Ⅲ.①单位预算会计-会计制度-中国 Ⅳ.① F810.6

中国版本图书馆 CIP 数据核字（2019）第 215743 号

机械工业出版社（北京市百万庄大街22号　邮政编码100037）
策划编辑：曹雅君　　　　　责任编辑：曹雅君
责任校对：李　伟　　　　　封面设计：MK 书装
责任印制：郜敏
北京圣夫亚美印刷有限公司印刷
2019年11月第1版　第1次印刷
170mm×242mm·25 印张·429 千字
标准书号：ISBN 978-7-111-63824-7
定价：99.00 元

电话服务　　　　　　　　　网络服务
客服电话：010-88361066　　机　工　官　网：www.cmpbook.com
　　　　　010-88379833　　机　工　官　博：weibo.com/cmp1952
　　　　　010-68326294　　金　书　网：www.golden-book.com
封底无防伪标均为盗版　　　机工教育服务网：www.cmpedu.com

前言
Preface

在动笔之前,我参加了新政府会计制度的培训。理论听了一大堆,但是到了解决实际问题的时候,我还总是丢三落四,进行了财务会计处理,却常常会忘记预算会计的核算。我也买过几本相关书籍作为参考,里边只有几个简单的实例,和政府会计制度相差不多,参考价值不大。

在新制度施行的过程中,各种类似书籍百花齐放,但却千篇一律,大多初学者"从入门到放弃",只看懂了理论,却不知道怎么应用,进阶人员耗费了大量的学习成本后还是没弄明白,就连我这个老会计都有这个感受。

我萌生了自己写一本书的想法,帮助我全面了解新制度的理论知识并与实际工作的接轨;让初学者简单易懂地学会理论与实践,很好地配合单位会计主管完成转型和后期工作;帮助进阶者快速全面地掌握本单位整体架构,顺利安排并指导本单位会计工作;同时填补新的政府会计制度实践书籍的空白。

本书特色

1. 内容细化,实例通俗易懂,双基础会计核算同时体现

本书是针对新政府会计制度所做的详解,基础理论不变,对大篇的理论进行细化分解为无数个小问题,再配以实际例题,帮助读者理解掌握,同时财务会计和预算会计处理并存,不容易犯错。

2. 实例丰富,易于理解,时间易于安排与把握

本书尽可能运用实例,几乎每种细分的核算都配以一道或多道实际例题,并且进行了双基础的会计核算。读者通过目录就能找到自己想要了解的具体经济业务核算,分成一个一个小问题学习,不会感觉厌烦与疲惫,还能充分利用业余时间,节约时间和学习成本。

3. 填补了新政府会计制度实践类书籍的空白

本书作为新政府会计制度的实践指导类书籍,能够帮助政府会计主体的会计人员进行新制度的学习和应用。一本书能否成为大多数需求者的常用工具书,区别往往在于"合适"与"不合适","实用"与"不实用"。本书可以协助读者

全面了解新政府会计制度，并针对自身所需进行学习。

本书内容及体系结构

本书包含4篇，共计10章。

第1篇是概述篇，共1章，主要介绍政府会计的基本概念及理论。

第1章政府会计初接触，重点介绍了会计人员现状及政府会计制度相关基础知识。

第2篇是财务会计篇，共5章，以财务会计核算为主要框架，同时配以预算会计处理，列举了政府会计主体所会涉及的基本业务处理的方法与实践。

第2章政府会计资产心中藏，重点介绍了货币资金、应收及预付款项、存货、待摊费用、固定资产、无形资产、公共基础设施、政府储备物资、文物文化资产、保障性住房及其他资产的核算。

第3章政府会计负债要牢记，重点介绍了借款、应交增值税及其他税费、应付职工薪酬、应付及预收款项、预提费用的核算。

第4章政府会计收入是命脉，重点介绍了财政拨款收入、非同级财政拨款收入、事业收入、经营收入、上级补助收入及其他收入的核算。

第5章政府会计费用谨慎行，重点介绍了业务活动费用、单位管理费用、经营费用、资产处置费用、上缴上级费用、对附属单位补助费用、所得税费用及其他费用的核算。

第6章政府会计净资产掌握准，重点介绍了本期盈余、本年盈余分配、累计盈余、专用基金、无偿调拨净资产及以前年度盈余调整的核算。

第3篇是预算会计篇，共3章，以预算会计核算为主体，同时配以财务会计处理，防止双基础核算的偏差。

第7章预算收入要理清，重点介绍了拨款预算收入、事业预算收入、经营预算收入、债务预算收入等的核算。

第8章预算支出要慎重，重点介绍了行政支出、事业支出、经营支出、上缴上级支出、对附属单位补助支出、债务还本支出及其他支出的核算。

第9章预算结余分得细，重点介绍了资金结存、结转结余资金、专用结余、经营结余、其他结余、及非财政拨款结余分配的核算。

第4篇是财务报表篇，共1章，着重介绍了各种财务会计报表和预算会计报表的编制方法，运用实际案例进行了辅助理解。

第10章政府会计报表最关键，重点介绍了资产负债表、收入费用表、净资产变动表、现金流量表、预算收入支出表、预算结转结余变动表和财政拨款预算收入支出表的编写与实际案例。

本书的读者对象

本书适合任何对政府会计感兴趣的或相关领域的从业人员使用。本书不仅限于从事政府会计工作的会计人员,也适合相关主管部门或财政部门相关人员学习,还适合作为考证人员的辅助教材,以及政府会计制度培训教材。

小结

本书是作者与政府部门会计人员共同完成的,所选实例都是近期会计实务工作中具有代表性的。本书编写的主要目的在于帮助行政事业单位的财务人员学好、用好政府会计制度,弄懂、认清实施文件中的难点重点、账务处理等内容的最新变化,以便更快地适应新形势下财务工作的需要。

编写过程中,我们参考并借鉴了相关的教材、资料和观点,在此谨向这些作者致以诚挚的谢意!

由于水平有限,加之时间仓促,书中难免存在疏漏乃至错误之处,恳请读者批评指正。

作者
2019 年 7 月

目录 Contents

前言

01 第1篇 概述篇

第1章 政府会计初接触 / 002

1.1 职场人生——会计 / 002
  1.1.1 政府会计从业现状 / 002
  1.1.2 政府会计人员现状 / 003
  1.1.3 怎样成为复合型会计人才？/ 003
  1.1.4 会计人员必备的素质有哪些？/ 004
  1.1.5 什么人不适合从事会计工作？/ 004
  1.1.6 会计人员从业资格考试 / 005

1.2 政府会计的基本概念 / 007
  1.2.1 政府会计的概念 / 007
  1.2.2 政府会计的基本职能 / 007
  1.2.3 政府会计核算的对象 / 008

1.3 政府会计核算的基本假设 / 009
  1.3.1 会计主体 / 009
  1.3.2 持续经营 / 010
  1.3.3 会计分期 / 010
  1.3.4 货币计量 / 010

1.4 政府会计核算基础 / 011
  1.4.1 收付实现制 / 011
  1.4.2 权责发生制 / 011

1.5 政府会计信息质量要求 / 012
  1.5.1 可靠性要求 / 012
  1.5.2 相关性要求 / 012
  1.5.3 可比性要求 / 013
  1.5.4 及时性要求 / 013
  1.5.5 明晰性要求 / 013
  1.5.6 重要性要求 / 013
  1.5.7 实质重于形式性要求 / 014
  1.5.8 政府会计核算的其他原则 / 014

1.6 政府会计基本方法 / 015
  1.6.1 政府会计的记账方法 / 015
  1.6.2 政府财务会计要素——资产 / 016
  1.6.3 政府财务会计要素——负债 / 017
  1.6.4 政府财务会计要素——净资产 / 017
  1.6.5 政府财务会计要素——收入 / 017
  1.6.6 政府财务会计要素——费用 / 018
  1.6.7 政府预算会计基本要素 / 018
  1.6.8 政府会计要素间的关系 / 019
  1.6.9 政府会计科目 / 019
  1.6.10 政府会计的账务处理程序 / 024

1.7 政府会计准则体系 / 025

02 第2篇 财务会计篇

第2章 政府会计资产心中藏 / 028

2.1 库存现金 / 028
  2.1.1 库存现金的管理 / 028
  2.1.2 库存现金限额管理 / 029
  2.1.3 坐支现金管理 / 029
  2.1.4 钱账分管管理 / 030
  2.1.5 现金管理的其他规定 / 030
  2.1.6 不同账户存取现金的核算 / 031
  2.1.7 内部职工出差等原因借出与报销的业

　　　　务处理 / 032
2.1.8　因提供服务、物品或者其他事项收到现金或支出现金 / 032
2.1.9　现金清查的核算 / 033

2.2　银行存款 / 034
2.2.1　银行存款的管理 / 034
2.2.2　银行存款的会计核算 / 035
2.2.3　银行存款的清查 / 037

2.3　外币存款的会计核算 / 040
2.3.1　外币存款概述 / 041
2.3.2　外币存款的核算 / 041

2.4　零余额账户用款额度 / 042
2.4.1　零余额账户用款额度概述 / 042
2.4.2　收到额度的核算 / 043
2.4.3　支付额度的核算 / 043
2.4.4　支付额度退回的核算 / 044
2.4.5　年末注销额度 / 045
2.4.6　下年初恢复额度 / 046

2.5　其他货币资金 / 046
2.5.1　外埠存款的核算 / 047
2.5.2　银行汇票的核算 / 047
2.5.3　信用卡存款的核算 / 048

2.6　财政应返还额度 / 049
2.6.1　财政直接支付的核算 / 049
2.6.2　财政授权支付的核算 / 050

2.7　应收票据（事业单位专用）/ 051
2.7.1　应收票据概述 / 052
2.7.2　取得商业汇票的核算 / 052
2.7.3　商业汇票贴现 / 052
2.7.4　背书转让 / 054
2.7.5　商业汇票到期收回款项 / 054
2.7.6　商业承兑汇票到期，对方无力支付 / 055
2.7.7　应收票据备查簿的设置 / 055

2.8　应收账款 / 055
2.8.1　应收账款发生的核算 / 056
2.8.2　应收账款收回的核算 / 056
2.8.3　应收账款的核销 / 056

2.9　坏账准备（事业单位专用）/ 057
2.9.1　坏账准备概述 / 057
2.9.2　应收账款余额百分比法 / 058
2.9.3　账龄分析法 / 059
2.9.4　个别认定法 / 060

2.10　预付账款 / 061
2.10.1　预付账款概述 / 061
2.10.2　外购货物预付款的核算 / 061
2.10.3　工程预付款的核算 / 062

2.11　其他应收款 / 064
2.11.1　一次报销制的核算 / 064
2.11.2　定额备用金制的核算 / 065
2.11.3　公务卡消费的核算 / 066
2.11.4　预付款项转入的核算 / 066
2.11.5　坏账准备的计提 / 067
2.11.6　其他应收款的清查 / 067

2.12　存货 / 068
2.12.1　存货概述 / 068
2.12.2　存货的初始计量 / 069
2.12.3　在途物品的核算 / 070
2.12.4　库存物品的核算 / 071
2.12.5　加工物品之自制物品的核算 / 073
2.12.6　加工物品之委托加工物品的核算 / 076
2.12.7　发出存货的核算方法 / 077
2.12.8　个别计价法发出存货的核算 / 077
2.12.9　先进先出法发出存货的核算 / 078
2.12.10　加权平均法发出存货的核算 / 078
2.12.11　低值易耗品和包装物发出的核算 / 079
2.12.12　低值易耗品和包装物一次转销法的核算 / 079
2.12.13　低值易耗品和包装物五五摊销法的核算 / 079
2.12.14　存货的盘存制度 / 081
2.12.15　存货的清查方法 / 082
2.12.16　存货盘盈、盘亏批准前的账务处理 / 083
2.12.17　存货盘盈、盘亏批准后的账务处理 / 084

2.13　待摊费用 / 084
2.13.1　待摊费用概述 / 084

Ⅶ

2.13.2 待摊费用的核算 / 085
2.14 固定资产 / 086
  2.14.1 固定资产概述 / 086
  2.14.2 固定资产的种类 / 086
  2.14.3 固定资产的确认条件 / 087
  2.14.4 固定资产的入账价值 / 087
  2.14.5 外购不需安装固定资产的核算 / 088
  2.14.6 外购需要安装的固定资产核算 / 089
  2.14.7 自行建造固定资产的核算 / 091
  2.14.8 租入固定资产的核算 / 092
  2.14.9 接受捐赠固定资产的核算 / 094
  2.14.10 无偿调入固定资产的核算 / 095
  2.14.11 固定资产累计折旧概述 / 095
  2.14.12 固定资产计提折旧的范围 / 097
  2.14.13 固定资产折旧的计算方法 / 098
  2.14.14 固定资产累计折旧的核算 / 099
  2.14.15 与固定资产有关的其他后续支出 / 100
  2.14.16 固定资产处置的核算 / 101
  2.14.17 固定资产清查的核算 / 103
2.15 工程物资 / 104
  2.15.1 购入工程物资的核算 / 104
  2.15.2 领用工程物资的核算 / 105
  2.15.3 剩余工程物资的核算 / 105
2.16 在建工程 / 106
  2.16.1 在建工程明细科目的设置 / 106
  2.16.2 建筑安装工程投资的核算 / 107
  2.16.3 设备投资的核算 / 109
  2.16.4 待摊投资的核算 / 111
  2.16.5 其他投资的核算 / 113
  2.16.6 待核销基建支出的核算 / 113
  2.16.7 基建转出投资的核算 / 115
2.17 无形资产 / 116
  2.17.1 无形资产概述 / 116
  2.17.2 无形资产的初始计量 / 117
  2.17.3 外购无形资产的会计核算 / 117
  2.17.4 委托软件开发公司开发软件的核算 / 118
  2.17.5 自行研究开发形成的无形资产的核算 / 118
  2.17.6 接受捐赠的无形资产的核算 / 121

2.17.7 无偿调入无形资产的核算 / 121
2.17.8 无形资产摊销的核算 / 121
2.17.9 与无形资产有关的其他后续支出的核算 / 123
2.17.10 无形资产处置的核算 / 124
2.17.11 无形资产清查的核算 / 126
2.18 公共基础设施 / 127
  2.18.1 公共基础设施概述 / 127
  2.18.2 自行建造公共基础设施的核算 / 127
  2.18.3 公共基础设施改扩建的核算 / 128
  2.18.4 公共基础设施借款利息的核算 / 129
  2.18.5 未办理竣工决算而投入使用公共基础设施的核算 / 130
  2.18.6 无偿调拨公共基础设施的核算 / 130
  2.18.7 接受捐赠公共基础设施的核算 / 130
  2.18.8 外购公共基础设施的核算 / 131
  2.18.9 公共基础设施的折旧或摊销 / 131
  2.18.10 与公共基础设施有关的后续支出的核算 / 132
  2.18.11 公共基础设施处置的核算 / 134
  2.18.12 公共基础设施清查的核算 / 135
2.19 政府储备物资 / 135
  2.19.1 政府储备物资概述 / 135
  2.19.2 购入政府储备物资的核算 / 136
  2.19.3 委托加工政府储备物资的核算 / 137
  2.19.4 接受捐赠的政府储备物资的核算 / 138
  2.19.5 无偿调入政府储备物资的核算 / 138
  2.19.6 无偿调出政府储备物资的核算 / 139
  2.19.7 因动用而发出无须收回的政府储备物资的核算 / 139
  2.19.8 因动用而发出需要收回的政府储备物资的核算 / 140
  2.19.9 对外销售政府储备物资的核算 / 141
  2.19.10 政府储备物资报废、毁损的核算 / 142
  2.19.11 政府储备物资清查的核算 / 143
2.20 文物文化资产 / 144
  2.20.1 文物文化资产概述 / 144
  2.20.2 外购文物文化资产的核算 / 144
  2.20.3 无偿调入文物文化资产的核算 / 145

2.20.4 接受捐赠文物文化资产的核算 / 145
2.20.5 文物文化资产处置的核算 / 146
2.20.6 文物文化资产清查 / 147

2.21 保障性住房 / 147

2.21.1 保障性住房概述 / 147
2.21.2 外购保障性住房的核算 / 148
2.21.3 自行建造保障性住房的核算 / 148
2.21.4 无偿调入保障性住房的核算 / 149
2.21.5 接受捐赠保障性住房的核算 / 150
2.21.6 保障性住房维修的核算 / 150
2.21.7 保障性住房出租的核算 / 150
2.21.8 保障性住房折旧的核算 / 151
2.21.9 保障性住房处置的核算 / 151
2.21.10 保障性住房清查的核算 / 152

2.22 长期待摊费用 / 153

2.23 待处理财产损溢 / 154

2.23.1 库存现金短缺或溢余的核算 / 154
2.23.2 财产物资清查的核算 / 155

第3章 政府会计负债要牢记 / 158

3.1 短期借款 / 158

3.1.1 短期借款借入的核算 / 158
3.1.2 短期借款利息的核算 / 159
3.1.3 到期还本的核算 / 160

3.2 长期借款 / 160

3.2.1 分期付息借入的核算 / 161
3.2.2 分期付息借款利息的核算 / 161
3.2.3 分期付息到期还本付息的核算 / 162
3.2.4 工程完工后还本付息的核算 / 163
3.2.5 到期一次还本付息的核算 / 163

3.3 应缴财政款 / 164

3.3.1 应缴财政款概述 / 165
3.3.2 取得、上缴财政款项的核算 / 165
3.3.3 处置资产产生的应缴财政款的核算 / 165

3.4 应交增值税 / 166

3.4.1 应交增值税概述 / 166
3.4.2 小规模纳税人增值税概述 / 167

3.4.3 小规模纳税人增值税的核算 / 167
3.4.4 小微企业小规模纳税人交纳增值税的核算 / 168
3.4.5 一般纳税人增值税科目的设置 / 169
3.4.6 应交税金明细科目的设置 / 169
3.4.7 一般纳税人增值税其他明细科目 / 170
3.4.8 一般纳税人抵扣凭证 / 170
3.4.9 一般纳税人应交值税的计算 / 171
3.4.10 一般纳税人单位取得资产或接受劳务等业务的核算 / 171
3.4.11 一般纳税人单位报销差旅费的核算 / 172
3.4.12 一般纳税人从单位购进农产品的核算 / 172
3.4.13 一般纳税人从农业生产者购进农产品的核算 / 173
3.4.14 一般纳税人从小规模纳税人购进农产品的核算 / 173
3.4.15 一般纳税人采购等业务进项税额不得抵扣的核算 / 174
3.4.16 一般纳税人购进不动产或不动产在建工程的核算 / 175
3.4.17 一般纳税人进项税额抵扣情况发生改变的核算 / 176
3.4.18 购买方作为扣缴义务人的核算 / 178
3.4.19 销售资产或提供服务业务的核算 / 179
3.4.20 销售退回的核算 / 180
3.4.21 金融商品转让的核算 / 180
3.4.22 月末转出多交增值税或未交增值税 / 182
3.4.23 交纳增值税的核算 / 183
3.4.24 预交增值税的核算 / 184
3.4.25 减免增值税的核算 / 185

3.5 其他应交税费 / 186

3.5.1 其他应交税费概述 / 186
3.5.2 城市维护建设税、教育费附加、地方教育费附加的核算 / 186
3.5.3 车船税、房产税、城镇土地使用税的核算 / 187
3.5.4 个人所得税的核算 / 189
3.5.5 企业所得税的核算 / 190

3.6 应付职工薪酬 / 191

IX

3.6.1 应付职工薪酬概述 / 191
3.6.2 当期应付职工薪酬的核算 / 191
3.6.3 向职工支付薪酬的核算 / 192
3.6.4 缴纳社会保险费和公积金的核算 / 193
3.6.5 与职工解除劳动关系的补偿金的核算 / 193

3.7 应付票据（事业单位专用） / 194
3.7.1 应付票据概述 / 194
3.7.2 开出、承兑商业汇票的核算 / 194
3.7.3 支付银行承兑汇票手续费的核算 / 195
3.7.4 商业汇票到期付款的核算 / 195
3.7.5 银行承兑汇票到期无力支付的核算 / 196
3.7.6 商业承兑汇票到期无力支付的核算 / 196

3.8 应付账款 / 196
3.8.1 应付账款概述 / 196
3.8.2 购进材料等发生应付账款的核算 / 197
3.8.3 偿还应付账款的核算 / 197
3.8.4 转销应付账款的核算 / 198

3.9 应付政府补贴款（行政单位专用） / 198
3.9.1 发生应付政府补贴的核算 / 198
3.9.2 支付应付政府补贴款的核算 / 199

3.10 预收账款（事业单位专用） / 199

3.11 其他应付款 / 200
3.11.1 发生其他应付及暂收款项的核算 / 200
3.11.2 收到下期预算款和没有纳入预算的暂付款项的核算 / 201
3.11.3 采用实拨资金方式转拨给下属单位财政拨款的核算 / 202
3.11.4 公务卡消费的核算 / 202
3.11.5 质保金的核算 / 203
3.11.6 无法偿付或债权人豁免偿还的其他应付款项的核算 / 203

3.12 预提费用 / 203
3.12.1 预提费用概述 / 203
3.12.2 从科研项目收入中提取项目间接费用或管理费的核算 / 204
3.12.3 预提租金等费用的核算 / 204

第4章 政府会计收入是命脉 / 206

4.1 收入概述 / 206

4.2 财政拨款收入 / 206
4.2.1 财政拨款收入概述 / 207
4.2.2 财政直接支付方式取得财政拨款收入的核算 / 207
4.2.3 财政直接支付方式年末拨款差额的核算 / 208
4.2.4 财政直接支付方式取得财政拨款收入退回的核算 / 208
4.2.5 财政授权支付方式取得财政拨款收入的核算 / 209
4.2.6 财政授权支付方式年末未拨款的核算 / 210
4.2.7 财政实拨资金支付方式下财政拨款收入的核算 / 210
4.2.8 财政拨款收入期末或年末结转的核算 / 211

4.3 非同级财政拨款收入 / 211
4.3.1 确认非同级财政拨款收入的核算 / 212
4.3.2 收到确认的非同级财政拨款收入的核算 / 212
4.3.3 非同级财政拨款收入期末结转的核算 / 212

4.4 事业收入（事业单位专用） / 213
4.4.1 事业收入概述 / 213
4.4.2 采用财政专户返还方式管理的事业收入的核算 / 214
4.4.3 采用预收款方式确认的事业收入的核算 / 215
4.4.4 采用应收款方式确认的事业收入的核算 / 215
4.4.5 采用其他方式确认的事业收入的核算 / 216
4.4.6 事业收入期末结转的核算 / 216

4.5 上级补助收入（事业单位专用） / 216
4.5.1 确认上级补助的核算 / 217
4.5.2 上级补助收入期末结转的核算 / 217

4.6 附属单位上缴收入的核算(事业单位专用) / 218
  4.6.1 确认附属单位上缴收入的核算 / 218
  4.6.2 附属单位上缴收入期末结转的核算 / 219

4.7 经营收入的核算(事业单位专用) / 219
  4.7.1 实现经营收入的核算 / 219
  4.7.2 经营收入月末结转的核算 / 220

4.8 其他收入的核算 / 221
  4.8.1 捐赠收入的核算 / 221
  4.8.2 利息收入的核算 / 222
  4.8.3 租金收入的核算 / 222
  4.8.4 其他收入的核算 / 223

第5章 政府会计费用谨慎行 / 226

5.1 费用概述 / 226

5.2 业务活动费用 / 227
  5.2.1 计提履职或业务人员职工薪酬的核算 / 227
  5.2.2 履职或业务活动雇用外部人员劳务费的核算 / 227
  5.2.3 履职或业务活动领用库存物品等的核算 / 228
  5.2.4 履职或业务活动所用资产计提折旧(或摊销)的核算 / 228
  5.2.5 履职或业务活动其他应交税金的核算 / 228
  5.2.6 履职或业务活动其他费用的核算 / 229
  5.2.7 收入中提取专用基金并计入费用的核算 / 229
  5.2.8 发生当年购货退回等业务的核算 / 229
  5.2.9 业务活动费用期末结转的核算 / 230

5.3 单位管理费用(事业单位专用) / 230
  5.3.1 计提管理人员工资的核算 / 231
  5.3.2 因管理需要发生外部人员劳务费的核算 / 231
  5.3.3 开展管理活动领用库存物品的核算 / 231
  5.3.4 为开展管理活动所使用固定资产、无形资产的核算 / 232
  5.3.5 为开展管理活动发生城市维护建设税等税费的核算 / 232
  5.3.6 为开展管理活动发生的其他各项费用的核算 / 233
  5.3.7 当年购货发生退回等业务的核算 / 233
  5.3.8 单位管理费用期末结转的核算 / 234

5.4 经营费用(事业单位专用) / 234
  5.4.1 非独立核算经营活动人员薪酬的核算 / 234
  5.4.2 非独立核算经营活动领用或发出库存物品的核算 / 235
  5.4.3 非独立核算经营活动所使用固定资产、无形资产的核算 / 235
  5.4.4 非独立核算经营活动发生税费的核算 / 235
  5.4.5 非独立核算经营活动发生的其他费用的核算 / 236
  5.4.6 非独立核算经营活动发生购货退回业务的核算 / 236
  5.4.7 非独立核算经营活动费用期末结转的核算 / 237

5.5 资产处置费用 / 237
  5.5.1 按规定处置固定资产等资产的会计核算 / 237
  5.5.2 处置资产过程发生相关费用的核算 / 238
  5.5.3 处置资产过程净支出的核算 / 238
  5.5.4 现金盘点短款无法查明原因的核算 / 239
  5.5.5 财产清查盘亏或者毁损、报废财产物资的核算 / 239
  5.5.6 资产处置费用期末结转的核算 / 240

5.6 上缴上级费用(事业单位专用) / 240
  5.6.1 发生上缴上级支出的核算 / 240
  5.6.2 上缴上级费用期末结转的核算 / 241

5.7 对附属单位补助费用(事业单位专用) / 241
  5.7.1 对附属单位补助支出的核算 / 241

5.7.2 对附属单位补助费用期末结转的核算 / 242

5.8 所得税费用(事业单位专用) / 243
    5.8.1 所得税费用发生的核算 / 243
    5.8.2 所得税费用期末/年末结转的核算 / 243

5.9 其他费用 / 244
    5.9.1 利息费用的核算 / 244
    5.9.2 坏账损失的核算（事业单位专用）/ 245
    5.9.3 罚没支出的核算 / 245
    5.9.4 现金资产捐赠支出的核算 / 246
    5.9.5 单位以名义金额计量的资产发生的相关税费等的核算 / 246
    5.9.6 单位发生的与受托代理资产相关的费用的核算 / 246
    5.9.7 其他费用期末结转的核算 / 247

第6章 政府会计净资产掌握准 / 248

6.1 净资产概述 / 248

6.2 本期盈余 / 248
    6.2.1 收入、费用转入的核算 / 248
    6.2.2 本期盈余年末结转的核算 / 249

6.3 本年盈余分配 / 250
    6.3.1 本期盈余转入的核算 / 250
    6.3.2 计提专用基金的核算 / 250

6.3.3 本年盈余分配年末结转的核算 / 250

6.4 累计盈余 / 251
    6.4.1 "本年盈余分配"转入的核算 / 251
    6.4.2 "无偿调拨净资产"转入的核算 / 251
    6.4.3 上缴、缴回、调出、调入结转结余资金的核算 / 252
    6.4.4 "以前年度盈余调整"转入的核算 / 252
    6.4.5 使用专用基金购置固定资产、无形资产的核算 / 253

6.5 专用基金（事业单位专用）/ 253
    6.5.1 从本年度非财政拨款结余等中提取专用基金的核算 / 254
    6.5.2 从收入中提取专用基金的核算 / 254
    6.5.3 收到设置的专用基金的核算 / 254
    6.5.4 使用提取的专用基金的核算 / 255

6.6 无偿调拨净资产的核算 / 255
    6.6.1 无偿调入资产的核算 / 255
    6.6.2 无偿调出资产的核算 / 256
    6.6.3 无偿调拨净资产年末结转的核算 / 257

6.7 以前年度盈余调整 / 257
    6.7.1 调整以前年度收入的核算 / 257
    6.7.2 调整以前年度费用的核算 / 258
    6.7.3 盘盈非流动资产的核算 / 258
    6.7.4 以前年度盈余调整期末结转的核算 / 259

第3篇 预算会计篇 / 261

第7章 预算收入要理清 / 262

7.1 预算收入概述 / 262

7.2 财政拨款预算收入 / 262
    7.2.1 财政直接支付方式的核算 / 263
    7.2.2 财政授权支付方式的核算 / 264
    7.2.3 其他方式下财政拨款的核算 / 265
    7.2.4 国库直接支付款项因差错更正等款项退回的核算 / 265
    7.2.5 财政拨款预算收入年末结转的核算 / 266

7.3 事业预算收入（事业单位专用）/ 266
    7.3.1 采用财政专户返还方式管理的事业预算收入的核算 / 267
    7.3.2 收到其他事业预算收入的核算 / 267
    7.3.3 事业预算收入期末/年末结转的核算 / 268

7.4 上级补助预算收入（事业单位专用）/ 268
    7.4.1 收到上级补助预算收入的核算 / 269
    7.4.2 上级补助预算收入期末/年末结转的核

目 录

算 / 269

7.5 附属单位上缴预算收入（事业单位专用）/ 269
- 7.5.1 收到独立核算附属单位缴款的核算 / 270
- 7.5.2 附属单位上缴预算收入期末/年末结转的核算 / 270

7.6 经营预算收入（事业单位专用）/ 271
- 7.6.1 非独立核算经营活动收到经营预算收入的核算 / 271
- 7.6.2 经营预算收入期末/年末结转的核算 / 272

7.7 债务预算收入（事业单位专用）/ 272
- 7.7.1 借入借款的核算 / 272
- 7.7.2 债务预算收入期末/年末结转的核算 / 273

7.8 非同级财政拨款预算收入 / 274
- 7.8.1 取得非同级财政拨款预算收入的核算 / 274
- 7.8.2 非同级财政拨款预算收入期末/年末结转的核算 / 275

7.9 其他预算收入 / 275
- 7.9.1 接受捐赠现金资产、收到存款利息和租金的核算 / 276
- 7.9.2 现金溢余的核算 / 277
- 7.9.3 其他预算收入期末/年末结转的核算 / 277

第 8 章 预算支出要慎重 / 279

8.1 行政支出（行政单位专用）/ 279
- 8.1.1 行政支出概述（行政单位专用）/ 279
- 8.1.2 支付单位职工薪酬的核算 / 279
- 8.1.3 支付外部人员劳务费的核算 / 280
- 8.1.4 购买存货、固定资产、无形资产等的核算 / 281
- 8.1.5 预付或暂付款项的核算 / 281
- 8.1.6 支付其他支出的核算 / 282
- 8.1.7 购货退回退款的核算 / 282
- 8.1.8 行政支出期末/年末结转的核算 / 283

8.2 事业支出（事业单位专用）/ 283
- 8.2.1 事业支出概述 / 283
- 8.2.2 支付单位职工（经营部门职工除外）薪酬的核算 / 284
- 8.2.3 为专业业务活动支付外部人员劳务费的核算 / 285
- 8.2.4 开展专业业务活动过程中购买资产的核算 / 285
- 8.2.5 开展专业业务活动预付或暂付款项的核算 / 285
- 8.2.6 开展专业业务活动交纳相关税费的核算 / 286
- 8.2.7 开展专业业务活动退货退款的核算 / 287
- 8.2.8 事业支出期末/年末结转的核算 / 287

8.3 经营支出（事业单位专用）/ 288
- 8.3.1 经营支出概述 / 288
- 8.3.2 支付经营部门职工薪酬的核算 / 288
- 8.3.3 为经营活动支付外部人员劳务费的核算 / 289
- 8.3.4 开展经营活动过程中购买存货等资产的核算 / 289
- 8.3.5 开展经营活动过程中发生预付或暂付款项的核算 / 289
- 8.3.6 开展经营活动过程中交纳相关税费的核算 / 290
- 8.3.7 开展经营活动过程中发生退货退款的核算 / 290
- 8.3.8 经营支出期末/年末结转的核算 / 291

8.4 上缴上级支出（事业单位专用）/ 291
- 8.4.1 上缴上级单位款项的核算 / 291
- 8.4.2 上缴上级支出期末/年末结转的核算 / 292

8.5 对附属单位补助支出（事业单位专用）/ 292
- 8.5.1 对附属单位支付补助款的核算 / 292
- 8.5.2 对附属单位补助支出期末/年末结转的核算 / 293

8.6 债务还本支出（事业单位专用）/ 293
- 8.6.1 偿还借款的核算 / 293
- 8.6.2 债务还本支出期末/年末结转的核算 / 294

8.7 其他支出 / 294

8.7.1 其他支出概述 / 294
8.7.2 利息支出的核算 / 295
8.7.3 对外捐赠现金资产的核算 / 295
8.7.4 现金盘亏损失的核算 / 295
8.7.5 捐赠和无偿调拨非现金资产发生的税费支出的核算 / 296
8.7.6 资产置换过程中发生的相关税费支出的核算 / 297
8.7.7 发生罚没等其他支出的核算 / 297
8.7.8 其他支出期末/年末结转的核算 / 298

第9章 预算结余分得细 / 299

9.1 预算结余概述 / 299

9.2 资金结存 / 299
9.2.1 资金结存概述 / 299
9.2.2 财政授权支付方式取得预算收入的核算 / 300
9.2.3 国库集中支付以外的其他支付方式取得预算收入的核算 / 300
9.2.4 财政授权支付方式发生相关支出的核算 / 301
9.2.5 零余额账户提取现金的核算 / 301
9.2.6 使用以前年度财政直接支付额度发生支出的核算 / 301
9.2.7 其他支付方式发生相关支出的核算 / 302
9.2.8 上缴或注销财政拨款结转结余资金额度的核算 / 302
9.2.9 按照规定缴回非财政拨款结转资金的核算 / 303
9.2.10 收到调入的财政拨款结转资金的核算 / 303
9.2.11 按照规定使用专用基金的核算 / 303
9.2.12 因购货退回、发生差错更正等的核算 / 304
9.2.13 事业单位实际交纳企业所得税的核算 / 304
9.2.14 年末财政直接支付预算与实际支出的差额的核算 / 305
9.2.15 年末注销零余额账户用款额度的核算 / 305
9.2.16 下年初恢复或收到上年末用款额度的核算 / 306

9.3 财政拨款结转 / 306
9.3.1 财政拨款结转概述 / 306
9.3.2 因发生会计差错更正退回以前年度款项的账务处理 / 308
9.3.3 因购货退回、预付款项收回等退回以前年度款项的账务处理 / 308
9.3.4 按照规定从其他单位调入财政拨款结转资金的核算 / 309
9.3.5 按照规定向其他单位调出财政拨款结转资金的核算 / 309
9.3.6 按照规定上缴财政拨款结转资金或注销财政拨款结转资金额度的核算 / 310
9.3.7 经财政部门批准对财政拨款结余资金改变用途的核算 / 310
9.3.8 年末财政拨款预算收入、预算支出转入的核算 / 310
9.3.9 年末冲销"财政拨款结转"有关明细科目余额的核算 / 311
9.3.10 年末将符合财政拨款结余性质的项目结转的核算 / 311

9.4 财政拨款结余 / 312
9.4.1 财政拨款结余概述 / 312
9.4.2 因会计差错退回以前年度结余资金的核算 / 313
9.4.3 因购货退回等收到以前年度结余资金的核算 / 313
9.4.4 财政拨款结余资金改变用途的核算 / 314
9.4.5 上缴或注销财政拨款结余资金额度的核算 / 314
9.4.6 年末符合财政拨款结余性质的项目结转的核算 / 314
9.4.7 年末冲销有关明细科目余额的核算 / 315

9.5 非财政拨款结转 / 315
9.5.1 非财政拨款结转概述 / 315
9.5.2 提取项目管理费或间接费的核算 / 316
9.5.3 会计差错更正收到或支出货币资金的

核算 / 316

9.5.4 收回以前年度支出等的核算 / 317

9.5.5 缴回非财政拨款结转资金的核算 / 317

9.5.6 年末各专项资金收入结转的核算 / 318

9.5.7 年末专项资金支出结转的核算 / 318

9.5.8 年末冲销有关明细科目余额的核算 / 319

9.5.9 年末留归本单位使用的剩余资金的核算 / 319

9.6 非财政拨款结余 / 320

9.6.1 非财政拨款结余概述 / 320

9.6.2 从科研项目预算收入中提取项目管理费或间接费的核算 / 320

9.6.3 事业单位实际交纳企业所得税的核算 / 321

9.6.4 会计差错更正收到或支出非同级财政拨款的核算 / 321

9.6.5 收回以前年度支出等的核算 / 322

9.6.6 年末专项（项目已完成）剩余资金转入的核算 / 322

9.6.7 年末冲销有关明细科目余额的核算 / 322

9.6.8 年末"非财政拨款结余分配"余额转入的核算 / 323

9.6.9 年末"其他结余"余额转入的核算 / 323

9.7 专用结余（事业单位专用）/ 324

9.7.1 从非财政拨款结余或经营结余中提取专用基金的核算 / 324

9.7.2 使用提取的专用基金的核算 / 324

9.8 经营结余（事业单位专用）/ 325

9.8.1 年末经营预算收入、经营支出转入的核算 / 325

9.8.2 年末"经营结余"结转的核算 / 325

9.9 其他结余 / 326

9.9.1 年末非专项资金收入以及投资预算收益转入的核算 / 326

9.9.2 年末非同级财政、非专项资金支出转入的核算 / 327

9.9.3 年末行政单位"其他结余"结转的核算 / 328

9.9.4 年末事业单位"其他结余"结转的核算 / 328

9.10 非财政拨款结余分配 / 328

9.10.1 年末"其他结余""经营结余"转入的核算 / 329

9.10.2 提取专用基金的核算 / 329

9.10.3 年末"非财政拨款结余分配"结转的核算 / 329

04 第4篇 财务报表篇

第10章 政府会计报表最关键 / 332

10.1 会计报表概述 / 332

10.1.1 财务会计报表概述 / 332

10.1.2 预算会计报表概述 / 333

10.2 资产负债表 / 333

10.2.1 资产负债表概述 / 334

10.2.2 资产负债表日期的填写 / 334

10.2.3 资产负债表年初余额的填写 / 334

10.2.4 "货币资金"的填写 / 335

10.2.5 "应收账款净额"的填写 / 335

10.2.6 "其他应收款净额"的填写 / 335

10.2.7 "存货"的填写 / 336

10.2.8 "一年内到期的非流动资产"的填写 / 336

10.2.9 "长期债券投资""长期待摊费用"的填写 / 336

10.2.10 "固定资产净值"等资产净值的填写 / 337

10.2.11 "受托代理资产"的填写 / 337

10.2.12 "一年内到期的非流动负债"的填写 / 338

10.2.13 "长期借款""长期应付款"的填写 / 338

10.2.14 根据总账余额直接填列 / 338
10.2.15 资产负债表中八个合计的计算 / 339
10.2.16 资产负债表填写实例 / 340

10.3 收入费用表 / 342
10.3.1 收入费用表概述 / 342
10.3.2 收入费用表日期的填写 / 343
10.3.3 收入费用表各项目的填写 / 343
10.3.4 "本期收入"的填写 / 344
10.3.5 "本期费用"的填写 / 344
10.3.6 "本期盈余"的填写 / 344
10.3.7 "本年累计数"的填写 / 345
10.3.8 收入费用表的编制实例 / 345

10.4 净资产变动表 / 347
10.4.1 净资产变动表概述 / 347
10.4.2 "上年年末余额"行的填列方法 / 347
10.4.3 "以前年度盈余调整"行的填列方法 / 347
10.4.4 "本年年初余额"行的填列方法 / 348
10.4.5 "本年盈余"行的填列方法 / 348
10.4.6 "无偿调拨净资产"行的填列方法 / 348
10.4.7 "归集调整预算结转结余"行的填列方法 / 349
10.4.8 "提取或设置专用基金"等行的填列方法 / 349
10.4.9 "使用专用基金"行的填列方法 / 350
10.4.10 "权益法调整"行的填列方法 / 350
10.4.11 "本年变动金额"行的填列方法 / 351
10.4.12 "本年年末余额"行的填列方法 / 351
10.4.13 净资产变动表的编制实例 / 351

10.5 现金流量表 / 352
10.5.1 现金流量表概述 / 352
10.5.2 业务金额属性初判断 / 353
10.5.3 "财政基本支出拨款收到的现金"的填写 / 353
10.5.4 "财政非资本性项目拨款收到的现金"的填写 / 354
10.5.5 "事业活动收到的除财政拨款以外的现金"的填写 / 354
10.5.6 "收到的其他与日常活动有关的现金"的填写 / 355
10.5.7 "日常活动的现金流入小计"的填写 / 355
10.5.8 "购买商品、接受劳务支付的现金"的填写 / 355
10.5.9 "支付给职工以及为职工支付的现金"的填写 / 356
10.5.10 "支付的各项税费"的填写 / 356
10.5.11 "支付的其他与日常活动有关的现金"的填写 / 357
10.5.12 "日常活动的现金流出小计"的填写 / 357
10.5.13 "日常活动产生的现金流量净额"的填写 / 358
10.5.14 "收回投资收到的现金"的填写 / 358
10.5.15 "取得投资收益收到的现金"的填写 / 358
10.5.16 "处置固定资产、无形资产、公共基础设施等收回的现金净额"的填写 / 359
10.5.17 "收到的其他与投资活动有关的现金"的填写 / 359
10.5.18 "投资活动的现金流入小计"的填写 / 360
10.5.19 "购建固定资产、无形资产、公共基础设施等支付的现金"的填写 / 360
10.5.20 "对外投资支付的现金"的填写 / 361
10.5.21 "上缴处置固定资产、无形资产、公共基础设施等净收入支付的现金"的填写 / 361
10.5.22 "支付的其他与投资活动有关的现金"的填写 / 361
10.5.23 "投资活动的现金流出小计"的填写 / 362
10.5.24 "投资活动产生的现金流量净额"的填写 / 362
10.5.25 "财政资本性项目拨款收到的现金"的填写 / 362
10.5.26 "取得借款收到的现金"的填写 / 363
10.5.27 "收到的其他与筹资活动有关的现

- 10.5.28 "筹资活动的现金流入小计"的填写 / 363
- 10.5.29 "偿还借款支付的现金"的填写 / 364
- 10.5.30 "偿付利息支付的现金"的填写 / 364
- 10.5.31 "支付的其他与筹资活动有关的现金"的填写 / 364
- 10.5.32 "筹资活动的现金流出小计"的填写 / 365
- 10.5.33 "筹资活动产生的现金流量净额"的填写 / 365
- 10.5.34 "汇率变动对现金的影响额"的填写 / 365
- 10.5.35 "现金净增加额"的填写 / 365
- 10.5.36 现金流量表编制实例 / 366

10.6 预算收入支出表 / 367

- 10.6.1 预算收入支出表概述 / 367
- 10.6.2 预算收入支出表各项目的填写 / 368
- 10.6.3 预算收入支出表编制实例 / 368

10.7 预算结转结余变动表 / 370

- 10.7.1 预算结转结余变动表概述 / 370
- 10.7.2 预算结转结余变动表的填写 / 371
- 10.7.3 预算结转结余变动表编制实例 / 373

10.8 财政拨款预算收入支出表 / 375

- 10.8.1 财政拨款预算收入支出表概述 / 375
- 10.8.2 财政拨款预算收入支出表编制实例 / 376

10.9 附注 / 379

- 10.9.1 附注主要包括的内容 / 379
- 10.9.2 会计报表重要项目说明 / 380
- 10.9.3 本年盈余与预算结余的差异情况说明 / 380
- 10.9.4 其他重要事项说明 / 380

01

第1篇 概述篇

第 1 章
政府会计初接触

> 我毕业了，我考上了事业编制，我要当会计啦！冷静下来的我很彷徨，我也没接触过政府会计啊！
>
> 怎么办，怎么办？原来的我意气风发、得心应手，政府会计的业务我处理得头头是道、井井有条，可 2019 年我怎么什么也整不明白了？
>
> 老了老了，我还得从头学。
>
> 我的会计初级啊，怎么又没过？要是我把政府会计部分学会，我就能通过了……

1.1 职场人生——会计

社会、经济的不断飞速发展，使得会计已经发展成为一门商务语言。不管是求职还是创业，了解一定的会计知识都将给个人职业道路的发展带来巨大的帮助。会计也是一个诱人的行业，拥有稳定的收入、较好的发展前景、令人羡慕的工作环境……正因如此，已有越来越多的人加入会计这个行业。目前政府会计全面改革，2019 年全国范围内行政事业单位全面实行新政府会计制度，给我们的会计人员又提供了一个崭新的工作蓝图。现在我将带领读者进行初步探索，步入政府会计的职场。

1.1.1 政府会计从业现状

在现实生活中，政府会计的工作到底是什么样的？会计人员的就业形势又如何？怎样从众多的政府会计从业者中脱颖而出，成为会计职场的"杜拉拉"呢？

会计与我们的生活密切相关：家里每个月有多少进账，又有多少生活开支……这些都很自然地和会计有着联系。行政事业单位虽然有政府这个大后台，但也不能随意处理，发生的经济业务涉及钱进钱出、专款专用、单位每个人的收入等，这就需要专职会计人员对此进行核算。

政府会计主体的会计人员大部分属于行政事业编制，工作相对稳定，所以被新会计人员取代的可能性极小，但是目前会计信息化的普遍应用和新政府会计制度、政府会计准则的实行，对一些老政府会计人员提出了新的挑战。

1.1.2 政府会计人员现状

政府会计是行政事业单位经济管理工作的基础。不管多小的单位，都需要会计人员，而且随着社会经济的发展和财政部门对行政事业单位财务管理的规范化，各种行政事业单位对会计人员的需求更是大大增加，会计专业已成为各行政事业单位的一个热门专业。会计人员的社会地位和收入也在不断提高，其就业范围相当宽广。

但是，随着行业竞争的日益激烈，政府会计人员的职场状态出现了喜忧参半的情况。一方面，我国不再要求持证上岗，非会计专业人才也可以从事会计工作，会计人员总体供大于求，普通和初级会计人员趋近饱和；另一方面，急需既懂会计信息化又懂政府会计的高级会计人员来填补市场空白。从长远来看，会计人员就业平台的发展空间还是非常广阔的，但是政府会计人员的竞争会更加激烈，老会计要努力学习现代高科技，新会计要增加工作经验，增强统筹能力，而且政府部门的编制也是有限的。

1.1.3 怎样成为复合型会计人才？

会计人员的职业之路充满了机遇和挑战，需要付出努力和敢于拼搏。职业的起点可以是某个企业或某个会计师事务所的基层财务人员，慢慢走向中层的经理甚至 CFO，或者以财务专业为基础，逐步转向管理工作……

如何在众多的财务从业者中脱颖而出，成为政府会计人员中的佼佼者？

- 做好基础的财务工作：期盼成为高级财务人员，从事基础的财务工作是一个好的开始。
- 积累财务管理实务经验：会计工作讲究实践，在日常工作中是不会有书本上的会计题的，所有的信息都需要从工作中慢慢提炼，自己总结，作为"专业判断"的信息来源。通过准确的判断才能做出正确的决策，这也是本书后面讲究实战的动机。
- 学习软技能，培养个人魅力：要成为高层次的财务管理人员，仅掌握财务知识是远远不够的，必须同时提升自己的个人魅力，包括合理的知识结构、良好的沟通方式、优秀的领导力等。这些将为你的晋升提供良好的背景。

- 深入了解行政事业单位文化，提升整体管理经验：在达到一定的职业高度后想要更多的突破，除了上述几方面以外，还要深入了解所在单位的文化，确保自己获得尽可能多的整体管理经验。

成功的路是漫长而充满艰辛的，在职业生涯中要有勇气接受新事务和挑战。挑战职场、挑战自己，有朝一日，你也能成为职场中的精英。

行业和性格往往是很难定位的，没有所谓的"天生就是干会计的料"。但会计和其他所有行业一样，有自己独特的性格特征、行业必备的职业素质和道德要求。

1.1.4 会计人员必备的素质有哪些？

任何一个行业都要求从业人员具备相应的素质，是否具备相应的职业素质也是个人在自己职业生涯中能否走向成功的主要因素。会计人员也不例外，同样需要具备以下职业素质：

- 良好的职业道德：在会计工作中，利益和诚信是对会计人员的考验。会计人员要依照恪尽职守、遵纪守法、廉洁奉公、爱岗敬业，以实事求是、客观公正的道德准则处理会计事项，不做假账、不畏权势，不被利益所左右，才能成为合格的会计人员、单位的得力干将。
- 一定的职业判断能力：实际的会计工作不是简单地做题。"用数字说话"的同时需要会计人员做出准确的职业判断。特别是新政府会计制度和会计准则发布之后，更多的不是规定具体的会计处理方法，而是给出某些判断的标准或原则，让会计人员做出选择。
- 拥有较强的职业责任感和创新意识：保守秘密、开拓创新是会计人员所应具有的最基本和必要的职业素质。如今，经济的快速发展和金融的全球化要求会计人员不仅应具备良好的职业道德和专业技术水平，而且必须具有责任感，保守商业秘密。经济在不断发展，新的事物不断出现，会计人员也应与时俱进，不断更新自己的知识，适应社会的发展。

1.1.5 什么人不适合从事会计工作？

通过与周边会计人员的接触，发现一个有趣的现象：从事会计工作的朋友大多谨慎、沉稳、细心且有耐性，同时也具有很好的沟通能力，这或许跟会计的工作性质有关。也因为会计工作的特殊性，所以以下这些人是不适合从事会计工作的：

- 运动型、坐不了板凳的人：会计工作需要长时间面对数字，同时必须条理清晰。不能静下心来、坐几分钟板凳就受不了，运动型性格的人是不适合从事会计工作的。
- 不会和别人相处、沟通的人：会计工作是一个既要与单位内部上下进行沟通，又需要与财政部门、税务部门、银行进行交流的工作，缺乏交际能力、不会和别人相处与沟通的人是不能做好会计工作的。
- 做事易冲动的人：会计工作是一项严肃的工作，需要会计人员认真对待，所以经常冲动、意气用事的人不适合从事会计工作。会计人员需要有激情，但却不能常激动。
- 品德不端正的人：会计人员常会面对利益的诱惑。面对诱惑而不能自制的人最好远离会计工作。

读者可结合自身的实际情况，理性和科学地分析一下自己是否真正适合在会计领域发展，这样对自己的长期发展也大有裨益。

1.1.6 会计人员从业资格考试

要在职场中获得成功、在激烈的竞争中保持竞争力，提高自身的专业素质是必不可少的。在会计行业中，通过不同职业层次的资格考试来提高竞争力和职业素养是一个非常重要的方法。

以下我们对目前国内主要的会计资格考试进行大致分析，希望对读者有所帮助。

1. 全国会计专业技术初级资格考试

- 适合人群：具备国家教育部门认可的高中毕业（含高中、中专、职高和技校）及以上学历。
- 考试科目：《经济法基础》《初级会计实务》两个科目。
- 报名考试时间：实行全国统一组织、统一考试时间。报名时间一般在考试年度上一年的 11 月。考试时间一般为考试年度的 5 月中旬。
- 考试费用：65 元每科（不含考试用书）。
- 资格认定：考生必须在一个考试年度内通过全部考试科目。

2. 全国会计专业技术中级资格考试

- 适合人群：取得大学专科学历，从事会计工作满5年；取得大学本科学历，从事会计工作满4年；取得双学士学位或研究生班毕业，从事会计工作满2年；取得硕士学位，从事会计工作满1年；取得博士学位。
- 考试科目：《财务管理》《经济法》《中级会计实务》三个科目。
- 报名考试时间：实行全国统一组织、统一考试时间。报名时间一般在考试年度的3月中旬—3月底。考试时间一般为考试年度的9月。
- 考试费用：65元每科（不含考试用书）。
- 资格认定：两年为一个周期，参加考试的人员必须在连续的两个考试年度内通过全部科目的考试。

3. 全国会计专业技术高级资格考试

- 适合人群：关于高级会计师职务任职资格评审条件，各地具体规定有所不同，请查阅当地的报考条件。
- 考试科目：《高级会计实务》。
- 报名考试时间：一般在考试年度3月报名，考试时间一般为9月初举行。
- 资格认定：参加考试并达到国家合格标准的人员，由全国会计考办核发高级会计师资格考试成绩合格证，在省财政厅、省人力资源与社会保障厅联合组成的高级会计师评审委员会评审通过后，可领取高级会计师资格证书。

4. 注册会计师全国统一考试（CPA）

- 适合人群：具有高等专科以上学校毕业学历，或者具有会计或相关专业中级以上技术职称。
- 考试科目：考试划分为专业阶段考试和综合阶段考试。考生在通过专业阶段考试的全部科目后，才能参加综合阶段考试。
- 考试科目：专业阶段考试设有会计、审计、财务成本管理、公司战略与风险管理、经济法、税法6个科目；综合阶段考试设"职业能力综合测试"1个科目。
- 报名考试时间：报名时间一般在每年的4月，考试时间一般安排在每年的10月。
- 资格认定：专业阶段考试的单科考试合格成绩5年内有效。对在连续5个年度考试中取得专业阶段考试全部科目考试合格成绩的考生，财政部考委会颁发注册会计师全国统一考试专业阶段考试合格证书。综合阶段考试科目应在取得注册会计师全国统一考试专业阶段考试合格证书后5个年度考试中完成。对取得综合阶段考试科目合格成绩的考生，财政部考委会颁发注册会计师全国统一考试全科合格证。

会计行业的各类考试多得让人目不暇接。面对众多的证书，如何选择适合自己的？了解不同会计证书的适用对象及含金量，再根据自身的实际情况做出选择。

走进政府会计职场后，首先要了解其基础知识，在此基础上才会对整体工作有个完整的概念。政府会计从2019年1月1日起全面执行新政府会计制度，对于我们每一个过去从事或即将从事政府会计工作的人员都是全新的，那我们不妨重新学习关于政府会计的一些专业术语、名词概念……了解必备的基础知识，做实战前的热身准备。

1.2 政府会计的基本概念

1.2.1 政府会计的概念

政府会计是指用于确认、计量、记录和报告政府会计主体财务收支活动及其受托责任的履行情况的会计体系。由于各个国家的政治经济体制和管理体制不同，政府会计的内涵也有一定差别。

我国政府会计是各级政府、各部门、各单位（以下统称政府会计主体）对其自身发生的经济业务或事项进行会计核算，综合反映政府会计主体预算收支的年度执行结果和公共责任受托履行情况的专业会计。它是以货币为主要计量单位，对各政府会计主体财政资金的活动过程和结果，进行全面、系统、连续的反映和监督，以加强预算、财务管理，提高资金使用效果的一种专门经济管理活动。

1.2.2 政府会计的基本职能

政府会计的基本职能是指政府会计在经济管理中所具有的基本功能。也就是说政府会计能发挥什么作用，它在经济管理过程中具有什么样的功能。在一般情况下，政府会计具有会计核算与会计监督两种基本职能。

会计核算是最基本的职能，是指会计对经济业务事项的确认、计量、记录、计算和报告的工作过程。也就是政府会计主体对能够以货币表现的经济事项进行记录、计算、归类、整理和汇总，通过记账、算账、报账等程序，向经济信息使用者提供有用的会计信息。

政府会计核算把政府会计主体的经济活动分为5个环节：

（1）确认：狭义的理解，是指一项业务的发生要不要进行会计处理、什么时候进行会计处理。

（2）计量：是指确定需要进行会计核算的交易或事项的金额的会计程序，解决记账金额。

（3）记录：是指对政府会计主体的经济活动采用一定的记账方法、在账簿中进行登记的会计程序，确认怎么记。

（4）计算：是指把所记账簿记录进行计算，算出本期发生额和余额，提供数据。

（5）报告：是指在确认、计量、记录和计算的基础上，对政府会计主体的财务状况、收支情况和现金流量情况等，以财务报表的形式向有关方面报告，通过编制报表提供信息。

会计监督是指会计对经济业务事项的合法性、真实性、准确性和完整性进行审查的过程。

（1）合法性，是指会计确认经济业务事项或生成会计资料的程序必须符合会计法律法规和其他相关法律法规的规定。

（2）真实性，是指会计计量、记录的经济业务事项必须是实际发生或按规定生成的会计资料，避免会计资料因人为因素的失真。

（3）准确性，是指生产经营过程中产生的各种会计资料所记录的会计数据之间应当吻合。

（4）完整性，是指在会计核算过程中形成和提供的各种会计资料应当齐全。

请注意，政府会计的两项基本职能不是独立存在的，而是相辅相成、辩证统一的关系。会计核算是会计监督的基础，没有会计核算提供的会计资料，会计监督就失去了依据；会计监督是会计核算质量的保证，没有会计监督，就无法保证会计资料的真实性、完整性。

1.2.3 政府会计核算的对象

知道了政府会计的基本职能是核算和监督，核算是基本，那么我们下面就要了解核算的对象是什么。也就是作为政府会计主体的会计人员，我们要对哪些交易或事项进行会计处理。

政府会计核算的对象是指政府会计核算和监督的具体内容，是社会再生产过程中的资金运动，也就是政府会计主体资金取得、使用和结果所引起的经济业务活动。根据《政府会计准则——基本准则》，政府会计主体应当对其自身发生的经济业务或者事项进行会计核算。

那么怎样区分哪些是政府会计应该核算的，应该怎样确认，什么时间确认，用什么标准来计量呢？

1.3 政府会计核算的基本假设

会计的基本假设也就是对上面所提出问题做的合理的设定，即会计核算的基本前提。会计假设包括会计主体、持续经营、会计分期和货币计量。

1.3.1 会计主体

会计主体是指会计信息所反映的特定单位或组织，它规范了会计工作的空间范围。政府会计核算应当以政府会计主体自身发生的各项经济业务或者事项为对象，记录和反映政府会计主体自身的各项经济活动。那么什么是政府会计主体呢？

政府会计主体为各级政府、各单位和各部门。各部门、各单位是指与本级政府财政部门直接或间接发生预算拨款关系的国家机关、军队、政党组织、社会团体、事业单位和其他单位，不包括已纳入企业财务管理体系的单位和执行《民间非营利组织会计制度》的社会团体。通俗地说，就是我们作为会计人员是为谁服务的，再通俗地说就是谁雇的我或谁确定我发工资的数额，我就是为谁服务的，这个谁就是会计主体，也可以说是和我签订劳动合同的单位。

明确会计主体假设的主要意义：一是明确会计主体，才能划定会计所要处理的各项交易或事项的范围，只有会计主体发生的交易和事项才有可能进行会计处理；二是明确会计主体，才能把握会计处理的原则和要求，不同的会计主体所采用的会计处理原则和要求是不一样的，后面进行业务处理的时候会体现出这一点；三是明确会计主体，才能将会计主体的经济活动与会计主体所有者及职工个人的经济活动区分开来，也就是个人行为产生的交易或事项不必核算。

1.3.2 持续经营

明晰了我们为谁服务,还要了解会计工作所要遵循的所有会计准则和会计制度都是在假定会计主体持续经营的基础上的。

持续经营是指政府会计核算应当以政府会计主体持续正常地运行为前提,在可预见的未来各项业务活动将正常地进行下去,不会面临解体、撤销等情况。

财务会计的一系列方法都是以会计主体的持续经营为前提的。例如,只有在持续经营的前提下,单位的资产才能按历史成本计价,固定资产才可以按其使用年限计提折旧。如果政府会计主体不具备持续经营的前提条件,而是已经或即将停止营业、面临撤销进行清算,则需要处理其全部资产,清理其全部债权债务,那么一切方法也就失去意义。

1.3.3 会计分期

既然是持续经营,那么业务就是不间断地发生的,我们不能控制交易或事项的发生,让它停下来。为了很好地解决这个问题,人为地给经济业务核算划分了核算时间。

政府会计核算应当划分会计期间,分期结算账目,按规定编制决算报告和财务报表。

会计期间至少分为年度和月度。会计年度和月度的起讫日期采用公历日期。我国年度自公历1月1日起,至12月31日止,月度为自本月1日至月末,每个月末要把这个月的业务都放在这一个月来进行处理,每个年末要把一年的信息汇总,不是随意计算的。

会计期间的划分界定了会计信息的时间段落,为分期结算会计账目和编制财务会计报表,贯彻落实相关会计核算原则奠定了理论与实务基础。

通过以上讲解我们知道了什么时间记账,那么记多少,按什么标准记呢?

1.3.4 货币计量

同一会计主体的业务或不同主体之间的信息单独核算,自行掌握没有什么意义,它们之间的会计信息有可比性才有意义。要具有可比性,就要使用统一的计量单位,货币计量是最合适的。

货币计量是指在政府会计核算中采用人民币作为统一记账本位币,记录和反映政府会计主体的经济活动。发生外币收支业务的,应当按照中国人民银行公布的当日人民币外汇汇率折算为人民币计量，同时登记外币金额。

各种物品都具有价值，一旦以货币作为统一计量单位，就可以把这些物资的价值放在一起相加减，从而计算出一个政府会计主体的财务状况和经营成果。这样一来，单位管理者仅需了解或记住一些数字，便可以掌握本单位的财务状况和经营成果、预算收支和结余情况。

了解了会计核算的基本前提，我们就要进行会计核算了。政府会计要采用哪种会计核算基础呢？

1.4 政府会计核算基础

我们都知道会计核算的基础有两种：一种是权责发生制；另一种是收付实现制。每种核算基础应该怎样核算呢？政府会计主体的核算应采用哪种呢？

1.4.1 收付实现制

收付实现制是指以货币资金实际收付的时间为标准来确认本期收入和支出的一种核算基础。

收付实现制要求，凡是在本期内收到的款项和支出的款项，不论是否属于本期的收入和支出，均作为本期的收入和支出进行会计核算。通俗地说，就是发生经济事项时收到钱就确认收入，付出钱就确认支出，如果没有货币资金的收付，就不确认。

1.4.2 权责发生制

权责发生制是指在收入和费用实际发生时进行确认，不必等到实际收到现金或者支付现金时才进行确认。

凡是在当期已经实现的收入和已经发生或应当负担的费用，不论款项是否已经收付，均应当作为当期的收入和费用；凡是不属于当期的收入和费用，即使款项已在当期收付，也不能作为当期的收入和费用核算。

比如一次性支付了本月起半年的房租6 000元，如果采用的是权责发生制：这6 000元不是都由本月负担，本月只负担1 000元，那么本月就只能确认1 000元的费用；如果采用的是收付实现制：本月付出货币资金6 000元，那么就直接确认6 000元的费用，不管它是哪期负担的。

政府会计的记账基础是指在会计处理时，以何种标准确认、计量、报告会计要素。企业会计与政府会计之间存在较大的差别。我国实行适度分离的双体系政府会计，即政府会计由预算会计和财务会计构成，其中预算会计实行收付实现制，国务院另有规定的，依照其规定；财务会计实行权责发生制。

政府会计所进行的会计核算实行的是双基础，提供的会计核算信息也要遵循一定的原则，不能自行其是。

1.5 政府会计信息质量要求

政府会计是一个信息系统，它的主要作用就是向政府会计主体内外部各方提供有价值的数据和信息。政府会计所提供的信息应该遵循的基本规则和要满足的要求就是会计信息质量要求。它可概括为"七性"：可靠性、相关性、可比性、及时性、明晰性、重要性和实质重于形式性。

1.5.1 可靠性要求

可靠性是指政府会计主体应当以实际发生的经济业务或者事项为依据进行会计核算，如实反映各项会计要素的情况和结果，保证会计信息真实可靠。

也就是说，我们会计人员要实事求是地反映所发生的交易或事项，不能凭借想象来编造。

比如：2019年12月1日，B单位计划于2020年1月下旬组织一次义诊，该次义诊需要经费5万元。2019年12月，不能把这5万元记录到账簿中，因为这次义诊还没有发生，费用也没真正产生，就不能确认为费用，如果确认，就违反了可靠性要求。等到实际发生的时候，按照实际发生的支出数再行记账。

1.5.2 相关性要求

政府会计主体提供的会计信息应当与反映政府会计主体公共受托责任履行情况以及报告使用者决策或者监督、管理的需要相关，有助于报告使用者对政府会计主体过去、现在或者未来的情况做出评价或预测，有利于单位加强内部财务管理。

也就是说，如果会计信息提供以后，没有满足会计信息使用者的需要，对会计信息使用者的决策没有什么作用，就不具有相关性。

1.5.3 可比性要求

政府会计主体应当按照规定的会计处理方法进行，提供的会计信息应当具有可比性，该可比性要求包含两方面的内容：一是横向可比，即不同政府会计主体发生的相同或者相似的经济业务或者事项，应当采用统一的会计政策，按照国家规定的会计处理方法进行，确保政府会计信息口径一致、相互可比。二是纵向可比，即同一政府会计主体不同时期发生的相同或者相似的经济业务或事项，应当采用一致的会计政策、相同的会计核算方法，一旦选定了某种会计核算方法，在前后各期就应当保持一致，不得随意变更。确需变更的，应当将变更的内容、理由和对单位财务状况、预算执行情况的影响在附注中予以说明。

政府会计制度的统一，大大提高了政府各部门、各单位会计信息的可比性，为合并单位、部门财务报表和逐级汇总编制部门决算奠定了坚实的制度基础。

1.5.4 及时性要求

政府会计主体对已经发生的经济业务或者事项，应当及时进行会计核算，不得提前或者延后。会计信息的价值在于帮助有关方面及时做出经济决策，会计信息具有一定的时效性，其价值会随着时间的流逝而逐渐降低。因此，及时性原则要求政府会计主体在收集记录会计信息、处理会计信息、传递和报告会计信息时要及时。及时的会计信息能够帮助管理者发现潜在问题，提早采取行动纠正偏差，滞后的会计信息会大大降低其对于信息使用者的有用性。

1.5.5 明晰性要求

政府会计主体提供的会计信息应当清晰明了，便于财务会计报告使用者理解和使用。

明晰性（也称可理解性）要求政府会计主体提供的会计信息简明、易懂，数字记录和文字说明能够一目了然地反映经济业务事项的来龙去脉，便于投资者等财务报告使用者理解和使用有用信息。

比如，你按自己的理解填写会计信息，只有你一个人能看懂，别人看不懂，需要你的解释才能使用你提供的会计信息，那么就不符合明晰性的要求。

1.5.6 重要性要求

政府会计主体应当将发生的各项经济业务或者事项统一纳入会计核算，确保会计信息能够全面反映政府会计主体预算执行情况和财务状况、运行情况、现金流量等。但是会计信息使用者需要了解那些对预算管理和经济决策有重要影响的会计信息，并不要求面面俱到。对资产、负债、净资产、收入、支出有较大影响，进而影响财务会计报告使用者据以做出合理判断的重要会计事项，必须按照规定的会计方法和程序进行处理，并在财务会计报告中予以充分、准确地披露；对于次要的会计事项，在不影响会计信息真实性和不至于误导财务会计报告使用者做出正确判断的前提下，可适当简化处理。

例如：《政府会计制度》中要求对固定资产、公共基础设施、保障性住房和无形资产，计提折旧或摊销；对于一次性支付应当由本期和以后各期分别负担的各项支出，采用待摊费用；每月需要负担但尚未支付的费用，采用预提费用，按照权责发生制的要求按月详细记录。如果以上事项金额特别小，可以在发生当期直接一次性计入支出或费用，不会对信息使用者造成影响。比如：单位购买了10包A4复印纸，共支付200元，需要5个月使用完。按权责发生制要求，这200元要先计入待摊费用，在这5个月内分摊，但是作为日常必备的办公用品，其金额又相对较小，可以在购买当月一次性计入费用，不会影响信息使用者的使用。

1.5.7　实质重于形式性要求

实质重于形式性要求是指政府会计主体应当按照经济业务或者事项的经济实质进行会计核算，不限于以经济业务或者事项的法律形式为依据。

政府会计主体发生的经济业务或事项，在大多数情况下，其经济实质和法律形式是一致的，但在有些情况下，会出现不一致。例如，以融资租赁方式租入的固定资产，虽然从法律形式上，政府会计主体并不拥有其所有权，但是由于融资租赁的租赁期相当长，接近于该资产的使用寿命；租赁期结束时承租企业有优先购买权；在租赁期内承租方有权支配该资产并从中受益等。从其经济实质来看，融资租入的固定资产和自有资产一样为单位创造经济利益，所以在会计核算上，把它视为政府会计主体的资产，列入政府会计主体的资产负债表。这就是典型的会计信息实质重于形式性要求的体现。

1.5.8　政府会计核算的其他原则

除了《政府会计准则》规定的七个信息质量要求外，政府会计还体现一些原则。

1. 限制性原则

限制性原则是指对于有指定用途的资金应按照规定的用途使用,并单独反映,即专款专用原则。专款专用是指对国家预算拨款和其他指定用途的资金,应按规定的用途使用,不得擅自改变用途挪作他用,并单独核算反映。

在政府会计主体中,出资者对所提供的财产物资不具有资本收益和资本回收的要求,但具有按预定用途使用的要求,这样在资金管理和核算上就要有限制。

2. 历史成本原则

历史成本原则是指政府会计主体中需要核算记录的财产物资应当按照取得或购建时的实际成本核算,而不论现在市场上有多少种不同价格,或者升值还是贬值,均不得采用现行市价、重置价值、变现价值等其他计价方法调整其账面金额。

1.6　政府会计基本方法

了解了政府会计的基本概念和原则,下面要了解的是会计人员必备的基础知识。

1.6.1　政府会计的记账方法

记账方法是指运用一定的记账符号、记账规则来编制会计分录和登记账簿的方法。《政府会计准则》要求,政府会计核算应当采用借贷记账法记账。

借贷记账法是指以"借""贷"两个字作为记账符号,记录会计账户增减变动情况的一种复式记账法。

初接触会计这个工作时,你得明白"借""贷"这两个字只是记账符号,与其自身意思没有关系。在这两个字后面跟着相关的会计科目名称,代表的意思是后面跟着的会计科目所在账户的增加或减少。

具体地讲,就是人为地赋予"借"和"贷"含义:资产类、费用类账户增加时记在借方,减少时记在贷方;负债类、净资产类、收入类账户增加时记在贷方,减少时记在借方。

看到这儿,你是不是有些发懵?什么是资产类增加时记在借方,什么是负债类增加时记在贷方……资产类指的是什么啊?其实这指的是会计要素。

政府会计基本要素是将会计对象分解成若干基本的要素,也就是对会计核算和监督的内容进行进一步的分类。政府会计要素包括政府财务会计要素和政府预算会计要素，政府财务会计要素包括资产、负债、净资产、收入和费用；政府预算会计要素包括预算收入、预算支出与预算结余。

1.6.2 政府财务会计要素——资产

1. 资产的概念

资产是指政府会计主体过去的经济业务或者事项形成的，由政府会计主体控制的，预期能够产生服务潜力或者带来经济利益流入的经济资源。

服务潜力是指政府会计主体利用资产提供公共产品和服务以履行政府职能的潜在能力。

经济利益流入表现为现金及现金等价物的流入，或者现金及现金等价物流出的减少。

怎样进行判断呢？看资产的基本特征。只要全部符合基本特征，就可以确定为资产了。

2. 资产的特征

（1）资产是由政府会计主体过去的经济业务或事项形成的。这是指资产必须是现时的资产，它是来自于政府会计主体过去发生的经济业务或事项，而不是预期、计划的资产。也就是说，资产的存在必须以实际发生的经济交易或事项为依据，因为预期的资产并没有反映会计主体真实的财务状况。

（2）资产是政府会计主体控制的。资产只有被会计主体控制，会计主体才能够获得和支配资产。

（3）资产能够为政府会计主体带来经济利益流入或产生服务潜力。带来经济利益流入表现为现金及现金等价物的流入或者现金及现金等价物流出的减少。产生服务潜力是指政府会计主体利用资产提供公共产品和服务以履行政府职能的潜在能力。

3. 资产的分类

政府会计主体的资产按照流动性，分为流动资产和非流动资产。

流动资产是指预计在1年内（含1年）耗用或者可以变现的资产。它包括货币资金、短期投资、应收及预付款项、存货等。

非流动资产是指流动资产以外的资产。它包括固定资产、在建工程、无形资产、长期投资、公共基础设施、政府储备物资、文物文化资产、保障性住房和自然资源资产等。

1.6.3　政府财务会计要素——负债

1. 负债的概念

负债是指政府会计主体过去的经济业务或者事项形成的，预期会导致经济资源流出政府会计主体的现时义务。

现时义务是指政府会计主体在现行条件下已承担的义务。

2. 负债的特征

（1）负债是由政府会计主体过去的经济业务或事项形成的。同资产的第一个特征一样，负债必须是现时的负债，它是来自于政府会计主体过去发生的交易或事项，而不是预期、计划的负债，也就是说，负债的存在必须以实际发生的经济交易或事项为依据。因为预期的负债并没有反映会计主体真实的财务状况。

（2）负债是政府会计主体承担的现时义务。现时义务是指政府会计主体在现行条件下已承担的义务，未来发生的经济业务或者事项形成的义务不属于现时义务，不应当确认为负债。

（3）负债的清偿将导致含有经济利益或者服务潜力的经济资源流出政府会计主体。

3. 负债的分类

政府会计主体的负债按照偿还期限的长短，分为流动负债和非流动负债。

流动负债是指预计在1年内（含1年）偿还的负债。它包括应付账款及预收款项、应付职工薪酬和应缴款项等。

非流动负债是指流动负债以外的负债。它包括长期应付款、应付政府债券和政府依法担保形成的债务等。

1.6.4　政府财务会计要素——净资产

净资产是指政府会计主体资产扣除负债后的净额。也就是说，净资产金额取决于资产和负债的计量。政府会计主体净资产增加时，其表现形式为资产增加或负债减少；政府会计主体净资产减少时，其表现形式为资产减少或负债增加。

1.6.5　政府财务会计要素——收入

1. 收入的概念

收入是指报告期内导致政府会计主体净资产增加的、含有经济利益或者服务潜力的经济资源的流入。

2. 收入的特征

（1）政府会计主体收入的增加将导致净资产增加，进而导致资产增加或负债减少（或两者兼而有之），并且最终导致政府会计主体经济利益的增加或服务潜力增强。

（2）政府会计主体收入确认是建立在收付实现制原则和权责发生制原则基础之上的。在收付实现制原则下，政府会计主体只要收到资金，就必须确认收入，而不管该笔资金所依托的经济事项是否发生于当期；在权责发生制下，只要经济事项发生于当期，并符合一定条件，政府会计主体就必须确认该事项所产生的收入，而不管收入所带来的资金当期是否收到。

1.6.6 政府财务会计要素——费用

1. 费用的概念

费用是指报告期内导致政府会计主体净资产减少的、含有经济利益或者服务潜力的经济资源的流出。

2. 费用的特征

（1）政府会计主体支出的增加将导致净资产减少，进而导致资产减少或负债增加（或两者兼而有之），并且最终导致政府会计主体经济利益的减少或服务潜力减弱。

（2）政府会计主体的费用确认是建立在收付实现制原则和权责发生制原则基础之上的。在收付实现制原则下，政府会计主体只要支付了资金，就必须确认费用，而不管该笔资金所依托的经济事项是否发生于当期；在权责发生制下，只要经济事项发生于当期，并符合一定条件，政府会计主体就必须确认该事项所产生的费用，而不管费用所产生的资金当期是否支付。

1.6.7 政府预算会计基本要素

政府预算会计基本要素一共有三个，分别为预算收入、预算支出和预算结余。

1. 预算收入

预算收入是指政府会计主体在预算年度内依法取得的并纳入预算管理的现金流入。它的特点是预算收入一般在实际收到时予以确认，以实际收到的金额计量。

2. 预算支出

预算支出是指政府会计主体在预算年度内依法发生的并纳入预算管理的现金流出。它的特点是预算支出一般在实际支付时予以确认，以实际支付的金额计量。

3. 预算结余

预算结余是指政府会计主体预算年度内预算收入扣除预算支出后的资金余额，以及历年滚存的资金余额。预算结余包括结余资金和结转资金。

结余资金是指年度预算执行终了，预算收入实际完成数扣除预算支出和结转资金后剩余的资金。

结转资金是指预算安排项目的支出年终尚未执行完毕或者因故未执行，且下年需要按原用途继续使用的资金。

1.6.8 政府会计要素间的关系

政府财务会计要素之间存在一定关系，利用这个关系可以审验我们提供的财务会计信息的正确性，具体如下：

$$资产 = 负债 + 净资产 \quad （期末时，静态）$$
$$资产 = 负债 + 净资产 + （收入 - 费用） \quad （期中时，动态）$$

政府预算会计要素之间也存在一定关系，具有审验作用：

$$预算结余 = 预算收入 - 预算支出 + 结转资金$$

关于会计要素大类我们已经了解了，但是我们在记账时要详细、具体。我知道会计主体的资产增加了，那么我怎么知道是现金增加了，还是银行存款增加了？抑或是原材料或固定资产增加了呢？这就需要我们对会计要素这个大类继续细分。

1.6.9 政府会计科目

会计要素是对会计对象的分类，而对会计要素的进一步分类就形成了会计科目。按提供信息的详细程度及其隶属关系，会计科目可分为总账科目和明细分类科目。政府会计总账科目是由《政府会计制度》统一规定的。政府财务会计科目见表1-1，政府预算会计科目见表1-2。

表1-1 政府财务会计科目

序号	新制度会计科目		原制度会计科目	
	科目编号	科目名称	科目编号	科目名称
一、资产类				
1	1001	库存现金	1001	库存现金
2	1002	银行存款	1002	银行存款
3	1021	其他货币资金		
4	1011	零余额账户用款额度	1011	零余额账户用款额度
5	1101	短期投资	1101	短期投资
6	1201	财政应返还额度	1201	财政应返还额度
7	1211	应收票据	1211	应收票据
8	1212	应收账款	1212	应收账款
9	1214	预付账款	1213	预付账款
			1511	在建工程
10	1215	应收股利		
11	1216	应收利息		
12	1218	其他应收款	1215	其他应收款
13	1301	在途物品		
14	1219	坏账准备		
15	1302	库存物品		
16	1303	加工物品		
17	1611	工程物资	1301	存货
18	1811	政府储备物资		
19	1891	受托代理资产		
20	1401	待摊费用		
21	1501	长期股权投资	1401	长期投资
22	1502	长期债券投资		
23	1601	固定资产		
24	1801	公共基础设施	1501	固定资产
25	1811	政府储备物资		
26	1821	文物文化资产		
27	1831	保障性住房		

(续)

序号	新制度会计科目		原制度会计科目	
	科目编号	科目名称	科目编号	科目名称
一、资产类				
28	1602	固定资产累计折旧	1502	累计折旧
29	1802	公共基础设施累计折旧（摊销）		
30	1832	保障性住房累计折旧		
31	1611	工程物资	1511	在建工程
	1613	在建工程		
32	1701	无形资产	1601	无形资产
33	1702	无形资产累计摊销	1602	累计摊销
34	1703	研发支出		
35	1901	长期待摊费用		
36	1902	待处理财产损溢	1701	待处置资产损溢
二、负债类				
37	2001	短期借款	2001	短期借款
38	2101	应交增值税	2101	应缴税费
39	2102	其他应交税费		
40	2103	应缴财政款	2102	应缴国库款
			2103	应缴财政专户款
41	2201	应付职工薪酬	2201	应付职工薪酬
42	2301	应付票据	2301	应付票据
43	2302	应付账款	2302	应付账款
44	2303	应付政府补贴款		
45	2304	应付利息		
46	2305	预收账款	2303	预收账款
47	2307	其他应付款	2305	其他应付款
48	2901	受托代理负债		
49	2401	预提费用		
50	2501	长期借款	2401	长期借款
51	2502	长期应付款	2402	长期应付款
52	2601	预计负债		

（续）

序号	新制度会计科目		原制度会计科目	
	科目编号	科目名称	科目编号	科目名称
三、净资产类				
53	3001	累计盈余	3001	事业基金
			3101	非流动资产基金
			3301	财政补助结转
			3302	财政补助结余
			3401	非财政补助结转
			3403	经营结余
54	3101	专用基金	3201	专用基金
55	3201	权益法调整		
56	3301	本期盈余		
57	3302	本年盈余分配		
58	3401	无偿调拨净资产		
59	3501	以前年度盈余调整		
四、收入类				
60	4001	财政拨款收入		
61	4101	事业收入		
62	4201	上级补助收入		
63	4301	附属单位上缴收入		
64	4401	经营收入		
65	4601	非同级财政拨款收入		
66	4602	投资收益		
67	4603	捐赠收入		
68	4604	利息收入		
69	4605	租金收入		
70	4609	其他收入		
五、费用类				
71	5001	业务活动费用		
72	5101	单位管理费用		
73	5201	经营费用		

（续）

序号	新制度会计科目		原制度会计科目	
	科目编号	科目名称	科目编号	科目名称
五、费用类				
74	5301	资产处置费用		
75	5401	上缴上级费用		
76	5501	对附属单位补助费用		
77	5801	所得税费用		
78	5901	其他费用		

表1-2 政府预算会计科目

序号	新制度会计科目		原制度会计科目	
	科目编号	科目名称	科目编号	科目名称
一、预算收入类				
1	6001	财政拨款预算收入		
2	6101	事业预算收入		
3	6201	上级补助预算收入		
4	6301	附属单位上缴预算收入		
5	6401	经营预算收入		
6	6501	债务预算收入		
7	6601	非同级财政拨款预算收入		
8	6602	投资预算收益		
9	6609	其他预算收入		
二、预算支出类				
10	7101	行政支出		
11	7201	事业支出		
12	7301	经营支出		
13	7401	上缴上级支出		
14	7501	对附属单位补助支出		
15	7601	投资支出		
16	7701	债务还本支出		
17	7901	其他支出		

(续)

序号	新制度会计科目		原制度会计科目	
	科目编号	科目名称	科目编号	科目名称
三、预算结余类				
18	8001	资金结存	3301	财政补助结转
			3302	财政补助结余
			3401	非财政补助结转
			3001	事业基金
			3201	专用基金
			3403	经营结余
19	8101	财政拨款结转	3301	财政补助结转
20	8102	财政拨款结余	3302	财政补助结余
21	8201	非财政拨款结转	3401	非财政补助结转
22	8202	非财政拨款结余	3001	事业基金
23	8301	专用结余	3201	专用基金
24	8401	经营结余	3403	经营结余
25	8501	其他结余		
26	8701	非财政拨款结余分配	3404	非财政补助结余分配

1.6.10 政府会计的账务处理程序

现在就要进入真正的实战演练了。我们要统揽全局,不能盲目操作。我们要知道会计工作到底有哪些,我负责哪些;我前面的工作由谁负责,我的工作完成后又要交给谁。很茫然吧?还是随我一起学习吧。

政府会计工作流程就是政府会计人员由编制会计凭证开始到编制会计报告的过程,也叫会计循环。处理会计信息一般经过以下步骤:根据收到的或自行填制的已审核的原始凭证填写记账凭证—根据已审核的记账凭证登记日记账、明细账和总账—核对账目—编制和报送财务报告。这就是简单的账务处理程序。

账务处理程序是指各种会计凭证和账簿之间的相互联系与登记程序。不同的单位设置不同的会计凭证和账簿,它们之间有着不同的相互联系和登记程序。账务处理程序有很多种,目前,政府会计大多采用科目汇总表账务处理程序。科目汇总表账务处理程序如图1-1所示。

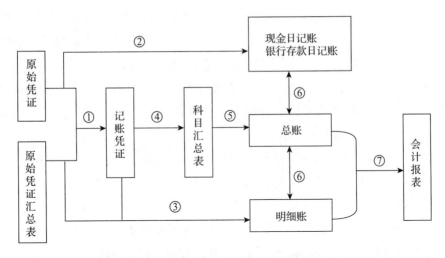

图 1-1 科目汇总表账务处理程序

(1) 根据原始凭证(或原始凭证汇总表)填制记账凭证;
(2) 根据有关货币资金的记账凭证及原始凭证登记现金日记账和银行存款日记账;
(3) 根据记账凭证和原始凭证登记各种明细账;
(4) 根据记账凭证定期编制科目汇总表;
(5) 根据科目汇总表登记总账;
(6) 总账同各种日记账、明细账进行核对;
(7) 根据总账和明细账编制会计报表。

经济业务较少的单位可以采用记账凭证账务处理程序,即直接根据记账凭证登记总账,不用编制科目汇总表,其他步骤一样。

了解了会计工作总流程,会计工作就可以有条不紊地进行了,可以有效地提高会计工作效率,保证会计核算的质量。

1.7 政府会计准则体系

以上已经介绍了一些有关政府会计的专业知识,那么还有一个疑问:政府会计准则有那么多,到底要遵循哪个?

1. 改革前的会计核算标准体系

我国现行政府会计核算标准体系基本上形成于1998年前后,主要涵盖财政总预算会计、行政单位会计与事业单位会计。改革前我国会计体系包括《财政总预算会计制度》《行政单位会计制度》《事业单位会计准则》《事业单位会计制度》《医院会计制度》《基层医疗卫生机构会计制度》《高等学校会计制度》《中小学校会计制度》《科学事业单位会计制度》《彩票机构会计制度》《地质勘查单位会计制度》《测绘事业单位会计制度》《国有林场与苗圃会计制度（暂行）》《国有建设单位会计制度》等制度。

2010年以来，为适应公共财政管理的需要，财政部先后对上述部分会计标准进行了修订，出台了各个行业的行政事业单位会计制度，基本满足了现行部门预算管理的需要。但因现行政府会计领域多项制度并存，体系繁杂、内容交叉、核算口径不一，造成不同部门、单位的会计信息可比性不高，对于同样业务的处理，行政和事业单位的会计标准不同、会计政策不同，导致政府财务报告信息质量较低。

2. 改革后的会计体系

2015年以来，财政部相继出台了《政府会计准则——基本准则》和存货、投资、固定资产、无形资产、公共基础设施、政府储备物资等6项政府会计具体准则，固定资产准则应用指南以及《政府会计制度——行政事业单位会计科目和会计报表》。

新准则于2017年1月1日施行，政府会计制度于2019年1月1日全面执行以后，改革之前的会计核算标准体系就废止了，不再适用。以下学习的是新的、统一的《政府会计准则》《政府会计制度》下的会计核算。

需要提醒的是：后面的业务核算，财务会计部分是以财务会计处理为主，预算会计处理为辅，也就是先写的会计分录为财务会计的，"同时"后面的是预算会计；预算会计部分以预算会计处理为主，财务会计处理为辅。

02

第 2 篇　财务会计篇

第 2 章
政府会计资产心中藏

资产是一个单位的根本,单位没有资产,就像无根浮萍,领导说话都没底气。那么资产具体包括什么,怎样进行会计核算呢?咱们一个一个来认识吧!

首先来看每个人都熟悉的货币资金的核算吧,因为它是一个单位的命脉。看到货币资金,我们自然就会想到我们平时赚的钱,赚了多少;花的钱,花到哪里去了。但是作为会计人员,这样的理解就很片面了。行政事业单位的货币资金包括库存现金、银行存款、零余额账户用款额度和其他货币资金。这几个专业名词又有点让人头晕,别担心,一会儿咱们就熟悉了。

2.1 库存现金

通俗地讲,库存现金就是指放在单位财务部门由出纳保管的、满足日常支出需要的现金。

它就像我们自己兜里揣的钱一样,随时有可能被花出去,换回衣服等资产或交了电费等成为费用。

2.1.1 库存现金的管理

行政事业单位的钱也是同样道理,最容易转化为其他资产或费用,流动性非常强,也最容易流失,所以国务院对库存现金有严格的约束,比如约定了库存现金的使用范围。《现金管理暂行条例》规定,除该限定范围内的开支可以用现金支付外,其他开支必须通过银行转账支付。

《现金管理暂行条例》规定的现金使用范围如下:

(1)支付职工工资、各种工资性津贴;

(2)支付个人劳务报酬,包括稿费、讲课费及其他专门工作报酬;

(3)支付给个人的奖金,包括根据国家规定颁发给个人的各种科学技术、文化艺术、体育等各种奖金;

（4）各种劳保、福利费用以及国家规定的对个人的其他现金支出；

（5）向个人收购农副产品和其他物资支付的价款；

（6）出差人员必须随身携带的差旅费；

（7）支付结算起点（1 000元）以下的零星支出；

（8）中国人民银行确定需要支付现金的其他支出。

目前行政事业单位的职工工资和各种津贴、奖金、福利费用等可以采用财政直接支付或授权支付方式支付，行政事业单位使用现金的范围越来越小，出纳犯错误的概率也越来越小。

同时库存现金还有其他限制条件，具体如下。

2.1.2 库存现金限额管理

库存现金限额是指国家规定由开户银行给各单位核定一个保留现金的最高额度。核定单位库存限额的原则是，既要保证日常零星现金支付的合理需要，又要尽量减少现金的使用。在银行开户的单位由于经济业务发展，需要增加或减少库存现金限额，应按必要手续向开户银行提出申请。

为了保证现金的安全，规范现金管理，同时又能保证在银行开户单位的现金正常使用，按照《现金管理暂行条例》及实施细则规定，库存现金限额由开户银行和开户单位根据具体情况商定，凡在银行开户的单位，银行根据实际需要核定3~5天的日常零星开支数额作为该单位的库存现金限额。边远地区和交通不便地区的开户单位，其库存现金限额的核定天数可以适当放宽在5天以上，但最多不得超过15天的日常零星开支的需要量。

$$库存现金限额 = 每日零星支出额 \times 核定天数$$

每日零星支出额＝月（或季）平均现金支出额（不包括定期性的大额现金支出和不定期的大额现金支出）/月（或季）平均天数

各行政事业单位的限额一经界定，就要严格遵守：单位每日现金收入要于当日送存银行；单位支付现金，可以从本单位的库存现金限额中支付或从开户银行中提取，但是不得从本单位的现金收入中直接支付。出纳下班前要清点现金，当日收到的现金和多出限额的部分是不允许放在单位的，这部分现金要及时送存银行。

2.1.3 坐支现金管理

各行政事业单位实行收、支两条线，不准"坐支"现金。所谓"坐支"现金，是指事业单位和机关、团体、部队从本单位的现金收入中直接用于现金支出。

例如：2019年4月4日早晨，账面现金为360元。上午出纳收到出租房屋款现金10 000元，之后李媛媛要出差并预借差旅费5 000元，应该怎么操作？

有人会说："这有什么考虑的，出纳手里有钱啊，直接付了不就完事了吗？"

其实不然，这5 000元差旅费要填写现金支票，由出纳或借款人去银行取现，而收到的10 000元租金要填写现金缴款单存入银行。如果用这10 000元直接支付差旅费5 000元，那么就属于"坐支"现金了。

2.1.4 钱账分管管理

为了加强对现金的管理，随时掌握现金收付的动态和库存现金余额，保证现金的安全，单位必须设置"现金日记账"，由出纳按照业务发生的先后顺序，逐笔序时登记。每日终了，出纳要及时对自己掌管的现金进行清点，并和自己负责的现金日记账余额核对。

这就是钱账分管吗？不是，这只是出纳一个人的工作，自己管钱自己记账。那不是自己想怎么记就怎么记吗？所以为了牵制出纳，会计也要记账。两个人同时记账，就没法做弊了。

会计记的账是库存现金总账。月末的时候，出纳记的现金日记账余额要和库存现金总账的余额进行核对，核对数额必须相符。

注意：

（1）会计管账不管钱，出纳管钱不管账。两者互相核对余额的正确性，可以防微杜渐。

（2）从开户银行提取现金时应当写明用途，由本单位财会部门负责人签字盖章，开户银行审核后予以支付现金。

2.1.5 现金管理的其他规定

《现金管理暂行条例》及其实施细则规定，行政事业单位现金管理除了以上规定之外，还有以下限制：

（1）不准用不符合财务制度的凭证顶替库存现金（俗称"白条抵库"）；

（2）不准单位之间互相借用现金（必须拆借款项的，要通过银行转账）；

（3）不准谎报用途套取现金；

（4）不准利用银行账户代其他单位和个人存入或支取现金；

（5）不准将单位收入的现金以个人名义存入储蓄（俗称"公款私存"）；

（6）不准保留账外公款（俗称"小金库"）。

虽然有这么多限制，但是行政事业单位为了应付日常的零星开支，还是需要经常进行一定数量的库存现金收付业务。收付的现金要及时进行会计处理并入账，以下我们就通过具体的业务学习现金的核算。

2.1.6 不同账户存取现金的核算

行政事业单位办理任何现金收付业务，都必须有合法的原始凭证作依据。收到现金时，属于各项收入的现金，应给交款人出具正式收据。属于暂付款结算后交回的多余现金，使用借款三联单的，会计退还原借据副联，出纳不给对方另开收据；不使用借款三联单的，出纳另出具收据。付出现金时，出纳要在付款的原始凭证上加盖"现金付讫"戳记，以防止凭证重复报销。在办理现金收付业务时，必须严格按制度办理，防止漏洞。收付现金的各种原始单据，根据各单位具体情况，由会计或出纳审核，并由出纳按月连续编号，作为账簿的顺序号，在现金收支的当天入账。

具体的业务处理如下：

例：开出现金支票，从本单位基本账户中支取现金5 000元备用。作会计分录如下（单位：元）：

借：库存现金　　　　　　　　　　　　　5 000
　　贷：银行存款　　　　　　　　　　　　　　5 000

例：当天收取的现金总计10 000元存入银行。作会计分录如下（单位：元）：

借：银行存款　　　　　　　　　　　　　10 000
　　贷：库存现金　　　　　　　　　　　　　　10 000

例：开出现金支票，从本单位零余额账户中支取现金5 000元备用。作会计分录如下（单位：元）：

借：库存现金　　　　　　　　　　　　　5 000
　　贷：零余额账户用款额度　　　　　　　　　5 000

同时：

借：资金结存——货币资金　　　　　　　5 000
　　贷：资金结存——零余额账户用款额度　　　5 000

例：将现金退回到零余额账户200元。作会计分录如下（单位：元）：

借：零余额账户用款额度 200
　　贷：库存现金 200

同时：

借：资金结存——零余额账户用款额度 200
　　贷：资金结存——货币资金 200

注意：一般不允许把零余额账户的资金存入基本账户，也不允许把零余额账户取的现金再存回去，一般都是要支出多少才会在账户中收到多少，收到的款项正好用于支出。

2.1.7　内部职工出差等原因借出与报销的业务处理

例：职工马艳梅出差，预借差旅费 2 000 元。作会计分录如下（单位：元）：

借：其他应收款——马艳梅 2 000
　　贷：库存现金 2 000

例：承上例，马艳梅出差回来报销差旅费 2 100 元，差额用现金补齐。作会计分录如下（单位：元）：

借：业务活动费用——差旅费 2 100
　　贷：其他应收款——马艳梅 2 000
　　　　库存现金 100

同时：

借：行政支出/事业支出 2 100
　　贷：资金结存——货币资金 2 100

2.1.8　因提供服务、物品或者其他事项收到现金或支出现金

例：收到行政性收费 5 000 元。作会计分录如下（单位：元）：

借：库存现金 5 000
　　贷：事业收入 5 000

同时：

借：资金结存——货币资金 5 000
　　贷：事业预算收入 5 000

例：购买办公用 A4 复印纸 10 包、水笔 100 支，交保管收存，共计支付现金 300 元。作会计分录如下（单位：元）：

借：库存物品　　　　　　　　　　　　　　300
　　贷：库存现金　　　　　　　　　　　　　　　300

同时：

借：事业支出　　　　　　　　　　　　　　300
　　贷：资金结存——货币资金　　　　　　　　　300

2.1.9　现金清查的核算

例：现金清查时，发现现金溢余150元。作会计分录如下（单位：元）：

借：库存现金　　　　　　　　　　　　　　150
　　贷：待处理财产损溢　　　　　　　　　　　　150

同时：

借：资金结存——货币资金　　　　　　　　150
　　贷：其他预算收入　　　　　　　　　　　　　150

例：承上例，假如经查明此溢余的现金为王猛报销费用时因现金不足，尚未支付，但是单据已经入账做现金减少。作会计分录如下（单位：元）：

借：待处理财产损溢　　　　　　　　　　　150
　　贷：其他应付款——王猛　　　　　　　　　　150

同时：

借：其他预算收入　　　　　　　　　　　　150
　　贷：资金结存——货币资金　　　　　　　　　150

支付给王猛时：

借：其他应付款——王猛　　　　　　　　　150
　　贷：库存现金　　　　　　　　　　　　　　　150

例：承前例，假如经核查，此溢余的现金无法查明原因。作会计分录如下（单位：元）：

借：待处理财产损溢　　　　　　　　　　　150
　　贷：其他收入　　　　　　　　　　　　　　　150

例：现金清查时，发现短缺现金800元。作会计分录如下（单位：元）：

借：待处理财产损溢　　　　　　　　　　　800
　　贷：库存现金　　　　　　　　　　　　　　　800

同时：

借：其他支出 800
　　贷：资金结存——货币资金 800

例：承上例，假如上述短缺现金系出纳孟源办理业务失误，重复支付，但资金已经追不回来，由出纳负责赔偿。作会计分录如下（单位：元）：

借：其他应收款——孟源 800
　　贷：待处理财产损溢 800

同时：

借：资金结存——货币资金 800
　　贷：其他支出 800

收到出纳赔偿款时：

借：库存现金 800
　　贷：其他应收款——孟源 800

例：承前例，假如上述短缺现金无法查明原因，经领导讨论决定不需出纳赔偿。作会计分录如下（单位：元）：

借：资产处置费用 800
　　贷：待处理财产损溢 800

2.2　银行存款

行政事业单位在银行开立银行账户，用来办理存款、取款、转账等业务结算的存款就是银行存款，通俗地说存入银行账户的资金就是银行存款。行政事业单位应当严格按照国家有关支付结算办法的规定办理银行存款收支业务，并按照规定核算银行存款的各项收支业务。

2.2.1　银行存款的管理

中国人民银行总行发布的《支付结算办法》规定，现行银行结算方式有支票、银行汇票、银行本票、商业汇票、汇兑、委托收款和托收承付七种结算方式，行政事业单位发生的资金收付业务大部分采用上述七种结算方式进行结算。

但是，银行存款账户也不是随意使用的，和现金一样，也有它的限制条件。以下几条必须遵守：

（1）认真贯彻执行国家的政策、法令，严格遵守银行的各项结算制度和现金管理制度，接受银行监督。

（2）银行存款账户只供本单位使用，不能把自己单位的账户出租、出借或转让给其他单位或者个人使用。

（3）各种收付款凭证必须如实填明款项来源或用途，实事求是。不得巧立名目，不得弄虚作假，不得套取现金和套购物资，严禁利用账户搞非法活动。

（4）银行存款账户必须有足额的资金保证支付，加强支票管理，不准签发空头支票和其他远期支付凭证。

（5）重视和银行的对账工作，每月末认真及时地与银行对账单进行核对，填写银行存款余额调节表，保证账账、账款相符。如有不符，要及时与银行沟通、查对清楚，更正错账。

银行存款是行政事业单位经常使用的支付结算方式，使用频繁，要求会计人员一定把好关，及时进行会计核算。

2.2.2　银行存款的会计核算

银行存款通过"银行存款"科目核算，包括单位存入银行或者其他金融机构的各种存款。

银行存款的主要账务处理如下：

（1）将款项存入银行或者其他金融机构，按照实际存入的金额，借记本科目，贷记"库存现金""应收账款""事业收入""经营收入""其他收入"等相关科目。涉及增值税业务的，相关账务处理参见"应交增值税"科目。

收到银行存款利息，按照实际收到的金额，借记本科目，贷记"利息收入"科目。

（2）从银行等金融机构提取现金，按照实际提取的金额，借记"库存现金"科目，贷记本科目。

（3）以银行存款支付相关费用，按照实际支付的金额，借记"业务活动费用""单位管理费用""其他费用"等相关科目，贷记本科目。涉及增值税业务的，相关账务处理参见"应交增值税"科目。

以银行存款对外捐赠，按照实际捐出的金额，借记"其他费用"科目，贷记本科目。

（4）收到受托代理、代管的银行存款，按照实际收到的金额，借记本科目（受托代理资产），贷记"受托代理负债"科目；支付受托代理、代管的银行存款，按照实际支付的金额，借记"受托代理负债"科目，贷记本科目（受托代理资产)。

以下面的具体业务为例,进行具体操作:

例:收到房屋租金50 000元,存入银行。作会计分录如下(单位:元):

借:银行存款　　　　　　　　　　　50 000
　　贷:应缴财政款　　　　　　　　　　50 000

预算会计不做处理。

例:收到银行存款利息入账通知,本季度存款利息为100元。作会计分录如下(单位:元):

借:银行存款　　　　　　　　　　　100
　　贷:利息收入　　　　　　　　　　　100

同时:

借:资金结存——货币资金　　　　　100
　　贷:其他预算收入　　　　　　　　　100

例:收到上级拨入事业经费150 000元。作会计分录如下(单位:元):

借:银行存款　　　　　　　　　　　150 000
　　贷:上级补助收入　　　　　　　　　150 000

同时:

借:资金结存——货币资金　　　　　150 000
　　贷:上级补助预算收入　　　　　　　150 000

例:非独立核算部门销售产品1 000件,不含税单价为100元,增值税税率为3%,收到所汇货款。作会计分录如下(单位:元):

借:银行存款　　　　　　　　　　　103 000
　　贷:经营收入　　　　　　　　　　　100 000
　　　　应交增值税　　　　　　　　　　3 000

同时:

借:资金结存——货币资金　　　　　103 000
　　贷:经营预算收入　　　　　　　　　103 000

例:收到A公司转账支票一张,金额为100 000元,系收前欠货款(需上缴财政),填写进账单并送存银行。作会计分录如下(单位:元):

借:银行存款　　　　　　　　　　　100 000
　　贷:应收账款——A公司　　　　　　100 000

例：非独立核算单位网银汇款给 B 公司 23 200 元，偿还前欠货款。作会计分录如下（单位：元）：

借：应付账款——B 公司　　　　　　　23 200
　　贷：银行存款　　　　　　　　　　　　23 200

同时：

借：经营支出　　　　　　　　　　　　23 200
　　贷：资金结存——货币资金　　　　　　23 200

例：事业单位购入 A 材料 500 千克，取得增值税普通发票，发票上金额为 10 000 元，增值税额为 1 300 元，开出转账支票支付；另用现金支付运费 100 元，取得普通发票。作会计分录如下（单位：元）：

借：库存物品　　　　　　　　　　　　11 400
　　贷：银行存款　　　　　　　　　　　　11 300
　　　　库存现金　　　　　　　　　　　　　100

同时：

借：事业支出　　　　　　　　　　　　11 400
　　贷：资金结存——货币资金　　　　　　11 400

2.2.3　银行存款的清查

银行存款的清查与现金不同，因为它没有实物形态，无法进行盘点，但是开户银行也针对单位收付款业务进行记账，与单位银行存款日记账形成可以核对的关系。所以银行存款的清查是每月末采用核对法，银行存款日记账与银行对账单进行核对，检验账簿记录的正确性。

单位应当按照开户银行或其他金融机构、存款种类及币种等，分别设置"银行存款日记账"。出纳根据收付款凭证，按照业务发生的先后顺序逐日逐笔登记，每日终了应结出余额并做日结，月末进行月结。

月度终了，银行存款日记账与银行对账单进行核对，首先看单位银行存款日记账账面余额与银行对账单余额是否相等，如果不等，应当逐笔查明原因。

单位银行存款日记账账面余额与银行对账单余额产生差额的原因有二：一是双方记账可能有错误；二是存在未达账项。未达账项是指因凭证的传递有一个过程，造成单位与银行之间入账时间不一致，致使一方已经入账而另一方因未收到结算凭证尚未入账的账项。产生的未达账项有以下四种情况：

（1）单位已记银行存款增加，而银行未收到结算凭证尚未入账；

（2）单位已记银行存款减少，而银行未收到结算凭证尚未入账；

（3）银行已记银行存款增加，而单位未收到结算凭证尚未入账；

（4）银行已记银行存款减少，而单位未收到结算凭证尚未入账。

查找未达账项的方法是用铅笔在已达账项（双方结算凭证种类和编号一样）后面画钩，没画钩的为未达账项。找到未达账项后，编写银行存款余额调节表，格式如表2－1所示：

表2－1　银行存款余额调节表

年　　月　　日

项目	金额	项目	金额
银行存款日记账余额		银行对账单余额	
加：银行已记增加，单位未记 减：银行已记减少，单位未记		加：单位已记增加，银行未记 减：单位已记减少，银行未记	
调节后余额		调节后余额	

调节后余额如果相等了，就证明造成银行存款日记账和银行对账单余额不符的原因是未达账项，那么单位督促出纳去银行及时拿回结算凭证，据以入账。

如果调节后余额不相等，就证明造成银行存款日记账和银行对账单余额不符的原因除了有未达账项，还有错账。未达账项处理同上。出现错账的话，就要查明原因，看看到底是哪笔业务的金额记错了。针对错误业务，查看自己单位该业务的原始凭证是否有错：如果确实是本单位记账错误，则采用错账更正法进行更正；如果弄不清到底错没错，就要与银行取得联系，一起查明原因。

以下举一个实例。

（1）有未达账项，无错账的情况（见表2－2、表2－3、表2－4）。

表2－2　**银行存款日记账**

单位：元

月	日	凭证号	摘要	结算凭证种类	结算凭证号数	对方科目	借方金额	贷方金额	余额
1	21		承前页						380 500
	26	记21	购买商品	转支	#3605	库存物品		40 000√	340 500
	30	记22	购办公用品	转支	#3607	单位管理费用		1 000	339 500
	30	记29	收回货款	托收	#1005	应收账款	40 000√		379 500
	31	记33	预付账款	转支	#3618	预付账款		50 000	329 500
	31	记40	收回货款	托收	#1007	应收账款	10 000		339 500

表 2-3 银行对账单

单位：元

月	日	结算凭证种类	结算凭证号数	摘　要	收　入	付　出	结　余
1	21			承前页			380 500
	27	转支	#3605	购买商品		40 000√	340 500
	30	特转	#1902	存款利息	900		341 400
	30	托收	#1005	收回货款	40 000√		381 400
	31	特转	#1906	贷款利息		3 000	378 400

表 2-4　银行存款余额调节表

2019 年 1 月 31 日　　　　　　　　　　　　　　　　　单位：元

项目	金额	项目	金额
银行存款日记账余额	339 500	银行对账单余额	378 400
加：银行已记增加，单位未记	900	加：单位已记增加，银行未记	10 000
减：银行已记减少，单位未记	3 000	减：单位已记减少，银行未记	1 000
			50 000
调节后余额	337 400	调节后余额	337 400

此结果证明账簿记录没有错误，造成余额不符的原因是未达账项。出纳去银行把存款利息 900 元、贷款利息 3 000 元的单据拿回来入账就可以了。

（2）有未达账项，有错账的情况（见表 2-5、表 2-6、表 2-7）。

表 2-5　银行对账单

单位：元

2019 年		结算凭证		摘　要	借　方	贷　方	余　额
月	日	种类	号数				
3	25						395 000
	26	转支	0006	购买办公用品	1 000√		394 000
	31	电汇	0128	收到货款		50 000	444 000
	31	特转	1009	贷款利息	300		443 700
	31			月末余额			443 700

注：银行对账单的贷方记增加，借方记减少。

表 2-6 银行存款日记账

2019年 月	日	凭证字号	摘要	结算凭证 种类	号数	对应账户（略）	收入	支出	结余
3	25								3 9 5 0 0 0 0 0
	26	记51	购买办公用品	转支	0006			√1 0 0 0 0 0 0	3 8 5 0 0 0 0 0
	28	记59	预付货款	转支	0007			8 0 0 0 0 0	3 0 5 0 0 0 0 0
	31	记62	预收货款	汇票	1018		4 6 8 0 0 0 0		3 5 1 8 0 0 0 0

表 2-7 银行存款余额调节表

2019 年 3 月 31 日　　　　　　　　　　　　　　　　　　单位：元

项目	金额	项目	金额
银行存款日记账余额	351 800	银行对账单余额	443 700
加：银行已记增加，单位未记	50 000	加：单位已记增加，银行未记	46 800
减：银行已记减少，单位未记	300	减：单位已记减少，银行未记	80 000
调节后的存款余额	401 500	调节后的存款余额	410 500

此结果证明账簿记录有错误，造成余额不符的原因有未达账项和错账。对于未达账项中的收到货款 50 000 元、贷款利息 300 元，出纳去银行把单据拿回来入账就可以了。对于错账是转支 0006，银行存款日记账记的是 10 000 元，银行对账单记的是 1 000 元，首先找到记 51 号凭证，看一下所附转账支票存根和发票，是否记错账：如果记错账，则填写红字凭证冲去 9 000 元；如果没记错，就去银行核对转账支票正联，看看是否银行记错账，如果银行记错账则银行进行调整。

2.3　外币存款的会计核算

有外币存款的行政事业单位很少，但是不代表没有。有外币存款业务时，单位应在"银行存款"科目下分别按人民币和各种外币设置银行存款日记账，进行明细核算。

2.3.1 外币存款概述

行政事业单位发生外币业务的,按照规定,应当按照业务发生当日的即期汇率,将外币金额折算为人民币金额记账,但必须同时登记外币金额和汇率。

期末,各种外币账户的期末余额应当按照期末的即期汇率折算为人民币,作为外币账户期末人民币余额。调整后的各种外币账户人民币余额与原账面余额的差额,作为汇兑损益计入当期费用。

汇率有直接汇率和间接汇率两种表示方法。直接汇率是以一定单位的外国货币可兑换本国货币的金额表示;间接汇率是以一定单位的本国货币可兑换外国货币的金额表示。我国采用直接汇率。

例如,一件价值100元人民币的商品,如果美元对人民币汇率为6.71,则这件商品在国际市场上的价格就是14.90美元。如果美元对人民币汇率涨到6.80,也就是说美元升值,人民币贬值,该商品在国际市场上价格就会降低为14.71美元。商品的价格降低,竞争力增强,肯定好卖,从而促进该商品的出口。反之,如果美元汇率跌到6.50,也就是说美元贬值,人民币升值,出口商品就不再占优势,但必将有利于从美国进口商品。总的来说,美元升值人民币贬值,就会有利于中国商品对美国的出口;反过来,美元贬值而人民币升值,就会刺激美国商品对中国的出口。

以下是外币业务会计处理。

2.3.2 外币存款的核算

(1) 以外币购买物资、设备等,按照购入当日的即期汇率将支付的外币或应支付的外币折算为人民币金额,借记"库存物品"等科目,贷记本科目、"应付账款"等科目的外币账户。涉及增值税业务的,相关账务处理参见"应交增值税"科目。

(2) 销售物品、提供服务以外币收取相关款项等,按照收入确认当日的即期汇率将收取的外币或应收取的外币折算为人民币金额,借记本科目、"应收账款"等科目的外币账户,贷记"事业收入"等相关科目。

(3) 期末,根据各外币银行存款账户按照期末汇率调整后的人民币余额与原账面人民币余额的差额,作为汇兑损益,借记或贷记本科目,贷记或借记"业务活动费用""单位管理费用"等科目。

"应收账款""应付账款"等科目有关外币账户期末汇率调整业务的账务处

理参照本科目。

具体业务分析处理如下。

例：2019年1月1日，A行政单位的美元银行存款账户余额为400 000美元，共折合人民币2 640 000元；1月16日该单位以300 000美元的价格从国外购进一批设备，当日的汇率为1美元=6.55元人民币。1月31日的汇率为1美元=6.50元人民币。其会计分录如下（单位：元）：

（1）购进设备时：

  借：固定资产　　　　　　　　　　1 965 000
    贷：银行存款——美元户　　　　　　1 965 000

  同时：

  借：行政支出　　　　　　　　　　1 965 000
    贷：资金结存——货币资金　　　　　1 965 000

（2）1月31日计算汇兑损益：

  美元账户余额=400 000−300 000=100 000（美元）

  美元账户余额折算成人民币=100 000×6.50=650 000（元）

  银行存款（美元户）余额=2 640 000−1 965 000=675 000（元）

  1月汇兑损益=650 000−675 000=−25 000（元）（负数为汇兑损失）

  作会计分录如下：

  借：业务活动费用　　　　　　　　25 000
    贷：银行存款——美元户　　　　　　25 000

  同时：

  借：行政支出　　　　　　　　　　25 000
    贷：资金结存——货币资金　　　　　25 000

2.4 零余额账户用款额度

2.4.1 零余额账户用款额度概述

零余额账户用款额度是指实行国库集中支付的单位根据财政部门批复的用款计划收到和支用的零余额账户用款额度。

那么什么是零余额账户呢？这个问题对我们后面的知识理解会有一定帮助。

零余额账户是指财政部门和预算单位在办理支付款项业务时,先由代理银行根据财政预算批复拨款凭证支付指令,通过单位零余额账户将资金支付到供应商或收款人账户。支付的资金由代理银行在每天规定的时间内与人民银行通过国库账户进行清算,将当天支付的所有资金从人民银行国库划到代理银行账户,当天轧账后,账户的余额为零。

重点是要知道零余额账户用款额度的会计核算。这些知识对于新接触政府会计的人员可能不易接受,因为它和企业会计不一样。以下以实际案例为出发点,了解并掌握这个重要的会计科目的核算。

2.4.2 收到额度的核算

单位收到财政授权支付到账通知书时,根据其所列金额,借记本科目,贷记"财政拨款收入"科目。

例:2019 年 4 月 2 日,单位收到财政授权支付到账通知书,财政拨款为 10 万元。作会计分录如下(单位:元):

借:零余额账户用款额度　　　　　　100 000
　　贷:财政拨款收入　　　　　　　　　　100 000

同时:

借:资金结存——零余额账户用款额度　100 000
　　贷:财政拨款预算收入　　　　　　　　100 000

2.4.3 支付额度的核算

(1)支付日常活动费用时,按照支付的金额,借记"业务活动费用""单位管理费用"等科目,贷记本科目。

(2)购买库存物品或购建固定资产时,按照实际发生的成本,借记"库存物品""固定资产""在建工程"等科目,按照实际支付或应付的金额,贷记本科目、"应付账款"等科目。涉及增值税业务的,相关账务处理参见"应交增值税"科目。

(3)从零余额账户中提取现金时,按照实际提取的金额,借记"库存现金"科目,贷记本科目。

例:2019 年 4 月 2 日,总务处后勤人员报销应急灯等维修配件款 3 000 元,从零余额账户中支付。作会计分录如下(单位:元):

借：单位管理费用　　　　　　　　　　　　3 000
　　贷：零余额账户用款额度　　　　　　　　　　3 000

同时：

借：事业支出　　　　　　　　　　　　　　3 000
　　贷：资金结存——零余额账户用款额度　　　　3 000

例：2019 年 4 月 3 日，购入一台 A 设备，增值税普通发票上注明金额为 80 000 元，增值税额为 10 400 元，款项通过零余额账户付款。作会计分录如下（单位：元）：

借：固定资产——A 设备　　　　　　　　　90 400
　　贷：零余额账户用款额度　　　　　　　　　　90 400

同时：

借：事业支出　　　　　　　　　　　　　　90 400
　　贷：资金结存——零余额账户用款额度　　　　90 400

例：2019 年 4 月 4 日，从零余额账户中提取现金 5 000 元。作会计分录如下（单位：元）：

借：库存现金　　　　　　　　　　　　　　5 000
　　贷：零余额账户用款额度　　　　　　　　　　5 000

同时：

借：资金结存——货币资金　　　　　　　　5 000
　　贷：资金结存——零余额账户用款额度　　　　5 000

2.4.4 支付额度退回的核算

因购货退回等发生财政授权支付额度退回的，属于以前年度支付的款项，按照退回金额，借记本科目，贷记"以前年度盈余调整""库存物品"等有关科目；属于本年度支付的款项，按照退回金额，借记本科目，贷记"库存物品"等有关科目。

例：2019 年 5 月 1 日，购买 1 000 件 B 商品，增值税普通发票上金额为 50 000 元，增值税额为 6 500 元，款项从零余额账户中支付。作会计分录如下（单位：元）：

借：库存物品——B 商品　　　　　　　　　56 500
　　贷：零余额账户用款额度　　　　　　　　　　56 500

同时：

借：事业支出　　　　　　　　　　　56 500
　　贷：资金结存——零余额账户用款额度　56 500

例：2019年5月3日，1日购买的B商品因质量问题退货，金额为6 000元，款项已经退回零余额账户。作会计分录如下（单位：元）：

借：零余额账户用款额度　　　　　　6 000
　　贷：库存物品——B商品　　　　　　6 000

同时：

借：资金结存——零余额账户用款额度　6 000
　　贷：事业支出　　　　　　　　　　　6 000

例：2019年1月8日，发现2018年12月领用的W商品有部分不是该型号，经查属于销货方错发，价值为10 000元，经双方协商一致处理的结果是退回，款项退回零余额账户。作会计分录如下（单位：元）：

借：零余额账户用款额度　　　　　　10 000
　　贷：以前年度盈余调整　　　　　　10 000

同时：

借：资金结存——零余额账户用款额度　10 000
　　贷：财政拨款结转——年初余额调整　10 000

2.4.5　年末注销额度

年末，根据代理银行提供的对账单做注销额度的相关账务处理，借记"财政应返还额度——财政授权支付"科目，贷记本科目。做注销处理后，本科目无余额。

年末，单位本年度财政授权支付预算指标数大于零余额账户用款额度下达数的，根据未下达的用款额度，借记"财政应返还额度——财政授权支付"科目，贷记"财政拨款收入"科目。

例：2019年12月31日，零余额账户对账单显示有余额1 000元。作会计分录如下（单位：元）：

借：财政应返还额度——财政授权支付　1 000
　　贷：零余额账户用款额度　　　　　　1 000

同时：

借：资金结存——财政应返还额度　　　1 000
　　贷：资金结存——零余额账户用款额度　1 000

例：2019 年 12 月 31 日，单位本年度财政授权支付预算指标数大于零余额账户用款额度下达数 2 000 元。作会计分录如下（单位：元）：

借：财政应返还额度——财政授权支付　　2 000
　　贷：财政拨款收入　　　　　　　　　　　　2 000

同时：

借：资金结存——财政应返还额度　　　　2 000
　　贷：财政拨款预算收入　　　　　　　　　　2 000

2.4.6　下年初恢复额度

下年初，单位根据代理银行提供的上年度注销额度恢复到账通知书做恢复额度的相关账务处理，借记本科目，贷记"财政应返还额度——财政授权支付"科目。单位收到财政部门批复的上年末下达零余额账户用款额度，借记本科目，贷记"财政应返还额度——财政授权支付"科目。

例：2020 年 1 月 1 日，收到零余额账户银行的 2019 年注销额度恢复到账通知书，金额为 1 000 元。作会计分录如下（单位：元）：

借：零余额账户用款额度　　　　　　　　1 000
　　贷：财政应返还额度——财政授权支付　　　1 000

同时：

借：资金结存——零余额账户用款额度　　1 000
　　贷：资金结存——财政应返还额度　　　　　1 000

也就是把上年年末所做的处理进行冲销。

例：承前例，2020 年 1 月 4 日，收到财政部门批复的 2019 年的 2 000 元零余额账户用款额度，据财政授权支付到账通知书。作会计分录如下（单位：元）：

借：零余额账户用款额度　　　　　　　　2 000
　　贷：财政应返还额度——财政授权支付　　　2 000

同时：

借：资金结存——零余额账户用款额度　　2 000
　　贷：资金结存——财政应返还额度　　　　　2 000

2.5　其他货币资金

本科目核算单位的外埠存款、银行本票存款、银行汇票存款、信用卡存款等各种其他货币资金。本科目应当设置"外埠存款""银行本票存款""银行汇票存款""信用卡存款"等明细科目,进行明细核算。单位应当加强对其他货币资金的管理,及时办理结算,本科目期末借方余额反映单位实际持有的其他货币资金。对于逾期尚未办理结算的银行汇票、银行本票等应当按照规定及时转回。

以下通过实例进行讲解。

2.5.1 外埠存款的核算

例:2019年4月1日,单位去Y省购买材料,业务谈妥后在Y省开立临时账户并汇入50 000元。作会计分录如下(单位:元):

借:其他货币资金——外埠存款　　　50 000
　　贷:银行存款　　　　　　　　　　50 000

预算会计不做处理。

例:承上例,2019年4月2日,购入甲材料并取得增值税普通发票,金额为40 000元,增值税为5 200元,通过外埠存款户结算。材料已经验收入库。作会计分录如下(单位:元):

借:库存物品　　　　　　　　　　　45 200
　　贷:其他货币资金——外埠存款　　45 200

同时:

借:事业支出　　　　　　　　　　　45 200
　　贷:资金结存——货币资金　　　　45 200

例:承上例,2019年4月3日,接到银行收款通知,余款4 800元已经转回。作会计分录如下(单位:元):

借:银行存款　　　　　　　　　　　4 800
　　贷:其他货币资金——外埠存款　　4 800

预算会计不做处理。

2.5.2 银行汇票的核算

例:2019年4月6日,填写银行汇票申请书50 000元,办理好一张银行汇票,准备去C公司采购机床。作会计分录如下(单位:元):

借:其他货币资金——银行汇票存款　50 000
　　贷:银行存款　　　　　　　　　　50 000

预算会计不做处理。

例：承上例，2019年4月8日，采购人员回来报账，共购买机床两台，不含税单价为21 000元，增值税税率为13%，取得增值税普通发票。机床已经试运行，交付生产部门（非独立核算）使用。作会计分录如下（单位：元）：

借：固定资产——机床　　　　　　　　47 460〔21 000×（1+13%）×2〕
　　贷：其他货币资金——银行汇票存款　47 460

同时：
借：经营支出　　　　　　　　　　　　47 460
　　贷：资金结存——货币资金　　　　 47 460

例：承上例，2019年4月9日，收到银行收款通知，银行汇票余款2 540元已经转回。作会计分录如下（单位：元）：

借：银行存款　　　　　　　　　　　　2 540
　　贷：其他货币资金——银行汇票存款　2 540

预算会计不做处理。

2.5.3　信用卡存款的核算

例：2019年4月10日，办理单位信用卡5张，每张存入2 000元，交单位各部门负责人使用。作会计分录如下（单位：元）：

借：其他货币资金——信用卡存款　　　10 000
　　贷：银行存款　　　　　　　　　　10 000

预算会计不做处理。

例：2019年4月12日，办公室负责人报销费用：购买A4纸10箱，22元/箱；笔记本10个，10元/个。共计320元，原始凭证有发票和信用卡结算单据。作会计分录如下（单位：元）：

借：单位管理费用　　　　　　　　　　320
　　贷：其他货币资金——信用卡存款　　320

同时：
借：事业支出　　　　　　　　　　　　320
　　贷：资金结存——货币资金　　　　 320

例：2019年5月8日，办公室信用卡余额不足，转入信用卡2 000元。作会计分录如下（单位：元）：

借：其他货币资金——信用卡存款　　　　　2 000
　　贷：银行存款　　　　　　　　　　　　　　2 000

预算会计不做处理。

接触企业核算的会计人员都知道，企业的钱不能长期闲置，要创造价值。一般企业会购买基金、股票、债券等进行投资，也就是我们所熟知的短期投资，但因为政府会计主要适用于行政事业单位，而行政事业单位是不允许购买股票等进行投资的，所以我们就不在这里浪费时间了。下面继续学习新的会计科目——财政应返还额度。

2.6　财政应返还额度

本科目核算实行国库集中支付的单位应收财政返还的资金额度，包括可以使用的以前年度财政直接支付资金额度和财政应返还的财政授权支付资金额度。本科目应当设置"财政直接支付""财政授权支付"两个明细科目进行明细核算。

以下通过实例来了解本科目的核算。首先需记住的是，本科目进行核算的时间是年末或下年初，平时是不涉及的。

2.6.1　财政直接支付的核算

1. 日常支出

例：Z 事业单位于 2019 年 12 月 10 日采用财政直接支付设备款 158 000 元，收到代理银行转来的"财政直接支付入账通知书"作会计分录如下（单位：元）：

借：固定资产　　　　　　　　　　　158 000
　　贷：财政拨款收入　　　　　　　　　158 000

同时：

借：事业支出　　　　　　　　　　　158 000
　　贷：财政拨款预算收入　　　　　　　158 000

2. 年末处理

例：2019 年 12 月 31 日，当年财政直接支付总金额为 2 800 000 元，2019 年直接支付财政预算指标金额为 3 000 000 元，预算数大于实际发生数 200 000 元。作会计分录如下（单位：元）：

借：财政应返还额度——财政直接支付　　200 000
　　贷：财政拨款收入　　　　　　　　　　　　200 000

同时：

借：资金结存——财政应返还额度　　　　200 000
　　贷：财政拨款预算收入　　　　　　　　　　200 000

3. 使用以前年度的财政直接支付额度支付款项

例：2020 年，用 2019 年财政直接支付额度剩余数支付维修用电料款 3 340 元。作会计分录如下（单位：元）：

借：单位管理费用　　　　　　　　　　3 340
　　贷：财政应返还额度——财政直接支付　　　3 340

同时：

借：事业支出　　　　　　　　　　　　3 340
　　贷：资金结存——财政应返还额度　　　　　3 340

2.6.2 财政授权支付的核算

年末，根据代理银行提供的对账单做注销额度的相关账务处理，借记本科目（财政授权支付），贷记"零余额账户用款额度"科目。

例：2019 年 12 月 31 日，A 单位代理银行提供的对账单显示余额为 10 000 元，单位做注销额度处理。作会计分录如下（单位：元）：

借：财政应返还额度——财政授权支付　　10 000
　　贷：零余额账户用款额度　　　　　　　　　10 000

同时：

借：资金结存——财政应返还额度　　　　10 000
　　贷：资金结存——零余额账户用款额度　　　10 000

年末，单位本年度财政授权支付预算指标数大于零余额账户用款额度下达数的，根据未下达的用款额度，借记本科目（财政授权支付），贷记"财政拨款收入"科目。

例：2019 年 12 月 31 日，B 单位零余额账户对账单显示，单位本年度财政授权支付预算指标数大于零余额账户用款额度下达数 20 000 元。作会计分录如下（单位：元）：

借：财政应返还额度——财政授权支付　　　　20 000
　　贷：财政拨款收入　　　　　　　　　　　　20 000
同时：
借：资金结存——财政应返还额度　　　　　　20 000
　　贷：财政拨款预算收入　　　　　　　　　　20 000

下年初，单位根据代理银行提供的上年度注销额度恢复到账通知书做恢复额度的相关账务处理，借记"零余额账户用款额度"科目，贷记本科目（财政授权支付）。单位收到财政部门批复的上年未下达零余额账户用款额度，借记"零余额账户用款额度"科目，贷记本科目（财政授权支付）。

例：2020 年 1 月 1 日，A 单位收到零余额账户银行的 2019 年注销额度恢复到账通知书，金额为 10 000 元。作会计分录如下（单位：元）：

借：零余额账户用款额度　　　　　　　　　　10 000
　　贷：财政应返还额度——财政授权支付　　10 000
同时：
借：资金结存——零余额账户用款额度　　　　10 000
　　贷：资金结存——财政应返还额度　　　　10 000

也就是把上年年末所做的处理进行冲销。

例：2020 年 1 月 4 日，B 单位收到财政部门批复的 2019 年未下达的 20 000 元零余额账户用款额度，根据财政授权支付到账通知书，作会计分录如下（单位：元）：

借：零余额账户用款额度　　　　　　　　　　20 000
　　贷：财政应返还额度——财政授权支付　　20 000
同时：
借：资金结存——零余额账户用款额度　　　　20 000
　　贷：资金结存——财政应返还额度　　　　20 000

2.7　应收票据（事业单位专用）

通俗地说，应收票据就是应收款项没有收到，收到了商业汇票这个远期票据，等到商业汇票到期才能收到款项。以下是《政府会计制度》对应收票据的相关规定。

2.7.1 应收票据概述

本科目核算事业单位因开展经营活动销售产品、提供有偿服务等而收到的商业汇票,包括银行承兑汇票和商业承兑汇票。本科目按照开出、承兑商业汇票的单位等进行明细核算。

这个科目只适用于从事经营活动的事业单位,其核算方法基本和企业会计核算方法相同。这对于会计专业人员不会陌生,但是对于初学者就有点难度了。

首先我们得知道是在什么情况下才使用这个科目:收到商业承兑汇票和银行承兑汇票(统称商业汇票)时。收到这两种原始凭证时,就计入应收票据。其次,我们再学习其具体核算:收到商业汇票;商业汇票背书转让;商业汇票贴现;商业汇票到期结算;商业汇票到期,付款方无力支付。以下通过案例进行分析。

2.7.2 取得商业汇票的核算

因销售产品、提供服务等收到商业汇票,按照商业汇票的票面金额,借记本科目,按照确认的收入金额,贷记"经营收入"等科目。涉及增值税业务的,相关账务处理参见"应交增值税"科目。

例:2019 年 6 月 5 日,X 单位销售给虹光公司 B 商品 1 000 件,单位售价为 100 元,增值税税率为 13%,收到三个月期的银行承兑汇票一张,金额为 113 000 元。作会计分录如下(单位:元):

借:应收票据——虹光公司　　　　　113 000
　　贷:经营收入　　　　　　　　　　100 000
　　　　应交增值税——应交税金(销项税额)13 000

例:2019 年 6 月 8 日,收到良方公司商业承兑汇票一张,期限为 4 个月,金额为 400 000 元,用于偿还前欠货款。作会计分录如下(单位:元):

借:应收票据——良方公司　　　　　400 000
　　贷:应收账款——良方公司　　　　400 000

2.7.3 商业汇票贴现

持未到期的商业汇票向银行贴现,按照实际收到的金额(即扣除贴现息后的净额),借记"银行存款"科目,按照贴现息金额,借记"经营费用"等科目,按照商业汇票的票面金额,贷记本科目(无追索权)或"短期借款"科目(有追索权)。附追索权的商业汇票到期未发生追索事项的,按照商业汇票的票面金额,借记"短期借款"科目,贷记本科目。

例:2019年7月1日,X单位因资金紧张,把113 000元的银行承兑汇票到银行办理贴现,贴现率为3%(需要提前进行银行承兑汇票查询,办理贴现时还需要提供销售合同和销售发票等)。

计算贴现天数:贴现日到到期日的实际天数。2019年7月1日为贴现日,到期日为2019年9月5日,所以贴现天数为66天(30+31+5)。

票据到期值=票据面值×(1+票面年利率/12×期限)

本题没有约定票据带息,所以票据到期值=113 000元。

贴现息=票据到期值×(银行年贴现率/360)×贴现天数
　　　=113 000×(3%/360)×66=621.50(元)

贴现所得=票据到期值-贴现息
　　　　=113 000-621.50=112 378.50(元)

作会计分录如下(单位:元):

借:银行存款　　　　　　　　　　　112 378.50
　　经营费用　　　　　　　　　　　　　621.50
　　贷:应收票据——虹光公司　　　　　　　113 000

同时:

借:资金结存——货币资金　　　　　112 378.50
　　贷:经营预算收入　　　　　　　　　112 378.50

例:2019年8月20日,单位把40万元的商业承兑汇票进行贴现,贴现率为6%(商业承兑汇票带追索权,到期日为10月8日)。

贴现天数=13+30+8=51(天)

贴现息=400 000×(6%/360)×51=3 400(元)

贴现所得=400 000-3 400=396 600(元)

作会计分录如下(单位:元):

借:银行存款　　　　　　　　　　　396 600
　　经营费用　　　　　　　　　　　　3 400
　　贷:短期借款　　　　　　　　　　　400 000

同时:

借:资金结存——货币资金　　　　　396 600
　　贷:经营预算收入　　　　　　　　　396 600

2.7.4 背书转让

将持有的商业汇票背书转让以取得所需物资时，按照取得物资的成本，借记"库存物品"等科目，按照商业汇票的票面金额，贷记本科目，如有差额，借记或贷记"银行存款"等科目。涉及增值税业务的，相关账务处理参见"应交增值税"科目。

例：2019年9月10日，X单位从丽让公司购入E材料，取得的增值税专用发票上注明价款为200 000元，增值税额为26 000元。X单位与丽让公司协商同意，把X单位持有的220 000元的银行承兑汇票背书转让给丽让公司，余款用银行存款支付，材料已经验收入库。作会计分录如下（单位：元）：

借：库存物品——E材料　　　　　　　　200 000
　　应交增值税——应交税金（进项税额）26 000
　贷：应收票据　　　　　　　　　　　　220 000
　　　银行存款　　　　　　　　　　　　6 000

同时：
借：经营支出　　　　　　　　　　　　　6 000
　贷：资金结存——货币资金　　　　　　6 000

2.7.5 商业汇票到期收回款项

例：2019年9月15日，单位有一张30万元的银行承兑汇票到期，已办理完进账手续，收到进账通知。作会计分录如下（单位：元）：

借：银行存款　　　　　　　　　　　　　300 000
　贷：应收票据　　　　　　　　　　　　300 000

同时：
借：资金结存——货币资金　　　　　　　300 000
　贷：经营预算收入　　　　　　　　　　300 000

例：2019年10月8日，已贴现附追索权的良方公司商业承兑汇票到期，款项已经如数支付给贴现银行。作会计分录如下（单位：元）：

借：短期借款　　　　　　　　　　　　　400 000
　贷：应收票据——良方公司　　　　　　400 000

2.7.6 商业承兑汇票到期，对方无力支付

商业汇票到期，对方无力支付款项的情况：如果是银行承兑汇票到期，对方无力支付，本单位肯定能收到款项，账务处理如商业汇票到期收回款项；如果是商业承兑汇票到期，对方无力支付，那么本单位是收不到款项的，要转作"应收账款"。

例：2019年10月10日，单位持有的红民公司商业承兑汇票10万元到期（已办理托收手续），收到银行转来的商业承兑汇票及未付票款通知书，作会计分录如下（单位：元）：

借：应收账款——红民公司　　　　100 000
　　贷：应收票据——红民公司　　　　100 000

2.7.7 应收票据备查簿的设置

根据应收票据明细账，想了解商业汇票是否带息、什么时间到期、商业汇票是谁背书的、商业汇票在什么时间贴现等，这些信息很难找到。要根据账簿记录查到原始凭证所在的记账凭证，然后查看原始凭证，才能找到相关信息。为了解决这个难题，单位需要设置"应收票据备查簿"，逐笔登记每一应收票据的种类、号数、出票日期、到期日、票面金额、交易合同号和付款人、承兑人、背书人姓名或单位名称、背书转让日、贴现日期、贴现率和贴现净额、收款日期、收回金额和退票情况等。应收票据到期结清票款或退票后，应当在备查簿内逐笔注销。想了解有关应收票据的详细信息直接查备查簿就可以。

如果购货方没有支付商业汇票，购销合同又约定了后期付款，那么应该怎样核算呢？

2.8 应收账款

应收账款核算事业单位提供服务、销售产品等应收取的款项，以及单位因出租资产、出售物资等应收取的款项。本科目应当按照债务单位（或个人）进行明细核算。

以下通过案例介绍应收账款的具体核算。

2.8.1 应收账款发生的核算

例：2019 年 5 月 12 日，A 事业单位提供运输服务给马克公司，总金额为 10 900 元，增值税专用发票上注明金额为 10 000 元，增值税额为 900 元，款项尚未收到。作会计分录如下（单位：元）：

  借：应收账款——马克公司   10 900
    贷：经营收入   10 000
      应交增值税——应交税金（销项税额） 900

例：2019 年 6 月 30 日，本月出租给冷冷公司的房屋租金为 10 000 元，款项尚未收到，该款项须上缴财政。作会计分录如下（单位：元）：

  借：应收账款——冷冷公司   10 000
    贷：应缴财政款   10 000

例：2019 年 6 月 30 日，销售给宏兴公司甲产品 1 000 件，价款为 100 000 元，增值税额为 13 000 元，合同约定 1 个月内付款。作会计分录如下（单位：元）：

  借：应收账款——宏兴公司   113 000
    贷：经营收入   100 000
      应交增值税——应交税金（销项税额） 13 000

2.8.2 应收账款收回的核算

例：2019 年 6 月 1 日，收到马克公司汇入的欠款 10 900 元。作会计分录如下（单位：元）：

  借：银行存款   10 900
    贷：应收账款   10 900
  同时：
  借：资金结存——货币资金   10 900
    贷：经营预算收入   10 900

2.8.3 应收账款的核销

应收账款通常不能保证百分之百地收回，债务人破产等各种情况会导致款项收不回来。单位应当于每年年末对收回后应当上缴财政的应收账款进行全面检查，对于账龄超过规定年限、确认无法收回的应收账款，应按照规定报经批准后予以核销。

例：2019 年 12 月 31 日，检查发现冷冷公司法人不知所踪，办公物品也都清空，所欠房租 100 000 元无处可要，报经批准并予以核销。作会计分录如下（单位：元）：

借：应缴财政款　　　　　　　　　　　100 000
　　贷：应收账款　　　　　　　　　　　　　100 000

注意：核销的应收账款不是不要了，而是暂时在账上冲销了，但是债权还在，单位并没有放弃追索权。对于应收账款应建立备查簿，在备查簿中详细登记后期债务人有可能偿还的债务金额。

例：2020 年 1 月 30 日，收到冷冷公司汇来的房租 80 000 元。作会计分录如下（单位：元）：

借：银行存款　　　　　　　　　　　　80 000
　　贷：应缴财政款　　　　　　　　　　　　80 000

2.9　坏账准备（事业单位专用）

"天有不测风云，人有旦夕祸福。"未知的事项谁能说得准？应收款项也有可能收不回来。收不回来的损失款项就属于坏账，为了防患于未然，对于可能发生坏账的应收款项要提前提取一定的坏账准备。

2.9.1　坏账准备概述

事业单位应当于每年年末对收回后不需上缴财政的应收账款进行全面检查，如发生不能收回的迹象，应当计提坏账准备。不能收回一般指的是：①债务人死亡，以其遗产清偿后仍然无法收回。②债务人破产，以其破产财产清偿后仍然无法收回。③债务人较长时期内未履行其偿债义务，并有足够的证据表明无法收回或收回的可能性极小：债务单位已撤销、破产、资不抵债、现金流严重不足、发生严重的自然灾害等导致停产而在短时间内无法偿付债务等，以及 3 年以上的应收账款等。④其他已逾期，但无确凿证据表明不能收回的应收款项。

计提坏账准备时可选用的方法有：应收账款余额百分比法、账龄分析法和个别认定法等。不管采用哪种方法，一经确定，不得随意变更；确需变更的，一般选择在年初进行变更。

2.9.2 应收账款余额百分比法

应收账款余额百分比法是指按照期末应收账款余额的一定比例来估计坏账损失、计提坏账准备的一种方法。

坏账准备的计提（即坏账损失的估计）分首次计提和以后年度计提两种情况。

首次计提时，坏账准备提取数＝应收账款年末余额×计提比例。

以后年度计提坏账准备时，可进一步分以下四种情况来处理：

（1）应收账款年末余额×计提比例＞"坏账准备"年末余额（指坏账准备计提前该账户的余额，下同），按差额补提坏账准备。

（2）应收账款年末余额×计提比例＜"坏账准备"年末余额，按差额冲减坏账准备。

（3）应收账款年末余额×计提比例＝"坏账准备"年末余额，不补提亦不冲减坏账准备，即不做会计处理。

（4）年末计提前"坏账准备"出现借方余额，应按其借方余额与"应收账款年末余额×计提比例"之和计提坏账准备。

例：2018年年末应收账款余额为100万元，当年第一次开始计提坏账准备，计提比例为5%。

应提取的坏账准备＝1 000 000×5%＝50 000（元）

作会计分录如下（单位：元）：

借：其他费用　　　　　　　　　　　50 000
　　贷：坏账准备　　　　　　　　　　　　50 000

2019年年末应收账款余额为150万元，计提比例为5%。

应计提坏账准备＝1 500 000×5%－50 000＝25 000（元）

作会计分录如下（单位：元）：

借：其他费用　　　　　　　　　　　25 000
　　贷：坏账准备　　　　　　　　　　　　25 000

2019年坏账准备余额＝50 000＋25 000＝75 000（元）

2020年4月8日宏达公司财务出现危机，严重资不抵债，所欠应收账款100 000元确认为坏账。作会计分录如下（单位：元）：

借：坏账准备　　　　　　　　　　　100 000
　　贷：应收账款——宏达公司　　　　　　100 000

2020 年 12 月 1 日，宏达公司经过债务重组，支付货款 60 000 元。作会计分录如下（单位：元）：

借：应收账款——宏达公司　　　　　60 000
　　贷：坏账准备　　　　　　　　　　　　60 000
借：银行存款　　　　　　　　　　　60 000
　　贷：应收账款——宏达公司　　　　　　60 000

同时：

借：资金结存——货币资金　　　　　60 000
　　贷：事业预算收入　　　　　　　　　　60 000

2020 年 12 月 31 日，单位应收账款余额为 50 万元，计提坏账准备。

应计提坏账准备 = 500 000 × 5% − (75 000 + 60 000 − 100 000) = −10 000（元）

作会计分录如下（单位：元）：

借：坏账准备　　　　　　　　　　　10 000
　　贷：其他费用　　　　　　　　　　　　10 000

在会计核算上应注意以下三个问题：

第一，已确认并已转销的坏账损失，如果以后又收回的，应及时借记和贷记该项应收账款科目，而不能直接借记"银行存款"科目、贷记"坏账准备"科目。这样处理，便于提供分析债务人财务状况的信息，便于确认将来是否与其进行财务往来，并能反映出债务人企图重新建立其信誉的愿望。

第二，收回的已作为坏账核销的应收账款，应贷记"坏账准备"科目，而不是冲减"其他费用"。虽然先贷记"坏账准备"科目，然后再在年末时少提或冲销坏账准备，以减少"其他费用"，最终结果是一样的，但采用贷记"坏账准备"的做法，能使"其他费用"科目仅反映单位提取或冲回多提的坏账准备，而"坏账准备"则集中反映了坏账准备的提取、坏账损失的核销、收回的已作为坏账核销的应收账款情况。这样处理，使得坏账准备的提取、核销、收回、结余情况反映得更为清楚，便于进行分析。

第三，由于已做坏账核销的应收账款的明细账上已经不存在该欠款单位，所以需建立备查簿，核销坏账又收回的时候，一定在应收账款备查簿上进行注销登记。

2.9.3 账龄分析法

账龄分析法是指根据应收账款入账时间的长短来估计坏账损失的方法。虽然应收账款能否收回以及能收回多少不一定完全取决于时间的长短，但一般来说，账款拖欠的时间越长,发生坏账的可能性就越大。

例:2019 年 12 月 31 日,单位应收账款账龄及估计坏账损失如表 2-8 所示。

表 2-8 应收账款账龄及估计坏账损失

单位:元

应收账款账龄	应收账款余额	估计损失率(%)	估计损失金额
未到期	20 000	0	0
过期 3 个月	50 000	0.5	250
过期 6 个月	60 000	1	600
过期 1 年	100 000	3	3 000
过期 1 年以上	150 000	5	7 500
合计	380 000		11 350

2019 年 12 月 31 日,"坏账准备"科目的账目金额为贷方 800 元。

2019 年应计提坏账准备 = 11 350 - 800 = 10 550(元)

作会计分录如下(单位:元):

借:其他费用 10 550

　　贷:坏账准备 10 550

需要指出的是:采用账龄分析法计提坏账准备时,收到债务单位当期偿还的部分债务后,剩余的应收账款不应改变其账龄,仍按原账龄加上本期应增加的账龄确定;在存在一个债务人有多笔应收账款且各笔应收账款账龄不同的情况下,收到债务单位当期偿还的部分债务,应当逐笔认定收到的是哪一笔应收账款,如果确实无法确认的,按照先发生先收回的原则确认,剩余的应收账款的账龄按上述同一原则确认。

2.9.4 个别认定法

如果某项应收账款的可收回性与其他各项应收账款存在明显的差别,导致该项应收账款按照与其他应收账款同样的方法计提坏账准备,将无法真实地反映其可收回金额的,可以对该项应收账款采用个别认定法计提坏账准备。

例:2019 年 5 月 31 日,A 单位应收甲单位的货款有可能发生坏账,其他单位都正常往来,没有发生坏账的可能。"应收账款——甲单位"账面余额为 10 万元,计提比例为 5%,月末计提坏账准备(采用个别认定法)。作会计分录如下(单位:元):

借：其他费用 5 000
  贷：坏账准备 5 000

不管采用哪种方法计提坏账准备，单位都应该根据应收账款实际可收回情况，合理计提坏账准备，不得多提或少提，否则视为滥用会计估计。

2.10 预付账款

2.10.1 预付账款概述

预付账款也是单位经营业务常使用的一个科目，其主要核算单位按照购货、服务合同或协议规定预付给供应单位（或个人）的款项，以及按照合同规定向承包工程的施工企业预付的备料款和工程款。本科目应当按照供应单位（或个人）及具体项目进行明细核算；对于基本建设项目发生的预付账款，还应当在本科目所属基建项目明细科目下设置"预付备料款""预付工程款""其他预付款"等明细科目，进行明细核算。

简单来说，就是这个经济事项是未来业务，但是我们提前付款了，就属于预付账款。比如我们要购买材料，合同签订后支付定金，销货方才进行生产，购买材料这个事项因为没有交付产品所以还没完成，但是提前支付了定金，这个款项就属于预付账款。

2.10.2 外购货物预付款的核算

例：2019 年 4 月 10 日，X 单位（一般纳税人）与漫漫公司签订购销合同，准备购入甲材料 1 000 件，单价为 100 元，增值税税率为 13%。双方约定 X 单位预付 40% 的货款，待收货后再补付余款。

（1）预付货款时的会计处理如下（单位：元）：

借：预付账款——漫漫公司   45 200[1 000×100×(1+13%)×40%]
  贷：银行存款   45 200

同时：

借：事业支出   45 200
  贷：资金结存——货币资金   45 200

（2）收到货物并取得增值税专用发票时的会计处理如下（单位：元）：

借：库存物品——甲材料　　　　　　100 000
　　应交增值税——应交税金（进项税额）　13 000
　　　贷：预付账款——漫漫公司　　　　113 000

（3）补付余款的会计处理如下（单位：元）：
借：预付账款——漫漫公司　　　　67 800
　　　贷：银行存款　　　　　　　　67 800
同时：
借：事业支出　　　　　　　　　　67 800
　　　贷：资金结存——货币资金　　67 800

例：2019年4月15日，Y单位（事业单位）采用政府采购方式购买电脑100台，不含税单价为4 500元，增值税税率为13%。合同约定预付10万元货款，电脑安装调试并符合招投标标准后支付余款，采用财政授权支付方式支付。

（1）支付10万元的会计处理如下（单位：元）：
借：预付账款　　　　　　　　　　100 000
　　　贷：零余额账户用款额度　　　100 000
同时：
借：事业支出　　　　　　　　　　100 000
　　　贷：资金结存——零余额账户用款额度　100 000

（2）收到货物并取得增值税普通发票时的会计处理如下（单位：元）：
借：固定资产——电脑　　　508 500　[4500×100×(1+13%)]
　　　贷：预付账款　　　　　　　　508 500

（3）补付余款的会计处理如下（单位：元）：
借：预付账款　　　　　　　　　　408 500
　　　贷：零余额账户用款额度　　　408 500
同时：
借：事业支出　　　　　　　　　　408 500
　　　贷：资金结存——零余额账户用款额度　408 500

2.10.3　工程预付款的核算

例：2019年4月1日，单位与亮亮公司签订工程筹建合同。工程总造价为100万元，工程开工时支付工程款30万元，年底支付工程款50万元，2020年3月底完工，验收合格后支付余款，预留10万元的质保金，款项支付采用财政直接支付方式。

(1) 支付工程款的会计处理如下（单位：元）：

  借：预付账款——亮亮公司 300 000
    贷：财政拨款收入   300 000

  同时：

  借：事业支出   300 000
    财政拨款预算收入   300 000

  借：预付账款——亮亮公司 500 000
    贷：财政拨款收入   500 000

  同时：

  借：事业支出   500 000
    财政拨款预算收入   500 000

(2) 年末根据工程进度结算工程价款及备料款，金额总计 85 万元，会计处理如下（单位：元）：

  借：在建工程   850 000
    贷：预付账款   850 000

(3) 年末，补付工程款 5 万元，会计处理如下（单位：元）：

  借：预付账款——亮亮公司 50 000
    贷：财政拨款收入   50 000

  同时：

  借：事业支出   50 000
    贷：财政拨款预算收入   50 000

(4) 2020 年 3 月进行竣工决算，工程总成本为 101 万元，补付工程款 6 万元，10 万元留作质保金（时间为 2 年）。会计处理如下（单位：元）：

  借：在建工程   160 000
    贷：财政拨款收入   60 000
      长期应付款   100 000

  借：固定资产   1 010 000
    贷：在建工程   1 010 000

  同时：

  借：事业支出   60 000
    财政拨款预算收入   60 000

(5) 2022 年 3 月 15 日，支付质保金 100 000 元，会计处理如下（单位：元）：

借：长期应付款　　　　　　　　　　100 000
　　贷：财政拨款收入　　　　　　　　100 000

同时：

借：事业支出　　　　　　　　　　　100 000
　　贷：财政拨款预算收入　　　　　　100 000

单位应当于每年年末对预付账款进行全面检查。如果有确凿证据表明预付账款不再符合预付款项性质，或者因供应单位破产、撤销等原因可能无法收到所购货物、服务的，应当先将其转入其他应收款，再按照规定进行处理。将预付账款账面余额转入其他应收款时，借记"其他应收款"科目，贷记本科目。

2.11　其他应收款

其他应收款是指除财政应返还额度、应收票据、应收账款、预付账款、应收股利、应收利息以外的其他各项应收及暂付款项，如职工预借的差旅费、已经偿还银行尚未报销的本单位公务卡欠款、拨付给内部有关部门的备用金、应向职工收取的各种垫付款项、支付的可以收回的订金或押金、应收的上级补助和附属单位上缴款项等。其他应收款应按实际发生额入账。

2.11.1　一次报销制的核算

发生其他各种应收及暂付款项时，按照实际发生金额，借记本科目，贷记"零余额账户用款额度""银行存款""库存现金""上级补助收入""附属单位上缴收入"等科目。涉及增值税业务的，相关账务处理参见"应交增值税"科目。

例：2019 年 4 月 9 日，职工李凡去北京参加技能大赛培训，预借差旅费 2 000 元，用现金支付。作会计分录如下（单位：元）：

借：其他应收款——李凡　　　　　　2 000
　　贷：库存现金　　　　　　　　　　2 000

例：承上例，2019 年 4 月 15 日，李凡出差回来并报销差旅费 1 980 元，交回现金 20 元。作会计分录如下（单位：元）：

借：单位管理费用　　　　　　　　　　1 980
　　库存现金　　　　　　　　　　　　　20
　　贷：其他应收款——李凡　　　　　　　　　2 000

同时：

借：事业支出　　　　　　　　　　　　1 980
　　贷：资金结存——货币资金　　　　　　　　1 980

例：2019年4月16日，单位为职工垫付房租10 000元。作会计分录如下（单位：元）：

借：其他应收款　　　　　　　　　　 10 000
　　贷：银行存款　　　　　　　　　　　　　 10 000

例：2019年5月10日，银行代发工资，应付工资为150 000元，扣除垫付的房租10 000元。作会计分录如下（单位：元）：

借：应付职工薪酬　　　　　　　　　150 000
　　贷：其他应收款　　　　　　　　　　　　 10 000
　　　　银行存款　　　　　　　　　　　　　140 000

同时：

借：事业支出　　　　　　　　　　　150 000
　　贷：资金结存——货币资金　　　　　　　 150 000

2.11.2　定额备用金制的核算

单位内部实行备用金制度的，有关部门使用备用金以后应当及时到财务部门报销并补足备用金。财务部门核定并发放备用金时，按照实际发放金额，借记本科目，贷记"库存现金"等科目。根据报销金额用现金补足备用金定额时，借记"业务活动费用""单位管理费用"等科目，贷记"库存现金"等科目，报销数和拨补数都不再通过本科目核算。

例：2019年4月30日，拨付给办公室备用金5 000元。作会计分录如下（单位：元）：

借：其他应收款——备用金　　　　　　5 000
　　贷：库存现金　　　　　　　　　　　　　 5 000

例：2019年5月10日，办公室报销费用350元。作会计分录如下（单位：元）：

借：单位管理费用　　　　　　　　　　　　　350
　　贷：库存现金　　　　　　　　　　　　　350

同时：

借：事业支出　　　　　　　　　　　　　　　350
　　贷：资金结存——货币资金　　　　　　 350

例：2019年12月31日，收回办公室备用金。作会计分录如下（单位：元）：

借：库存现金　　　　　　　　　　　　　　5 000
　　贷：其他应收款——备用金　　　　　　5 000

2.11.3　公务卡消费的核算

偿还尚未报销的本单位公务卡欠款时，按照偿还的款项，借记本科目，贷记"零余额账户用款额度""银行存款"等科目；持卡人报销时，按照报销金额，借记"业务活动费用""单位管理费用"等科目，贷记本科目。

例：2019年5月15日，还公务卡费1 500元。作会计分录如下（单位：元）：

借：其他应收款　　　　　　　　　　　　1 500
　　贷：银行存款　　　　　　　　　　　　1 500

例：2019年5月17日，李波报销公务卡的消费。作会计分录如下（单位：元）：

借：业务活动费用　　　　　　　　　　　1 500
　　贷：其他应收款　　　　　　　　　　　1 500

同时：

借：事业支出　　　　　　　　　　　　　1 500
　　贷：资金结存——货币资金　　　　　 1 500

2.11.4　预付账款转入的核算

将预付账款账面余额转入其他应收款时，借记本科目，贷记"预付账款"科目。

例：2019年12月31日，对预付账款进行全面检查，发现预付D公司货款50 000元，因自然灾害停产可能收不到货。将预付账款转入其他应收款。作会计分录如下（单位：元）：

借：其他应收款　　　　　　　　　　　　50 000
　　贷：预付账款　　　　　　　　　　　　50 000

2.11.5 坏账准备的计提

事业单位应当于每年年末对其他应收款进行全面检查,如发生不能收回的迹象,应当计提坏账准备,计提方法同"应收账款"计提坏账准备。

(1) 计提坏账准备。

例:2018 年 12 月 31 日,根据其他应收款的账龄计提坏账准备 5 000 元。作会计分录如下(单位:元):

借:其他费用　　　　　　　　　　　　　5 000
　　贷:坏账准备——其他应收款　　　　　　　　5 000

(2) 对于账龄超过规定年限、确认无法收回的其他应收款,按照规定报经批准后予以核销。按照核销金额,借记"坏账准备"科目,贷记本科目。核销的其他应收款应当在备查簿中保留登记。

例:2019 年 8 月 1 日,"其他应收款——王宁"账户余额为 10 000 元,此账户账龄已达 4 年之久。因其家庭特别困难,该项应收款确实无法收回,报经批准后予以核销。作会计分录如下(单位:元):

借:坏账准备——其他应收款　　　　　　10 000
　　贷:其他应收款——王宁　　　　　　　　　　10 000

(3) 已核销的其他应收款在以后期间又收回的,按照实际收回金额,借记本科目,贷记"坏账准备"科目;同时,借记"银行存款"等科目,贷记本科目。

例:2019 年 12 月 15 日,王宁得到保险赔偿金后,还单位欠款 10 000 元。作会计分录如下(单位:元):

借:其他应收款——王宁　　　　　　　　10 000
　　贷:坏账准备——其他应收款　　　　　　　　10 000
借:库存现金　　　　　　　　　　　　　10 000
　　贷:其他应收款——王宁　　　　　　　　　　10 000
同时:
借:资金结存——货币资金　　　　　　　10 000
　　贷:非财政拨款结余　　　　　　　　　　　　10 000

2.11.6 其他应收款的清查

行政单位应当于每年年末对其他应收款进行全面检查。对于超过规定年限、确认无法收回的其他应收款,应当按照有关规定报经批准后予以核销。核销的其他应收款应在备查簿中保留登记。

（1）经批准核销其他应收款时，按照核销金额，借记"资产处置费用"科目，贷记本科目。

例：2019年12月31日，某行政单位对其他应收款进行清查，确认一笔"其他应收款——B单位"5 000元无法收回，经批准予以核销。作会计分录如下（单位：元）：

借：资产处置费用　　　　　　　　　　5 000
　　贷：其他应收款——B单位　　　　　5 000

（2）已核销的其他应收款在以后期间又收回的，按照收回金额，借记"银行存款"等科目，贷记"其他收入"科目。

例：2020年3月15日，已核销的"其他应收款——B单位"款项收回2 000元。作会计分录如下（单位：元）：

借：银行存款　　　　　　　　　　　　2 000
　　贷：其他收入　　　　　　　　　　　2 000

同时：

借：资金结存——货币资金　　　　　　2 000
　　贷：其他预算收入　　　　　　　　　2 000

2.12　存货

2.12.1　存货概述

资产的另一大类是存货。什么是存货呢？其包含的范围有点广。存货是指政府会计主体在开展业务活动及其他活动中为耗用或出售而储存的资产，如材料、产品、包装物和低值易耗品等，以及未达到固定资产标准的用具、装具和动植物等。政府储备物资、收储土地等不属于存货的范围。

行政事业单位的存货的具体内容如下：

（1）在途物品：包括货款已付或已开出商业汇票但尚未验收入库的在途材料等物资。

（2）库存物品：包括单位在开展业务活动及其他活动中为耗用或出售而储存的各种材料、产品、包装物和低值易耗品，以及达不到固定资产标准的用具、装具和动植物等。已完成的测绘、地质勘查和设计成果等也属于库存物品的范围。

（3）加工物品：包括单位自制或委托外单位加工的各种物品，未完成的测绘、地质勘查和设计成果也属于加工物品的范围。

单位随买随用的零星办公用品可以在购进时直接列作费用，不纳入存货的核算范围。单位受托存储保管的物资和受托转赠的物资不符合存货的确认条件，属于"受托代理资产"。单位控制的政府储备物资属于"政府储备物资"项目，单位为在建工程购买和使用的材料物资属于"工程物资"项目，不属于存货的核算范围。

2.12.2 存货的初始计量

单位存货的取得主要是通过外购和自制两个途径。从理论上讲，单位不管从何种途径取得的存货，凡是与取得存货有关的支出均应计入存货的历史成本或实际成本之中。存货的成本包括采购成本、加工成本和其他成本三个部分。

（1）采购成本：一般包括购买价款、相关税费、运输费、装卸费、保险费以及使得存货达到目前场所和状态所发生的归属于存货成本的其他支出。

（2）加工成本：政府会计主体自行加工的存货，其成本包括耗用的直接材料费用、发生的直接人工费用和按照一定方法分配的与存货加工有关的间接费用；政府会计主体委托加工的存货，其成本包括委托加工前存货成本、委托加工的成本（如委托加工费以及按规定应计入委托加工存货成本的相关税费等）以及使存货达到目前场所和状态所发生的归属于存货成本的其他支出。

（3）其他成本：是指除采购成本、加工成本以外的，使存货达到目前场所和状态所发生的其他支出，如为特定客户设计产品所发生的设计费用等。

通过非货币性交易、投资者投入、接受捐赠、无偿调入和盘盈等方式取得的存货的成本确定方法如下：

（1）通过非货币性交易换入的存货，按换出资产的评估价值，加上支付的补价或减去收到的补价，加上换入存货所发生的其他相关支出确认成本。

（2）投资者投入的存货，按照投资各方确认的价值作为实际成本。

（3）接受捐赠的存货，应当分别按以下情况确认：捐赠方提供了有关凭据的，按凭据上标明的金额加上相关税费、运输费等确定，类似于采购成本的确认；捐赠方没有提供有关凭据但按规定经过资产评估的，按照评估价加上相关税费、运输费等确定；捐赠方没有提供凭据也未经资产评估的，参照同类或类似存货的市场价格估计的金额加上应支付的相关税费、运输费等确认；没有相关凭据且未经资产评估、同类或类似资产的市场价格也无法可靠取得的，按照名义金额入账，相关税费、运输费等计入当期费用。

（4）无偿调入的存货，成本按照调出方账面价值加上相关税费、运输费等确认。

（5）盘盈取得的存货，按规定经过资产评估的，其成本按照评估价值确定；未经资产评估的，其成本按照重置成本确定。

在确定存货成本的过程中需要注意的是，下列费用不应当计入存货成本：

（1）非正常消耗的直接材料、直接人工和间接费用，如由自然灾害而发生的直接材料、直接人工及间接费用。

（2）仓储费用（不包括在加工过程中为达到下一个加工阶段所必需的仓储费用）。

（3）不能归属于使存货达到目前场所和状态所发生的其他支出。

行政事业单位的存货是由财会部门和存货管理部门共同核算的：会计部门负责存货的收入、发出和结存的金额和数量核算；存货管理部门负责存货收入、发出和结存的数量核算。这里所说的核算指的是会计部门的核算。

2.12.3 在途物品的核算

"在途物品"科目核算单位采购材料等物资时货款已付或已开出商业汇票但尚未验收入库的在途物品的采购成本。本科目可按照供应单位和物品种类进行明细核算。

例：2019年4月18日，事业单位非独立核算部门购入乙材料，价款为50 000元，增值税额为6 500元，取得增值税普通发票，款项已经通过网银支付，材料尚未运达单位。作会计分录如下（单位：元）：

借：在途物品——乙材料　　　　　　　56 500
　　贷：银行存款　　　　　　　　　　　56 500
同时：
借：经营支出　　　　　　　　　　　　56 500
　　贷：资金结存——货币资金　　　　　56 500

例：2019年4月20日，乙材料运达单位，验收入库。现金支付运费500元，取得增值税普通发票。作会计分录如下（单位：元）：

（1）支付运费时：
借：在途物品——乙材料　　　　　　　500
　　贷：库存现金　　　　　　　　　　　500

同时：
借：经营支出 500
　　贷：资金结存——货币资金 500
（2）材料验收入库时：
借：库存物品——乙材料 57 000
　　贷：在途物品——乙材料 57 000

2.12.4　库存物品的核算

"库存物品"科目核算单位在开展业务活动及其他活动中为耗用或出售而储存的各种材料、产品、包装物、低值易耗品，以及达不到固定资产标准的用具、装具和动植物等的成本。已完成的测绘、地质勘查、设计成果等的成本，也通过本科目核算。本科目应当按照库存物品的种类、规格和保管地点等进行明细核算。单位储存的低值易耗品、包装物较多的，可以在本科目（低值易耗品、包装物）下按照"在库""在用""摊销"等进行明细核算。

需要注意的是以下几点：

单位随买随用的零星办公用品，可以在购进时直接列作费用，不通过本科目核算。

单位控制的政府储备物资应当通过"政府储备物资"科目核算，不通过本科目核算。

单位受托存储保管的物资和受托转赠的物资应当通过"受托代理资产"科目核算，不通过本科目核算。

单位为在建工程购买和使用的材料物资应当通过"工程物资"科目核算，不通过本科目核算。

接受捐赠库存物品，不能确认成本的，以名义价1元入账。

例：A事业单位是一般纳税人，2019年5月16日，购入一批原材料，取得增值税专用发票上注明的原材料价款为200 000元，增值税额为26 000元，运费增值税专用发票上注明金额为1 000元，增值税额为90元，发票等结算凭证已经收到，材料已经验收入库，货款及运费均已通过银行转账支付。作会计分录如下（单位：元）：

借：库存物品 201 000
　　应交增值税——应交税金（进项税额） 26 090
　　贷：银行存款 227 090

同时：

借：事业支出　　　　　　　　　　　　　　227 090
　　贷：资金结存——货币资金　　　　　　　　227 090

例：A 事业单位于 2019 年 5 月 18 日收到虹光公司捐赠的一批原材料，同时到的增值税专用发票上注明的价款为 10 000 元，增值税额为 1 300 元，材料已经验收入库，用现金支付运费 100 元。作会计分录如下（单位：元）：

借：库存物品　　　　　　　　　　　　　　10 100
　　应交增值税——应交税金（进项税额）　　1 300
　　贷：捐赠收入　　　　　　　　　　　　　11 300
　　　　库存现金　　　　　　　　　　　　　　 100

同时：

借：其他支出　　　　　　　　　　　　　　　　100
　　贷：资金结存——货币资金　　　　　　　　　100

例：A 事业单位于 2019 年 5 月 26 日收到某部队捐赠的一批原材料，该批材料为抗美援朝时期储备物资，市场上已经没有同类材料。材料已经验收入库。单位开出转账支票支付运费 1 000 元，取得的专用发票上注明的金额为 917.43 元，增值税额为 82.57 元。作会计分录如下（单位：元）：

借：库存物品　　　　　　　　　　　　　　　　　1
　　贷：捐赠收入　　　　　　　　　　　　　　　　1
借：其他费用　　　　　　　　　　　　　　917.43
　　应交增值税——应交税金（进项税额）　　82.57
　　贷：银行存款　　　　　　　　　　　　　1 000

同时：

借：其他支出　　　　　　　　　　　　　　1 000
　　贷：资金结存——货币资金　　　　　　　1 000

例：A 事业单位于 2019 年 5 月 30 日收到上级部门无偿调入的一批存货，其中象棋 4 副，价值为 270 元，麻将桌 3 张，价值为 300 元，布料 10 匹，价值为 1 000 元，均已验收入库。作会计分录如下（单位：元）：

借：库存物品　　　　　　　　　　　　　　1 570
　　贷：无偿调拨净资产　　　　　　　　　　1570

例：A 事业单位于 2019 年 5 月 31 日用一辆小汽车（账面余额为 100 000 元，已提折旧 80 000 元）换取一批材料，金额为 30 000 元，材料已验收入库。作会计分录如下（单位：元）：

借：库存物品 30 000
　　固定资产累计折旧 80 000
　贷：固定资产 100 000
　　其他收入 10 000

例：A 事业单位于 2019 年 5 月 31 日用库存甲材料 80 000 元换取一批乙材料，金额为 75 000 元，材料已验收入库。作会计分录如下（单位：元）：

借：库存物品——乙材料 75 000
　　资产处置费用 5 000
　贷：库存物品——甲材料 80 000

例：A 单位于 2019 年 6 月 1 日购入一批工具，增值税专用发票上注明的价款为 30 000 元，增值税额为 3 900 元，工具已经验收入库，款未付。作会计分录如下（单位：元）：

借：库存物品——低值易耗品/工具（在库） 30 000
　　应交增值税——应交税金（进项税额） 3 900
　贷：应付账款 33 900

2.12.5　加工物品之自制物品的核算

"加工物品"科目核算单位自制或委托外单位加工的各种物品的实际成本，未完成的测绘、地质勘查和设计成果的实际成本也通过本科目核算。本科目应当设置"自制物品""委托加工物品"两个一级明细科目，并按照物品类别、品种和项目等设置明细账，进行明细核算。

本科目"自制物品"一级明细科目下应当设置"直接材料""直接人工""其他直接费用"等二级明细科目归集自制物品发生的直接材料、直接人工（专门从事物品制造人员的人工费）等直接费用；自制物品发生的间接费用，应当在本科目"自制物品"一级明细科目下单独设置"间接费用"二级明细科目予以归集，期末，再按照一定的分配标准和方法，分配计入有关物品的成本。

以下通过实例来学习加工物品的主要账务处理：

（1）为自制物品领用材料等，按照材料成本，借记本科目（自制物品——直接材料），贷记"库存物品"科目。

例：2019 年 6 月 1 日，A 事业单位为生产 B 产品领用甲材料 1 000 千克，单位成本为 10 元。作会计分录如下（单位：元）：

借：加工物品——自制物品/B 产品（直接材料）　　10 000
　　贷：库存物品——甲材料　　　　　　　　　　　　　10 000

（2）专门从事物品制造的人员发生的直接人工费用，按照实际发生的金额，借记本科目（自制物品——直接人工），贷记"应付职工薪酬"科目。

例：2019 年 6 月 30 日，计算并分配本月职工工资：生产 B 产品的人员工资为 100 000 元，生产 C 产品的人员工资为 60 000 元，管理人员工资为 20 000 元。作会计分录如下（单位：元）：

借：加工物品——自制物品/B 产品（直接人工）　　100 000
　　　　　　——自制物品/C 产品（直接人工）　　　60 000
　　单位管理费用　　　　　　　　　　　　　　　　　20 000
　　贷：应付职工薪酬——工资　　　　　　　　　　　180 000

（3）为自制物品发生的其他直接费用按照实际发生的金额，借记本科目（自制物品——其他直接费用），贷记"零余额账户用款额度""银行存款"等科目。

例：2019 年 6 月 30 日，生产 B 产品需要加水降温，单位支付专用水费 500 元，取得增值税普通发票。作会计分录如下（单位：元）：

借：加工物品——自制物品/B 产品（其他直接费用）　500
　　贷：银行存款　　　　　　　　　　　　　　　　　　500

同时：

借：事业支出　　　　　　　　　　　　　　　　　　　500
　　贷：资金结存——货币资金　　　　　　　　　　　　500

（4）为自制物品发生的间接费用，按照实际发生的金额，借记本科目（自制物品——间接费用），贷记"零余额账户用款额度""银行存款""应付职工薪酬""固定资产累计折旧""无形资产累计摊销"等科目。

间接费用一般按照生产人员工资、生产人员工时、机器工时、耗用材料的数量或成本、直接费用（直接材料和直接人工）或产品产量等进行分配。单位可根据具体情况自行选择间接费用的分配方法。分配方法一经确定，不得随意变更。

例：2019 年 6 月 30 日，计提固定资产折旧，其中生产部门设备折旧 5 000 元，管理部门折旧 2 000 元，工程用设备折旧 1 000 元。作会计分录如下（单位：元）：

借：加工物品——自制物品（间接费用）　　5 000
　　单位管理费用　　　　　　　　　　　　2 000
　　在建工程　　　　　　　　　　　　　　1 000
　　贷：固定资产累计折旧　　　　　　　　　　8 000

例：2019年6月30日，委托银行支付电费5 650元，取得增值税专用发票，增值税额为650元，其中生产部门用3 000元，管理部门用1 500元，工程用500元（本单位为一般纳税人）。作会计分录如下（单位：元）：

借：加工物品——自制物品（间接费用）　　3 000
　　单位管理费用　　　　　　　　　　　　1 500
　　在建工程　　　　　　　　　　　　　　 500
　　应交增值税——应交税金（进项税额）　 650
　　贷：银行存款　　　　　　　　　　　　　5 650

同时：
借：事业支出　　　　　　　　　　　　　　5 650
　　贷：资金结存——货币资金　　　　　　　5 650

例：2019年6月30日，经汇总，本月自制物品间接费用共计8 000元，按照生产人员工资比例进行分配。

分配率 = 8 000/（100 000 + 60 000）= 0.05
B产品应分担的间接费用 = 0.05 × 100 000 = 5 000（元）
C产品应分担的间接费用 = 0.05 × 60 000 = 3000（元）

作会计分录如下（单位：元）：

借：加工物品——自制物品/B产品(间接费用)　5 000
　　　　　　——自制物品/C产品(间接费用)　3 000
　　贷：加工物品——自制物品（间接费用）　　8 000

（5）已经制造完成并验收入库的物品，按照所发生的实际成本（包括耗用的直接材料费用、直接人工费用、其他直接费用和分配的间接费用），借记"库存物品"科目，贷记本科目（自制物品）。

例：2019年7月13日，B产品全部加工完毕验收入库，直接材料为800 000元，直接人工为150 000元，其他直接费用为5 000元，间接费用为50 000元。作会计分录如下（单位：元）：

借：库存物品——B产品　　　　　　　　　1 005 000
　　贷：加工物品——自制物品/B产品　　　　1 005 000

2.12.6 加工物品之委托加工物品的核算

(1) 发给外单位加工的材料等,按照其实际成本,借记本科目(委托加工物品),贷记"库存物品"科目。

例:2019年6月5日,A事业单位将加工工作服的业务委托给马家公司进行生产,拨付材料20 000元。作会计分录如下(单位:元):

借:加工物品——委托加工物品(工作服)　20 000
　　贷:库存物品　　　　　　　　　　　　　　　20 000

(2) 支付加工费、运输费等费用,按照实际支付的金额,借记本科目(委托加工物品),贷记"零余额账户用款额度""银行存款"等科目。涉及增值税业务的,相关账务处理参见"应交增值税"科目。

例:2019年6月5日,支付工作服材料运费1 090元,其中增值税额为90元,取得增值税专用发票。作会计分录如下(单位:元):

借:加工物品——委托加工物品(工作服)　1 000
　　应交增值税——应交税金(进项税额)　　90
　　贷:银行存款　　　　　　　　　　　　　　　1 090

同时:

借:事业支出　　　　　　　　　　　　　　　1 090
　　贷:资金结存——货币资金　　　　　　　　　1 090

例:2019年6月25日,工作服完工。支付加工费:价款为2 000元,增值税额为260元;支付运费:价款为1 000元,增值税额为90元,均取得增值税专用发票。作会计分录如下(单位:元):

借:加工物品——委托加工物品(工作服)　3 000
　　应交增值税——应交税金(进项税额)　　350
　　贷:银行存款　　　　　　　　　　　　　　　3 350

同时:

借:事业支出　　　　　　　　　　　　　　　3 350
　　贷:资金结存——货币资金　　　　　　　　　3 350

(3) 委托加工完成的材料等验收入库,按照加工前发出材料的成本和加工、运输成本等,借记"库存物品"等科目,贷记本科目(委托加工物品)。

例:2019年6月25日,工作服运到,验收入库。作会计分录如下(单位:元):

借：库存物品——工作服　　　　　　　24 000
　　贷：加工物品——委托加工物品（工作服）24 000

注意：本科目期末借方余额，反映单位自制或委托外单位加工但尚未完工的各种物品的实际成本。

2.12.7　发出存货的核算方法

发出存货时要采用一定的计价方法确认发出存货的单位成本，从而计算出发出存货的成本。首先，我们要了解发出存货的计价方法。政府会计主体发出存货成本的计价方法主要有先进先出法、加权平均法和个别计价法，计价方法一经确定，不得随意变更。

对于性质和用途相似的存货，应当采用相同的成本计价方法确定发出存货的成本。

对于不能替代使用的存货、为特定项目专门购入或加工的存货，通常采用个别计价法确定发出存货的成本。

2.12.8　个别计价法发出存货的核算

个别计价法又称个别认定法、具体辨认法、分批实际法，是指假设存货的成本流转与实物流转相一致，按照各种存货，逐一辨认各批发出存货和期末存货所属的购进批别或生产批别，分别按其购入或生产时所确定的单位成本作为计算各批发出存货和期末存货成本的方法。通俗地讲，就是单位成本的确认是按照该批存货购进或入库时的单位成本。如本次领用的甲材料是6月5日购进的，6月5日该材料的单位成本是100元，本次领用材料的单位成本就是100元。

例：2019年12月1日甲材料期初存货为100千克，单位成本为90元。当天购进甲材料500千克，单位成本为100元。12月8日，购进甲材料1 000千克，单位成本为98元。12月9日，生产B产品领用甲材料800千克，其中300千克是12月1日购进那批，500千克是12月8日购进那批，本月无其他领用。计算发出存货成本和期末存货成本。

发出存货成本 = 300 × 100 + 500 × 98 = 79 000（元）

期末存货成本 = 100 × 90 + 200 × 100 + 500 × 98 = 78 000（元）

作会计分录如下（单位：元）：

借：加工物品——自制物品/B产品（直接材料）　79 000
　　贷：库存物品——甲材料　　　　　　　　　　　79 000

采用这种方法计算发出存货的成本和期末存货的成本比较合理、准确，但这种方法的使用前提是需要对发出和结存存货的批次进行具体认定，以辨别其所属的批次，所以实务操作的工作量繁重，困难较大。个别计价法适用于一般不能替代使用的存货以及为特定项目专门购入或制造的存货，如珠宝、名画等贵重物品。

2.12.9 先进先出法发出存货的核算

先进先出法是指以先购入的存货先发出这样一种存货实物流转假设为前提，对发出存货进行计价的方法。采用这种方法时，先购入的存货成本在后购入的存货成本之前转出，据此确定发出存货和期末存货的成本。

例：承上例，假如采用先进先出法，计算发出存货成本和期末存货成本。

发出存货成本 = $100 \times 90 + 500 \times 100 + 200 \times 98 = 78\,600$（元）

期末存货成本 = $800 \times 98 = 78\,400$（元）

作会计分录如下（单位：元）：

借：加工物品——自制物品/B 产品（直接材料）　78 600
　　贷：库存物品——甲材料　　　　　　　　　　　78 600

采用先进先出法时，存货成本是按最近购货确定的，期末存货成本比较接近现行的市场价值。

2.12.10 加权平均法发出存货的核算

加权平均法亦称全月一次加权平均法，是指以本月全部进货数量加月初存货数量作为权数，去除本月全部进货成本加上月初存货成本，计算出存货的加权平均单位成本，从而确定存货的发出和库存成本的方法。其计算公式如下：

存货单位成本 =（月初库存存货余额 + 本月收入存货金额）/（期初库存存货数量 + 本月收入存货数量）

发出存货成本 = 存货单位成本 × 发出存货数量

例：承上例，发出存货成本采用加权平均法，计算发出存货成本和期末存货成本。

单位成本 = $(100 \times 90 + 500 \times 100 + 1\,000 \times 98)/(100 + 500 + 1\,000) = 98.125$（元/千克）

发出存货成本 = $800 \times 98.125 = 78\,500$（元）

期末存货成本 =（100 + 500 + 1 000 - 800）× 98.125 = 78 500（元）

借：加工物品——自制物品/B 产品（直接材料）　　78 500
　　贷：库存物品——甲材料　　　　　　　　　　　　78 500

采用加权平均法时只在月末计算一次加权平均单价，比较简单，而且在市场价格上涨或下跌时所计算出来的单位成本平均化，对存货成本的分摊较为折中。但是采用这种方法平时无法从账上提供发出和结存存货的单位成本和金额，不利于加强对存货的管理。

2.12.11　低值易耗品和包装物发出的核算

低值易耗品和包装物发出的核算又和库存物品不同，具有其特殊性。《政府会计准则》规定，政府会计主体应当采用一次转销法或者五五摊销法对低值易耗品、包装物进行摊销，将其成本计入当期费用或者相关资产成本。

2.12.12　低值易耗品和包装物一次转销法的核算

一次转销法是指低值易耗品或包装物在第一次领用的时候，就将其全部账面价值计入有关成本费用的方法。

例：2019 年 6 月 1 日，购进工具 500 把，单价为 15 元，工具验收入库，开出转账支票支付。作会计分录如下（单位：元）：

借：库存物品——低值易耗品/工具　　7 500
　　贷：银行存款　　　　　　　　　　　7 500

同时：

借：事业支出　　　　　　　　　　　　7 500
　　贷：资金结存——货币资金　　　　　7 500

2019 年 6 月 3 日，后勤部领用 100 把工具。作会计分录如下（单位：元）：

借：单位管理费用　　　　　　　　　　1 500
　　贷：库存物品——低值易耗品/工具　　1 500

2.12.13　低值易耗品和包装物五五摊销法的核算

五五摊销法是指低值易耗品或包装物在第一次领用时先摊销其账面价值的一半，在报废时再摊销其账面价值的另一半的方法。

例：承上例，6 月 3 日，后勤部领用 100 把工具时采用五五摊销法。作会计分录如下（单位：元）：

6月1日购进时：

借：库存物品——低值易耗品/工具（在库）　7 500
　　贷：银行存款　　　　　　　　　　　　　　7 500

同时：

借：事业支出　　　　　　　　　　　　　　　　7 500
　　贷：资金结存——货币资金　　　　　　　　　7 500

6月3日领用时：

借：库存物品——低值易耗品/工具（在用）　1 500
　　贷：库存物品——低值易耗品/工具（在库）1 500

借：单位管理费用　　　　　　　　　　　　　　　750
　　贷：库存物品——低值易耗品/工具（摊销）　750

例：假如100把工具于8月15日报废30把，无残值。

借：单位管理费用　　　　　　　　　　　　　　　225
　　贷：库存物品——低值易耗品/工具（摊销）　225

借：库存物品——低值易耗品/工具（摊销）　450
　　贷：库存物品——低值易耗品/工具（在用）　450

库存物品——低值易耗品/工具（在用）账户余额 = 1 500 - 450 = 1 050（元）
库存物品——低值易耗品/工具（摊销）账户余额 = 750 - 225 = 525
　　　　　　　　　　　　　　　　　　　　　= 1 050/2 = 525（元）

证明有70把（1 050/15 = 70 或 100 - 30 = 70）工具正在使用，"摊销"余额等于"在用"余额的一半，报废时做如上处理。

存货的减少除了领用，还有对外捐赠和无偿调出，以下通过实例了解其核算方法。

经批准对外捐赠的库存物品发出时，按照库存物品的账面余额和对外捐赠过程中发生的归属于捐出方的相关费用合计数，借记"资产处置费用"科目，按照库存物品账面余额，贷记本科目，按照对外捐赠过程中发生的归属于捐出方的相关费用，贷记"银行存款"等科目。

例：2019年7月15日，南方公司遭受水灾，A单位通过公益部门捐赠给南方公司工作服150套，单位成本为200元，收到捐赠收据，另支付运费1 090元，取得增值税普通发票。作会计分录如下（单位：元）：

借：资产处置费用　　　　　　　　　　　　　31 090
　　贷：库存物品　　　　　　　　　　　　　　30 000
　　　　银行存款　　　　　　　　　　　　　　1 090

同时：
借：其他支出   1 090
　　贷：资金结存——货币资金   1 090

2.12.14 存货的盘存制度

单位应当定期对库存物品进行清查盘点，每年至少盘点一次。对于发生的库存物品盘盈、盘亏或者报废、毁损，应当先计入"待处理财产损溢"科目，按照规定报经批准后及时进行后续账务处理。

盘盈还是盘亏取决于账存数和实存数，实存数大于账存数则为盘盈，反之为盘亏。

确定期末存货账存数的方法主要有实地盘存制和永续盘存制两种。

1. 实地盘存制

实地盘存制也称定期盘存制，是指会计期末通过对存货进行实地盘点，以确定期末存货的结存数量，然后分别乘以各项存货的盘存单价，计算出期末存货总金额，计入各存货科目，倒轧出本期已耗用或已销售存货的成本的方法。

采用这种方法时，平时对有关存货明细账只记借方，不记贷方，每一期末，通过实地盘点确定存货数量，据以计算期末存货成本，然后计算出当期耗用或销售成本，计入有关存货的贷方。其基本公式如下：

本期耗用或销售数量 = 期初存货数量 + 本期收入存货数量 - 期末盘点存货数量

本期耗用或销售成本 = 期初存货成本 + 本期收入存货成本 - 期末存货成本

例：A 单位的甲材料采用实地盘存制。2019 年 5 月 1 日，甲材料期初余额为 500 千克，金额为 50 000 元，本月共购进 5 000 千克，金额为 510 000 元，本月领用 4 500 千克，期末进行盘点数量为 900 千克，单位成本按月初数计算。如表 2-9 所示。

表 2-9 原材料明细账（实地盘存制）

品名：甲材料

2019年		凭证字号	摘要	收入			发出			结余		
月	日			数量/千克	单价/元	金额/元	数量/千克	单价/元	金额/元	数量/千克	单价/元	金额/元
5	1	略	期初							500	100	50000
	6		购入	5 000	102	510 000						
	31		领用				4 600	102.17	470 000	900	100	90 000

本月领用甲材料数量 = 500 + 5 000 - 900 = 4 600（千克）

本月领用甲材料成本 = 50 000 + 510 000 - 90 000 = 470 000（元）

通过以上数据看出：此种盘存制度下，任何由于浪费、失窃和各种自然损耗等原因所造成的非正常消耗都隐匿在发出数量之中，不利于加强对存货的管理。

2. 永续盘存制

永续盘存制也称账面盘存制，是指对存货分别按照品名规格型号设置存货明细账，逐日逐笔登记各存货的收入和发出，并随时计算出结存数的方法。

采用这种方法时，平时既记增加数又记减少数，并随时计算出账面结存数。但是这种方法也要进行财产清查，通过实地盘点查明账实是否相符。

例：承上例，假如单位采用的是永续盘存制。如表 2 - 10 所示。

表 2 - 10　原材料明细账（永续盘存制）

品名：甲材料

2019 年		凭证字号	摘要	收入			发出			结余		
月	日			数量/千克	单价/元	金额/元	数量/千克	单价/元	金额/元	数量/千克	单价/元	金额/元
5	1		略 期初							500	100	50 000
	2		领用				300	100	30 000	200	100	20 000
	5		领用				200	100	20000	0		0
	6		购入	5 000	102	510 000				5 000	102	510 000
	16		领用				4 000	102	408 000	1 000	102	102 000
	31		盘亏				100	102	10 200	900	102	91 800

本月领用甲材料数量 = 300 + 200 + 4 000 = 4 500（千克）

本月领用甲材料成本 = 30 000 + 20 000 + 408 000 = 458 000（元）

通过以上数据看出：此种盘存制度下，可以及时记录和了解财产物资的增减及账面结存数，有利于单位从数量和金额两方面进行管理和控制。在没有发生被盗、丢失和计量不准的情况下，存货的账面余额与实物库存一致。为了核对存货的账面记录，加强对存货的管理，每年至少应对存货进行一次盘点，检查财产物资的账存数与实存数是否一致，如果不一致，则应及时查明原因进行处理。

注意：大多数单位存货采用永续盘存制。

2.12.15　存货的清查方法

确定账存数后，怎么确定实存数呢？对于存货的清查我们一般采用以下两种方法。

1. 实地盘点法

实地盘点法是指在财产物资的存放现场逐一清点数量或用计量仪器具体衡量出实存数的一种方法。这种方法计量准确、直观，适用范围广，虽然工作量较大，但是大多数财产物资都采用这种方法。

2. 技术测算法

技术测算法是指通过量方、计尺等方法，结合有关数据，推算出财产物资实际结存数的一种方法。这种方法计量的结果是推算出来的大概数，不十分准确，所以这种方法适用于大量、分散、成堆、笨重，难以逐一清点、单位价值较低的财产物资，如沙子、煤炭等。

单位进行财产清查时，清查过程中要填写盘存单，根据盘存单计算出实存数，编制存货盘点报告表或者账存实存对比表，计算出盘盈或盘亏数，查明原因并进行处理。以下是盘盈、盘亏的账务处理。

2.12.16 存货盘盈、盘亏批准前的账务处理

（1）盘盈的库存物品，其成本按照有关凭据注明的金额确定；没有相关凭据，但按照规定经过资产评估的，其成本按照评估价值确定；没有相关凭据、也未经过评估的，其成本按照重置成本确定。如无法采用上述方法确定盘盈的库存物品成本的，按照名义金额入账。盘盈的库存物品按照确定的入账成本，借记本科目，贷记"待处理财产损溢"科目。

（2）盘亏或者毁损、报废的库存物品，按照待处理库存物品的账面余额，借记"待处理财产损溢"科目，贷记本科目。属于增值税一般纳税人的单位，若因非正常原因导致的库存物品盘亏或毁损，还应当将与该库存物品相关的增值税进项税额转出，按照其增值税进项税额，借记"待处理财产损溢"科目，贷记"应交增值税——应交税金（进项税额转出）"科目。

例：2019年12月31日，单位（一般纳税人，增值税税率为13%）对存货进行清查，盘盈甲材料50千克，单位成本为100元，计量不准造成；盘亏乙材料600千克，单位成本为10元，属于保管不善导致霉烂变质。作会计分录如下（单位：元）：

盘盈时：

借：库存物品——甲材料　　　　　　　5 000

　　贷：待处理财产损溢　　　　　　　　　　5 000

盘亏时：
借：待处理财产损溢　　　　　　　　　　　　6 780
　　贷：库存物品——乙材料　　　　　　　　　　6 000
　　　　应交增值税——应交税金（进项税额转出）　780

2.12.17　存货盘盈、盘亏批准后的账务处理

例：承上例，经领导批准，盘盈的甲材料冲减"单位管理费用"，盘亏的乙材料由保管员负责赔偿3 000元，其余计入"资产处置费用"。作会计分录如下（单位：元）：

盘盈的处理：
借：待处理财产损溢　　　　　　　　　　　　5 000
　　贷：单位管理费用　　　　　　　　　　　　5 000

盘亏的处理：
借：其他应收款　　　　　　　　　　　　　　3 000
　　资产处置费用　　　　　　　　　　　　　3 780
　　贷：待处理财产损溢　　　　　　　　　　　6 780

2.13　待摊费用

过去接触过行政事业单位会计的人可能没见过这个科目，因为以前采用的是收付实现制，不会产生待摊费用，而现在财务会计采用权责发生制，一次性支付由本期和以后期间负担的费用不能都由本期负担。这种一次性付出的支出要先有个中转，即"待摊费用"。

比如预付一年的租金虽然一次性交易完成，但是按照权责发生制的要求，各月应该负担的费用要各月核算，这样就产生了"待摊费用"。

2.13.1　待摊费用概述

"待摊费用"科目核算单位已经支付，但应当由本期和以后各期分别负担的分摊期在1年以内（含1年）的各项费用，如预付航空保险费、预付租金等。摊销期限在1年以上的租入固定资产改良支出和其他费用，应当通过"长期待摊费用"科目核算，不通过本科目核算。待摊费用应当在其受益期限内分期平均摊

销，如预付航空保险费应在保险期的有效期内，预付租金应在租赁期内分期平均摊销，计入当期费用。本科目应当按照待摊费用种类进行明细核算。

2.13.2 待摊费用的核算

以下通过实例来了解这个科目的核算：

（1）发生待摊费用时，按照实际预付的金额，借记本科目，贷记"财政拨款收入""零余额账户用款额度""银行存款"等科目。

例：2019年4月5日，X单位（一般纳税人）签订一份厂房租赁合同，租期为10年，租赁费一年一交，于签字之日交纳一年租金126 000元，取得增值税专用发票中注明：金额为120 000元，增值税额为6 000元。

判断属于"待摊费用"还是属于"长期待摊费用"不是取决于租期的长短，而是看支付款项的受益期的长短，租金12万元的期限为一年，所以判断其为"待摊费用"。作会计分录如下（单位：元）：

借：待摊费用——房屋租金　　　　　120 000
　　应交增值税——应交税金（进项税额）6 000
　　贷：银行存款　　　　　　　　　　　126 000

同时：

借：事业支出　　　　　　　　　　　126 000
　　贷：资金结存——货币资金　　　　　126 000

（2）按照受益期限分期平均摊销时，按照摊销金额，借记"业务活动费用""单位管理费用""经营费用"等科目，贷记本科目。

例：承上例，每月摊销房租时作会计分录如下（单位：元）：

借：业务活动费用　　　　　　　　　10 000
　　贷：待摊费用——房屋租金　　　　　10 000

（3）如果某项待摊费用已经不能使单位受益，则应当将其摊余金额一次全部转入当期费用。按照摊销金额，借记"业务活动费用""单位管理费用""经营费用"等科目，贷记本科目。

例：2019年6月10日，场地租赁费摊余价值为5 000元，还有两个月到期，但是单位用此场地进行的宣传活动提前结束，场地空闲。作会计分录如下（单位：元）：

借：业务活动费用　　　　　　　　　5 000
　　贷：待摊费用——场地租赁费　　　　5 000

2.14 固定资产

以上介绍的都是政府会计经常接触的流动资产业务。有流动资产就会有非流动资产，而非流动资产中最常见的就是固定资产。固定资产对于行政事业单位来说是最重要的资产。哪些财产属于固定资产，又该怎么核算呢？

2.14.1 固定资产概述

固定资产是指政府会计主体为满足自身开展业务活动或其他活动需要而控制的，使用年限超过1年（不含1年）、单位价值在规定标准（最低为1 000元，其中专用设备单位价值最低为1 500元）以上，并在使用过程中基本保持原有物质形态的资产。它一般包括房屋及构筑物、专用设备和通用设备等。单位价值虽未达到规定标准，但是使用年限超过1年（不含1年）的大批同类物资，如图书、家具、用具和装具等，应当确认为固定资产。

注意： 公共基础设施、政府储备物资、保障性住房和自然资源资产等，适用其他相关政府会计准则，不在固定资产中核算。

2.14.2 固定资产的种类

政府单位的固定资产种类较多，规格不一。为了加强对固定资产的管理，便于组织会计核算，有必要对其进行科学、合理的分类。

最常见的分类是按固定资产经济用途分类，一般分为以下六类：

（1）房屋及构筑物：房屋包括政府单位拥有的办公用房、生活用房（食堂、医务用房、职工宿舍等）、库房等；构筑物包括水塔、道路、围墙、雕塑等。

（2）专用设备：专用设备是指因业务需要购置的具有特定专业用途的设备，如侦察设备、检测设备、监控设备、气象设备、防空设备等。

（3）通用设备：通用设备是指单位通用性设备，如电脑、打印机、复印机、传真机、家具、汽车、摩托车、电动车等。

（4）文物和陈列品：包括政府单位接管、接受捐赠和购置的具有特别价值的文物与陈列品，如古物、字画和纪念品等。

（5）图书、档案：专指政府单位在图书室、阅览室里长期存放的图书、档案，不包括各单位办公室中购买的业务用书。

(6) 家具、用具、装具及动植物：是指政府单位在使用中的家具、用具、装具及动植物。

2.14.3 固定资产的确认条件

固定资产同时满足下列条件的，应当予以确认：

（1）与该固定资产相关的服务潜力很可能实现或者经济利益很可能流入政府会计主体。

（2）该固定资产的成本或者价值能够可靠地计量。

通俗点讲就是：

1）购入、换入、接受捐赠、无偿调入不需安装的固定资产，在固定资产验收合格时确认。

2）购入、换入、接受捐赠、无偿调入需要安装的固定资产，在固定资产安装完成交付使用时确认。

3）自行建造、改建、扩建的固定资产，在建造完成交付使用时确认。

需要注意的是，确认固定资产时，应当考虑以下情况：

（1）固定资产的各组成部分具有不同使用年限或者以不同方式为政府会计主体实现服务潜力或提供经济利益，适用不同折旧率或折旧方法且可以分别确定各自原价的，应当分别将各组成部分确认为单项固定资产。

（2）应用软件构成相关硬件不可缺少的组成部分的，应当将该软件的价值包括在所属的硬件价值中，一并确认为固定资产；不构成相关硬件不可缺少的组成部分的，应当将该软件确认为无形资产。

（3）购建房屋及构筑物时，不能分清购建成本中的房屋及构筑物部分与土地使用权部分的，应当全部确认为固定资产；能够分清购建成本中的房屋及构筑物部分与土地使用权部分的，应当将其中的房屋及构筑物部分确认为固定资产，将其中的土地使用权部分确认为无形资产。

2.14.4 固定资产的入账价值

最重要的是固定资产的入账价值。固定资产在取得时应当按照成本进行初始计量。

（1）政府会计主体外购的固定资产，其成本包括购买价款、相关税费以及固定资产交付使用前所发生的可归属于该项资产的运输费、装卸费、安装费和专业人员服务费等。

以一笔款项购入多项没有单独标价的固定资产，应当按照各项固定资产同类或类似资产市场价格的比例对总成本进行分配，分别确定各项固定资产的成本。

（2）政府会计主体自行建造的固定资产，其成本包括该项资产至交付使用前所发生的全部必要支出。

在原有固定资产基础上进行改建、扩建、修缮后的固定资产，其成本按照原固定资产账面价值加上改建、扩建、修缮发生的支出，再扣除固定资产被替换部分的账面价值后的金额确定。

为建造固定资产借入的专门借款的利息，属于建设期间发生的，计入在建工程成本；不属于建设期间发生的，计入当期费用。

已交付使用但尚未办理竣工决算手续的固定资产，应当按照估计价值入账，待办理竣工决算后再按实际成本调整原来的暂估价值。

（3）政府会计主体通过置换取得的固定资产，其成本按照换出资产的评估价值加上支付的补价或减去收到的补价，加上换入固定资产发生的其他相关支出确定。

（4）政府会计主体接受捐赠的固定资产，其成本按照有关凭据注明的金额加上相关税费、运输费等确定；没有相关凭据可供取得，但按规定经过资产评估的，其成本按照评估价值加上相关税费、运输费等确定；没有相关凭据可供取得，也未经资产评估的，其成本比照同类或类似资产的市场价格加上相关税费、运输费等确定；没有相关凭据且未经资产评估、同类或类似资产的市场价格也无法可靠取得的，按照名义金额入账，相关税费、运输费等计入当期费用。

如受赠的系旧的固定资产，在确定其初始入账成本时应当考虑该项资产的新旧程度。

（5）政府会计主体无偿调入的固定资产，其成本按照调出方账面价值加上相关税费、运输费等确定。

（6）政府会计主体盘盈的固定资产，按规定经过资产评估的，其成本按照评估价值确定；未经资产评估的，其成本按照重置成本确定。

（7）政府会计主体融资租赁取得的固定资产，成本按照其他相关政府会计准则确定。

下面就是最关键的核算问题了，通过实例加以说明。

2.14.5 外购不需安装固定资产的核算

购入不需安装的固定资产验收合格时，按照确定的固定资产成本，借记本科目，贷记"财政拨款收入""零余额账户用款额度""应付账款""银行存款"等科目。

例：2019年5月18日，X行政单位购入一台设备，价值为100 000元，增值税额为13 000元，款项采取财政直接支付方式支付。作会计分录如下（单位：元）：

借：固定资产　　　　　　　　　　　113 000
　　贷：财政拨款收入　　　　　　　　　113 000

同时：

借：行政支出　　　　　　　　　　　113 000
　　贷：财政拨款预算收入　　　　　　　113 000

例：2019年4月5日，X单位（一般纳税人）购入一台复印机，价值为50 000元，增值税额为6 500元，取得增值税专用发票，款项已通过网银转账。作会计分录如下（单位：元）：

借：固定资产——复印机　　　　　　50 000
　　应交增值税——应交税金（进项税额）　6 500
　　贷：银行存款　　　　　　　　　　　56 500

同时：

借：事业支出　　　　　　　　　　　56 500
　　贷：资金结存——货币资金　　　　　56 500

2.14.6　外购需要安装的固定资产核算

购入需要安装的固定资产，在安装完毕交付使用前通过"在建工程"科目核算，安装完毕交付使用时再转入本科目。

例：2019年4月15日，X行政单位购入需要安装的监控设备一套，价值为1 500 000元，取得增值税普通发票，款项采用财政直接支付方式支付。作会计分录如下（单位：元）：

借：在建工程——监控设备　　　　　1 500 000
　　贷：财政拨款收入　　　　　　　　　1 500 000

同时：

借：行政支出　　　　　　　　　　　1 500 000
　　贷：财政拨款预算收入　　　　　　　1 500 000

例：2019年4月25日安装完毕，验收合格交付使用，支付安装费10 000元。作

会计分录如下（单位：元）：

  借：在建工程——监控设备   10 000
    贷：财政拨款收入   10 000
  借：固定资产——监控设备   1 510 000
    贷：在建工程——监控设备   1 510 000

同时：

  借：行政支出   10 000
    贷：财政拨款预算收入   10 000

例：2019年5月5日，X单位（一般纳税人）购入一台需要安装的大型机电组，价值为500 000元，增值税额为65 000元，运费及装卸费为6 540元，其中增值税额为540元，均取得增值税专用发票。扣留质量保证金10 000元（1年无质量问题），其余款项已通过网银转账付款。作会计分录如下（单位：元）：

  借：在建工程——大型机电组   506 000
    应交增值税——应交税金（进项税额） 65 540
    贷：银行存款   561 540
      其他应付款——质量保证金   10 000

同时：

  借：事业支出   561 540
    贷：资金结存——货币资金   561 540

例：2019年5月18日，大型机电组安装完毕，经验收合格交付使用，安装费为22 600元，其中增值税额为2600元，取得增值税专用发票，款项尚未支付。作会计分录如下（单位：元）：

  借：在建工程——大型机电组   20 000
    应交增值税——应交税金（进项税额） 2 600
    贷：应付账款   22 600
  借：固定资产   526 000
    贷：在建工程   526 000

例：2019年6月18日，支付安装费22 600元。作会计分录如下（单位：元）：

  借：应付账款   22 600
    贷：银行存款   22 600

同时：

  借：事业支出   22 600
    贷：资金结存——货币资金   22 600

例：2020 年 5 月 5 日，退还质保金 10 000 元。作会计分录如下（单位：元）：

  借：其他应付款——质量保证金   10 000
    贷：银行存款   10 000

同时：
  借：事业支出   10 000
    贷：资金结存——货币资金   10 000

2.14.7 自行建造固定资产的核算

  自行建造的固定资产交付使用时，按照在建工程成本，借记本科目，贷记"在建工程"科目。

  已交付使用但尚未办理竣工决算手续的固定资产，按照估计价值入账，待办理竣工决算后再按照实际成本调整原来的暂估价值。

例：2019 年 5 月 10 日，某行政单位使用零余额账户用款额度支付办公楼工程款 120 000 元。作会计分录如下（单位：元）：

  借：在建工程——办公楼   120 000
    贷：零余额账户用款额度   120 000

同时：
  借：行政支出   120 000
    贷：资金结存——零余额账户用款额度 120 000

例：2019 年 11 月 15 日，某行政单位办理竣工决算，工程总造价为 2 400 000 元，扣留质保金 100 000 元（3 年），结清余款 50 000 元，办公楼已交付使用。作会计分录如下（单位：元）：

  借：在建工程——办公楼   50 000
    贷：零余额账户用款额度   50 000
  借：固定资产——办公楼   2 400 000
    贷：在建工程——办公楼   2 300 000
      长期应付款——质量保证金 100 000

同时：
  借：行政支出   50 000
    贷：资金结存——零余额账户用款额度 50 000

例：2022 年 11 月 5 日，房屋无质量问题，退还质量保证金 100 000 元。作会计分录如下(单位：元)：

  借：长期应付款——质量保证金 100 000
    贷：零余额账户用款额度   100 000
  同时：
  借：行政支出   100 000
    贷：资金结存——零余额账户用款额度 100 000

例：2019年10月30日，X单位所建造的生产线交付使用，但是尚未办理竣工决算，合同中工程总造价为180万元。作会计分录如下(单位：元)：

  借：固定资产——生产线   1 800 000
    贷：在建工程——生产线   1 800 000

2.14.8 租入固定资产的核算

  单位在日常经营过程中，因临时或季节性需要，或出于融资等方面的考虑，对单位所需的固定资产采取租赁的方式取得，按照租赁的性质和形式的不同可分为经营租赁和融资租赁两种。

  经营租赁取得的固定资产是为了临时或季节性需要，并不是长期拥有，所以并不作为单位的固定资产核算。支付租金时计入待摊费用，其核算方法参见"待摊费用"科目。

  融资租赁取得的固定资产，其成本按照租赁协议或者合同确定的租赁价款、相关税费以及固定资产交付使用前所发生的可归属于该项资产的运输费、途中保险费和安装调试费等确定。

  融资租入的固定资产，按照确定的成本，借记本科目(不需安装)或"在建工程"科目(需安装)，按照租赁协议或者合同确定的租赁付款额，贷记"长期应付款"科目，按照支付的运输费、途中保险费和安装调试费等金额，贷记"财政拨款收入""零余额账户用款额度""银行存款"等科目。

  定期支付租金时，按照实际支付金额，借记"长期应付款"科目，贷记"财政拨款收入""零余额账户用款额度""银行存款"等科目。

  例：A单位由于季节性生产经营需要，每年9~11月的农产品收购季节需要租入货运汽车。2019年9月1日，租入汽车15辆，租期为三个月，每月租金为100 000元，共计300 000元。租金于9月1日采用财政直接支付方式一次性付清，取得增值税普通发票。作会计分录如下(单位：元)：

  预付租金时：

借：待摊费用　　　　　　　　　　　　　　300 000
　　贷：财政拨款收入　　　　　　　　　　　　300 000

同时：
借：经营支出　　　　　　　　　　　　　　300 000
　　贷：财政预算拨款收入　　　　　　　　　　300 000

每月摊销时：
借：经营费用　　　　　　　　　　　　　　100 000
　　贷：待摊费用　　　　　　　　　　　　　　100 000

例：2019 年 9 月 1 日，X 行政单位采用融资租赁方式租入一套电热膜供暖系统，租赁协议价款为 1 000 万元，租期为 10 年，租赁价款于每年 9 月 1 日支付，租赁期满，支付购买该套设备的名义价款 500 元，该套设备即归 X 行政单位所有。9 月 2 日该单位从零余额账户支付运输费 2 万元，装卸费 5 000 元，10 月 25 日，支付安装调试费 10 万元。作会计分录如下（单位：元）：

9 月 1 日租入电热膜供暖系统时：
借：在建工程——电热膜供暖系统　　　10 000 000
　　贷：长期应付款——应付融资租赁款　　10 000 000

每年支付融资租赁费时：
借：长期应付款——应付融资租赁款　　1 000 000
　　贷：零余额账户用款额度　　　　　　　　1 000 000

同时：
借：行政支出　　　　　　　　　　　　　1 000 000
　　贷：资金结存——零余额账户用款额度　1 000 000

9 月 2 日支付费用时：
借：在建工程——电热膜供暖系统　　　　25 000
　　贷：零余额账户用款额度　　　　　　　　　25 000

同时：
借：行政支出　　　　　　　　　　　　　　25 000
　　贷：资金结存——零余额账户用款额度　　25 000

10 月 25 日支付安装调试费时：
借：在建工程——电热膜供暖系统　　　　100 000
　　贷：零余额账户用款额度　　　　　　　　　100 000

同时：

借：行政支出　　　　　　　　　　　　　　100 000
　　贷：资金结存——零余额账户用款额度　　100 000

10月25日交付使用时：

借：固定资产——电热膜供暖系统　　　10 125 000
　　贷：在建工程——电热膜供暖系统　　10 125 000

2029年9月1日支付名义价款时：

借：业务活动费用　　　　　　　　　　　　500
　　贷：零余额账户用款额度　　　　　　　　　500

同时：

借：行政支出　　　　　　　　　　　　　　500
　　贷：资金结存——零余额账户用款额度　　500

2.14.9　接受捐赠固定资产的核算

接受捐赠的固定资产，按照确定的固定资产成本，借记本科目（不需安装）或"在建工程"科目（需安装），按照发生的相关税费、运输费等，贷记"零余额账户用款额度""银行存款"等科目，按照其差额，贷记"捐赠收入"科目。

接受捐赠的固定资产按照名义金额入账的，按照名义金额，借记本科目，贷记"捐赠收入"科目；按照发生的相关税费、运输费等，借记"其他费用"科目，贷记"零余额账户用款额度""银行存款"等科目。

例：2019年10月10日，单位接受飞达公司捐赠热水设备一台，根据捐赠设备发票确定其价值为20 000元，该热水设备已经投入使用。作会计分录如下（单位：元）：

借：固定资产——热水设备　　　　　　20 000
　　贷：捐赠收入　　　　　　　　　　　　20 000

例：2019年4月20日，A单位接受宏大商场捐赠空调两台，以名义价入账，现金支付运费50元。作会计分录如下（单位：元）：

借：固定资产——空调　　　　　　　　　　1
　　贷：捐赠收入　　　　　　　　　　　　　　1
借：其他费用　　　　　　　　　　　　　　50
　　贷：库存现金　　　　　　　　　　　　　　50

同时：
　　借：其他支出　　　　　　　　　　　　　50
　　　　贷：资金结存——货币资金　　　　　　　　50

2.14.10　无偿调入固定资产的核算

无偿调入的固定资产，按照确定的固定资产成本，借记本科目（不需安装）或"在建工程"科目（需安装），按照发生的相关税费、运输费等，贷记"零余额账户用款额度""银行存款"等科目，按照其差额，贷记"无偿调拨净资产"科目。

例：2019年5月4日，接上级通知，无偿调入汽车一辆，原价值为10万元，七成新，开出转账支票支付运费500元，汽车拉回后支付修理费1 000元，交付使用。作会计分录如下（单位：元）：

　　借：固定资产　　　　　　　　　　　　71 500
　　　　贷：无偿调拨净资产　　　　　　　　　　70 000
　　　　　　银行存款　　　　　　　　　　　　　1 500

同时：
　　借：其他支出　　　　　　　　　　　　　1 500
　　　　贷：资金结存——货币资金　　　　　　　1 500

以上是固定资产取得的核算，固定资产投入使用之后，是不改变其实物形态的，但是在使用过程中避免不了要有损耗，要进行维护与维修，这就涉及固定资产的后续支出问题。

2.14.11　固定资产累计折旧概述

折旧是指在固定资产的预计使用年限内，按照确定的方法对应计的折旧额进行系统分摊。

固定资产应计的折旧额为其成本，计提固定资产折旧时不考虑预计净残值。

在通常情况下，政府会计主体应当按照表2-11中的规定确定各类应计提折旧的固定资产的折旧年限。

表 2–11 政府固定资产折旧年限

固定资产类别	内容		折旧年限（年）
房屋及构筑物	业务及管理用房	钢结构	不低于 50
		钢筋混凝土结构	不低于 50
		砖混结构	不低于 30
		砖木结构	不低于 30
	简易房		不低于 8
	房屋附属设施		不低于 8
	构筑物		不低于 8
通用设备	计算机设备		不低于 6
	办公设备		不低于 6
	车辆		不低于 8
	图书档案设备		不低于 5
	机械设备		不低于 10
	电气设备		不低于 5
	雷达、无线电和卫星导航设备		不低于 10
	通信设备		不低于 5
	广播、电视、电影设备		不低于 5
	仪器仪表		不低于 5
	电子和通信测量设备		不低于 5
	计量标准器具及量具、衡器		不低于 5
专用设备	探矿、采矿、选矿和造块设备		10～15
	石油天然气开采专用设备		10～15
	石油和化学工业专用设备		10～15
	炼焦和金属冶炼轧制设备		10～15
	电力工业专用设备		20～30
	非金属矿物制品工业专用设备		10～20
	核工业专用设备		20～30
	航空航天工业专用设备		20～30
	工程机械		10～15
	农业和林业机械		10～15
	木材采集和加工设备		10～15
	食品加工专用设备		10～15

（续）

固定资产类别	内容	折旧年限（年）
专用设备	饮料加工设备	10~15
	烟草加工设备	10~15
	粮油作物和饲料加工设备	10~15
	纺织设备	10~15
	缝纫、服饰、制革和毛皮加工设备	10~15
	造纸和印刷机械	10~20
	化学药品和中药专用设备	5~10
	医疗设备	5~10
	电工、电子专用生产设备	5~10
	安全生产设备	10~20
	邮政专用设备	10~15
	环境污染防治设备	10~20
	公安专用设备	3~10
	水工机械	10~20
	殡葬设备及用品	5~10
	铁路运输设备	10~20
	水上交通运输设备	10~20
	航空器及其配套设备	10~20
	专用仪器仪表	5~10
	文艺设备	5~15
	体育设备	5~15
	娱乐设备	5~15
家具、用具及装具	家具	不低于15
	用具、装具	不低于5

政府会计主体应当对暂估入账的固定资产计提折旧，实际成本确定后不需调整原已计提的折旧额。

2.14.12　固定资产计提折旧的范围

政府会计主体除了下列情况外，应当对固定资产计提折旧：
（1）文物和陈列品。

（2）动植物。

（3）图书、档案。

（4）单独计价入账的土地。

（5）以名义金额计量的固定资产。

固定资产应当按月计提折旧，当月增加的固定资产，当月开始计提折旧；当月减少的固定资产，当月不再计提折旧。

固定资产提足折旧后，无论能否继续使用，均不再计提折旧；提前报废的固定资产，也不再补提折旧。已提足折旧的固定资产，可以继续使用的，应当继续使用，规范实物管理。

固定资产因改建、扩建或修缮等原因而延长其使用年限的，应当按照重新确定的固定资产的成本以及重新确定的折旧年限计算折旧额。

2.14.13　固定资产折旧的计算方法

政府会计主体一般应当采用年限平均法或者工作量法计提固定资产折旧。

1. 年限平均法

年限平均法是指将固定资产的应计折旧额在规定的使用年限内平均分摊到各期的一种方法。

计算公式如下：

$$年折旧额 = 固定资产原价 \div 预计使用年限$$

$$月折旧额 = 年折旧额 \div 12$$

$$年折旧率 = 年折旧额 \div 固定资产原价 = 1/预计使用年限$$

$$月折旧率 = 年折旧率 \div 12$$

$$月折旧额 = 固定资产原价 \times 月折旧率$$

例：2019年5月13日，X单位（一般纳税人）购入一个厂房，砖混结构，预计可使用30年，增值税专用发票注明的价款为180万元，增值税额为16.2万元，厂房达到可使用状态。

$$年折旧额 = 1\,800\,000 \div 30 = 60\,000（元）$$

$$月折旧额 = 60\,000 \div 12 = 5\,000（元）$$

$$月折旧率 = 5\,000 \div 1\,800\,000 \approx 0.277\,778\%$$

$$月折旧额 = 1\,800\,000 \times 0.277\,778\% = 5\,000（元）$$

如果遇到计算结果是约等于的情况，提足折旧前的一个月的折旧额等于固定资产原价减去固定资产累计折旧。

2．工作量法

工作量法是指根据实际工作量计提折旧额的一种方法。

计算公式如下：

$$单位工作量折旧额 = 固定资产原价 \div 总工作量$$
$$月折旧额 = 单位工作量折旧额 \times 该项固定资产当月工作量$$

例：2019 年 6 月 1 日，A 行政单位购入一辆汽车，价值为 30 万元，预计总行驶里程为 50 万千米，本月该辆汽车行驶了 1 000 千米。

$$单位里程折旧额 = 300\ 000 \div 500\ 000 = 0.6（元/千米）$$
$$本月折旧额 = 1\ 000 \times 0.6 = 600（元）$$

2.14.14 固定资产累计折旧的核算

固定资产累计折旧的核算一般设置"固定资产累计折旧"科目，本科目核算单位计提的固定资产累计折旧，按照所对应固定资产的明细分类进行明细核算。

公共基础设施和保障性住房计提的累计折旧，应当分别通过"公共基础设施累计折旧（摊销）"科目和"保障性住房累计折旧"科目核算，不通过本科目核算。

（1）按月计提固定资产折旧时，按照应计提折旧金额，借记"业务活动费用""单位管理费用""经营费用""加工物品""在建工程"等科目，贷记本科目。

例：2019 年 10 月 31 日，A 单位计提固定资产折旧的情况如表 2-12 所示：

表 2-12　固定资产折旧计算表

2019 年 10 月 31 日

类　别	折旧方法	使用年限（或工作总量）	本月工作量	固定资产原价/元	月折旧额/元
汽车（工程用）	工作量法	1 000 000 千米	2 500 千米	120 000	300
办公楼	年限平均法	50 年	—	6 000 000	10 000
办公设备	年限平均法	6 年	—	90 000	1 250
合计					11 550

稽核人员：张飞　　　　　　　　　　　　　　　　　　填单人员：丽娜

借：在建工程 300
　　单位管理费用 11 250
　　　贷：固定资产累计折旧 11 550

(2) 经批准处置或处理固定资产时，按照所处置或处理固定资产的账面价值，借记"资产处置费用""无偿调拨净资产""待处理财产损溢"等科目，按照已计提折旧，借记本科目，按照固定资产的账面余额，贷记"固定资产"科目。

例：2019 年 12 月 15 日，A 单位汽车报废，该汽车账面原价为 100 000 元，已提折旧 95 000 元，卖报废车辆得款 3 000 元。作会计分录如下（单位：元）：

借：资产处置费用 5 000
　　固定资产累计折旧 95 000
　　　贷：固定资产 100 000
借：银行存款 3 000
　　　贷：应缴财政款 3 000

2.14.15　与固定资产有关的其他后续支出

1. 符合固定资产确认条件的后续支出

通常情况下，将固定资产转入改建、扩建时，按照固定资产的账面价值，借记"在建工程"科目，按照固定资产已计提折旧，借记"固定资产累计折旧"科目，按照固定资产的账面余额，贷记本科目。

为增加固定资产使用效能或延长其使用年限而发生的改建、扩建等后续支出，借记"在建工程"科目，贷记"财政拨款收入""零余额账户用款额度""银行存款"等科目。

固定资产改建、扩建等完成交付使用时，按照在建工程成本，借记本科目，贷记"在建工程"科目。

例：2019 年 4 月 1 日，B 行政单位准备将自己的厂房进行扩建，手续已经全部办妥。该厂房账面原价为 50 万元，已提折旧 20 万元。作会计分录如下（单位：元）：

借：在建工程 300 000
　　固定资产累计折旧 200 000
　　　贷：固定资产——厂房 500 000

例：2019 年 10 月 20 日，厂房扩建完工，经验收合格，财政拨款一次性支付工程款 25 万元。作会计分录如下（单位：元）：

借：在建工程　　　　　　　　　　　250 000
　　贷：财政拨款收入　　　　　　　　　　250 000
借：固定资产　　　　　　　　　　　550 000
　　贷：在建工程　　　　　　　　　　　　550 000
同时：
借：行政支出　　　　　　　　　　　250 000
　　贷：财政拨款预算收入　　　　　　　　250 000

2. 不符合固定资产确认条件的后续支出

为保证固定资产正常使用发生的日常维修等支出，借记"业务活动费用""单位管理费用"等科目，贷记"财政拨款收入""零余额账户用款额度""银行存款"等科目。

例：2019 年 4 月 10 日，C 事业单位对单位的通风设备进行维修，开出转账支票支付修理费 5 000 元。作会计分录如下（单位：元）：

借：单位管理费用　　　　　　　　　5 000
　　贷：银行存款　　　　　　　　　　　　5 000
同时：
借：事业支出　　　　　　　　　　　5 000
　　贷：资金结存——货币资金　　　　　　5 000

2.14.16　固定资产处置的核算

政府会计主体在日常活动中，对有些不适用或不需用的固定资产，可以出售转让；对有些由于使用而不断磨损直至最终报废，或由于技术进步等原因发生提前报废，或由于遭受自然灾害等非常损失发生毁损的固定资产应及时进行清理；投资、捐赠抵债、调拨等原因减少的固定资产，也属于固定资产处置。那么具体应该怎样核算呢？以下通过实例进行讲解。

（1）政府会计主体按规定报经批准出售、转让固定资产，按照被出售、转让固定资产的账面价值，借记"资产处置费用"科目，按照固定资产已计提的折旧，借记"固定资产累计折旧"科目，按照固定资产账面余额，贷记本科目；同时，按照收到的价款，借记"银行存款"等科目，按照处置过程中发生的相关费用，贷记"银行存款"等科目，按照其差额，贷记"应缴财政款"科目。

例：2019 年 10 月 5 日，A 事业单位将自有办公楼进行出售，该办公楼原价为 2 000 000 元，已使用 20 年，已提折旧 800 000 元，出售的价款为 3 000 000 元，款项已经到账，另采用财政直接支付方式支付清理费用 20 000 元，缴纳增值税等税费 64 077.67 元。作会计分录如下（单位：元）：

借：资产处置费用　　　　　　　　1 200 000
　　固定资产累计折旧　　　　　　　800 000
　　贷：固定资产——办公楼　　　　　　2 000 000
借：银行存款　　　　　　　　　　3 000 000
　　贷：财政拨款收入　　　　　　　　84 077.67
　　　　应缴财政款　　　　　　　　2 915 922.33

同时：
借：其他支出　　　　　　　　　　84 077.67
　　贷：财政拨款预算收入　　　　　　84 077.67

（2）报经批准对外捐赠固定资产，按照固定资产已计提的折旧，借记"固定资产累计折旧"科目，按照被处置固定资产账面余额，贷记本科目，按照捐赠过程中发生的归属于捐出方的相关费用，贷记"银行存款"等科目，按照其差额，借记"资产处置费用"科目。

例：2019 年 10 月 6 日，A 单位将自己单位闲置的 10 台电脑捐赠给 B 单位，该批电脑原价为 40 000 元，已提折旧 36 000 元。作会计分录如下（单位：元）：

借：资产处置费用　　　　　　　　4 000
　　固定资产累计折旧　　　　　　　36 000
　　贷：固定资产——计算机　　　　　　40 000

（3）报经批准无偿调出固定资产，按照固定资产已计提的折旧，借记"固定资产累计折旧"科目，按照被处置固定资产账面余额，贷记本科目，按照其差额，借记"无偿调拨净资产"科目；同时，按照无偿调出过程中发生的归属于调出方的相关费用，借记"资产处置费用"科目，贷记"银行存款"等科目。

例：2019 年 10 月 13 日，B 单位将因技术进步淘汰下来的设备无偿调拨给 C 单位，该设备原价为 10 万元，已提折旧 6 万元，另从零余额账户支付运费 200 元。

借：无偿调拨净资产　　　　　　　40 000
　　固定资产累计折旧　　　　　　　60 000
　　贷：固定资产　　　　　　　　　100 000

借：资产处置费用 200
　　贷：零余额账户用款额度 200

同时：
借：其他支出 200
　　贷：资金结存——零余额账户用款额度 200

（4）报经批准置换换出固定资产，参照"库存物品"中置换换入库存物品的规定进行账务处理。固定资产处置时涉及增值税业务的，相关账务处理参见"应交增值税"科目。

2.14.17　固定资产清查的核算

单位应当定期对固定资产进行清查盘点，每年至少盘点一次。对于发生的固定资产盘盈、盘亏或毁损、报废，应当先计入"待处理财产损溢"科目，按照规定报经批准后及时进行后续账务处理。

（1）盘盈的固定资产，其成本按照有关凭据注明的金额确定；没有相关凭据，但按照规定经过资产评估的，其成本按照评估价值确定；没有相关凭据，也未经过评估的，其成本按照重置成本确定。如无法采用上述方法确定盘盈固定资产成本的，按照名义金额（人民币1元）入账。盘盈的固定资产，按照确定的入账成本，借记本科目，贷记"待处理财产损溢"科目。

注意：盘盈固定资产成本的确定一定要按上面所述顺序进行。

例：2019年12月31日，A单位对固定资产进行了清查盘点，发现盘盈了一台复印机，该复印机固定资产使用卡片上注明金额为15 000元，六成新。作会计分录如下（单位：元）：

批准前：
借：固定资产——复印机 9 000
　　贷：待处理财产损溢 9 000

批准后：
借：待处理财产损溢 9 000
　　贷：以前年度盈余调整 9 000

（2）盘亏、毁损或报废的固定资产，按照待处理固定资产的账面价值，借记"待处理财产损溢"科目，按照已计提折旧，借记"固定资产累计折旧"科目，按照固定资产的账面余额，贷记本科目。

例：2019 年 12 月 31 日，A 单位对固定资产进行清查的结果，发现少了两台电脑，该电脑原价为 8 000 元，已提折旧 2 000 元。经查属于李茂彬私自拿回家里使用，由其负责赔偿 4 000 元。作会计分录如下（单位：元）：

批准前：

借：待处理财产损溢——待处理财产价值　　6 000
　　　固定资产累计折旧　　　　　　　　　2 000
　　贷：固定资产——电脑　　　　　　　　　　　8 000

批准后：

借：资产处置费用　　　　　　　　　　　　6 000
　　贷：待处理财产损溢——待处理财产价值　　6 000
借：其他应收款——李茂彬　　　　　　　　4 000
　　贷：待处理财产损溢——处理净收入　　　4 000
借：待处理财产损溢——处理净收入　　　　4 000
　　贷：应缴财政款　　　　　　　　　　　　　4 000

2.15 工程物资

前面已经介绍了，行政事业单位所需的固定资产除了外购等方式取得之外，还会根据本单位的特殊需要，利用自有的人力、物力条件下自行建造。自行建造固定资产最主要的成本包括材料、人工和其他费用，工程用的材料物资属于工程专用的，要单独进行核算，通过设置"工程物资"科目核算为在建工程准备的各种物资的成本，包括工程用材料、设备等。本科目可按照"库存材料""库存设备"等工程物资类别进行明细核算。

以下通过实例来学习工程物资的核算。

2.15.1 购入工程物资的核算

购入为工程准备的物资，按照确定的物资成本，借记本科目，贷记"财政拨款收入""零余额账户用款额度""银行存款""应付账款"等科目。按照预算会计项目，借记"行政支出""事业支出""经营支出"等科目，贷记"财政拨款预算收入""资金结存"科目。

例：2019 年 4 月 30 日，A 单位（一般纳税人）为办公楼项目购入水泥 100

吨，价款为30 000元，增值税额为3 900元，水泥已经验收入库，款项尚未支付。作会计分录如下（单位：元）：

  借：工程物资——库存材料（水泥） 30 000
    应交增值税——应交税金（进项税额） 3 900
   贷：应付账款   33 900

例：2019年10月20日，C行政单位为办公楼购入中央空调，增值税普通发票注明的价款为50万元，增值税额为6.5万元，中央空调已经运到工地仓库，款项通过零余额账户用款额度支付。作会计分录如下（单位：元）：

  借：工程物资——库存设备   565 000
   贷：零余额账户用款额度   565 000
  同时：
  借：行政支出   565 000
   贷：资金结存——零余额账户用款额度 565 000

2.15.2 领用工程物资的核算

领用工程物资，按照物资成本，借记"在建工程"科目，贷记本科目。工程完工后将领出的剩余物资退库时做相反的会计分录。

例：承前例，2019年5月4日，A单位（一般纳税人）领用水泥100吨。作会计分录如下（单位：元）：

  借：在建工程——建筑安装工程投资（办公楼）30 000
   贷：工程物资——库存材料（水泥） 30 000

例：承前例，2019年11月15日，A单位（一般纳税人）办公楼完工，剩余水泥2吨，拉回本单位验收入库。作会计分录如下（单位：元）：

  借：工程物资——库存材料（水泥） 600
   贷：在建工程——建筑安装工程投资（办公楼）600

例：承前例，2019年10月25日，C行政单位领用中央空调进行安装。作会计分录如下（单位：元）：

  借：在建工程——设备投资   565 000
   贷：工程物资——库存设备   565 000

2.15.3 剩余工程物资的核算

工程完工后将剩余的工程物资转作本单位存货等的，按照物资成本，借记"库存物品"等科目，贷记本科目。

例：承前例，2019年11月15日，A单位（一般纳税人）将剩余的2吨水泥转作日常消耗材料入库。作会计分录如下（单位：元）：

借：库存物品——水泥　　　　　　　　　600
　　贷：工程物资——库存材料（水泥）　　600

2.16 在建工程

在建工程是指单位已经发生必要支出，但尚未交付使用的各种建筑（包括新建、改建、扩建和修缮等）、设备安装工程和信息系统建设工程的实际成本。单位在建的信息系统项目工程、公共基础设施项目工程、保障性住房项目工程的实际成本，也通过本科目核算。

2.16.1 在建工程明细科目的设置

在建工程应当设置"建筑安装工程投资""设备投资""待摊投资""其他投资""待核销基建支出""基建转出投资"等明细科目，并按照具体项目进行明细核算。

（1）"建筑安装工程投资"明细科目，核算单位发生的构成建设项目实际支出的建筑工程和安装工程的实际成本，不包括被安装设备本身的价值以及按照合同规定支付给施工单位的预付备料款和预付工程款。本明细科目应当设置"建筑工程"和"安装工程"两个明细科目进行明细核算。

（2）"设备投资"明细科目，核算单位发生的构成建设项目实际支出的各种设备的实际成本。

（3）"待摊投资"明细科目，核算单位发生的构成建设项目实际支出的、按照规定应当分摊计入有关工程成本和设备成本的各项间接费用和税费支出。本明细科目的具体核算内容包括以下方面：

1）勘察费、设计费、研究试验费、可行性研究费及项目其他前期费用。

2）土地征用及迁移补偿费、土地复垦及补偿费、森林植被恢复费及其他为取得土地使用权、租用权而发生的费用。

3）土地使用税、耕地占用税、契税、车船税、印花税及按照规定交纳的其他税费。

4）项目建设管理费、代建管理费、临时设施费、监理费、招投标费、社会中介审计（审查）费及其他管理性质的费用。

项目建设管理费是指项目建设单位从项目筹建之日起至办理竣工财务决算之日止发生的管理性质的支出，包括不在原单位发工资的工作人员工资及相关费用、办公费、办公场地租用费、差旅交通费、劳动保护费、工具用具使用费、固定资产使用费、招募生产工人费、技术图书资料费（含软件）、业务招待费、施工现场津贴、竣工验收费等。

5）项目建设期间发生的各类专门借款利息支出或融资费用。

6）工程检测费、设备检验费、负荷联合试车费及其他检验检测类费用。

7）固定资产损失、器材处理亏损、设备盘亏及毁损、单项工程或单位工程报废、毁损净损失及其他损失。

8）系统集成等信息工程的费用支出。

9）其他待摊性质支出。

本明细科目应当按照上述费用项目进行明细核算，其中有些费用（如项目建设管理费等），还应当按照更为具体的费用项目进行明细核算。

(4)"其他投资"明细科目，核算单位发生的构成建设项目实际支出的房屋购置支出，基本畜禽、林木等购置、饲养、培育支出，办公生活用家具、器具购置支出，软件研发和不能计入设备投资的软件购置等支出。单位为进行可行性研究而购置的固定资产，以及取得土地使用权支付的土地出让金，也通过本明细科目核算。本明细科目应当设置"房屋购置""基本畜禽支出""林木支出""办公生活用家具、器具购置""可行性研究固定资产购置""无形资产"等明细科目。

(5)"待核销基建支出"明细科目，核算建设项目发生的江河清障、航道清淤、飞播造林、补助群众造林、水土保持、城市绿化、取消项目的可行性研究费以及项目整体报废等不能形成资产部分的基建投资支出。本明细科目应按照待核销基建支出的类别进行明细核算。

(6)"基建转出投资"明细科目，核算为建设项目配套而建成的、产权不归属本单位的专用设施的实际成本。本明细科目应按照转出投资的类别进行明细核算。

2.16.2 建筑安装工程投资的核算

建筑安装工程投资的核算方法虽然前面有涉及，但是不够系统，以下通过实例学习其核算方法投资。

(1)将固定资产等资产转入改建、扩建等时，按照固定资产等资产的账面价值,借记本科目(建筑安装工程投资),按照已计提的折旧或摊销,借记"固定资产累计折旧"等科目,按照固定资产等资产的原值,贷记"固定资产"等科目。固定资产等资产改建、扩建过程中涉及替换(或拆除)原资产的某些组成部分的,按照被替换(或拆除)部分的账面价值,借记"待处理财产损溢"科目,贷记本科目(建筑安装工程投资)。

例:2019年4月8日,D单位将自有二层办公楼扩建为三层,办公楼已经停止使用,该办公楼原价为10万元,已提折旧2万元,拆除房顶部分,该部分价值1万元。作会计分录如下(单位:元):

借:在建工程——建筑安装工程投资　　80 000
　　固定资产累计折旧　　　　　　　　20 000
　　贷:固定资产——办公楼　　　　　　　　100 000
借:待处理财产损溢　　　　　　　　　10 000
　　贷:在建工程——建筑安装工程投资　　　10 000

(2)单位对于发包建筑安装工程,根据建筑安装工程价款结算账单与施工企业结算工程价款时,按照应承付的工程价款,借记本科目(建筑安装工程投资),按照预付工程款余额,贷记"预付账款"科目,按照其差额,贷记"财政拨款收入""零余额账户用款额度""银行存款""应付账款"等科目。

例:2019年4月8日,D单位按合同约定开出转账支票给付弘扬公司材料款100 000元。作会计分录如下(单位:元):

借:预付账款——预付工程款(办公楼)　100 000
　　贷:银行存款　　　　　　　　　　　　　100 000

2019年6月8日,D单位按工程进度结算工程款150 000元,补付工程款50 000元。作会计分录如下(单位:元):

借:在建工程——建筑安装工程投资　　150 000
　　贷:预付账款——预付工程款(办公楼)　100 000
　　　　银行存款　　　　　　　　　　　　　50 000

同时:

借:事业支出　　　　　　　　　　　　150 000
　　贷:资金结存——货币资金　　　　　　　150 000

(3)单位自行施工的小型建筑安装工程,按照发生的各项支出金额,借记本科目(建筑安装工程投资),贷记"工程物资""零余额账户用款额度""银行存款""应付职工薪酬"等科目。

例：2019 年 5 月 15 日，E 行政单位食堂项目领用工程物资钢筋款 20 000 元。作会计分录如下（单位：元）：

借：在建工程——建筑安装工程投资　　20 000
　　贷：工程物资　　　　　　　　　　　　　20 000

2019 年 5 月 31 日，E 行政单位计算本单位职工工资，其中建筑安装工程人员工资为 10 000 元。作会计分录如下（单位：元）：

借：在建工程——建筑安装工程投资　　10 000
　　贷：应付职工薪酬　　　　　　　　　　　10 000

2019 年 10 月 30 日，E 行政单位采用财政直接支付方式支付工程款 20 万元。作会计分录如下（单位：元）：

借：在建工程——建筑安装工程投资　　200 000
　　贷：财政拨款收入　　　　　　　　　　　200 000

同时：

借：行政支出　　　　　　　　　　　　200 000
　　贷：财政拨款预算收入　　　　　　　　　200 000

（4）工程竣工，办妥竣工验收交接手续交付使用时，按照建筑安装工程成本（含应分摊的待摊投资），借记"固定资产"等科目，贷记本科目（建筑安装工程投资）。

例：2019 年 11 月 15 日，D 单位办公楼扩建工程完工，工程办理竣工决算总成本为 580 000 元。作会计分录如下（单位：元）：

借：固定资产——办公楼　　　　　　580 000
　　贷：在建工程——建筑安装工程投资　　　580 000

2.16.3　设备投资的核算

（1）购入设备时，按照购入成本，借记本科目（设备投资），贷记"财政拨款收入""零余额账户用款额度""银行存款"等科目；采用预付款方式购入设备的，有关预付款的账务处理参照本科目有关"建筑安装工程投资"明细科目的规定。

例：2019 年 10 月 30 日，E 行政单位购入镶嵌式炉灶，总成本为 50 000 元，采用财政直接支付方式支付，炉灶直接安装到食堂。作会计分录如下（单位：元）：

借：在建工程——设备投资　　　　　　　　　50 000
　　贷：财政拨款收入　　　　　　　　　　　50 000
同时：
借：行政支出　　　　　　　　　　　　　　　50 000
　　贷：财政拨款预算收入　　　　　　　　　50 000

（2）设备安装完毕，办妥竣工验收交接手续交付使用时，按照设备投资成本（含设备安装工程成本和分摊的待摊投资），借记"固定资产"等科目，贷记本科目（设备投资、建筑安装工程投资——安装工程）。

例：2019年11月15日，E行政单位办理完毕食堂项目竣工决算，采用财政直接支付方式补付工程款30 000元。作会计分录如下（单位：元）：

借：在建工程——建筑安装工程投资　　　　30 000
　　贷：财政拨款收入　　　　　　　　　　　30 000
借：固定资产——食堂　　　　　　　　　　310 000
　　贷：在建工程——建筑安装工程投资　　260 000
　　　　　　　　——设备投资　　　　　　　50 000
同时：
借：行政支出　　　　　　　　　　　　　　　30 000
　　贷：财政拨款预算收入　　　　　　　　　30 000

将不需要安装的设备和达不到固定资产标准的工具、器具交付使用时，按照相关设备、工具、器具的实际成本，借记"固定资产""库存物品"科目，贷记本科目（设备投资）。

例：2019年5月6日，X单位（一般纳税人）购入一台设备，增值税专用发票注明价款为100 000元，增值税额为13 000元，款项已经支付，设备尚未运达单位。作会计分录如下（单位：元）：

借：在建工程——设备投资　　　　　　　　100 000
　　应交增值税——应交税金（进项税额）　13 000
　　贷：银行存款　　　　　　　　　　　　113 000
同时：
借：事业支出　　　　　　　　　　　　　　113 000
　　贷：资金结存——货币资金　　　　　　113 000

2019年5月8日，设备运达单位，不需安装，直接交生产部门使用。

借：固定资产　　　　　　　　　　　　　　100 000
　　贷：在建工程——设备投资　　　　　　100 000

2.16.4 待摊投资的核算

建设工程发生的构成建设项目实际支出的、按照规定应当分摊计入有关工程成本和设备成本的各项间接费用和税费支出,先在本明细科目中归集;建设工程办妥竣工验收手续交付使用时,按照合理的分配方法,摊入相关工程成本、在安装设备成本等。

(1) 单位发生的构成待摊投资的各类费用,按照实际发生金额,借记本科目(待摊投资),贷记"财政拨款收入""零余额账户用款额度""银行存款""应付利息""长期借款""其他应交税费""固定资产累计折旧""无形资产累计摊销"等科目。

例:2019 年 5 月 31 日,A 行政单位计提固定资产折旧,其中工程使用固定资产折旧额为 1 000 元。作会计分录如下(单位:元):

借:在建工程——待摊投资　　　　　　　1 000
　　贷:固定资产累计折旧　　　　　　　　　　1 000

例:2019 年 5 月 31 日,A 行政单位计提工程专项借款利息 10 000 元。作会计分录如下(单位:元):

借:在建工程——待摊投资　　　　　　　10 000
　　贷:应付利息　　　　　　　　　　　　　　10 000

(2) 对于建设过程中试生产、设备调试等产生的收入,按照取得的收入金额,借记"银行存款"等科目,按照依据有关规定应当冲减建设工程成本的部分,贷记本科目(待摊投资),按照其差额贷记"应缴财政款"或"其他收入"科目。

例:2019 年 5 月 18 日,X 单位太阳能发电设备安装完毕,对其进行试运行。试运行期间所产生电力供村民使用,共收取电费 2 000 元,按有关规定应当冲减建设成本 1 200 元,试运行收入存入银行。作会计分录如下(单位:元):

借:银行存款　　　　　　　　　　　　　2 000
　　贷:在建工程——待摊投资　　　　　　　　1 200
　　　　应缴财政款　　　　　　　　　　　　　　800

同时:

借:资金结存——货币资金　　　　　　　1 200
　　贷:其他预算收入　　　　　　　　　　　　1 200

（3）由于自然灾害、管理不善等原因造成的单项工程或单位工程报废或毁损，扣除残料价值和过失人或保险公司等赔款后的净损失，报经批准后计入继续施工的工程成本的，按照工程成本扣除残料价值和过失人或保险公司等赔款后的净损失，借记本科目（待摊投资），按照残料变价收入、过失人或保险公司赔款等，借记"银行存款""其他应收款"等科目，按照报废或毁损的工程成本，贷记本科目（建筑安装工程投资）。

例：2019年5月20日，发生大地震，造成某工程中的A项工程坍塌，该工程已核算在建工程成本为14万元，清出残料价值5 000元，残料留作工程材料继续使用，保险公司核损后定出赔偿款10万元。作会计分录如下（单位：元）：

借：在建工程——待摊投资　　　　　　　　35 000
　　工程物资　　　　　　　　　　　　　　 5 000
　　其他应收款　　　　　　　　　　　　　100 000
　　贷：在建工程——建筑安装工程投资　　140 000

（4）工程交付使用时，按照合理的分配方法分配待摊投资，借记本科目（建筑安装工程投资、设备投资），贷记本科目（待摊投资）。

待摊投资的分配方法可按照下列公式计算：

1）按照实际分配率分配。适用于建设工期较短、整个项目的所有单项工程一次竣工的建设项目。

实际分配率＝待摊投资明细科目余额÷（建筑工程明细科目余额＋安装工程明细科目余额＋设备投资明细科目余额）×100%

2）按照概算分配率分配。适用于建设工期长、单项工程分期分批建成投入使用的建设项目。

概算分配率＝（概算中各待摊投资项目的合计数－其中可直接分配部分）÷（概算中建筑工程、安装工程和设备投资合计）×100%

3）某项固定资产应分配的待摊投资＝该项固定资产的建筑工程成本或该项固定资产（设备）的采购成本和安装成本合计×分配率

例：2019年11月30日，X公司办公楼工程完工，该工程建筑安装工程投资150万元、设备投资50万元，待摊投资5万元，分摊待摊投资。

分配率＝50 000÷（1 500 000＋500 000）×100%＝2.5%

建筑安装工程投资应分摊金额＝1 500 000×2.5%＝37 500（元）

设备投资应分摊金额＝500 000×2.5%＝12 500（元）

作会计分录如下（单位：元）：

借：在建工程——建筑安装工程投资　　　37 500
　　　　　　——设备投资　　　　　　　12 500
　贷：在建工程——待摊投资　　　　　　　　　　50 000

2.16.5　其他投资的核算

（1）单位为建设工程发生的房屋购置支出，基本畜禽、林木等的购置、饲养、培育支出，办公生活用家具、器具购置支出，软件研发和不能计入设备投资的软件购置等支出，按照实际发生金额，借记本科目（其他投资），贷记"财政拨款收入""零余额账户用款额度""银行存款"等科目。按"房屋购置""基本畜禽支出""林木支出""办公生活用家具、器具购置""可行性研究固定资产购置""无形资产"设置明细科目进行明细核算。

例：2019 年 4 月 30 日，X 单位为市政工程项目购入办公楼，价款为 100 万元，以银行存款支付，另外清理该楼房发生工人工资 20 000 元。作会计分录如下（单位：元）：

借：在建工程——其他投资（房屋购置）　1 020 000
　贷：银行存款　　　　　　　　　　　　　　　1 000 000
　　　应付职工薪酬　　　　　　　　　　　　　　　20 000

同时：
借：事业支出　　　　　　　　　　　　　1 000 000
　贷：资金结存——货币资金　　　　　　　　　1 000 000

（2）工程完成将形成的房屋、基本畜禽、林木等各种财产以及无形资产交付使用时，按照其实际成本，借记"固定资产""无形资产"等科目，贷记本科目（其他投资）。

例：承上例，2019 年 5 月 30 日，X 单位所购办公楼投入使用。作会计分录如下（单位：元）：

借：固定资产　　　　　　　　　　　　　1 020 000
　贷：在建工程——其他投资（房屋购置）1 020 000

2.16.6　待核销基建支出的核算

（1）建设项目发生的江河清障、航道清淤、飞播造林、补助群众造林、水土保持、城市绿化等不能形成资产的各类待核销基建支出，按照实际发生金额，借记本科目（待核销基建支出），贷记"财政拨款收入""零余额账户用款额度""银行存款"等科目。

例：2019 年 5 月 15 日，某单位某项目工程需进行河道清障，共发生清障支出 50 000 元，从零余额账户中支付。作会计分录如下（单位：元）：

借：在建工程——待核销基建支出　　　　50 000
　　贷：零余额账户用款额度　　　　　　　　　50 000

同时：

借：行政支出　　　　　　　　　　　　　50 000
　　贷：资金结存——零余额账户用款额度　　　50 000

（2）取消的建设项目发生的可行性研究费，按照实际发生金额，借记本科目（待核销基建支出），贷记本科目（待摊投资）。

例：2019 年 3 月 14 日，某单位对一个建设项目进行了可行性研究，出具了可行性研究报告，共支付可行性研究费 5 万元，开出转账支票支付。作会计分录如下（单位：元）：

借：在建工程——待摊投资　　　　　　　50 000
　　贷：银行存款　　　　　　　　　　　　　　50 000

同时：

借：事业支出　　　　　　　　　　　　　50 000
　　贷：资金结存——货币资金　　　　　　　　50 000

例：承上例，2019 年 5 月 12 日，某单位的该建设项目取消，该项目已经发生的 5 万元可行性研究费进行转销。作会计分录如下（单位：元）：

借：在建工程——待核销基建支出　　　　50 000
　　贷：在建工程——待摊投资　　　　　　　　50 000
借：资产处置费用　　　　　　　　　　　50 000
　　贷：在建工程——待核销基建支出　　　　　50 000

（3）由于自然灾害等原因发生的建设项目整体报废所形成的净损失，报经批准后转入待核销基建支出，按照项目整体报废所形成的净损失，借记本科目（待核销基建支出），按照报废工程回收的残料变价收入、保险公司赔款等，借记"银行存款""其他应收款"等科目，按照报废的工程成本，贷记本科目（建筑安装工程投资等）。

例：2019 年 5 月 20 日，发生大地震，造成某项工程整体报废，该工程已核算在建工程成本为14万元，清出残料入库价值5 000元，保险公司核损后定出赔偿款10万元。作会计分录如下（单位：元）：

  借：在建工程——待核销基建支出 35 000
    库存物品 5 000
    其他应收款 100 000
   贷：在建工程——建筑安装工程投资 140 000
  借：资产处置费用 35 000
   贷：在建工程——待核销基建支出 35 000

（4）建设项目竣工验收交付使用时，对发生的待核销基建支出进行冲销，借记"资产处置费用"科目，贷记本科目（待核销基建支出）。

例：2019年11月30日，某项工程完工，经验收合格交付使用。其中建筑安装工程投资100万元（已扣除损失），设备投资20万元，待核销基建支出5万元。作会计分录如下（单位：元）：

  借：固定资产 1 200 000
    资产处置费用 50 000
   贷：在建工程——建筑安装工程投资 1 000 000
      ——设备投资 200 000
      ——待核销基建支出 50 000

2.16.7 基建转出投资的核算

为建设项目配套而建成的、产权不归属本单位的专用设施，在项目竣工验收交付使用时，按照转出的专用设施的成本，借记本科目（基建转出投资），贷记本科目（建筑安装工程投资）；同时，借记"无偿调拨净资产"科目，贷记本科目（基建转出投资）。

例：2019年8月31日，R单位统建基建项目完工，共发生1 000万元建筑安装工程投资，50万元设备投资，已经交付使用。其中1-01幢产权归属房管部门，其建设成本为100万元，全部为建筑安装工程投资，没有设备投资，已经办理产权确认交接。

  借：在建工程——基建转出投资 1 000 000
   贷：在建工程——建筑安装工程投资 1 000 000
  借：无偿调拨净资产 1 000 000
   贷：在建工程——基建转出投资 1 000 000

```
借：固定资产                              9 500 000
    贷：在建工程——建筑安装工程投资      9 000 000
              ——设备投资                  500 000
```

2.17 无形资产

2.17.1 无形资产概述

无形资产是指政府会计主体持有或控制的、不具有实物形态的、能够为使用者提供某种权利的、可辨认的非货币性资产。它包括著作权、土地使用权、专利权、商标权和非专利技术等。

但是注意：政府会计主体自创商誉及内部产生的品牌、报刊名等，不应确认为无形资产。单位购入的不构成相关硬件不可缺少组成部分的软件，应当作为无形资产核算。

无形资产一般具有如下特点：

(1) 没有实物形态。无形资产所体现的是一种权力或一种技术，它没有实物形态，但却具有价值。

(2) 持有的目的是使用而不是出售。单位持有无形资产的目的是用于生产商品、提供劳务或服务、出租给他人，或为了管理需要，而不是为了对外销售，而且其必须附着于单位特定的物件，必须与有形资产相结合，为单位所使用。

(3) 非货币性长期资产。无形资产没有实物形态，但是银行存款等货币性资产也没有实物形态，所以还要进一步区分。无形资产不具有流动性，变现能力较差，能在较长时间内（至少超过一年以上）为单位服务，使单位收益。

(4) 具有可辨认性。无形资产能够从单位中分离或划分出来，并能单独或与相关合同、资产、负债一起，用于出售、转移、授权许可、租赁或交换等；源自合同性权利或者其他法定权利，无论是否可以从政府会计主体或其他权利和义务中转移或者分离，均属于无形资产。

(5) 具有不确定性。无形资产的经济价值在很大程度上受单位外部因素的影响，有效期受技术进步和市场变化的影响很难准确确定，另外，作为单位拥有的一种权利，能够使单位较长时期内取得超过同业的一般运行能力或收益水平，但这种效益具有很大程度的不确定性。

(6) 通常是单位有偿取得的。只有花费了支出的无形资产才能作为无形资产入账。

2.17.2 无形资产的初始计量

无形资产在取得时,应当按照取得时的实际成本进行初始计量。取得时的实际成本应该按照以下规定确定:

(1) 外购的无形资产,按照实际支付的价款作为实际成本,包括购买价款、相关税费以及可归属于该项资产达到预定使用用途所发生的其他支出。

(2) 置换取得的无形资产,其成本按照换出资产的评估价值加上相关税费及为换入无形资产支付的其他费用作为实际成本,如果涉及补价的,加上支付的补价或减去收到的补价。

(3) 自行开发并按法律程序申请取得的无形资产,按照依法取得时发生的注册费、聘请律师费等费用,作为无形资产的实际成本。而在研究与开发过程中发生的材料费用、直接参与开发人员的工资及福利费、开发过程中发生的租金及借款费用等,应当于发生时直接计入当期支出。

(4) 接受捐赠、无偿调入的无形资产,按照有关凭证标明的金额加上相关税费作为实际成本;没有相关凭证但依法进行资产评估的,按照评估价加上相关税费确定;没有相关凭证也没进行资产评估的,比照同类或类似无形资产市场价格加上相关税费作为实际成本;没有相关凭证也没进行资产评估,其同类或类似无形资产市场价格无法可靠取得的,按照名义金额(1元)作为实际成本入账。

2.17.3 外购无形资产的会计核算

外购的无形资产,按照确定的成本,借记本科目,贷记"财政拨款收入""零余额账户用款额度""应付账款""银行存款"等科目。

例:2019年5月26日,甲事业单位购入一项专利权,实际支付价款60万元,增值税3.6万元,取得增值税普通发票。作会计分录如下(单位:元):

借:无形资产　　　　　　　　　　　636 000
　　贷:银行存款　　　　　　　　　　636 000
同时:
借:事业支出　　　　　　　　　　　636 000
　　贷:资金结存——货币资金　　　　636 000

2.17.4 委托软件开发公司开发软件的核算

委托软件开发公司开发软件,视同外购无形资产进行处理。合同中约定预付开发费用的,按照预付金额,借记"预付账款"科目,贷记"财政拨款收入""零余额账户用款额度""银行存款"等科目。软件开发完成交付使用并支付剩余或全部软件开发费用时,按照软件开发费用总额,借记本科目,按照相关预付账款金额,贷记"预付账款"科目,按照支付的剩余金额,贷记"财政拨款收入""零余额账户用款额度""银行存款"等科目。

例:2019年6月15日,Z单位与宏观软件开发公司签署委托开发A软件合同,标的价款为60万元,根据合同约定,合同签订之日立即开出转账支票支付30%的开发费用,剩余开发费用于完工交付使用后支付。软件用于非独立核算经营部门。作会计分录如下(单位:元):

借:预付账款　　　　　　　　　　　180 000
　　贷:银行存款　　　　　　　　　　180 000

同时:

借:经营支出　　　　　　　　　　　180 000
　　贷:资金结存——货币资金　　　　180 000

完工交付使用时:

借:无形资产　　　　　　　　　　　600 000
　　贷:预付账款　　　　　　　　　　180 000
　　　　银行存款　　　　　　　　　　420 000

同时:

借:经营支出　　　　　　　　　　　420 000
　　贷:资金结存——货币资金　　　　420 000

2.17.5 自行研究开发形成的无形资产的核算

与企业会计类似,如果是政府会计主体自行研究开发无形资产,则应当区分研究阶段支出与开发阶段支出。

1. 研究阶段支出

研究是指为获取并理解新的科学或技术知识而进行的独创性的有计划调查。这个阶段所发生的支出先归集到"研发支出——研究支出",月末时转入当期费用。按照从事研究及其辅助活动人员计提的薪酬，研究活动领用的库存物品，发生的与研究活动相关的管理费、间接费和其他各项费用，借记本科目（研究支出），贷记"应付职工薪酬""库存物品""财政拨款收入""零余额账户用款额度""固定资产累计折旧""银行存款"等科目。期（月）末，应当将本科目归集的研究阶段的支出金额转入当期费用，借记"业务活动费用"等科目，贷记本科目（研究支出）。

例：2019年6月1日，乙单位研发部门（非独立核算）自行研究开发一项新技术，该项研发活动处于研究阶段。6月2日，领用库存物品2 000元。6月15日购买研发用办公用品3 000元。月末，计算研发人员工资50 000元。作会计分录如下（单位：元）：

6月2日：

借：研发支出——研究支出　　　　　　　2 000
　　贷：库存物品　　　　　　　　　　　　　　2 000

6月15日：

借：研发支出——研究支出　　　　　　　3 000
　　贷：银行存款　　　　　　　　　　　　　　3 000

同时：

借：经营支出　　　　　　　　　　　　　3 000
　　贷：资金结存——货币资金　　　　　　　　3 000

6月30日：

借：研发支出——研究支出　　　　　　　50 000
　　贷：应付职工薪酬　　　　　　　　　　　　50 000

6月30日：

借：业务活动费用　　　　　　　　　　　55 000
　　贷：研发支出——研究支出　　　　　　　　55 000

2. 开发阶段支出

开发是指在进行生产或使用前，将研究成果或其他知识应用于某项计划或设计，以生产出新的或具有实质性改进的材料、装置和产品等。这个阶段支出简单来说也是先按合理方法在"研发支出——开发支出"进行归集，如果最终形成无形资产的，应当确认为无形资产；如果最终未形成无形资产的，应当计入当期费用。

该阶段具体的核算是自行研究开发项目开发阶段的支出，先通过"研发支出——开发支出"进行归集。按照从事开发及其辅助活动人员计提的薪酬，开发活动领用的库存物品，发生的与开发活动相关的管理费、间接费和其他各项费用，借记本科目（开发支出），贷记"应付职工薪酬""库存物品""财政拨款收入""零余额账户用款额度""固定资产累计折旧""银行存款"等科目。自行研究开发项目完成，达到预定用途形成无形资产的，按照本科目归集的开发阶段的支出金额，借记"无形资产"科目，贷记"研发支出——开发支出"。自行研究开发项目尚未进入开发阶段，或者确实无法区分研究阶段支出和开发阶段支出，但按照法律程序已申请取得无形资产的，按照依法取得时发生的注册费、聘请律师费等费用，借记"无形资产"，贷记"财政拨款收入""零余额账户用款额度""银行存款"等科目；按照依法取得前所发生的研究开发支出，借记"业务活动费用"等科目，贷记"研发支出"科目。

例：2019年7月1日，乙单位研发新技术进入开发阶段，7月5日领用库存物品8 000元，7月31日，计算开发人员工资50 000元，计提所使用的电脑等设备折旧6 000元。作会计分录如下（单位：元）：

7月5日：

借：研发支出——开发支出　　　　　　8 000
　　贷：库存物品　　　　　　　　　　　　　8 000

7月31日：

借：研发支出——开发支出　　　　　　50 000
　　贷：应付职工薪酬　　　　　　　　　　　50 000

借：研发支出——开发支出　　　　　　6 000
　　贷：固定资产累计折旧　　　　　　　　　6 000

例：2020年7月1日，乙单位开发的新技术完成，达到预期用途，研发支出共1 000 000元，申请了国家专利。作会计分录如下（单位：元）：

借：无形资产——专利技术　　　　　　1 000 000
　　贷：研发支出——开发支出　　　　　　　1 000 000

例：2019年8月31日，A单位试制成功并依法申请取得了一项专利权，在申请专利权过程中支付专利登记费40 000元，律师费5 000元。作会计分录如下（单位：元）：

借：无形资产　　　　　　　　　　　　45 000
　　贷：银行存款　　　　　　　　　　　　　45 000

同时：

借：经营支出 45 000
　　贷：资金结存——货币资金 45 000

2.17.6　接受捐赠的无形资产的核算

接受捐赠的无形资产，按照确定的无形资产成本，借记本科目，按照发生的相关税费等，贷记"零余额账户用款额度""银行存款"等科目，按照其差额，贷记"捐赠收入"科目。接受捐赠的无形资产按照名义金额入账的，按照名义金额，借记本科目，贷记"捐赠收入"科目；同时，按照发生的相关税费等，借记"其他费用"科目，贷记"零余额账户用款额度""银行存款"等科目。

例：2019 年 5 月 5 日，X 单位接受迪迪公司捐赠的特许权，双方确定的实际成本为 100 万元。作会计分录如下（单位：元）：

借：无形资产 1 000 000
　　贷：捐赠收入 1 000 000

2.17.7　无偿调入无形资产的核算

无偿调入的无形资产，按照确定的无形资产成本，借记本科目，按照发生的相关税费等，贷记"零余额账户用款额度""银行存款"等科目，按照其差额，贷记"无偿调拨净资产"科目。

例：2019 年 6 月 1 日，乙单位收到上级主管部门无偿调入的专利权，该专利权没有提供凭证，也无市场同类，经单位领导同意按名义价入账。作会计分录如下（单位：元）：

借：无形资产 1
　　贷：无偿调拨净资产 1

置换取得的无形资产，参照"库存物品"科目中置换取得库存物品的相关规定进行账务处理。

无形资产取得时涉及增值税业务的，相关账务处理参见"应交增值税"科目。

2.17.8　无形资产摊销的核算

无形资产属于单位的长期资产，能在较长的时间内为单位服务。但无形资产通常也有一定的有效期限，它所具有的价值的权利或特权总会终结或消失，因此，入账的无形资产应当在一定的年限内进行摊销。

摊销是指在无形资产使用年限内，按照确定的方法对应摊销金额进行系统分摊。政府会计主体应当对使用年限有限的无形资产进行摊销，已摊销完毕仍继续使用的无形资产和以名义金额计量的无形资产除外。

摊销不能随意进行，也要遵循相关的规定，具体如下：

（1）单位应当采用直线法对无形资产进行摊销，应摊销金额为其成本，不考虑预计残值。

（2）单位应当自无形资产取得当月起，按月计提无形资产摊销；无形资产减少的当月，不再计提摊销。

（3）因发生后续支出而增加无形资产成本的，应当按照重新确定的无形资产成本以及重新确定的摊销年限计算摊销额。

（4）政府会计主体应当于取得或形成无形资产时合理确定其使用年限。无形资产的使用年限为有限的，应当估计该使用年限。无法预见无形资产为政府会计主体提供服务潜力或者带来经济利益期限的，应当视为使用年限不确定的无形资产。

对于使用年限有限的无形资产，政府会计主体应当按照以下原则确定无形资产的摊销年限：

1）法律规定了有效年限的，按照法律规定的有效年限作为摊销年限。

2）法律没有规定有效年限的，按照相关合同或单位申请书中的受益年限作为摊销年限。

3）法律没有规定有效年限，相关合同或单位申请书也没有规定受益年限的，应当根据无形资产为政府会计主体带来服务潜力或经济利益的实际情况，预计其使用年限。

4）非大批量购入、单价小于1 000元的无形资产，可以于购买的当期将其成本一次性全部转销。

（5）使用年限不确定的无形资产不应摊销。

（6）因发生后续支出而增加无形资产成本的，对于使用年限有限的无形资产，应当按照重新确定的无形资产成本以及重新确定的摊销年限计算摊销额。

（7）政府会计主体应当采用年限平均法或者工作量法对无形资产进行摊销，应摊销金额为其成本，不考虑预计残值。

但是，究其重点还是摊销的核算，具体核算方法为：

按月计提无形资产摊销时，按照应摊销金额，借记"业务活动费用""单位管理费用""经营费用""加工物品""在建工程"等科目，贷记"无形资产累计摊销"科目。

例：2019 年 5 月 31 日，甲事业单位按月进行无形资产摊销，该无形资产服务于业务部门，账面金额为 180 000 元，摊销期为 10 年。

本月摊销额 = 180 000 ÷ 10 ÷ 12 = 1 500（元）

作会计分录如下（单位：元）：

借：业务活动费用　　　　　　　　　　　　1 500
　　贷：无形资产累计摊销　　　　　　　　　　1 500

2.17.9　与无形资产有关的其他后续支出的核算

与固定资产类似，与无形资产有关的其他后续支出也需要区分是否符合资本化条件，分别进行会计核算。

1. 符合无形资产确认条件的后续支出

为增加无形资产的使用效能对其进行升级改造或扩展其功能时，如需暂停对无形资产进行摊销的，按照无形资产的账面价值，借记"在建工程"科目，按照无形资产已摊销金额，借记"无形资产累计摊销"科目，按照无形资产的账面余额，贷记本科目。

无形资产后续支出符合无形资产确认条件的，按照支出的金额，借记本科目（无需暂停摊销的）或"在建工程"科目（需暂停摊销的），贷记"财政拨款收入""零余额账户用款额度""银行存款"等科目。

暂停摊销的无形资产升级改造或扩展功能等完成交付使用时，按照在建工程成本，借记本科目，贷记"在建工程"科目。

例：2019 年 5 月 1 日，甲单位对其所有的软件进行扩展功能研究，该软件账面金额为 10 万元，已摊销金额为 3 万元。现暂停对软件的使用，不再摊销其价值。作会计分录如下（单位：元）：

借：在建工程　　　　　　　　　　　　　　70 000
　　无形资产累计摊销　　　　　　　　　　　30 000
　　贷：无形资产　　　　　　　　　　　　　　100 000

例：2019 年 5 月 31 日，甲单位计提本月工资，其中研发人员工资为 20 000 元。作会计分录如下（单位：元）：

借：在建工程　　　　　　　　　　　　　　20 000
　　贷：应付职工薪酬　　　　　　　　　　　　20 000

例：2019年7月1日，甲单位对软件的扩展功能研究完毕，交付使用。其中核算的实际成本包括人员工资28万元，其他支出9万元。作会计分录如下（单位：元）：

借：无形资产　　　　　　　　　　　　370 000
　　贷：在建工程　　　　　　　　　　　370 000

例：2019年4月1日，乙单位和HT财务软件开发公司合作对本单位财务软件进行升级研究，原软件继续使用。2019年10月31日，升级研究结束，采用财政直接支付方式共支付研究费10万元，原软件已经升级完毕并交付使用。作会计分录如下（单位：元）：

借：无形资产　　　　　　　　　　　　100 000
　　贷：财政拨款收入　　　　　　　　　100 000

同时：

借：事业支出　　　　　　　　　　　　100 000
　　贷：财政拨款预算收入　　　　　　　100 000

2. 不符合无形资产确认条件的后续支出

为保证无形资产正常使用发生的日常维护等支出，借记"业务活动费用""单位管理费用"等科目，贷记"财政拨款收入""零余额账户用款额度""银行存款"等科目。

例：2019年5月15日，甲单位为业务使用的无形资产进行日常维护，支付维护费10 000元。作会计分录如下（单位：元）：

借：业务活动费用　　　　　　　　　　10 000
　　贷：银行存款　　　　　　　　　　　10 000

同时：

借：事业支出　　　　　　　　　　　　10 000
　　贷：资金结存——货币资金　　　　　10 000

2.17.10　无形资产处置的核算

政府会计主体所拥有的无形资产可以进行依法转让等处置，根据不同的情形进行不同的会计处理。具体包括以下情形：

（1）报经批准出售、转让无形资产，按照被出售、转让无形资产的账面价值，借记"资产处置费用"科目，按照无形资产已计提的摊销，借记"无形资产累计摊销"科目,按照无形资产账面余额,贷记本科目;同时,按照收到的价款,借记"银行存款"等科目,按照处置过程中发生的相关费用,贷记"银行存款"等科目,按照其差额,贷记"应缴财政款"(按照规定应上缴无形资产转让净收入的)或"其他收入"(按照规定将无形资产转让收入纳入本单位预算管理的)科目。

例:2019 年 5 月 3 日,X 单位将自行开发的专利权出售给建安公司,价款为 100 万元,增值税额为 3 万元,支付有关费用 1 000 元。该专利权成本为 50 000 元,已摊销 30 000 元。作会计分录如下(单位:元):

借:资产处置费用　　　　　　　　　20 000
　　无形资产累计摊销　　　　　　　30 000
　　贷:无形资产　　　　　　　　　　50 000
借:银行存款　　　　　　　　　　　1 030 000
　　贷:银行存款　　　　　　　　　　1 000
　　　　应缴财政款　　　　　　　　　999 000
　　　　应交增值税　　　　　　　　　30 000

同时:
借:其他支出　　　　　　　　　　　1 000
　　贷:资金结存——货币资金　　　　1 000

(2)报经批准对外捐赠无形资产,按照无形资产已计提的摊销,借记"无形资产累计摊销"科目,按照被处置无形资产账面余额,贷记本科目,按照捐赠过程中发生的归属于捐出方的相关费用,贷记"银行存款"等科目,按照其差额,借记"资产处置费用"科目。

例:2019 年 6 月 24 日,A 单位将自有的非专利技术无偿捐赠给甲公司,该非专利技术成本为 60 000 元,已摊销 20 000 元。作会计分录如下(单位:元):

借:资产处置费用　　　　　　　　　40 000
　　无形资产累计摊销　　　　　　　20 000
　　贷:无形资产　　　　　　　　　　60 000

(3)报经批准无偿调出无形资产,按照无形资产已计提的摊销,借记"无形资产累计摊销"科目,按照被处置无形资产账面余额,贷记本科目,按照其差额,借记"无偿调拨净资产"科目;同时,按照无偿调出过程中发生的归属于调出方的相关费用,借记"资产处置费用"科目,贷记"银行存款"等科目。

例：2019年8月8日，甲单位将自有商标权无偿调拨给乙单位，该商标权账面余额为150 000元，已摊销100 000元。甲单位开出转账支票支付过户费5 000元。作会计分录如下（单位：元）：

借：无偿调拨净资产　　　　　　　　50 000
　　无形资产累计摊销　　　　　　　100 000
　　贷：无形资产　　　　　　　　　　　　150 000
借：资产处置费用　　　　　　　　　5 000
　　贷：银行存款　　　　　　　　　　　　5 000

同时：
借：其他支出　　　　　　　　　　　5 000
　　贷：资金结存——货币资金　　　　　　5 000

（4）报经批准置换换出无形资产，参照"库存物品"科目中置换换入库存物品的规定进行账务处理。

（5）无形资产预期不能为单位带来服务潜力或经济利益，按照规定报经批准核销时，按照待核销无形资产的账面价值，借记"资产处置费用"科目，按照已计提摊销，借记"无形资产累计摊销"科目，按照无形资产的账面余额，贷记本科目。

例：2019年12月15日，乙单位的非专利技术由于技术进步，已经不能给本单位创造经济利益，经报经批准予以核销。该非专利技术账面余额为50 000元，已摊销45 000元。作会计分录如下（单位：元）：

借：资产处置费用　　　　　　　　　5 000
　　无形资产累计摊销　　　　　　　45 000
　　贷：无形资产　　　　　　　　　　　　50 000

2.17.11　无形资产清查的核算

单位应当定期对无形资产进行清查盘点，每年至少盘点一次。单位资产清查盘点过程中发现的无形资产盘盈、盘亏等，参照"固定资产"科目相关规定进行账务处理。

例：2019年12月31日，甲单位对无形资产进行清查，发现专利证书少一个，经核查，该专利尚未办理过户手续。其账面余额10万元，已摊销2万元。作会计分录如下（单位：元）：

借：待处理财产损溢　　　　　　　　　80 000
　　无形资产累计摊销　　　　　　　　20 000
　　贷：无形资产　　　　　　　　　　　　　100 000

2.18　公共基础设施

2.18.1　公共基础设施概述

公共基础设施是指政府会计主体占有并直接负责维护管理、供社会公众使用的工程性公共基础设施资产。

公共基础设施同时具有以下特征：
(1) 是一个有形资产系统或网络的组成部分。
(2) 具有特定用途。
(3) 一般不可移动。

公共基础设施主要包括市政基础设施（如城市道路、桥梁、隧道、公交场站、路灯、广场、公园绿地、室外公共健身器材，以及环卫、排水、供水、供电、供气、供热、污水处理和垃圾处理系统等）、交通基础设施（如公路、航道和港口等）、水利基础设施（如大坝、堤防、水闸、泵站和渠道等）和其他公共基础设施。

在通常情况下，对于自建或外购的公共基础设施，政府会计主体应当在该项公共基础设施验收合格并交付使用时确认；对于无偿调入、接受捐赠的公共基础设施，政府会计主体应当在开始承担该项公共基础设施管理维护职责时确认。

注意： 下列各项适用于其他相关政府会计准则，不属于公共基础设施：
(1) 独立于公共基础设施、不构成公共基础设施使用不可缺少组成部分的管理维护用房屋建筑物、设备、车辆等，适用《政府会计准则第3号——固定资产》。
(2) 属于文物文化资产的公共基础设施，适用其他相关政府会计准则。
(3) 采用政府和社会资本合作模式（即PPP模式）形成的公共基础设施的确认和初始计量，适用其他相关政府会计准则。

2.18.2　自行建造公共基础设施的核算

公共基础设施的初始计量和固定资产类似，也是在取得时应当按照成本进行初始计量。但是由于我国公共基础设施数量众多，在资金来源、建造和管理方式、产权关系、用途等方面与固定资产又有很大的区别，因此公共基础设施需单独核算。以下是其初始计量的具体核算方法。

政府会计主体自行建造的公共基础设施，其成本包括完成批准的建设内容所发生的全部必要支出，包括建筑安装工程投资支出、设备投资支出、待摊投资支出和其他投资支出。自行建造的公共基础设施完工交付使用时，按照在建工程的成本，借记本科目，贷记"在建工程"科目。

例：2019年4月30日，丙单位根据市政整体规划负责建造的市民广场发生建筑工人工资5万元，采用财政直接支付方式支付水泥等材料款10万元。作会计分录如下（单位：元）：

借：在建工程——建筑安装工程投资支出　　150 000
　　贷：应付职工薪酬　　　　　　　　　　　　50 000
　　　　财政拨款收入　　　　　　　　　　　 100 000
同时：
借：其他支出　　　　　　　　　　　　　　 100 000
　　贷：财政拨款预算收入　　　　　　　　　 100 000

例：2019年9月1日，丙单位购入喷泉设施进行安装，设施价款为10万元，增值税额为1.3万元，取得增值税普通发票，采用财政直接支付方式支付。作会计分录如下（单位：元）：

借：在建工程——设备投资支出　　　　　　 113 000
　　贷：财政拨款收入　　　　　　　　　　　 113 000
同时：
借：其他支出　　　　　　　　　　　　　　 113 000
　　贷：财政拨款预算收入　　　　　　　　　 113 000

例：2019年11月30日，丙单位市民广场工程完工交付使用，全部支出为81.3万元（其中建筑安装工程投资支出70万元，设备投资支出11.3万元）。作会计分录如下（单位：元）：

借：公共基础设施　　　　　　　　　　　　 813 000
　　贷：在建工程——建筑安装工程投资支出　 700 000
　　　　　　　　——设备投资支出　　　　　 113 000

2.18.3　公共基础设施改扩建的核算

在原有公共基础设施基础上进行改建、扩建等建造活动后的公共基础设施，其成本按照原公共基础设施账面价值加上改建、扩建等建造活动发生的支出，再扣除公共基础设施被替换部分的账面价值后的金额确定。公共基础设施改建、扩建完成，竣工验收交付使用时，按照在建工程成本，借记本科目，贷记"在建工程"科目。

例：2019 年 4 月 15 日，A 单位对六安河桥进行扩建项目完工，原六安河桥账面价值为 50 万元，后期支出为 20 万元，已经验收合格并交付使用。作会计分录如下（单位：元）：

借：公共基础设施　　　　　　　　　700 000
　　贷：在建工程　　　　　　　　　　700 000

2.18.4　公共基础设施借款利息的核算

为建造公共基础设施借入的专门借款的利息，属于建设期间发生的，计入该公共基础设施在建工程成本；不属于建设期间发生的，计入当期费用。

例：2019 年 5 月 1 日，丙单位为建市民广场工程从建行借入 2 年期借款 50 万元，利率为 6%，按季结息，利随本清。作会计分录如下（单位：元）：

5 月 1 日：

借：银行存款　　　　　　　　　　　500 000
　　贷：长期借款　　　　　　　　　　500 000

同时：

借：资金结存——货币资金　　　　　500 000
　　贷：债务预算收入　　　　　　　　500 000

5 月 31 日计提借款利息：

借：在建工程——待摊投资　　　　　2 500
　　贷：应付利息　　　　　　　　　　2 500

2019 年 11 月 30 日，市民广场工程完工，12 月 31 日支付借款利息时：

借：其他费用　　　　　　　　　　　2 500
　　应付利息　　　　　　　　　　　5 000
　　贷：银行存款　　　　　　　　　　7 500

同时：

借：其他支出　　　　　　　　　　　7 500
　　贷：资金结存——货币资金　　　　7 500

2.18.5 未办理竣工决算而投入使用公共基础设施的核算

已交付使用但尚未办理竣工决算手续的公共基础设施，应当按照估计价值入账，待办理竣工决算后再按照实际成本调整原来的暂估价值。

例：2019年5月6日，单位自行建造的县级公路完工，已发生成本100万元，尚未办理竣工决算，但是公路已经投入使用。作会计分录如下（单位：元）：

借：公共基础设施　　　　　　　　　　1 000 000
　　贷：在建工程　　　　　　　　　　　　1 000 000

2019年5月31日，县级公路办理了竣工决算，总成本为102万元，支付工程尾款2万元。作会计分录如下（单位：元）：

借：公共基础设施　　　　　　　　　　　　20 000
　　贷：银行存款　　　　　　　　　　　　　20 000

同时：
借：事业支出　　　　　　　　　　　　　　20 000
　　贷：资金结存——货币资金　　　　　　　20 000

2.18.6 无偿调拨公共基础设施的核算

政府会计主体接受其他会计主体无偿调入的公共基础设施，其成本按照该项公共基础设施在调出方的账面价值加上归属于调入方的相关费用确定。按照确定的成本，借记本科目，按照发生的归属于调入方的相关费用，贷记"财政拨款收入""零余额账户用款额度""银行存款"等科目，按照其差额，贷记"无偿调拨净资产"科目。无偿调入的公共基础设施成本无法可靠取得的，按照发生的相关税费、运输费等金额，借记"其他费用"科目，贷记"财政拨款收入""零余额账户用款额度""银行存款"等科目。

例：2019年5月1日，丙单位收到上级主管部门无偿调拨的体育器材50 000元，已经安放于文体中心广场，投放使用。作会计分录如下（单位：元）：

借：公共基础设施　　　　　　　　　　　　50 000
　　贷：无偿调拨净资产　　　　　　　　　　50 000

2.18.7 接受捐赠公共基础设施的核算

政府会计主体接受捐赠的公共基础设施，其成本按照有关凭据注明的金额加上相关费用确定；没有相关凭据可供取得，但按规定经过资产评估的，其成本按照评估价值加上相关费用确定；没有相关凭据可供取得，也未经资产评估的，其成本比照同类或类似资产的市场价格加上相关费用确定。如受赠的系旧的公共基础设施，在确定其初始入账成本时应当考虑该项资产的新旧程度。接受捐赠的公共基础设施，按照确定的成本，借记本科目，按照发生的相关费用，贷记"财政拨款收入""零余额账户用款额度""银行存款"等科目，按照其差额，贷记"捐赠收入"科目。接受捐赠的公共基础设施成本无法可靠取得的，按照发生的相关税费等金额，借记"其他费用"科目，贷记"财政拨款收入""零余额账户用款额度""银行存款"等科目。

例：2019年5月25日，丙单位收到好奇公司捐赠的一批体育器材，价值为60 000元，八成新，器材已经安装使用。作会计分录如下（单位：元）：

借：公共基础设施　　　　　　　　　　48 000
　　贷：捐赠收入　　　　　　　　　　　48 000

2.18.8　外购公共基础设施的核算

政府会计主体外购的公共基础设施，其成本包括购买价款、相关税费以及公共基础设施交付使用前所发生的可归属于该项资产的运输费、装卸费、安装费和专业人员服务费等。外购的公共基础设施，按照确定的成本，借记本科目，贷记"财政拨款收入""零余额账户用款额度""银行存款"等科目。

例：2019年6月14日，丙行政单位购入一批健身器材，价值为10万元，增值税额为1.3万元，取得增值税普通发票，支付装卸费500元，支付安装费1 000元，款项均通过零余额账户支付。器材已经安放文体中心大厅，对外开放使用。作会计分录如下（单位：元）：

借：公共基础设施　　　　　　　　　　114 500
　　贷：零余额账户用款额度　　　　　　114 500

同时：

借：行政支出　　　　　　　　　　　　114 500
　　贷：资金结存——零余额账户用款额度　114 500

对于成本无法可靠取得的公共基础设施，单位应当设置备查簿进行登记，待成本能够可靠确定后按照规定及时入账。

2.18.9　公共基础设施的折旧或摊销

公共基础设施投入使用以后会发生有形或无形损耗，也需要进行日常维护，或者为提高使用效能进行更新改造或改扩建，这些都是后续支出。

政府会计主体应当对公共基础设施计提折旧,但政府会计主体持续进行良好的维护使得其性能得到永久维持的公共基础设施和确认为公共基础设施的单独计价入账的土地使用权除外。

公共基础设施折旧的计算和固定资产的计算方法基本相同,应计提的折旧总额为其成本,计提公共基础设施折旧时不考虑预计净残值,一般应当采用年限平均法或者工作量法计提公共基础设施折旧。公共基础设施应当按月计提折旧,并计入当期费用。当月增加的公共基础设施,当月开始计提折旧;当月减少的公共基础设施,当月不再计提折旧。处于改建、扩建等建造活动期间的公共基础设施,应当暂停计提折旧。因改建、扩建等原因而延长公共基础设施使用年限的,应当按照重新确定的公共基础设施的成本和重新确定的折旧年限计算折旧额,不需调整原已计提的折旧额。公共基础设施提足折旧后,无论能否继续使用,均不再计提折旧;已提足折旧的公共基础设施,可以继续使用的,应当继续使用,并规范实物管理。提前报废的公共基础设施,不再补提折旧。

总结起来就是:性能永久的不提,单独计价入账的土地使用权不提,提足折旧的不提,改扩建期间不提,提前报废的不提。

公共基础设施折旧或摊销通过设置"公共基础设施累计折旧"科目进行核算,其主要账务处理如下:按月计提公共基础设施折旧时,按照应计提的折旧额,借记"业务活动费用"科目,贷记本科目。

例:2019年5月3日,丙单位一项公共基础设施完工交付使用,总成本120万元,可使用10年,5月31日,按年限平均法计提折旧。

月折旧额 = 1 200 000 ÷ 10 ÷ 12 = 10 000(元)

作会计分录如下(单位:元):

借:业务活动费用　　　　　　　　　　　10 000

　　贷:公共基础设施累计折旧　　　　　　　　10 000

2.18.10　与公共基础设施有关的后续支出的核算

(1)将公共基础设施转入改建、扩建时,按照公共基础设施的账面价值,借记"在建工程"科目,按照公共基础设施已计提折旧,借记"公共基础设施累计折旧(摊销)"科目,按照公共基础设施的账面余额,贷记本科目。

例:2018年10月1日,A单位对六安河桥进行扩建,其原账面价值为80万元,已提折旧30万元,该桥已经停止使用。作会计分录如下(单位:元):

借：在建工程　　　　　　　　　　　　500 000
　　公共基础设施累计折旧　　　　　　300 000
　　贷：公共基础设施　　　　　　　　　　800 000

（2）为增加公共基础设施使用效能或延长其使用年限而发生的改建、扩建等后续支出，借记"在建工程"科目，贷记"财政拨款收入""零余额账户用款额度""银行存款"等科目。

例：2018年10月1日，A单位为六安河桥扩建购入沙子、水泥、钢筋等材料15万元，直接投入使用，款项尚未支付。作会计分录如下（单位：元）：

借：在建工程　150 000
　　贷：应付账款　150 000

例：2019年4月15日，A单位支付六安河桥工程款5万元。作会计分录如下（单位：元）：

借：在建工程　　　　　　　　　　　　50 000
　　贷：银行存款　　　　　　　　　　　　50 000

同时：

借：行政支出　　　　　　　　　　　　50 000
　　贷：资金结存——货币资金　　　　　　50 000

（3）公共基础设施改建、扩建完成，竣工验收交付使用时，按照在建工程成本，借记本科目，贷记"在建工程"科目。

例：2019年4月15日，A单位对六安河桥进行扩建的项目完工，已经验收合格并交付使用。作会计分录如下（单位：元）：

借：公共基础设施　　　　　　　　　　700 000
　　贷：在建工程　　　　　　　　　　　　700 000

（4）为保证公共基础设施正常使用发生的日常维修等支出，借记"业务活动费用""单位管理费用"等科目，贷记"财政拨款收入""零余额账户用款额度""银行存款"等科目。

例：2019年6月15日，A单位对所属室外体育器材进行检修，支付维修费5 000元。作会计分录如下（单位：元）：

借：业务活动费用　　　　　　　　　　5 000
　　贷：银行存款　　　　　　　　　　　　5 000

同时：

借：行政支出	5 000
贷：资金结存——货币资金	5 000

2.18.11　公共基础设施处置的核算

按照规定报经批准处置公共基础设施，分别按以下情况处理：

（1）报经批准对外捐赠公共基础设施，按照公共基础设施已计提的折旧或摊销，借记"公共基础设施累计折旧（摊销）"科目，按照被处置公共基础设施账面余额，贷记本科目，按照捐赠过程中发生的归属于捐出方的相关费用，贷记"银行存款"等科目，按照其差额，借记"资产处置费用"科目。

例：2019年12月31日，将公共基础设施体育器材无偿捐赠给希望小学，其原账面价值为50 000元，已提折旧20 000元。作会计分录如下（单位：元）：

借：资产处置费用	30 000
公共基础设施累计折旧	20 000
贷：公共基础设施	50 000

（2）报经批准无偿调出公共基础设施，按照公共基础设施已计提的折旧或摊销，借记"公共基础设施累计折旧（摊销）"科目，按照被处置公共基础设施的账面余额，贷记本科目，按照其差额，借记"无偿调拨净资产"科目；同时，按照无偿调出过程中发生的归属于调出方的相关费用，借记"资产处置费用"科目，贷记"银行存款"等科目。

例：2019年6月30日，A单位的一项公共基础设施报经批准无偿调拨给B单位，其原账面价值为15万元，已提折旧10万元，发生过户税费5 000元，用银行存款支付。作会计分录如下（单位：元）：

借：无偿调拨净资产	50 000
公共基础设施累计折旧	100 000
贷：公共基础设施	150 000
借：资产处置费用	5 000
贷：银行存款	5 000

同时：

借：其他支出	5 000
贷：资金结存——货币资金	5 000

2.18.12 公共基础设施清查的核算

因为公共基础设施也属于单位的财产物资,所以也要定期对公共基础设施进行清查盘点。对于发生的公共基础设施盘盈、盘亏、毁损或报废,应当先计入"待处理财产损溢"科目,按照规定报经批准后及时进行后续账务处理。

(1) 盘盈的公共基础设施,其成本按照有关凭据注明的金额确定;没有相关凭据,但按照规定经过资产评估的,其成本按照评估价值确定;没有相关凭据,也未经过评估的,其成本按照重置成本确定。盘盈的公共基础设施成本无法可靠取得的,单位应当设置备查簿进行登记,待成本确定后按照规定及时入账。

盘盈的公共基础设施,按照确定的入账成本,借记本科目,贷记"待处理财产损溢"科目。

例:2019年12月31日,A单位对其所有的公共基础设施进行清查盘点,发现公园里的健身器材多了一个跑步机,重置成本为6 000元,七成新。作会计分录如下(单位:元):

  借:公共基础设施   4 200
    贷:待处理财产损溢   4 200

(2) 盘亏、毁损或报废的公共基础设施,按照待处置公共基础设施的账面价值,借记"待处理财产损溢"科目,按照已计提折旧或摊销,借记"公共基础设施累计折旧(摊销)"科目,按照公共基础设施的账面余额,贷记本科目。

例:2019年12月31日,A单位对其所有的公共基础设施进行清查盘点,发现公园里的健身器材损毁了一个健步车,账面原价为5 000元,已提折旧2 000元。作会计分录如下(单位:元):

  借:待处理财产损溢   3 000
    公共基础设施累计折旧   2 000
    贷:公共基础设施   5 000

2.19 政府储备物资

2.19.1 政府储备物资概述

政府储备物资是指政府会计主体为满足实施国家安全与发展战略、进行抗灾救灾、应对公共突发事件等特定公共需求而控制的，同时具有下列特征的有形资产：

（1）在应对可能发生的特定事件或情形时动用。

（2）其购入、存储保管、更新（轮换）、动用等由政府及相关部门发布的专门管理制度规范。

政府储备物资包括战略及能源物资、抢险抗灾救灾物资、农产品、医药物资和其他重要商品物资，通常情况下由政府会计主体委托承储单位存储。

注意：企业以及纳入企业财务管理体系的事业单位接受政府委托收储并按企业会计准则核算的储备物资，不属于"政府储备物资"。

2.19.2 购入政府储备物资的核算

政府储备物资在取得时应当按照成本进行初始计量，通过设置"政府储备物资"来核算单位控制的政府储备物资的成本，并且按照政府储备物资的种类、品种、存放地点等进行明细核算。单位根据需要，可在本科目下设置"在库""发出"等明细科目进行明细核算。但是对政府储备物资不负有行政管理职责但接受委托具体负责执行其存储保管等工作的单位，其受托代储的政府储备物资应当通过"受托代理资产"科目核算，不通过本科目核算。

政府会计主体购入的政府储备物资，其成本包括购买价款和政府会计主体承担的相关税费、运输费、装卸费、保险费、检测费以及使政府储备物资达到目前场所和状态所发生的归属于政府储备物资成本的其他支出。购入的政府储备物资验收入库，按照确定的成本，借记本科目，贷记"财政拨款收入""零余额账户用款额度""银行存款"等科目。

例：2019年4月15日，C行政单位购入防震救灾帐篷100顶，价款为20 000元，增值税额为600元，取得增值税普通发票。运费价款为500元，增值税额为45元，已取得增值税普通发票，款项均通过零余额账户支付。帐篷已经验收入库。作会计分录如下（单位：元）：

借：政府储备物资——在库　　　　　　21 145
　　贷：零余额账户用款额度　　　　　　21 145

同时：

借：行政支出　　　　　　　　　　　　21 145
　　贷：资金结存——零余额账户用款额度　21 145

2.19.3 委托加工政府储备物资的核算

政府会计主体委托加工的政府储备物资,其成本包括委托加工前物料成本、委托加工的成本(如委托加工费以及按规定应计入委托加工政府储备物资成本的相关税费等)以及政府会计主体承担的使政府储备物资达到目前场所和状态所发生的归属于政府储备物资成本的其他支出。涉及委托加工政府储备物资业务的,相关账务处理参照"加工物品"科目。

例:2019 年 5 月 15 日,D 行政单位准备加工一批救灾用药品,购入药用植物,价款为 50 000 元,增值税额为 1 500 元,取得增值税普通发票。药用植物已经验收入库,款项通过财政直接支付方式支付。作会计分录如下(单位:元):

借:政府储备物资　　　　　　　　51 500
　　贷:财政拨款收入　　　　　　　　　51 500

同时:

借:行政支出　　　　　　　　　　51 500
　　贷:财政拨款预算收入　　　　　　　51 500

例:2019 年 5 月 16 日,D 行政单位委托药厂加工药品,加工药品所用药用植物总成本为 51 500 元,全部发到药厂,另采用财政直接支付方式支付运费 500 元。作会计分录如下(单位:元):

借:加工物品　　　　　　　　　　52 000
　　贷:政府储备物资　　　　　　　　　51 500
　　　　财政拨款收入　　　　　　　　　　500

同时:

借:行政支出　　　　　　　　　　　500
　　贷:财政拨款预算收入　　　　　　　　500

例:2019 年 5 月 30 日,药品加工完毕,采用财政直接支付方式支付加工费 10 000 元,增值税额为 1300 元,取得增值税普通发票。作会计分录如下(单位:元):

借:加工物品　　　　　　　　　　11 300
　　贷:财政拨款收入　　　　　　　　　11 300

同时:

借:行政支出　　　　　　　　　　11 300
　　贷:财政拨款预算收入　　　　　　　11 300

例：2019 年 5 月 31 日，药厂把加工完成的药品送到 D 行政单位，药品验收合格入库。作会计分录如下（单位：元）：

借：政府储备物资　　　　　　　　　　　63 300
　　贷：加工物品　　　　　　　　　　　　　63 300

2.19.4　接受捐赠的政府储备物资的核算

政府会计主体接受捐赠的政府储备物资，其成本按照有关凭据注明的金额加上政府会计主体承担的相关税费、运输费等确定；没有相关凭据可供取得，但按规定经过资产评估的，其成本按照评估价值加上政府会计主体承担的相关税费、运输费等确定；没有相关凭据可供取得，也未经资产评估的，其成本比照同类或类似资产的市场价格加上政府会计主体承担的相关税费、运输费等确定。

接受捐赠的政府储备物资验收入库，按照确定的成本，借记本科目，按照单位承担的相关税费、运输费等，贷记"零余额账户用款额度""银行存款"等科目，按照其差额，贷记"捐赠收入"科目。

例：2019 年 5 月 25 日，D 行政单位接受捐赠一批抗震救灾物资，增值税普通发票上注明的价款为 100 万元，增值税额为 13 万元，从零余额账户支付运输费21 800元，物资已经验收入库。作会计分录如下（单位：元）：

借：政府储备物资　　　　　　　　　　1 151 800
　　贷：零余额账户用款额度　　　　　　　　21 800
　　　　捐赠收入　　　　　　　　　　　1 130 000

同时：

借：其他支出　　　　　　　　　　　　　21 800
　　贷：资金结存——零余额账户用款额度　　21 800

2.19.5　无偿调入政府储备物资的核算

政府会计主体接受无偿调入的政府储备物资，其成本按照调出方账面价值加上归属于政府会计主体的相关税费、运输费等确定。

接受无偿调入的政府储备物资验收入库，按照确定的成本，借记本科目，按照单位承担的相关税费、运输费等，贷记"零余额账户用款额度""银行存款"等科目，按照其差额，贷记"无偿调拨净资产"科目。

例：2019 年 5 月 28 日，D 行政单位收到上级无偿调入救灾物资一批，调出方账面价值为 100 万元，开出转账支票支付运费 8 720 元。作会计分录如下（单位：元）：

借：政府储备物资　　　　　　　　1 008 720
　　贷：无偿调拨净资产　　　　　　　1 000 000
　　　　银行存款　　　　　　　　　　　 8 720

同时：
借：其他支出　　　　　　　　　　　 8 720
　　贷：资金结存——货币资金　　　　 8 720

2.19.6　无偿调出政府储备物资的核算

因行政管理主体变动等原因而将政府储备物资调拨给其他主体的，政府会计主体应当在发出物资时将其账面余额予以转销，即按照无偿调出政府储备物资的账面余额，借记"无偿调拨净资产"科目，贷记本科目。

例：2019 年 7 月 13 日，D 行政单位向洪灾地区无偿调拨一批药物，价值为 63 300 元。作会计分录如下（单位：元）：

借：无偿调拨净资产　　　　　　　　63 300
　　贷：政府储备物资　　　　　　　　63 300

2.19.7　因动用而发出无须收回的政府储备物资的核算

对于政府储备物资发出的处理方法，政府会计主体应当根据实际情况采用先进先出法、加权平均法或者个别计价法确定政府储备物资发出的成本。对于性质和用途相似的政府储备物资，政府会计主体应当采用相同的成本计价方法确定发出物资的成本。对于不能替代使用的政府储备物资、为特定项目专门购入或加工的政府储备物资，政府会计主体通常应采用个别计价法确定发出物资的成本。

政府会计主体应当在发出物资时将其账面余额予以转销，计入当期费用，即按照发出物资的账面余额，借记"业务活动费用"科目，贷记本科目。

例：2019 年 6 月 1 日，D 行政单位向灾区发放救灾物资一批，价值为 20 万元。作会计分录如下（单位：元）：

借：业务活动费用　　　　　　　　 200 000
　　贷：政府储备物资　　　　　　　 200 000

2.19.8 因动用而发出需要收回的政府储备物资的核算

政府会计主体应当在按规定的质量验收标准收回物资时，将未收回物资的账面余额予以转销，计入当期费用，即在发出物资时按照发出物资的账面余额，借记本科目（发出），贷记本科目（在库）；按照规定的质量验收标准收回物资时，按照收回物资原账面余额，借记本科目（在库），按照未收回物资的原账面余额，借记"业务活动费用"科目，按照物资发出时登记在本科目所属"发出"明细科目中的余额，贷记本科目（发出）。

1. 加权平均法

例：2019年4月30日，C单位经批准向灾区发放帐篷150顶，已知帐篷期初余额为100顶，单价为230元，价款为23 000元，4月15日购进100顶，价款为21 145元。本单位采用加权平均法核算。

加权平均单价 = (23 000 + 21 145) ÷ (100 + 100) = 220.725（元/顶）

发出帐篷成本 = 150 × 220.725 = 33 108.75（元）

作会计分录如下（单位：元）：

借：政府储备物资——发出　　　　　33 108.75
　　贷：政府储备物资——在库　　　　33 108.75

例：2019年6月25日，灾情已经全部解决，C单位收回救灾帐篷，按规定的质量验收标准收回60%，已按标准验收入库。作会计分录如下（单位：元）：

借：政府储备物资——在库　　　　　19 865.25
　　业务活动费用　　　　　　　　　13 243.50
　　贷：政府储备物资——发出　　　　33 108.75

2. 先进先出法

例：2019年4月30日，C单位经批准向灾区发放帐篷150顶，已知帐篷期初余额为100顶，单价为230元，价款为23 000元，4月15日购进100顶，价款为21 145元。本单位采用先进先出法核算。

发出帐篷成本 = 100 × 230 + 50 × 211.45 = 33 572.50（元）

作会计分录如下（单位：元）：

借：政府储备物资——发出　　　　　33 572.50
　　贷：政府储备物资——在库　　　　33 572.50

例：2019 年 6 月 25 日，灾情已经全部解决，C 单位收回救灾帐篷，按规定的质量验收标准收回 60%，已按标准验收入库。作会计分录如下（单位：元）：

借：政府储备物资——在库　　　　20 143.50
　　业务活动费用　　　　　　　　13 429
　贷：政府储备物资——发出　　　　33 572.50

2.19.9 对外销售政府储备物资的核算

政府会计主体对外销售政府储备物资的，应当在发出物资时将其账面余额转销计入当期费用，并按规定确认相关销售收入或将销售取得的价款大于所承担的相关税费后的差额做应缴款项处理。

（1）对外销售政府储备物资并将销售收入纳入单位预算统一管理的，发出物资时，按照发出物资的账面余额，借记"业务活动费用"科目，贷记本科目；实现销售收入时，按照确认的收入金额，借记"银行存款""应收账款"等科目，贷记"事业收入"等科目。

例：2019 年 6 月 25 日，D 事业单位销售给甲单位救助物资一批，价款为 60 万元，增值税额为 1.8 万元，收到甲单位汇款。该批物资采用先进先出法核算发出成本，经计算该批物资成本为 40 万元。作会计分录如下（单位：元）：

借：银行存款　　　　　　　　　　618 000
　贷：事业收入　　　　　　　　　　600 000
　　　应交增值税　　　　　　　　　18 000
借：业务活动费用　　　　　　　　400 000
　贷：政府储备物资　　　　　　　　400 000

同时：

借：资金结存——货币资金　　　　618 000
　贷：事业预算收入　　　　　　　　618 000

（2）对外销售政府储备物资并按照规定将销售净收入上缴财政的，发出物资时，按照发出物资的账面余额，借记"资产处置费用"科目，贷记"政府储备物资"；取得销售价款时，按照实际收到的款项金额，借记"银行存款"等科目，按照发生的相关税费，贷记"银行存款"等科目，按照销售价款大于所承担的相关税费后的差额，贷记"应缴财政款"科目。

例：2019 年 6 月 30 日，E 单位销售给乙单位一批救助物资，价款为 20 万元，增值税额为 0.6 万元，收到乙单位汇款，该销售收入需要上缴财政，增值税

已经通过银行支付。该批物资采用先进先出法核算发出成本,经计算该批物资成本为12万元。作会计分录如下(单位:元):

　　借:银行存款　　　　　　　　　　　　　　206 000
　　　贷:应缴财政款　　　　　　　　　　　　　　200 000
　　　　银行存款　　　　　　　　　　　　　　　　6 000
　　借:资产处置费用　　　　　　　　　　　　120 000
　　　贷:政府储备物资　　　　　　　　　　　　　120 000

　　政府会计主体采取销售采购方式对政府储备物资进行更新(轮换)的,应当将物资轮出视为物资销售,按照对外销售政府储备物资规定处理;将物资轮入视为物资采购,按照购入政府储备物资规定处理。

2.19.10　政府储备物资报废、毁损的核算

　　政府会计主体应当按规定报经批准后将报废、毁损的政府储备物资的账面余额予以转销,确认应收款项(确定追究相关赔偿责任的)或计入当期费用(因储存年限到期报废或非人为因素致使报废、毁损的);同时,将报废、毁损过程中取得的残值变价收入扣除政府会计主体承担的相关费用后的差额按规定做应缴款项处理(差额为净收益时)或计入当期费用(差额为净损失时)。

　　例:2019年5月15日,E单位库房漏雨,造成一批政府储备物资毁损,经盘点,毁损的物资成本为5万元,保险公司核定损失后理赔4.5万元,该批物资发生清理费1 000元,残值卖废品得款4 000元,存入银行。作会计分录如下(单位:元):

　　借:待处理财产损溢——待处理财产价值　　50 000
　　　贷:政府储备物资　　　　　　　　　　　　　 50 000
　　借:其他应收款　　　　　　　　　　　　　 45 000
　　　银行存款　　　　　　　　　　　　　　　　4 000
　　　贷:待处理财产损溢——处理净收入　　　　　49 000
　　借:待处理财产损溢——处理净收入　　　　 1 000
　　　贷:银行存款　　　　　　　　　　　　　　　 1 000
　　借:待处理财产损溢——处理净收入　　　　 48 000
　　　贷:应缴财政款　　　　　　　　　　　　　　 48 000
　　借:资产处置费用　　　　　　　　　　　　 50 000
　　　贷:待处理财产损溢——待处理财产价值　　　50 000

2.19.11 政府储备物资清查的核算

政府会计主体盘盈的政府储备物资，其成本按照有关凭据注明的金额确定；没有相关凭据，但按规定经过资产评估的，其成本按照评估价值确定；没有相关凭据，也未经资产评估的，其成本按照重置成本确定。政府储备物资盘亏的，政府会计主体应当按规定报经批准后将盘亏的政府储备物资的账面余额予以转销，确定追究相关赔偿责任的，确认应收款项；属于正常耗费或不可抗力因素造成的，计入当期费用。

例：2019年6月30日，E单位对政府储备物资进行清查盘点。盘点过程中发现多出100件A物资，经评估确认价值为10 000元。作会计分录如下（单位：元）：

批准前：

借：政府储备物资　　　　　　　　　　　　10 000
　　贷：待处理财产损溢　　　　　　　　　　　　10 000

批准后：

借：待处理财产损溢　　　　　　　　　　　　10 000
　　贷：以前年度盈余调整　　　　　　　　　　　　10 000

例：2019年6月30日，E单位对政府储备物资进行清查盘点。盘点过程中发现B物资少了10件，其账面价值为5 000元，经查属于保管疏于管理造成丢失，由其负责赔偿2 000元。作会计分录如下（单位：元）：

批准前：

借：待处理财产损溢——待处理财产价值　　5 000
　　贷：政府储备物资　　　　　　　　　　　　5 000

批准后：

借：其他应收款　　　　　　　　　　　　　　2 000
　　贷：待处理财产损溢——处理净收入　　　　2 000

借：待处理财产损溢——处理净收入　　　　2 000
　　贷：应缴财政款　　　　　　　　　　　　　　2 000

借：资产处置费用　　　　　　　　　　　　　　5 000
　　贷：待处理财产损溢——待处理财产价值　　5 000

2.20 文物文化资产

文物文化资产比较特殊，不是每个单位都会涉及，只有少数几类单位才会涉及。具体情况如下。

2.20.1 文物文化资产概述

文物文化资产是指用于展览、教育或研究等目的的历史文物、艺术品以及其他具有文化或历史价值并做长期或永久保存的典藏。它是具有文化、历史价值，以及长期或永久保存性质的，如纪念碑、博物馆陈列品、敦煌壁画等。

注意："文物文化资产"核算单位为满足社会公共需求而控制的文物文化资产的成本，按照文物文化资产的类别、项目等进行明细核算，它本身是不介入生产经营过程的，如单位为满足自身开展业务活动或其他活动需要而控制的文物和陈列品，应当通过"固定资产"核算，不通过本科目核算。

文物文化资产的核算和"固定资产"基本类似，涉及文物文化资产的核算也很少，以下通过实例了解其核算方法。

2.20.2 外购文物文化资产的核算

外购的文物文化资产，其成本包括购买价款、相关税费以及可归属于该项资产达到预定用途前所发生的其他支出（如运输费、安装费、装卸费等）。外购的文物文化资产，按照确定的成本，借记本科目，贷记"财政拨款收入""零余额账户用款额度""银行存款"等科目。

例：2019 年 4 月 24 日，Z 行政单位购入某文物文化资产 200 万元，采用财政直接支付方式支付，该文物文化资产已经验收入库。作会计分录如下（单位：元）：

借：文物文化资产　　　　　　　　　　2 000 000
　　贷：财政拨款收入　　　　　　　　　　　　2 000 000
同时：
借：事业支出　　　　　　　　　　　　2 000 000
　　贷：财政拨款预算收入　　　　　　　　　　2 000 000

2.20.3 无偿调入文物文化资产的核算

接受其他单位无偿调入的文物文化资产,其成本按照该项资产在调出方的账面价值加上归属于调入方的相关费用确定。调入的文物文化资产,按照确定的成本,借记本科目,按照发生的归属于调入方的相关费用,贷记"零余额账户用款额度""银行存款"等科目,按照其差额,贷记"无偿调拨净资产"科目。无偿调入的文物文化资产成本无法可靠取得的,按照发生的归属于调入方的相关费用,借记"其他费用"科目,贷记"零余额账户用款额度""银行存款"等科目。

例:2019 年 5 月 3 日,Z 行政单位接受甲单位无偿调入的一批文物文化资产,该资产调出方账面价值为 20 万元,零余额账户支付运费 800 元,已经验收入库。

借:文物文化资产　　　　　　　　　　　200 800
　　贷:无偿调拨净资产　　　　　　　　　200 000
　　　　零余额账户用款额度　　　　　　　　800

同时:
借:其他支出　　　　　　　　　　　　　　800
　　贷:资金结存——零余额账户用款额度　　800

例:2019 年 5 月 4 日,Z 行政单位接受乙单位无偿调入的一批文物文化资产,该资产成本无法可靠取得,零余额账户支付运费 1 000 元,已经验收入库。

借:其他费用　　　　　　　　　　　　　1 000
　　贷:零余额账户用款额度　　　　　　　1 000

同时:
借:其他支出　　　　　　　　　　　　　1 000
　　贷:资金结存——零余额账户用款额度　1 000

注意:无法可靠取得成本的文物文化资产,由于其无法计入"文物文化资产"账户,账簿中无法体现而它又确实存在,所以要设置备查账簿进行登记,以备查询。

2.20.4 接受捐赠文物文化资产的核算

接受捐赠的文物文化资产,其成本按照有关凭据注明的金额加上相关费用确定;没有相关凭据可供取得,但按照规定经过资产评估的,其成本按照评估价值加上相关费用确定;没有相关凭据可供取得、也未经评估的,其成本比照同类或类似资产的市场价格加上相关费用确定。接受捐赠的文物文化资产，按照确定的成本，借记本科目，按照发生的相关税费、运输费等金额，贷记"零余额账户用款额度""银行存款"等科目，按照其差额，贷记"捐赠收入"科目。接受捐赠的文物文化资产成本无法可靠取得的，按照发生的相关税费、运输费等金额，借记"其他费用"科目，贷记"零余额账户用款额度""银行存款"等科目。

例：2019年5月15日，Z行政单位接受贾氏公司捐赠的一幅名人字画，贾氏公司账面价值为200万元，字画已经专家鉴定并放入陈列馆，开出支票支付专家鉴定费5 000元。作会计分录如下（单位：元）：

借：文物文化资产　　　　　　　　　2 005 000
　　贷：捐赠收入　　　　　　　　　2 000 000
　　　　银行存款　　　　　　　　　　　5 000

同时：
借：其他支出　　　　　　　　　　　　5 000
　　贷：资金结存——货币资金　　　　5 000

例：2019年5月16日，Z行政单位接受社会人士捐赠的历史文物，该文物具有较高的研究价值，但是却无法确认其成本。

对于成本无法可靠取得的文物文化资产，Z行政单位应当设置备查簿进行登记，待成本能够可靠确定后按照规定及时入账。

与文物文化资产有关的后续支出，参照"公共基础设施"科目相关规定进行处理。

2.20.5　文物文化资产处置的核算

（1）报经批准对外捐赠文物文化资产，按照被处置文物文化资产账面余额和捐赠过程中发生的归属于捐出方的相关费用合计数，借记"资产处置费用"科目，按照被处置文物文化资产账面余额，贷记本科目，按照捐赠过程中发生的归属于捐出方的相关费用，贷记"银行存款"等科目。

例：2019年5月20日，Z行政单位报经批准，将一批文物文化资产无偿捐赠，其账面价值为20万元，此文物文化资产由本单位负责送到接收方，运费为2 000元，零余额账户支付。作会计分录如下（单位：元）：

借：资产处置费用　　　　　　　　　　202 000
　　贷：文物文化资产　　　　　　　　200 000
　　　　零余额账户用款额度　　　　　　2 000

同时：

借：其他支出 2 000
  贷：资金结存——零余额账户用款额度 2 000

（2）报经批准无偿调出文物文化资产，按照被处置文物文化资产账面余额，借记"无偿调拨净资产"科目，贷记本科目；同时，按照无偿调出过程中发生的归属于调出方的相关费用，借记"资产处置费用"科目，贷记"银行存款"等科目。

例：2019 年 5 月 30 日，Z 行政单位无偿调拨一批文物文化资产给其下级单位，该批文物文化资产账面价值为 50 万元。作会计分录如下（单位：元）：

借：无偿调拨净资产 500 000
  贷：文物文化资产 500 000

2.20.6　文物文化资产清查

单位应当定期对文物文化资产进行清查盘点，每年至少盘点一次。发生的文物文化资产盘盈、盘亏、毁损或报废等，参照"公共基础设施"科目相关规定进行账务处理。

例：2019 年 12 月 31 日，Z 行政单位对本单位的文物文化资产进行了清查盘点：盘盈一件文物，评估后确认价为 20 000 元；盘亏一件艺术品，账面价值为 10 000 元，原因待查。作会计分录如下（单位：元）：

盘盈时：
借：文物文化资产 20 000
  贷：待处理财产损溢 20 000

盘亏时：
借：待处理财产损溢 10 000
  贷：文物文化资产 10 000

2.21　保障性住房

2.21.1　保障性住房概述

保障性住房是指我国城镇住宅建设中较具特殊性的，由政府统一规划、统筹，提供给特定的人群（主要是中低收入住房困难家庭）使用，并且对该类住房的建造标准和销售价格或租金标准给予限定，起社会保障作用的一类住房。它一般由廉租住房、经济适用住房、政策性租赁住房和定向安置房等构成。这种类型的住房有别于完全由市场形成价格的商品房。

保障性住房虽然和固定资产很类似，其核算方法也和固定资产类似，但是它毕竟不是固定资产。

保障性住房的核算是通过设置"保障性住房"这个会计科目来完成的，核算单位为满足社会公共需求而控制的保障性住房的原值，按照保障性住房的类别、项目等进行明细核算。具体业务的账务处理如下。

2.21.2 外购保障性住房的核算

外购的保障性住房，其成本包括购买价款、相关税费以及可归属于该项资产达到预定用途前所发生的其他支出。外购的保障性住房，按照确定的成本，借记本科目，贷记"财政拨款收入""零余额账户用款额度""银行存款"等科目。

例：2019年11月15日，强强公司建造的配套廉租房100套、公共租赁住房100套建造完毕，已经办理了竣工决算。A单位按照政府确定的回购价进行了回购，购买价款为廉租房5万元/套、公共租赁住房6万元/套，均为含税价，已经取得了增值税普通发票，款项采用财政直接支付方式支付。作会计分录如下（单位：元）：

借：保障性住房——廉租房　　　　　5 000 000
　　　　　　——公共租赁住房　　　6 000 000
　　贷：财政拨款收入　　　　　　　　11 000 000

同时：

借：事业支出　　　　　　　　　　　1 100 000
　　贷：财政拨款预算收入　　　　　　11 000 000

2.21.3 自行建造保障性住房的核算

自行建造的保障性住房交付使用时，按照在建工程成本，借记本科目，贷记"在建工程"科目。

例：2019年11月30日，A单位自行建造的经济适用房已经完工，办理了竣工决算，房屋总成本为1 000万元，已经交付单位进行出售。作会计分录如下（单位：元）：

借：保障性住房　　　　　　　　　　　　10 000 000
　　贷：在建工程——建筑安装工程投资　　10 000 000

已交付使用但尚未办理竣工决算手续的保障性住房，按照估价值入账，待办理竣工决算后再按照实际成本调整原来的暂估价值。

例：2019 年 12 月 5 日，A 单位自行建造的 200 套廉租房已经完工，已经核算的工程总成本为 1 200 万元，尚未办理竣工决算，但是已经交付使用。预计还有 10 万元的成本尚未进行核算，因此估计总造价为 1 210 万元。作会计分录如下（单位：元）：

借：在建工程　　　　　　　　　　　　100 000
　　贷：应付账款——暂估应付款　　　　100 000
借：保障性住房　　　　　　　　　　　12 100 000
　　贷：在建工程　　　　　　　　　　　12 100 000

例：2019 年 12 月 30 日，上述廉租房办理完毕竣工决算，总造价为 1 212 万元，采用财政直接支付方式支付工程款 12 万元。作会计分录如下（单位：元）：

借：保障性住房　　　　　　　　　　　　20 000
　　应付账款——暂估应付款　　　　　　100 000
　　贷：财政拨款收入　　　　　　　　　120 000

同时：

借：事业支出　　　　　　　　　　　　　120 000
　　贷：财政拨款预算收入　　　　　　　120 000

2.21.4　无偿调入保障性住房的核算

接受其他单位无偿调入的保障性住房，其成本按照该项资产在调出方的账面价值加上归属于调入方的相关费用确定。无偿调入的保障性住房，按照确定的成本，借记本科目，按照发生的归属于调入方的相关费用，贷记"零余额账户用款额度""银行存款"等科目，按照其差额，贷记"无偿调拨净资产"科目。

例：2019 年 12 月 31 日，A 单位接收上级无偿调入的廉租房 100 套，账面原价为 550 万元，另支付相关税费 50 000 元。作会计分录如下（单位：元）：

借：保障性住房　　　　　　　　　　　5 550 000
　　贷：无偿调拨净资产　　　　　　　　5 500 000
　　　　银行存款　　　　　　　　　　　50 000

同时：
借：其他支出　　　　　　　　　　　　　50 000
　　贷：资金结存——货币资金　　　　　　　　50 000

2.21.5　接受捐赠保障性住房的核算

接受捐赠、融资租赁取得的保障性住房，参照"固定资产"科目相关规定进行处理。

例：2019年4月18日，A单位接受红雨公司捐赠住房100套，价值为400万元，另支付相关税费5万元，该房产作为公租房投入使用。作会计分录如下（单位：元）：

借：保障性住房　　　　　　　　　　　　4 050 000
　　贷：捐赠收入　　　　　　　　　　　　　4 000 000
　　　　银行存款　　　　　　　　　　　　　　50 000

同时：
借：其他支出　　　　　　　　　　　　　50 000
　　贷：资金结存——货币资金　　　　　　　　50 000

2.21.6　保障性住房维修的核算

与保障性住房有关的后续支出，参照"固定资产"科目相关规定进行处理。

例：2019年11月10日，A单位对廉租房进行维修，支付修理费2万元。作会计分录如下（单位：元）：

借：单位管理费用　　　　　　　　　　　20 000
　　贷：银行存款　　　　　　　　　　　　　20 000

同时：
借：事业支出　　　　　　　　　　　　　20 000
　　贷：资金结存——货币资金　　　　　　　　20 000

2.21.7　保障性住房出租的核算

按照规定，出租保障性住房应将出租收入上缴同级财政，按照收取的租金金额，借"银行存款"等科目，贷记"应缴财政款"科目。

例：2019年12月1日，单位将100套公租房出租，每月租金为500元/套，款项已经存入银行。作会计分录如下（单位：元）：

借：银行存款　　　　　　　　　　　50 000
　　贷：应缴财政款　　　　　　　　　　　50 000

2.21.8　保障性住房折旧的核算

单位应当参照《企业会计准则第 3 号——固定资产》及其应用指南的相关规定，按月对其控制的保障性住房计提折旧。

按月计提保障性住房折旧时，按照应计提的折旧额，借记"业务活动费用"科目，贷记本科目。

例：2019 年 4 月 30 日，A 单位对其接受捐赠的公租房提取折旧，账面价值为 405 万元，折旧年限为 50 年，采用年限平均法计提折旧。

月折旧额 = 4 050 000 ÷ 50 ÷ 12 = 6 750（元）

作会计分录如下（单位：元）：

借：业务活动费用　　　　　　　　　6 750
　　贷：保障性住房累计折旧　　　　　　　6 750

报经批准处置保障性住房时，按照所处置保障性住房的账面价值，借记"资产处置费用""无偿调拨净资产""待处理财产损溢"等科目，按照已计提折旧，借记本科目，按照保障性住房的账面余额，贷记"保障性住房"科目。

2.21.9　保障性住房处置的核算

（1）报经批准无偿调出保障性住房，按照保障性住房已计提的折旧，借记"保障性住房累计折旧"科目，按照被处置保障性住房账面余额，贷记本科目，按照其差额，借记"无偿调拨净资产"科目；同时，按照无偿调出过程中发生的归属于调出方的相关费用，借记"资产处置费用"科目，贷记"银行存款"等科目。

例：2019 年 12 月 31 日，A 单位无偿调出廉租房 15 套，账面原价为 909 000 元，已提折旧 20 200 元，另支付相关税费 20 000 元。作会计分录如下（单位：元）：

借：无偿调拨净资产　　　　　　　　888 800
　　保障性住房累计折旧　　　　　　　20 200
　　贷：保障性住房　　　　　　　　　　　909 000

借：资产处置费用 20 000
　　贷：银行存款 20 000
同时：
借：其他支出 20 000
　　贷：资金结存——货币资金 20 000

(2) 报经批准出售保障性住房，按照被出售保障性住房的账面价值，借记"资产处置费用"科目，按照保障性住房已计提的折旧，借记"保障性住房累计折旧"科目，按照保障性住房账面余额，贷记本科目；同时，按照收到的价款，借记"银行存款"等科目，按照出售过程中发生的相关费用，贷记"银行存款"等科目，按照其差额，贷记"应缴财政款"科目。

例：2020年4月5日，A单位将10套保障性住房作为经济适用房出售，该住房账面原价60万元，已提折旧1.2万元，出售总价款300万元。作会计分录如下（单位：元）：

借：资产处置费用 588 000
　　保障性住房累计折旧 12 000
　　贷：保障性住房 600 000
借：银行存款 3 000 000
　　贷：应缴财政款 3 000 000

2.21.10 保障性住房清查的核算

单位应当定期对保障性住房进行清查盘点。对于发生的保障性住房盘盈、盘亏、毁损或报废等，参照"固定资产"科目相关规定进行账务处理。

例：2020年12月31日，A单位对其所属的保障性住房进行清查盘点，发现多了一套廉租房，按照廉租房账面价值确定该套廉租房价值为5万元，盘亏一套公租房，账面价值为6万元，已提折旧0.5万元。作会计分录如下（单位：元）：

盘盈时：
借：保障性住房 50 000
　　贷：待处理财产损溢 50 000
盘亏时：
借：待处理财产损溢 55 000
　　保障性住房累计折旧 5 000
　　贷：保障性住房 60 000

2.22 长期待摊费用

长期待摊费用是相对于"待摊费用"而言的,它是指核算单位已经支出,但应由本期和以后各期负担的分摊期限在 1 年以上(不含 1 年)的各项费用,如以经营租赁方式租入的固定资产发生的改良支出等。

"长期待摊费用"按照费用项目进行明细核算,期末借方余额反映单位尚未摊销完毕的长期待摊费用。

以下通过实例来介绍长期待摊费用的核算方法:

(1) 发生长期待摊费用时,按照支出金额,借记本科目,贷记"财政拨款收入""零余额账户用款额度""银行存款"等科目。

例:2019 年 4 月 1 日,A 单位租入房屋 10 间作为办公用房,一次性支付 10 年租金 120 万元。作会计分录如下(单位:元):

借:长期待摊费用　　　　　　　　1 200 000
　　贷:银行存款　　　　　　　　　　　1 200 000

同时:

借:事业支出　　　　　　　　　　1 200 000
　　贷:资金结存——货币资金　　　　　1 200 000

(2) 按照受益期间摊销长期待摊费用时,根据摊销金额,借记"业务活动费用""单位管理费用""经营费用"等科目,贷记本科目。

例:2019 年 4 月 30 日,A 单位摊销租赁办公用房的租金。

月租金 = 1 200 000 ÷ 10 ÷ 12 = 10 000(元)

作会计分录如下(单位:元):

借:单位管理费用　　　　　　　　　10 000
　　贷:长期待摊费用　　　　　　　　　　10 000

(3) 如果某项长期待摊费用已经不能使单位受益,应当将其摊余金额一次全部转入当期费用。按照摊销金额,借记"业务活动费用""单位管理费用""经营费用"等科目,贷记本科目。

例:2019 年 12 月 1 日,A 单位对办公楼进行二次装修,第一次装修费用已经摊销 2 年,尚有 1 年未摊销完,账面余额为 30 000 元。作会计分录如下(单位:元):

借：单位管理费用	30 000	
贷：长期待摊费用		30 000

2.23 待处理财产损溢

"待处理财产损溢"科目核算单位在资产清查过程中查明的各种资产盘盈、盘亏和报废、毁损的价值。本科目应按照待处理的资产项目进行明细核算,对于在资产处理过程中取得收入或发生相关费用的项目,还应当设置"待处理财产价值""处理净收入"明细科目,进行明细核算。单位资产清查中查明的资产盘盈、盘亏、报废和毁损,一般应当先计入本科目,按照规定报经批准后及时进行账务处理。年末结账前一般应处理完毕。

以下具体总结各种资产盘盈、盘亏的主要账务处理。批准前要调整成账实相符,批准后根据具体原因及领导批准意见,计入不同的会计科目。

2.23.1 库存现金短缺或溢余的核算

(1) 账款核对中发现现金短缺的,按照实际短缺的金额,借记本科目,贷记"库存现金"科目;批准后,属于应由责任人赔偿或向有关人员追回的,借记"其他应收款"科目,贷记本科目;属于无法查明原因的,报经批准核销时,借记"资产处置费用"科目,贷记本科目。

例:2019 年 12 月 31 日,A 单位进行库存现金盘点,清查小组实际盘点数为 3 620 元,现金日记账余额为 3 690 元,短款 70 元,无法查明原因。经单位领导批准,由出纳负责赔偿。作会计分录如下(单位:元):

批准前:

借：待处理财产损溢	70	
贷：库存现金		70

同时:

借：其他支出	70	
贷：资金结存——货币资金		70

批准后:

借：其他应收款	70	
贷：待处理财产损溢		70

收到出纳赔偿款时：
借：库存现金   70
    贷：其他应收款   70
同时：
借：资金结存——货币资金   70
    贷：其他支出   70

（2）账款核对中发现现金溢余的，按照实际溢余的金额，借记"库存现金"科目，贷记本科目。批准后，属于应支付给有关人员或单位的，借记本科目，贷记"其他应付款"科目；属于无法查明原因的，报经批准后，借记本科目，贷记"其他收入"科目。

例：2019年6月25日，B单位对库存现金进行突击检查，发现现金溢余590元，经查明属于应付给运输公司的运费，单据已经入账并减少库存现金，款未付。作会计分录如下（单位：元）：

批准前：
借：库存现金   590
    贷：待处理财产损溢   590
同时：
借：资金结存——货币资金   590
    贷：其他预算收入   590
批准后：
借：待处理财产损溢   590
    贷：其他应付款   590
实际付款时：
借：其他应付款   590
    贷：库存现金   590
同时：
借：其他预算收入   590
    贷：资金结存——货币资金   590

2.23.2　财产物资清查的核算

资产清查过程中发现的存货、固定资产、无形资产、公共基础设施、政府储备物资、文物文化资产、保障性住房等各种资产盘盈、盘亏或报废、毁损，不同的资产盘点结果不同，会计处理也是有所区别的，前面介绍得不系统，以下统一进行对比。

1. 盘盈的各类资产

（1）转入待处理资产时，按照确定的成本，借记"库存物品""固定资产""无形资产""公共基础设施""政府储备物资""文物文化资产""保障性住房"等科目，贷记本科目。

（2）按照规定报经批准后处理时，对于盘盈的流动资产，借记本科目，贷记"单位管理费用"（事业单位）或"业务活动费用"（行政单位）科目。对于盘盈的非流动资产，如属于本年度取得的，按照当年新取得相关资产进行账务处理；如属于以前年度取得的，按照前期差错处理，借记本科目，贷记"以前年度盈余调整"科目。

例：2019年12月31日，A事业单位对本单位财产物资进行年终盘点，盘盈A材料100千克，单价为5元；固定资产一台，评估确认价为2万元。作会计分录如下（单位：元）：

批准前：

借：库存物品　　　　　　　　　　500

　　固定资产　　　　　　　　　20 000

　　贷：待处理财产损溢　　　　　20 500

批准后：

借：待处理财产损溢　　　　　　20 500

　　贷：单位管理费用　　　　　　　500

　　　　以前年度盈余调整　　　20 000

2. 盘亏或者毁损、报废的各类资产

（1）转入待处理资产时，借记本科目（待处理财产价值）[盘亏、毁损、报废固定资产、无形资产、公共基础设施、保障性住房的，还应借记"固定资产累计折旧""无形资产累计摊销""公共基础设施累计折旧（摊销）""保障性住房累计折旧"科目]，贷记"库存物品""固定资产""无形资产""公共基础设施""政府储备物资""文物文化资产""保障性住房""在建工程"等科目。涉及增值税业务的，相关账务处理参见"应交增值税"科目。

报经批准处理时，借记"资产处置费用"科目，贷记本科目（待处理财产价值）。

(2)处理毁损、报废实物资产过程中取得的残值或残值变价收入、保险理赔和过失人赔偿等,借记"库存现金""银行存款""库存物品""其他应收款"等科目,贷记本科目(处理净收入);处理毁损、报废实物资产过程中发生的相关费用,借记本科目(处理净收入),贷记"库存现金""银行存款"等科目。

处理收支结清,如果处理收入大于相关费用的,按照处理收入减去相关费用后的净收入,借记本科目(处理净收入),贷记"应缴财政款"等科目;如果处理收入小于相关费用的,按照相关费用减去处理收入后的净支出,借记"资产处置费用"科目,贷记本科目(处理净收入)。

例:2019年12月31日,A事业单位对本单位财产物资进行年终盘点,盘亏B材料10米,单价为20元,盘亏汽车一辆,账面余额为50 000元,已提折旧35 000元。材料盘亏无法查明原因,汽车系司机王猛丢失,由其赔偿10 000元,款项尚未收到。作会计分录如下(单位:元):

批准前:

借:待处理财产损溢　　　　　　　　200
　　贷:库存物品　　　　　　　　　　　　　200
借:待处理财产损溢　　　　　　　　15 000
　　固定资产累计折旧　　　　　　　　35 000
　　贷:固定资产　　　　　　　　　　　　50 000

批准后:

借:资产处置费用　　　　　　　　　15 200
　　贷:待处理财产损溢　　　　　　　　　15 200
借:其他应收款——王猛　　　　　　10 000
　　贷:待处理财产损溢——处理净收入　　10 000
借:待处理财产损溢——处理净收入　10 000
　　贷:应缴财政款　　　　　　　　　　　10 000

第 3 章
政府会计负债要牢记

单位拥有的资产都是从哪儿来的？是政府无偿划拨的，还是购入的？如果是购入的，那么资金从哪里来？有可能是政府给的，但政府给的只是有限的一部分，余款有可能先欠着，也有可能借款……这就形成了单位的负债。对于负债，我们要牢牢记住，一定要按时偿还或支付，避免影响自己的信誉。负债包括哪些内容呢？下面就随我一起看看单位的负债情况及其核算方法。

3.1 短期借款

单位资金不足，最好的解决方案是去银行临时借款。向银行或其他金融机构借入的期限在 1 年以内（含 1 年）的各种借款，就属于短期借款。

3.1.1 短期借款借入的核算

短期借款的核算方法非常简单，就包括三方面的内容：一是借入的核算；二是利息的核算；三是到期还本付息的核算。以下以实际业务为例学习短期借款的核算方法。

例：2019 年 3 月 1 日，甲单位因单位资金不足，向工商银行借入 1 000 000 元，期限为 6 个月，年利率为 6%，按月结息，利随本清。作会计分录如下（单位：元）：

借：银行存款　　　　　　　　　　　1 000 000
　　贷：短期借款——工商银行　　　　　　1 000 000
同时：
借：资金结存——货币资金　　　　　1 000 000
　　贷：债务预算收入　　　　　　　　　　1 000 000

3.1.2 短期借款利息的核算

1. 按月支付利息

例：承上例，每月月末支付借款利息 5 000 元（利息是银行自动计算出来的，银行自动扣息）。作会计分录如下（单位：元）：

借：其他费用——利息支出　　　　　　　5 000
　　贷：银行存款　　　　　　　　　　　　　　5 000

同时：

借：其他支出　　　　　　　　　　　　　5 000
　　贷：资金结存——货币资金　　　　　　　　5 000

2. 按月计提利息，定期支付

假如上述借款是按季结息，利随本清的，那么各季度的前两个月采取预提的方式，季度末月份支付本季度利息。

例：2019 年 3 月 31 日，支付借款利息 5 000 元。作会计分录如下（单位：元）：

借：其他费用——利息支出　　　　　　　5 000
　　贷：银行存款　　　　　　　　　　　　　　5 000

同时：

借：其他支出　　　　　　　　　　　　　5 000
　　贷：资金结存——货币资金　　　　　　　　5 000

2019 年 4 月 30 日，计提借款利息 5 000 元。作会计分录如下（单位：元）：

借：其他费用——利息支出　　　　　　　5 000
　　贷：应付利息　　　　　　　　　　　　　　5 000

2019 年 5 月 31 日，计提借款利息 5 000 元。作会计分录如下（单位：元）：

借：其他费用——利息支出　　　　　　　5 000
　　贷：应付利息　　　　　　　　　　　　　　5 000

2019 年 6 月 30 日，支付二季度借款利息 15 000 元。作会计分录如下（单位：元）：

借：其他费用——利息支出　　　　　　　5 000
　　应付利息　　　　　　　　　　　　　10 000
　　贷：银行存款　　　　　　　　　　　　　15 000

同时：

借：其他支出 15 000
　　贷：资金结存——货币资金 15 000

以后各月以此类推。

3.1.3　到期还本的核算

1. 按月结息，到期还本付息的核算

例：2019年8月31日，甲单位借款到期还本付息，本金为1 000 000元，利息为5 000元。作会计分录如下（单位：元）：

借：短期借款——工商银行 1 000 000
　　其他费用——利息支出 5 000
　　贷：银行存款 1 005 000

同时：

借：债务还本支出 1 000 000
　　其他支出 5 000
　　贷：资金结存——货币资金 1 005 000

2. 按月计提利息、定期付息的还本付息的核算

例：假如上述借款属于按季结息的，2019年8月31日，甲单位借款到期还本付息。作会计分录如下（单位：元）：

借：短期借款——工商银行 1 000 000
　　其他费用——利息支出 5 000（8月利息）
　　应付利息 5 000（7月利息）
　　贷：银行存款 1 010 000

同时：

借：债务还本支出 1 000 000
　　其他支出 10 000
　　贷：资金结存——货币资金 1 010 000

3.2　长期借款

借款有短期，相对来说就有长期，长期借款核算的就是向银行或其他金融机

构借入的期限超过 1 年（不含 1 年）的各种借款本息。和短期借款核算相比较，长期借款本金借入的核算方法与短期借款相同，重点是核算的利息会大大不同：在什么情况下利息计入费用，在什么情况下资本化，取决于利息结算期间项目是否完工，尚未完工时计入工程成本，也就是"在建工程"科目，如果是完工后，则利息计入"其他费用"科目；在什么情况下计入"应付利息"，在什么情况下计入"长期借款——应计利息"，取决于借款时约定的利息支付方式，分期结息的计提利息时贷方计入"应付利息"，到期一次还本付息的，计提利息贷方计入"长期借款——应计利息"。具体操作看下面的例题。

3.2.1 分期付息借入的核算

借入各项长期借款时，按照实际借入的金额，借记"银行存款"科目，贷记本科目（本金）。

例：2019 年 4 月 1 日，甲单位为办公楼项目从工商银行借入资金 300 万元，期限为 3 年，年利率为 9%，按月付息，利随本清。作会计分录如下（单位：元）：

借：银行存款　　　　　　　　　　3 000 000
　　贷：长期借款——工商银行　　　　　3 000 000
同时：
借：资金结存——货币资金　　　　3 000 000
　　贷：债务预算收入　　　　　　　　　3 000 000

3.2.2 分期付息借款利息的核算

为建造固定资产、公共基础设施等应支付的专门借款利息，按期计提利息时，属于工程项目建设期间发生的利息，计入工程成本，按照计算确定的应支付的利息金额，借记"在建工程"科目，贷记"应付利息"科目；属于工程项目完工交付使用后发生的利息，计入当期费用，按照计算确定的应支付的利息金额，借记"其他费用"科目，贷记"应付利息"科目。

1. 按月付息的核算

例：承上例，2019 年 4 月 30 日，甲单位支付长期借款利息。

$$月利息 = (300 \times 9\%)/12 = 2.25（万元）$$

作会计分录如下（单位：元）：

借：在建工程　　　　　　　　　　　　　　22 500
　　贷：银行存款　　　　　　　　　　　　　　22 500

同时：

借：其他支出　　　　　　　　　　　　　　22 500
　　贷：资金结存——货币资金　　　　　　　22 500

2. 按月预提、按季付息的利息核算

例：假如4月1日长期借款约定的是按季结息，利随本清，则4月30日计提借款利息的账务处理如下：

借：在建工程　　　　　　　　　　　　　　22 500
　　贷：应付利息　　　　　　　　　　　　　　22 500

5月31日计提利息：

借：在建工程　　　　　　　　　　　　　　22 500
　　贷：应付利息　　　　　　　　　　　　　　22 500

6月30日支付本季度利息：

借：在建工程　　　　　　　　　　　　　　22 500
　　应付利息　　　　　　　　　　　　　　45 000
　　贷：银行存款　　　　　　　　　　　　　　67 500

同时：

借：其他支出　　　　　　　　　　　　　　67 500
　　贷：资金结存——货币资金　　　　　　　67 500

3.2.3　分期付息到期还本付息的核算

到期归还长期借款本金时，借记本科目（本金），贷记"银行存款"科目。

例：2022年3月31日甲单位长期借款到期还本付息，本金为3 000 000元，一季度利息为67 500元，工程尚未完工。

借：长期借款——工商银行　　　　　　　3 000 000
　　应付利息　　　　　　　　　　　　　　45 000
　　在建工程　　　　　　　　　　　　　　22 500
　　贷：银行存款　　　　　　　　　　　　　3 067 500

同时：

借：债务还本支出	3 000 000
其他支出	67 500
贷：资金结存——货币资金	3 067 500

3.2.4 工程完工后还本付息的核算

为建造固定资产、公共基础设施等应支付的专门借款利息，按期计提利息时，属于工程项目建设期间发生的利息，计入工程成本，按照计算确定的应支付的利息金额，借记"在建工程"科目，贷记"应付利息"科目；属于工程项目完工交付使用后发生的利息，计入当期费用，按照计算确定的应支付的利息金额，借记"其他费用"科目，贷记"应付利息"科目。

例：2022年1月31日，办公楼已经办理竣工决算，计提贷款利息的账务处理如下：

借：在建工程	22 500
贷：应付利息	22 500

2月28日计提贷款利息的账务处理如下：

借：其他费用——利息支出	22 500
贷：应付利息	22 500

2022年3月31日还本付息的账务处理如下：

借：长期借款——工商银行	3 000 000
应付利息	45 000
其他费用——利息支出	22 500
贷：银行存款	3 067 500

同时：

借：债务资本支出	3 000 000
其他支出	67 500
贷：资金结存——货币资金	3 067 500

3.2.5 到期一次还本付息的核算

借入各项长期借款时，按照实际借入的金额，借记"银行存款"科目，贷记本科目（本金）；计提属于工程项目建设期间发生的利息，计入工程成本，按照计算确定的应支付的利息金额，借记"在建工程"科目，贷记"长期借款——应计利息"科目；计提属于工程项目完工交付使用后发生的利息，计入当期费用，按照计算确定的应支付的利息金额，借记"其他费用"科目，贷记"长期借款——应计利息"科目；按期计提其他长期借款的利息时，按照计算确定的应支付的利息金额，借记"其他费用"科目，贷记"长期借款——应计利息"；到期归还长期借款本金、利息时，借记"长期借款（本金、应计利息）"，贷记"银行存款"科目。

例：2019年6月1日，甲单位为厂房项目从工商银行借入资金100万元，期限为2年，年利率为7.5%，到期一次还本付息，利随本清。作会计分录如下（单位：元）：

借：银行存款　　　　　　　　　　1 000 000
　　贷：长期借款——本金　　　　　　　　　1 000 000

同时：

借：资金结存——货币资金　　　　1 000 000
　　贷：债务预算收入　　　　　　　　　　　1 000 000

例：承上例，2019年6月30日，甲单位计提长期借款利息。作会计分录如下（单位：元）：

月利息 = (100 × 7.5%)/12 = 0.625（万元）

借：在建工程　　　　　　　　　　6 250
　　贷：长期借款——应计利息　　　　　　　6 250

例：承上例，2021年5月31日甲单位100万元的长期借款到期，一次性还本付息，工程尚未完工。作会计分录如下（单位：元）：

借：长期借款——本金　　　　　　1 000 000
　　　　　　——应计利息　　　　　150 000
　　贷：银行存款　　　　　　　　　　　　　1 150 000

同时：

借：债务资本支出　　　　　　　　1 000 000
　　其他支出　　　　　　　　　　150 000
　　贷：资金结存——货币资金　　　　　　　1 150 000

3.3　应缴财政款

资金充足了，就要发展单位经营。行政事业单位有其特殊性，收取的经营收入不能自行支配，要上缴财政，单位进行的支出再报经财政批准才能支付。

"应缴财政款"的字面意思就是应该缴纳给财政的款项，那么有个疑问：是不是所有的钱都要上缴财政？

3.3.1 应缴财政款概述

本科目核算单位取得或应收的按照规定应当上缴财政的款项，包括应缴国库的款项和应缴财政专户的款项。单位按照国家税法等有关规定应当缴纳的各种税费，通过"应交增值税""其他应交税费"科目核算，不通过本科目核算。本科目应当按照应缴财政款项的类别进行明细核算。

应缴国库款是指事业单位在业务活动中按照规定取得的应该缴纳国库的各种款项。它包括代收的行政事业性收费、罚没收入、代收的纳入预算管理的基金、无主财物变价收入以及其他按照预算管理规定应上缴国库的款项等。应缴财政专户款是指行政事业单位按照规定代收的应上缴财政专户的预算外资金。

3.3.2 取得、上缴财政款项的核算

单位取得或应收按照规定应缴财政的款项时，借记"银行存款""应收账款"等科目，贷记本科目；单位上缴应缴财政的款项时，按照实际上缴的金额，借记本科目，贷记"银行存款"科目。

例：2019年3月5日，A学校收取学费15万元，作会计分录如下（单位：元）：

借：银行存款　　　　　　　　　　　150 000
　　贷：应缴财政款　　　　　　　　　　　150 000

例：承上例，2019年3月15日，A学校将15万元学费上缴财政。作会计分录如下（单位：元）：

借：应缴财政款　　　　　　　　　　150 000
　　贷：银行存款　　　　　　　　　　　　150 000

3.3.3 处置资产产生的应缴财政款的核算

单位处置资产取得的应上缴财政的处置净收入的账务处理，参见"待处理财产损溢"等科目。

例：2019年4月15日，财政拨款建造的厂房因雷火而被烧毁，厂房原价为

50 万元，已提折旧 26 万元，保险公司核实后确定赔偿额 30 万元，没有残值，发生清理费用 5 000 元。作会计分录如下（单位：元）：

  借：待处理财产损溢——待处理财产价值 240 000
    固定资产累计折旧   260 000
   贷：固定资产——厂房   500 000
  借：资产处置费用   240 000
   贷：待处理财产损溢——待处理财产价值 240 000
  借：其他应收款   300 000
   贷：待处理财产损溢——处理净收入 300 000
  借：待处理财产损溢——处理净收入 5 000
   贷：银行存款   5 000
  借：待处理财产损溢——处理净收入 295 000
   贷：应缴财政款   295 000

注意：本科目期末贷方余额，反映单位应当上缴财政但尚未缴纳的款项。年终清缴后，本科目一般应无余额。

3.4　应交增值税

增值税对于会计专业学生或从事企业会计工作的人员是不陌生的，而且很熟悉，但是对于政府会计人员就有一定的难度了。

3.4.1　应交增值税概述

行政事业单位在日常业务活动中，按照预算和经费领报关系从财政部门或上级机关收到的各项拨款，是其收入的主要来源，是开展各项业务活动的保障，应在取得各类收款凭证时，计入"财政拨款收入""非同级财政拨款收入""上级补助收入"等科目，这些收入不需要纳税。

此外，行政事业单位有些业务为应税收入，需要申报纳税，并做出会计处理。如：门面房出租收入；培训收入；转让不动产收入；学校超标准的收费收入以及以各种名义收取的赞助费、择校费等收入；非营利性医疗机构从对外承包的医疗美容项目取得的出包收入；电视台的广告收入、点歌收入；将使用过的固定资产出售或抵偿债务等。

对于这些收入，行政事业单位应计算并交纳税款。根据国家有关税收法律规定，行政事业单位应税收入涉及的税费主要包括：增值税、城市维护建设税、教育费附加、个人所得税、企业所得税、房产税、土地使用税、土地增值税、车船税和印花税等。

以下学习最重要的税种——增值税。

凡是在中华人民共和国境内销售货物或者提供加工、修理修配劳务和应税服务以及进口货物的单位和个人发生应税事项都要交纳增值税。行政事业单位增值税的核算是通过设置"应交增值税"这个科目来进行的，"应交增值税"这个科目是需要引起高度重视的，有应税收入的行政事业单位都要计算并交纳增值税，但是增值税应该怎样计算及交纳的数额取决于单位是一般纳税人还是小规模纳税人。

3.4.2 小规模纳税人增值税概述

小规模纳税人是指年销售额在规定标准以下，并且会计核算不健全，不能按规定报送有关税务资料的增值税纳税人。所称会计核算不健全，是指不能正确核算增值税的销项税额、进项税额和应纳税额。

属于小规模纳税人的行政事业单位，购进货物、接受劳务或服务时，收取增值税普通发票，增值税额直接计入财产物资、劳务或服务的成本；而单位销售货物、提供劳务或服务，在一般情况下只开具增值税普通发票，按3%或5%的征收率计算交纳增值税。如对方单位确需增值税专用发票，则需要到税务部门代开3%或5%的增值税专用发票，但是代开发票时要把该发票需要交纳的税款先行支付，而且此部分税款不享受小规模纳税人增值税税收优惠。

注意：根据财政部、国家税务总局联合发布的《关于实施小微企业普惠性税收减免政策的通知》，2019年1月1日至2021年12月31日，对月销售额10万元（或季度销售额30万元）以下的增值税小规模纳税人，免征增值税；但是如果开具了增值税专用发票，专用发票部分是不享受免税政策的。

3.4.3 小规模纳税人增值税的核算

属于增值税小规模纳税人的单位只需在"应交增值税"下设置"转让金融商品应交增值税""代扣代交增值税"明细科目。

例：N事业单位经营部（非独立核算）为小规模纳税人，2019年4月6日，购入甲材料200千克，取得的增值税普通发票上注明，金额为10 000元，增值税额为1 300元。材料已经验收入库，开出转账支票支付款项。作会计分录如下（单位：元）：

  借：库存物品   11 300
    贷：银行存款   11 300
  同时：
  借：经营支出   11 300
    贷：资金结存——货币资金   11 300

例：2019年4月15日，N事业单位经营部（非独立核算）销售自产的丙产品，含税售价为206 000元，征收率为3%，款项已经汇入银行账户。

不含税售价 = 含税售价/（1 + 征收率）= 206 000/（1 + 3%）= 200 000（元）

应纳税额 = 不含税售价 × 征收率 = 200 000 × 3% = 6 000（元）

作会计分录如下（单位：元）：

  借：银行存款   206 000
    贷：经营收入   200 000
      应交增值税——代扣代交增值税 6 000
  同时：
  借：资金结存——货币资金   206 000
    贷：经营预算收入   206 000

3.4.4 小微企业小规模纳税人交纳增值税的核算

例：2019年6月30日，N事业单位经营部（非独立核算）计算出本季度销售额为280 000万元，增值税额为8 400元，符合小微企业小规模纳税人增值税税收优惠政策，做增值税转出处理。作会计分录如下（单位：元）：

  借：应交增值税——代扣代交增值税 8 400
    贷：经营费用   8 400

例：2019年9月30日，N事业单位经营部（非独立核算）计算出本季度销售额为560 000元，增值税额为16 800元，于2019年10月10日申报交纳，作会计分录如下（单位：元）：

  借：应交增值税——代扣代交增值税 16 800
    贷：银行存款   16 800
  同时：

借：经营支出　　　　　　　　　　　　　　16 800
　　贷：资金结存——货币资金　　　　　　　　16 800

3.4.5　一般纳税人增值税科目的设置

一般纳税人是指年应征增值税销售额（以下简称年应税销售额，包括一个公历年度内的全部应税销售额）超过财政部规定的小规模纳税人标准的企业和企业性单位。一般纳税人的特点是增值税进项税额可以抵扣销项税额。它的核算方法相对复杂一些。

首先，我们要明晰一般纳税人增值税明细科目的设置方法，因为这些明细科目是不能随意变更的。一般纳税人的科目设置比小规模纳税人要复杂得多。属于增值税一般纳税人的单位，应当在"应交增值税"下设置"应交税金""未交税金""预交税金""待抵扣进项税额""待认证进项税额""待转销项税额""简易计税""转让金融商品应交增值税""代扣代交增值税"等明细科目。"应交税金"明细账内应当设置"进项税额""已交税金""转出未交增值税""减免税款""销项税额""进项税额转出""转出多交增值税"等专栏。

要进行一般纳税人增值税的核算，就要学好各明细科目的含义及核算内容。

3.4.6　应交税金明细科目的设置

"应交增值税——应交税金"明细账的借贷方均下设多个专栏（也就是明细科目），最常用的有以下六个：

(1) "进项税额"专栏，记录单位购进货物、加工修理修配劳务、服务、无形资产或不动产而支付或负担的、准予从当期销项税额中抵扣的增值税额。

(2) "已交税金"专栏，记录单位当月已交纳的应交增值税额。

(3) "转出未交增值税"和"转出多交增值税"专栏，分别记录一般纳税人月度终了转出当月应交未交或多交的增值税额。

(4) "减免税款"专栏，记录单位按照现行增值税制度规定准予减免的增值税额。

(5) "销项税额"专栏，记录单位销售货物、加工修理修配劳务、服务、无形资产或不动产应收取的增值税额。

(6) "进项税额转出"专栏，记录单位购进货物、加工修理修配劳务、服务、无形资产或不动产等发生非正常损失以及其他原因而不应从销项税额中抵扣、按照规定转出的进项税额。

3.4.7 一般纳税人增值税其他明细科目

应交增值税除了"应交税金"这个常用的明细科目，还有一些其他的明细科目：

(1)"未交税金"明细科目，核算单位月度终了从"应交税金"或"预交税金"明细科目转入当月应交未交、多交或预缴的增值税额，以及当月交纳以前期间未交的增值税额。

(2)"预交税金"明细科目，核算单位转让不动产、提供不动产经营租赁服务等，以及其他按照现行增值税制度规定应预缴的增值税额。

(3)"待认证进项税额"明细科目，核算单位由于未经税务机关认证而不得从当期销项税额中抵扣的进项税额。包括：一般纳税人已取得增值税扣税凭证并按规定准予从销项税额中抵扣，但尚未经税务机关认证的进项税额；一般纳税人已申请稽核但尚未取得稽核相符结果的海关缴款书进项税额。

(4)"待转销项税额"明细科目，核算单位销售货物、加工修理修配劳务、服务、无形资产或不动产，已确认相关收入（或利得）但尚未发生增值税纳税义务而需于以后期间确认为销项税额的增值税额。

(5)"简易计税"明细科目，核算单位采用简易计税方法发生的增值税计提、扣减、预缴、缴纳等业务。

(6)"转让金融商品应交增值税"明细科目，核算单位转让金融商品发生的增值税额。

(7)"代扣代交增值税"明细科目，核算单位购进在境内未设经营机构的境外单位或个人在境内的应税行为代扣代缴的增值税。

3.4.8 一般纳税人抵扣凭证

一般纳税人要了解抵扣凭证有哪些，也就是一般纳税人单位的会计人员必须把握好哪些凭证是可以抵扣的，不然会导致单位多交税款。

(1) 从销售方取得的增值税专用发票。

(2) 从海关取得的海关进口增值税专用缴款书。

(3) 从境外单位或个人购进服务、无形资产或者不动产，税务机关或扣缴义务人取得的解缴税款的完税凭证。

(4) 农产品销售发票或购进发票。

(5) 金税盘服务费、纳税人初次购买增值税税控设备的发票。

（6）注明旅客信息的火车票、汽车票、飞机票和轮船票等。

（7）道路、桥、闸通行费，取得的通行费发票。

（8）财政部和国家税务总局规定的其他情形。

3.4.9 一般纳税人应交增值税的计算

一般纳税人的单位会计人员一定要懂得税款的计算，只有懂得基本原理，才能合理地交纳税款。

应交增值税 = 销项税额 − 进项税额 − 上期留抵 + 进项税额转出

例：2019年4月30日，A单位本月已经认证可抵扣的进项税额为50 000元，销项税额为80 000元，上期留抵税额为1 000元，本期发生进项税额转出2 000元，计算本月应交纳的增值税额。

应纳增值税 = 80 000 − 50 000 − 1 000 + 2 000 = 31 000（元）

以下通过实例学习。

3.4.10 一般纳税人单位取得资产或接受劳务等业务的核算

"进项税额"记录单位购进货物、加工修理修配劳务、服务、无形资产或不动产而支付或负担的、准予从当期销项税额中抵扣的增值税额。

单位购买用于增值税应税项目的资产或服务等时，按照应计入相关成本费用或资产的金额，借记"业务活动费用""在途物品""库存物品""工程物资""在建工程""固定资产""无形资产"等科目，按照当月已认证的可抵扣增值税额，借记"应交增值税（应交税金——进项税额）"科目，按照当月未认证的可抵扣增值税额，借记"应交增值税（待认证进项税额）"科目，按照应付或实际支付的金额，贷记"应付账款""应付票据""银行存款""零余额账户用款额度"等科目。发生退货的，如原增值税专用发票已做认证，应根据税务机关开具的红字增值税专用发票做相反的会计分录；如原增值税专用发票未做认证，应将发票退回并做相反的会计分录。

例：2019年4月22日，丁事业单位（一般纳税人）购进甲材料5 000千克，增值税专用发票上注明的金额为100 000元，增值税额为13 000元，材料已经验收入库，款项已汇出。作会计分录如下（单位：元）：

借：库存物品——甲材料　　　　　　　　　　100 000
　　应交增值税——应交税金（进项税额）　13 000
　　贷：银行存款　　　　　　　　　　　　　　113 000

同时：

借：事业支出　　　　　　　　　　　　　　　113 000
　　贷：资金结存——货币资金　　　　　　　　113 000

3.4.11　一般纳税人单位报销差旅费的核算

例：2019年5月12日，丁事业单位（一般纳税人）李鹏飞报销差旅费1 200元，其中实名火车票票款为282元，住宿费增值税专用发票金额为600元，增值税额为18元，补助300元，已经用现金支付。

火车票应抵扣进项税 = 282÷(1 + 9%)×9% = 23.28（元）

进项税额 = 23.28 + 18 = 41.28（元）

作会计分录如下（单位：元）：

借：单位管理费用　　　　　　　　　　　　　1 158.72
　　应交增值税——应交税金（进项税额）　41.28
　　贷：库存现金　　　　　　　　　　　　　　1 200

同时：

借：事业支出　　　　　　　　　　　　　　　1 200
　　贷：资金结存——货币资金　　　　　　　　1 200

3.4.12　一般纳税人从单位购进农产品的核算

例：2019年5月13日，丁事业单位（一般纳税人）为生产A产品，从黄山公司购进农产品1 000千克，取得的增值税专用发票上注明的金额为10 000元，增值税额为900元，款项已经汇出，农产品已经验收入库。作会计分录如下（单位：元）：

借：库存物品　　　　　　　　　　　　　　　10 000
　　应交增值税——应交税金（进项税额）　900
　　贷：银行存款　　　　　　　　　　　　　　10 900

同时：

借：事业支出　　　　　　　　　　　　　　　10 900
　　贷：资金结存——货币资金　　　　　　　　10 900

3.4.13　一般纳税人从农业生产者购进农产品的核算

例：2019年5月14日，丁事业单位（一般纳税人）为生产食用植物油（增值税税率为9%），从农民手中购进大豆2 000千克，开具农产品收购发票，金额为10 000元，款项已经汇出，农产品已经验收入库。

农产品应抵扣进项税额 = 10 000 × 9% = 900（元）

作会计分录如下（单位：元）：

借：库存物品　　　　　　　　　　　　　　9 100
　　应交增值税——应交税金（进项税额）　900
　贷：银行存款　　　　　　　　　　　　　　10 000

同时：

借：事业支出　　　　　　　　　　　　　　10 000
　贷：资金结存——货币资金　　　　　　　　10 000

例：2019年5月14日，丁事业单位（一般纳税人）为生产B产品（增值税税率为13%），从农民手中购进大豆2 000千克，开具农产品收购发票，金额为10 000元，款项已经汇出，农产品已经验收入库。

农产品应抵扣进项税额 = 10 000 × 10% = 1 000（元）

借：库存物品　　　　　　　　　　　　　　9 000
　　应交增值税——应交税金（进项税额）　1 000
　贷：银行存款　　　　　　　　　　　　　　10 000

同时：

借：事业支出　　　　　　　　　　　　　　10 000
　贷：资金结存——货币资金　　　　　　　　10 000

3.4.14　一般纳税人从小规模纳税人购进农产品的核算

例：2019年5月15日，丁事业单位为了生产植物油，从红河农场（小规模纳税人）购入大豆1 000千克，取得增值税普通发票，发票上列明金额为3 883.50元，增值税额为116.50元，总金额为4 000元，款项已经汇出，农产品已经验收入库。

农产品应抵扣进项税额 = 4 000 × 9% = 360（元）

借：库存物品　　　　　　　　　　　　　　3 640
　　应交增值税——应交税金（进项税额）　360
　贷：银行存款　　　　　　　　　　　　　　4 000

同时：

借：事业支出　　　　　　　　　　　　　　4 000
　　贷：资金结存——货币资金　　　　　　　　　4 000

例：2019年5月16日，丁事业单位为了生产植物油，从红河农场（小规模纳税人）购入大豆1 000千克，取得增值税专用发票，发票上列明金额为3 883.50元，增值税额为116.50元，款项已经汇出，农产品已经验收入库。

农产品应抵扣进项税额 = 3 883.50 × 9% = 349.52（元）

借：库存物品　　　　　　　　　　　　　　3 650.48
　　应交增值税——应交税金（进项税额）349.52
　　贷：银行存款　　　　　　　　　　　　　　4 000

同时：

借：事业支出　　　　　　　　　　　　　　4 000
　　贷：资金结存——货币资金　　　　　　　　　4 000

通过上面几个例题看出，购进农产品时进行税额抵扣很特殊：

（1）购进农产品时取得适用税率的专用发票或者海关专用缴款书，按票面注明的增值税额抵扣。

（2）从农业生产者购进农产品，按照农产品收购发票或者销售发票上注明的买价和9%的扣除率计算进项税额。

（3）从小规模纳税人购进农产品，取得3%征收率专用发票的，以增值税专用发票上注明的金额和9%的扣除率计算进项税额。

上述（1）（2）（3）所列情形，用于生产或者委托加工13%税率货物的，按10%的扣除率计算进项税额，也就是生产高税率的产品，扣除率也高。

3.4.15　一般纳税人采购等业务进项税额不得抵扣的核算

单位购进资产或服务等，用于简易计税方法计税项目、免征增值税项目、集体福利或个人消费等，其进项税额按照现行增值税制度规定不得从销项税额中抵扣的，取得增值税专用发票时，应按照增值税发票注明的金额，借记相关成本费用或资产科目，按照待认证的增值税进项税额，借记"应交增值税（待认证进项税额）"科目，按照实际支付或应付的金额，贷记"银行存款""应付账款""零余额账户用款额度"等科目。经税务机关认证为不可抵扣进项税时，借记"应交增值税（应交税金——进项税额）"科目，贷记"应交增值税（待认证进项税额）"科目，同时，将进项税额转出，借记相关成本费用科目，贷记"应交增值税（应交税金——进项税额转出）"科目。

例：2019 年 5 月 17 日，丁事业单位（一般纳税人）购入一台蒸箱，取得的增值税专用发票上注明的金额为 10 万元，增值税额为 1.3 万元，发票尚未认证，蒸箱已经验收合格并交付单位食堂使用，款项原已预付。作会计分录如下（单位：元）：

购进时：

借：固定资产   100 000
　　应交增值税——待认证进项税额   13 000
　　贷：预付账款   113 000

认证发票时：

借：应交增值税——应交税金（进项税额） 13 000
　　贷：应交增值税——待认证进项税额   13 000

如果购进当时就进行了发票认证，则：

借：固定资产   100 000
　　应交增值税——应交税金（进项税额） 13 000
　　贷：预付账款   113 000

蒸箱用于集体福利（食堂），不可抵扣时：

借：固定资产   13 000
　　贷：应交增值税——应交税金（进项税额转出） 13 000

3.4.16　一般纳税人购进不动产或不动产在建工程的核算

单位取得应税项目为不动产或者不动产在建工程，其进项税额按照现行增值税制度规定自取得之日起分 2 年从销项税额中抵扣的，应当按照取得成本，借记"固定资产""在建工程"等科目，按照当期可抵扣的增值税额，借记本科目（应交税金——进项税额），按照以后期间可抵扣的增值税额，借记本科目（待抵扣进项税额），按照应付或实际支付的金额，贷记"应付账款""应付票据""银行存款""零余额账户用款额度"等科目。尚未抵扣的进项税额待以后期间允许抵扣时，按照允许抵扣的金额，借记本科目（应交税金——进项税额），贷记本科目（待抵扣进项税额）。

例：2019 年 12 月 5 日，丁事业单位（一般纳税人）从强强公司（一般纳税人）购进楼房一幢，取得增值税专用发票，价款为 1 000 万元，增值税额为 90 万元，款项已经通过财政直接支付方式支付，发票已经认证，楼房已经做办公使用。作会计分录如下（单位：元）：

借：固定资产　　　　　　　　　　　　　　10 000 000
　　应交增值税——应交税金（进项税额）　900 000
　　　贷：财政拨款收入　　　　　　　　　　　　　10 900 000

同时：

借：事业支出　　　　　　　　　　　　　　10 900 000
　　　贷：财政拨款预算收入　　　　　　　　　　　10 900 000

例：2019年12月15日，丁单位（一般纳税人）为了建造厂房从云飞公司（小规模纳税人）购进工程用钢筋，取得增值税专用发票，价款为100万元，增值税额为3万元，款项已经通过财政直接支付方式支付。发票已经认证，钢筋已经验收入库。作会计分录如下（单位：元）：

借：工程物资　　　　　　　　　　　　　　1 000 000
　　应交增值税——应交税金（进项税额）　30 000
　　　贷：财政拨款收入　　　　　　　　　　　　　1 030 000

同时：

借：事业支出　　　　　　　　　　　　　　1 030 000
　　　贷：财政拨款预算收入　　　　　　　　　　　1 030 000

3.4.17　一般纳税人进项税额抵扣情况发生改变的核算

单位因发生非正常损失或改变用途等，原已计入进项税额、待抵扣进项税额或待认证进项税额，但按照现行增值税制度规定不得从销项税额中抵扣的，借记"待处理财产损溢""固定资产""无形资产"等科目，贷记"应交增值税（应交税金——进项税额转出）""应交增值税（待抵扣进项税额）""应交增值税（待认证进项税额）"科目；原不得抵扣且未抵扣进项税额的固定资产、无形资产等，因改变用途等用于允许抵扣进项税额的应税项目的，应按照允许抵扣的进项税额，借记"应交增值税（应交税金——进项税额）"科目，贷记"固定资产""无形资产"等科目。固定资产、无形资产等经上述调整后，应按照调整后的账面价值在剩余尚可使用年限内计提折旧或摊销。

例：2019年12月13日，D单位（一般纳税人）将一台机器设备转作专用于生产免税产品，其账面余额为12万元，原抵扣进项税额为1.56万元，已提折旧 0.6 万元。

固定资产（或无形资产）净值率＝（固定资产或无形资产净值÷固定资产或无形资产原值）×100%＝（120 000－6 000）÷120 000×100%＝95%

不得抵扣的进项税额＝已抵扣进项税额×固定资产（或无形资产）净值率
$$=15\,600\times95\%=14\,820（元）$$

作会计分录如下（单位：元）：

借：固定资产　　　　　　　　　　　　　　14 820
　　贷：应交增值税——应交税金（进项税额转出）　14 820

例：2019 年 12 月 14 日，D 单位（一般纳税人）将一外购车间（2019 年 8 月购进）转作专用于生产免税产品，其账面余额为 30 万元，待认证抵扣进项税额为 2.7 万元，已提折旧 0.3 万元，发票于本月认证抵扣。

固定资产（或无形资产）净值率＝（固定资产或无形资产净值÷固定资产或无形资产原值）×100%＝（300 000－3 000）÷300 000×100%＝99%

不得抵扣的进项税额＝待认证进项税额×固定资产（或无形资产）净值率
$$=27\,000\times99\%=26\,730（元）$$

作会计分录如下（单位：元）：

借：固定资产　　　　　　　　　　　26 730
　　贷：应交增值税——待认证进项税额　　26 730

可以抵扣的进项税额＝27 000－26 730＝270（元）

作会计分录如下（单位：元）：

借：应交增值税——应交税金（进项税额）　270
　　贷：应交增值税——待认证进项税额　　　　270

例：2019 年 10 月 15 日，丁单位（一般纳税人）将原 2019 年 5 月 17 日购进食堂用的蒸箱现在改为生产使用，该蒸箱原价为 11.3 万元，已提折旧 5 650 元，原增值税专用发票增值税额为 1.3 万元。

固定资产（或无形资产）净值率＝（固定资产或无形资产净值÷固定资产或无形资产原值）×100%＝（113 000－5 650）÷113 000×100%＝95%

可抵扣进项税额＝增值税扣税凭证注明或计算的进项税额×固定资产或无形资产净值率
$$=13\,000\times95\%=12\,350（元）$$

借：应交增值税——应交税金（进项税额）　　　12 350
　　贷：固定资产　　　　　　　　　　　　　　　　　　12 350

3.4.18　购买方作为扣缴义务人的核算

按照现行增值税制度规定，境外单位或个人在境内发生应税行为，在境内未设有经营机构的，以购买方为增值税扣缴义务人。境内一般纳税人购进服务或资产时，按照应计入相关成本费用或资产的金额，借记"业务活动费用""在途物品""库存物品""工程物资""在建工程""固定资产""无形资产"等科目，按照可抵扣的增值税额，借记"应交增值税（应交税金——进项税额）"（小规模纳税人应借记相关成本费用或资产科目）科目，按照应付或实际支付的金额，贷记"银行存款""应付账款"等科目，按照应代扣代缴的增值税额，贷记"应交增值税（代扣代交增值税）"科目。实际交纳代扣代缴增值税时，按照代扣代缴的增值税额，借记"应交增值税（代扣代交增值税）"科目，贷记"银行存款""零余额账户用款额度"等科目。

例：2019 年 5 月 5 日，D 单位（一般纳税人）从境外寒寒公司进口一台设备。2019 年 7 月 3 日，该设备发生故障，必须寒寒公司技术人员才能修理，寒寒公司派遣技术人员到国内提供了修理劳务，7 月 8 日支付维修劳务费用 1.13 万元，增值税税率为 13%，2019 年 8 月 5 日，D 单位申报交纳了增值税。

2019 年 7 月 8 日：

应扣缴税额 = 购买方支付的价款 ÷（1 + 增值税税率）× 增值税税率
　　　　　　= 11 300 ÷（1 + 13%）× 13% = 1 300（元）

作会计分录如下（单位：元）：

借：业务活动费用　　　　　　　　　　　　　10 000
　　应交增值税——应交税金（进项税额）　　1 300
　　贷：银行存款　　　　　　　　　　　　　　　　10 000
　　　　应交增值税——代扣代交增值税　　　　　　1 300

同时：

借：事业支出　　　　　　　　　　　　　　　10 000
　　贷：资金结存——货币资金　　　　　　　　　　10 000

2019 年 8 月 5 日，申报交纳时，作会计分录如下（单位：元）：

借：应交增值税——代扣代交增值税　　　　　1 300
　　贷：银行存款　　　　　　　　　　　　　　　　1 300

同时：
借：事业支出　　　　　　　　　　　　　　1 300
　　贷：资金结存——货币资金　　　　　　　　　　　1 300

3.4.19　销售资产或提供服务业务的核算

单位销售货物或提供服务，应当按照应收或已收的金额，借记"应收账款""应收票据""银行存款"等科目，按照确认的收入金额，贷记"经营收入""事业收入"等科目，按照现行增值税制度规定计算的销项税额（或采用简易计税方法计算的应纳增值税额），贷记"应交增值税（应交税金——销项税额）"或"应交增值税（简易计税）"（小规模纳税人应贷记"应交增值税"）科目。

例：2019年5月6日，D单位（一般纳税人）销售自产甲产品500件给宏大公司，不含税单价为100元，增值税税率为13%，款项尚未收到。作会计分录如下（单位：元）：

借：应收账款——宏大公司　　　　　　　　56 500
　　贷：事业收入　　　　　　　　　　　　　　　　50 000
　　　　应交增值税——应交税金（销项税额）　　　6 500

按照本制度及相关政府会计准则确认收入的时点早于按照增值税制度确认增值税纳税义务发生时点的，应将相关销项税额计入"应交增值税（待转销项税额）"科目，待实际发生纳税义务时再转入"应交增值税（应交税金——销项税额）"或"应交增值税（简易计税）"科目。

按照增值税制度确认增值税纳税义务发生时点早于按照本制度及相关政府会计准则确认收入的时点的，应按照应纳增值税额，借记"应收账款"科目，贷记"应交增值税（应交税金——销项税额）"或"应交增值税（简易计税）"科目。

例：2019年5月7日，D单位（一般纳税人）将临街底商出租，租金为52 500元，按简易计税方法开具普通发票，租金已经存入银行，征收率为5%。作会计分录如下（单位：元）：

借：银行存款　　　　　　　　　　　　　　52 500
　　贷：事业收入　　　　　　　　　　　　　　　　50 000
　　　　应交增值税——简易计税　　　　　　　　　2 500

同时：
借：资金结存——货币资金　　　　　　　　52 500
　　贷：事业预算收入　　　　　　　　　　　　　　52 500

3.4.20 销售退回的核算

发生销售退回的,应根据按照规定开具的红字增值税专用发票做相反的会计分录。

例:2019年5月8日,D单位(一般纳税人)销售给宏大公司的500件甲产品,由于质量和合同严重不符,被退货,由于宏大公司对发票已经认证,所以D单位开具红字发票冲回。作会计分录如下(单位:元):

借:事业收入　　　　　　　　　　　　50 000
　　应交增值税——应交税金(销项税额)　6 500
　　贷:应收账款——宏大公司　　　　　　56 500

例:2019年5月1日,D单位(一般纳税人)上月销售给南阳公司的乙产品有15件发错货退回,上月款项已收,所退货物款项1 695元于5月8日退回。作会计分录如下(单位:元):

5月1日退回货物时:

借:事业收入　　　　　　　　　　　　1 500
　　应交增值税——应交税金(销项税额)　195
　　贷:应收账款——南阳公司　　　　　　1 695

5月8日,退回货款时:

借:应收账款——南阳公司　　　　　　1 695
　　贷:银行存款　　　　　　　　　　　1 695

同时:

借:事业预算收入　　　　　　　　　　1 695
　　贷:资金结存——货币资金　　　　　1 695

3.4.21 金融商品转让的核算

金融商品转让按照规定以盈亏相抵后的余额作为销售额。金融商品实际转让月末,如产生转让收益,则按照应纳税额,借记"投资收益"科目,贷记"应交增值税(转让金融商品应交增值税)"科目;如产生转让损失,则按照可结转下月抵扣税额,借记"应交增值税(转让金融商品应交增值税)"科目,贷记"投资收益"科目。交纳增值税时,应借记"应交增值税(转让金融商品应交增值税)"科目,贷记"银行存款"等科目。年末,"应交增值税(转让金融商品应交增值税)"如有借方余额,则借记"投资收益"科目,贷记"应交增值税(转让金融商品应交增值税)"科目。

例:2019 年 5 月 6 日,甲单位将单位闲置资金购买 10 万元 A 基金,准备短期持有赚取收益。5 月 25 日,甲单位将 A 基金卖出,收回 11.06 万元,增值税税率为 6%。作会计分录如下(单位:元):

5 月 6 日购入基金时:

借:短期投资　　　　　　　　　　　100 000
　　贷:银行存款　　　　　　　　　　　100 000

同时:

借:投资支出　　　　　　　　　　　100 000
　　贷:资金结存——货币资金　　　　　100 000

5 月 25 日卖出基金时:

借:银行存款　　　　　　　　　　　110 600
　　贷:短期投资　　　　　　　　　　　100 000
　　　　投资收益　　　　　　　　　　　 10 600

同时:

借:资金结存——货币资金　　　　　110 600
　　贷:投资支出　　　　　　　　　　　100 000
　　　　投资预算收益　　　　　　　　　 10 600

5 月 31 日将产生的收益计提增值税:

销售额 = (110 600 - 100 000) ÷ (1 + 6%) = 10 000(元)

增值税额 = 10 000 × 6% = 600(元)

借:投资收益　　　　　　　　　　　　600
　　贷:应交增值税——转让金融商品应交增值税　600

6 月初申报交纳增值税时:

借:应交增值税——转让金融商品应交增值税　600
　　贷:银行存款　　　　　　　　　　　600

同时:

借:投资预算收益　　　　　　　　　　600
　　贷:资金结存——货币资金　　　　　600

例:2019 年 6 月 26 日,甲单位将 B 基金卖出,金额为 15 万元,原购买价为 16 万元,增值税税率为 6%。

月末计算转让损失相关的增值税结转下月抵扣：

销售额＝（150 000－160 000）÷（1＋6%）＝－9 433.96（元）

增值税额＝－9 433.96×6%＝－566.04（元）

作会计分录如下（单位：元）：

借：应交增值税——转让金融商品应交增值税　　566.04

　　　贷：投资收益　　　　　　　　　　　　　　　566.04

2019年12月31日，甲单位"应交增值税——转让金融商品应交增值税"为借方余额566.04元，予以转销。作会计分录如下（单位：元）：

借：投资收益　　　　　　　　　　　　　　　　566.04

　　　贷：应交增值税——转让金融商品应交增值税　　566.04

注意：（1）金融商品转让按照卖出价扣除买入价后的余额作为销售额；

（2）金融商品转让业务，不得开具增值税专用发票，只能开具普通发票。

3.4.22　月末转出多交增值税或未交增值税

月度终了，单位应当将当月应交未交或多交的增值税自"应交税金"明细科目转入"未交税金"明细科目。对于当月应交未交的增值税，借记"应交增值税（应交税金——转出未交增值税）科目，贷记"应交增值税（未交税金）"科目；对于当月多交的增值税，借记"应交增值税（未交税金）"科目，贷记"应交增值税（应交税金——转出多交增值税)"科目。

例：2019年6月30日，D单位（一般纳税人）本月"应交增值税——应交税金"明细账汇总如下：进项税额为6万元，销项税额为10万元，进项税额转出1万元，没有上期留抵，计算并结转本月应交增值税。

应交增值税＝100 000－60 000＋10 000＝50 000（元）

作会计分录如下（单位：元）：

借：应交增值税——应交税金（转出未交增值税）　50 000

　　　贷：应交增值税——未交税金　　　　　　　　　　50 000

例：2019年7月31日，D单位（一般纳税人）本月"应交增值税——应交税金"明细账汇总如下：进项税额为6万元，已交税金3万元，销项税额为8万元，没有上期留抵，计算并结转本月未交或多交增值税。

应交增值税＝80 000－60 000＝20 000（元）

多交增值税＝30 000－20 000＝10 000（元）

作会计分录如下（单位：元）：

借：应交增值税——未交税金　　　　　　　　　　　10 000
　　贷：应交增值税——应交税金（转出多交增值税） 10 000

3.4.23　交纳增值税的核算

交纳增值税有三种情况：第一种是交纳当月增值税，属于预交；第二种是交纳上月增值税，属于正常申报交纳；第三种是交纳以前月份的欠税。

1. 交纳当月应交增值税

这种业务一般设置"已交税金"进行明细核算，比如：1个月内需分次预交的情形（以1日、3日、5日、10日或者15日为1个纳税期的，自期满之日起5日内预缴税款，于次月1日起15日内申报纳税并结清上月应纳税款）；辅导期管理纳税人超限量购买专用发票。

单位交纳当月应交的增值税，借记"应交增值税（应交税金——已交税金）"（小规模纳税人借记"应交增值税"）科目，贷记"银行存款"等科目。

例：2019年7月18日，D单位（新办一般纳税人，处于纳税辅导期）本月限量内发票已经用完，经税务局批准，申请再次购买增值税专用发票，申报交纳本月已开发票增值税3万元。作会计分录如下（单位：元）：

借：应交增值税——应交税金（已交税金）　　30 000
　　贷：银行存款　　　　　　　　　　　　　　30 000

同时：

借：事业支出　　　　　　　　　　　　　　　30 000
　　贷：资金结存——货币资金　　　　　　　　30 000

2. 交纳以前期间未交增值税

单位交纳以前期间未交增值税，借记"应交增值税（未交税金）"（小规模纳税人借记"应交增值税"）科目，贷记"银行存款"等科目。

例：2019年7月5日，D单位（一般纳税人）申报交纳上月增值税50 000元。作会计分录如下（单位：元）：

借：应交增值税——未交税金　　　　　　　　50 000
　　贷：银行存款　　　　　　　　　　　　　　50 000

同时：

借：事业支出　　　　　　　　　　　　　　　50 000
　　贷：资金结存——货币资金　　　　　　　　50 000

例：2019 年 5 月 25 日，D 单位（一般纳税人）交纳以前月份欠交的增值税 26 000 元。作会计分录如下（单位：元）：

  借：应交增值税——未交税金   26 000
    贷：银行存款   26 000

同时：

  借：事业支出   26 000
    贷：资金结存——货币资金   26 000

3.4.24　预交增值税的核算

预交增值税和已交税金是不一样的：已交税金是本月应该负担的增值税，只是本月先交一部分；预交增值税是纳税义务还没真正产生，根据预征率预先交纳的部分税款，只适用于四类特殊业务的会计处理，即核算一般纳税人转让不动产、提供不动产经营租赁服务、提供建筑服务和采用预收款方式销售自行开发的房地产项目等业务。

单位预交增值税时，借记"应交增值税（预交税金）"科目，贷记"银行存款"等科目。月末，单位应将"预交税金"明细科目余额转入"未交税金"明细科目，借记"应交增值税（未交税金）"科目，贷记"应交增值税（预交税金）"。

$$应预交的增值税 = 预收款 \div (1 + 适用税率或征收率) \times 3\%$$

适用一般计税方法计税的，按 9% 的适用税率；适用简易计税方法计税的，按照 5% 的征收率计算。一般纳税人应在取得预收款的次月申报期向主管税务机关预交税款。

例：R 单位为一般纳税人，采取预收款方式销售自行开发的房地产项目。2019 年 5 月 5 日，R 单位申报交纳上月预收房款 100 万元所需预交的增值税。作会计分录如下（单位：元）：

5 月 5 日，预交税款时：

应预交的增值税 = 1 000 000 ÷ (1 + 9%) × 3% = 27 522.94（元）

  借：应交增值税——预交税金 27 522.94
    贷：银行存款   27 522.94

同时：

  借：事业支出   27 522.94
    贷：资金结存——货币资金   27 522.94

5月31日，预交税金转销时：
借：应交增值税——未交税金　　　　　27 522.94
　　贷：应交增值税——预交税金　　　　　27 522.94

3.4.25　减免增值税的核算

对于当期直接减免的增值税，借记"应交增值税（应交税金——减免税款）"科目，贷记"业务活动费用""经营费用"等科目。

按照现行增值税制度规定，单位初次购买增值税税控系统专用设备支付的费用以及缴纳的技术维护费允许在增值税应纳税额中全额抵减的，按照规定抵减的增值税应纳税额，借记"应交增值税（应交税金——减免税款）"（小规模纳税人借记"应交增值税"）科目，贷记"业务活动费用""经营费用"等科目。

例：乙单位于2019年3月申请为一般纳税人，2019年4月15日，乙单位购买了增值税防伪税控系统（含专用电脑、打印机、金税卡和读卡器等），总价款为8 000元，取得增值税电子发票，款项已经通过网银结算。作会计分录如下（单位：元）：

购入时：
借：业务活动费用　　　　　　　　　　8 000
　　贷：银行存款　　　　　　　　　　　　8 000

同时：
借：事业支出　　　　　　　　　　　　8 000
　　贷：资金结存——货币资金　　　　　　8 000

结转抵扣时：
借：应交增值税——应交税金（减免税款）　8 000
　　贷：业务活动费用　　　　　　　　　　8 000

例：2020年1月13日，乙单位支付税控系统技术服务费280元，取得增值税电子发票。作会计分录如下（单位：元）：

借：业务活动费用　　　　　　　　　　280
　　贷：银行存款　　　　　　　　　　　　280

同时：
借：事业支出　　　　　　　　　　　　280
　　贷：资金结存——货币资金　　　　　　280

月末，计算本月应交增值税，进行抵减增值税时：

借：应交增值税——应交税金（减免税款）　　280
　　贷：业务活动费用　　　　　　　　　　　　　　280

3.5　其他应交税费

单位除了需要交纳增值税之外，还要交纳城市维护建设税、教育费附加等其他税费。

3.5.1　其他应交税费概述

除了增值税之外，其他税种通过设置"其他应交税费"科目来核算，本科目核算单位按照税法等规定计算应交纳的除增值税以外的各种税费，包括城市维护建设税、教育费附加、地方教育费附加、车船税、房产税、城镇土地使用税和企业所得税等，按照应交纳的税费种类进行明细核算。

单位代扣代缴的个人所得税也通过本科目核算。

但是，单位应交纳的印花税不需要月末预提应交税费，实际交纳时直接通过"业务活动费用""单位管理费用""经营费用"等科目核算，不通过本科目核算。

3.5.2　城市维护建设税、教育费附加、地方教育费附加的核算

城市维护建设税是以增值税和消费税为计税依据征收的一种税，税率因纳税人所在地的不同而不同。纳税人所在地在市区的为7%，纳税人所在地在县城、镇的为5%，纳税人所在地不在市区、县城或镇的为1%。计算公式如下：

应纳城建税＝（应交增值税＋应交消费税）×适用税率

教育费附加是以增值税和消费税为计费依据征收的一种税费。计算公式如下：

应纳教育费附加＝（应交增值税＋应交消费税）×3%

地方教育费附加是以增值税和消费税为计费依据征收的一种税费。征收率由各省税务机关自行制定，一般为2%。计算公式如下：

应纳地方教育费附加＝（应交增值税＋应交消费税）×2%

发生城市维护建设税、教育费附加、地方教育费附加纳税义务的，按照税法规定计算的应交税费金额，借记"业务活动费用""单位管理费用""经营费用"

等科目,贷记"其他应交税费(应交城市维护建设税、应交教育费附加、应交地方教育费附加)"科目;单位实际交纳上述各种税费时,借记"其他应交税费(应交城市维护建设税、应交教育费附加、应交地方教育费附加)"科目,贷记"财政拨款收入""零余额账户用款额度""银行存款"等科目。

例:2019 年 6 月 30 日,D 单位(市区)计算出本月应交增值税为 50 000 元,按增值税计算本月应交城建税、教育费附加、地方教育费附加。

应交城建税 = 50 000 × 7% = 3 500(元)

应交教育费附加 = 50 000 × 3% = 1 500(元)

应交地方教育费附加 = 50 000 × 2% = 1 000(元)

作会计分录如下(单位:元):

借:业务活动费用　　　　　　　　　6 000
　　贷:其他应交税费——应交城建税　　3 500
　　　　　　　　　　——应交教育费附加　1 500
　　　　　　　　　　——应交地方教育费附加　1 000

例:2019 年 7 月 3 日,D 单位申报交纳了 6 月份的城建税、教育费附加和地方教育费附加。作会计分录如下(单位:元):

借:其他应交税费——应交城建税　　3 500
　　　　　　　　——应交教育费附加　1 500
　　　　　　　　——应交地方教育费附加　1 000
　　贷:银行存款　　　　　　　　　　6 000

同时:

借:事业支出　　　　　　　　　　　6 000
　　贷:资金结存——货币资金　　　　6 000

3.5.3　车船税、房产税、城镇土地使用税的核算

现在一般单位都选择在缴纳交强险的同时,由保险机构代收代缴车船税。

房产税的征收标准有两种:①从价征收的,其计税依据为房产原值一次减去 10%~30% 后的余值,年税率为 1.2%;②从租计征的(即房产出租的),以房产租金收入为计税依据,年税率为 12%。

城镇土地使用税是以纳税人实际占用的土地面积为计税依据,每平方米适用税额按当地税务局规定。

发生车船税、房产税、城镇土地使用税等纳税义务的,按照税法规定计算的

应交税费金额，借记"业务活动费用""单位管理费用""经营费用"等科目，贷记"其他应交税费（应交车船税、应交房产税、应交城镇土地使用税等）"科目；单位实际交纳上述各种税费时，借记"其他应交税费（应交车船税、应交房产税、应交城镇土地使用税）"科目，贷记"财政拨款收入""零余额账户用款额度""银行存款"等科目。

例：D单位有小轿车一辆，税额标准为450元/辆，自用房屋原值为1 000万元（税务局规定扣除率为30%）、出租房屋年租金为12万元，土地证上标明的土地面积为2万平方米，单位税额为6元/平方米，每月月末计算应交税金。

月应交车船税 = 450÷12 = 37.5（元）

月应交房产税：

(1) 以房产原值为计税依据的

应纳税额 = 10 000 000 × (1 − 30%) × 1.2% ÷ 12 = 7 000（元）

(2) 以房产租金收入为计税依据的

应纳税额 = 120 000 × 12% ÷ 12 = 1 200（元）

月应交土地使用税 = 20 000 × 6 ÷ 12 = 10 000（元）

作会计分录如下（单位：元）：

借：业务活动费用　　　　　　　　　　18 237.50
　　贷：其他应交税费——应交车船税　　　37.50
　　　　　　　　　　——应交房产税　　　 8 200
　　　　　　　　　　——应交土地使用税　10 000

例：2019年3月10日，D单位申报交纳了上半年的房产税、土地使用税。作会计分录如下（单位：元）：

借：其他应交税费——应交房产税　　　 49 200
　　　　　　　　——应交土地使用税　　60 000
　　贷：银行存款　　　　　　　　　　　109 200

同时：

借：事业支出　　　　　　　　　　　　109 200
　　贷：资金结存——货币资金　　　　　109 200

例：2019年4月3日，D单位交纳本单位车辆交强险时，保险公司代扣了车船税450元。作会计分录如下（单位：元）：

借：其他应交税费——应交车船税　　　 450
　　贷：银行存款　　　　　　　　　　　450

同时：
借：事业支出　　　　　　　　　　　　　　450
　　贷：资金结存——货币资金　　　　　　　　450

3.5.4　个人所得税的核算

按照税法规定计算应代扣代缴职工（含长期聘用人员）的个人所得税，借记"应付职工薪酬"科目，贷记"其他应交税费（应交个人所得税）"科目。

按照税法规定计算应代扣代缴支付给职工（含长期聘用人员）以外人员劳务费的个人所得税，借记"业务活动费用""单位管理费用"等科目，贷记"其他应交税费（应交个人所得税）"科目。

单位实际交纳个人所得税时，借记"其他应交税费（应交个人所得税）"科目，贷记"财政拨款收入""零余额账户用款额度""银行存款"等科目。

例：2019年5月31日，D事业单位结算本月工资总额为90 000元（其中业务活动人员50 000元，管理人员40 000元），按税法规定计算应代扣代缴职工个人所得税560元。6月16日，银行代发5月份工资，扣个人所得税560元，个人社会保险费10 000元，实发79 440元。7月5日，申报交纳个人所得税560元。

5月31日，结算本月工资：
借：业务活动费用　　　　　　　　　　　50 000
　　单位管理费用　　　　　　　　　　　40 000
　　贷：应付职工薪酬——工资　　　　　　　90 000

6月16日，发放5月工资时：
借：应付职工薪酬——工资　　　　　　　90 000
　　贷：银行存款　　　　　　　　　　　　　79 440
　　　　其他应交税费——应交个人所得税　　　560
　　　　其他应收款——个人社会保险　　　　10 000

同时：
借：事业支出　　　　　　　　　　　　　79 440
　　贷：资金结存——货币资金　　　　　　　79 440

7月5日，交纳个人所得税时：
借：其他应交税费——应交个人所得税　　　560
　　贷：银行存款　　　　　　　　　　　　　560

同时：

借：事业支出 560
  贷：资金结存——货币资金 560

例：2019年5月份，A行政单位聘请某名牌大学教授到单位举办两场讲座，双方约定讲课费为10 000元。该单位支付讲课费为10 000元时，代扣代缴个人所得税1 600元，用现金支付。作会计分录如下（单位：元）：

（1）应代扣代缴个人所得税额：10 000×（1－20%）×20% ＝1 600（元）

借：业务活动费用 10 000
  贷：库存现金 8 400
    其他应交税费——应交个人所得税 1 600

同时：

借：行政支出 8 400
  贷：资金结存——货币资金 8 400

（2）上交该项税金时

借：其他应交税费——应交个人所得税 1 600
  贷：银行存款 1 600

同时：

借：行政支出 1 600
  贷：资金结存——货币资金 1 600

3.5.5 企业所得税的核算

发生企业所得税纳税义务的，按照税法规定计算的应交所得税额，借记"所得税费用"科目，贷记"其他应交税费（单位应交所得税）"科目。

单位实际交纳企业所得税时，借记"其他应交税费（单位应交所得税）"科目，贷记"财政拨款收入""零余额账户用款额度""银行存款"等科目。

例：2019年5月31日，D单位（小微企业，企业所得税税率为20%）核算出1月至5月累计利润总额为210万元，1月至4月已经累计交纳企业所得税10万元，计算本月应交所得税。

近年来，为了减轻小微企业的负担，国家先后推出了一系列针对小微企业的税收优惠。2019年，把小微企业年应纳税所得额上限提高至300万元以及加大小微企业所得税优惠力度，对小微企业年应纳税所得额不超过100万元、100万～300万元的部分，分别减按25%、50%计入应纳税所得额。

应交企业所得税＝100×20%×25%＋（210－100）×20%×50%＝16（万元）

本月应交企业所得税 = 16 – 10 = 6（万元）

作会计分录如下（单位：元）：

借：所得税费用 60 000
　　贷：其他应交税费——单位应交所得税 60 000

例：承上例，2019 年 6 月 10 日，D 单位申报交纳了 5 月份企业所得税。作会计分录如下（单位：元）：

借：其他应交税费——单位应交所得税 60 000
　　贷：银行存款 60 000

同时：

借：非财政拨款结余 60 000
　　贷：资金结存——货币资金 60 000

3.6 应付职工薪酬

3.6.1 应付职工薪酬概述

应付职工薪酬是指政府会计主体按照有关规定应付给职工（含长期聘用人员）及为职工支付的各种薪酬，包括基本工资、国家统一规定的津贴补贴、规范津贴补贴（绩效工资）、改革性补贴、社会保险费（如职工基本养老保险费、职业年金、基本医疗保险费等）、住房公积金等。

政府会计主体应设置"应付职工薪酬"科目，对单位应付给职工及为职工支付的各种薪酬进行核算。本科目应当根据国家有关规定按照"基本工资"（含离退休费）"国家统一规定的津贴补贴""规范津贴补贴（绩效工资）""改革性补贴""社会保险费""住房公积金""其他个人收入"等进行明细核算。其中，"社会保险费""住房公积金"明细科目核算内容包括单位从职工工资中代扣代缴的社会保险费、住房公积金，以及单位为职工计算缴纳的社会保险费、住房公积金。

3.6.2 当期应付职工薪酬的核算

计算确认当期应付职工薪酬（含单位为职工计算缴纳的社会保险费、住房公积金），根据不同的部门或人员在进行会计处理时所计入的会计科目是不同的：

（1）计提从事专业及其辅助活动人员的职工薪酬，借记"业务活动费用"

"单位管理费用"科目,贷记本科目。

(2)计提应由在建工程、加工物品、自行研发无形资产负担的职工薪酬,借记"在建工程""加工物品""研发支出"等科目,贷记本科目。

(3)计提从事专业及其辅助活动之外的经营活动人员的职工薪酬,借记"经营费用"科目,贷记本科目。

例:2019年5月31日,甲事业单位计算本月应付职工薪酬77万元(基本工资70万元,社会保险费4万元,住房公积金3万元),其中专业业务人员薪酬为20万元,生产工人薪酬为50万元,工程人员薪酬为5万元,其他管理人员薪酬为2万元。作会计分录如下(单位:元):

借:业务活动费用 200 000
　加工物品——自制物品(直接人工) 500 000
　在建工程 50 000
　单位管理费用 20 000
　贷:应付职工薪酬——基本工资 700 000
　　　　——单位社会保险 40 000
　　　　——单位住房公积金 30 000

3.6.3 向职工支付薪酬的核算

向职工支付工资、津贴补贴等薪酬时,借记应付职工薪酬,按照实际支付的金额,贷记"财政拨款收入""零余额账户用款额度""银行存款"等科目。按照税法规定代扣职工个人所得税时,贷记"其他应交税费——应交个人所得税"科目。从应付职工薪酬中代扣为职工垫付的水电费、房租等费用时,按照实际扣除的金额,贷记"其他应收款"等科目。从应付职工薪酬中代扣社会保险费和住房公积金,按照代扣的金额,贷记"应付职工薪酬(社会保险费、住房公积金)"。

例:2019年6月5日,甲事业单位采用财政直接支付方式发放上月工资700 000元,代扣个人所得税2 000元、社会保险费10 000元、住房公积金15 000元、为职工垫付的房租5 000元。作会计分录如下(单位:元):

借:应付职工薪酬——基本工资 700 000
　贷:财政拨款收入 668 000
　　其他应交税费——应交个人所得税 2 000
　　其他应收款——垫付房租 5 000
　　应付职工薪酬——个人社会保险 10 000
　　　　——个人住房公积金 15 000

同时：
借：事业支出 668 000
　　贷：财政拨款预算收入 668 000

3.6.4　缴纳社会保险费和公积金的核算

按照国家有关规定缴纳职工社会保险费和住房公积金时，按照实际支付的金额，借记本科目（社会保险费、住房公积金），贷记"财政拨款收入""零余额账户用款额度""银行存款"等科目。

例：2019年6月1日，甲事业单位采用财政直接支付方式申报缴纳社会保险费和住房公积金。作会计分录如下（单位：元）：

借：应付职工薪酬——单位社会保险 40 000
　　　　　　　　——个人社会保险 10 000
　　　　　　　　——单位住房公积金 30 000
　　　　　　　　——个人住房公积金 15 000
　　贷：财政拨款收入 95 000

同时：
借：事业支出 95 000
　　贷：财政拨款预算收入 95 000

3.6.5　与职工解除劳动关系的补偿金的核算

因解除与职工的劳动关系而给予的补偿，借记"单位管理费用"等科目，贷记"应付职工薪酬"。

例：2019年5月5日，D单位李楠的工作岗位被撤销，他又不愿意转岗，D单位和李楠协商一致后解除李楠的劳动合同，D单位给予李楠10 000元的补偿金。作会计分录如下（单位：元）：

借：单位管理费用 10 000
　　贷：应付职工薪酬 10 000

实际支付时：
借：应付职工薪酬 10 000
　　贷：银行存款 10 000

同时：

借：事业支出 10 000
    贷：资金结存——货币资金 10 000

3.7 应付票据（事业单位专用）

3.7.1 应付票据概述

应付票据是指事业单位因购买材料、物资等而开出、承兑的商业汇票，商业汇票包括银行承兑汇票和商业承兑汇票。

按照我国《票据法》的有关规定，签发、取得和转让票据必须具有真实的交易关系和债权债务关系，尤其对商业汇票进行了严格的规定，不符合条件的商业汇票，银行是不予办理的。

单位应当设置"应付票据"科目核算应付票据的发生、偿付等情况，贷方登记开出、承兑汇票的面值，借方登记支付票据的金额，余额在贷方，反映单位尚未到期的商业汇票票面金额，本科目应当按照债权人进行明细核算。但是此账户却不能反映商业汇票的出票日期、到期日等详细信息，所以单位对商业汇票应当设置"应付票据备查簿"，详细登记每一应付票据的种类、号数、出票日期、到期日、票面金额、交易合同号、收款人姓名或单位名称、付款日期和金额等资料。应付票据到期结清时，在备查账簿内予以注销。

3.7.2 开出、承兑商业汇票的核算

开出、承兑商业汇票时，借记"库存物品""固定资产"等科目，贷记"应付票据"。涉及增值税业务的，相关账务处理参见"应交增值税"科目。以商业汇票抵付应付账款时，借记"应付账款"科目，贷记"应付票据"科目。

例：2019 年 8 月 10 日，D 事业单位（一般纳税人）从帝苑公司购进甲材料 10 000 千克，增值税专用发票上注明的价款为 100 000 元，增值税额为 13 000 元，材料已经验收入库，D 事业单位开出并经开户银行承兑的银行承兑汇票一张，面值为 113 000 元，期限为 6 个月。作会计分录如下（单位：元）：

借：库存物品 100 000
    应交增值税——应交税金（进项税额） 13 000
    贷：应付票据——帝苑公司 113 000

例：2019 年 8 月 20 日，D 事业单位开出并承兑一张商业承兑汇票，票面金额为 10 万元，期限为 3 个月，用于偿还所欠大宇公司货款。作会计分录如下（单位：元）：

借：应付账款——大宇公司　　　　　　100 000
　　贷：应付票据——大宇公司　　　　　　100 000

3.7.3　支付银行承兑汇票手续费的核算

支付银行承兑汇票的手续费时，借记"业务活动费用""经营费用"等科目，贷记"银行存款""零余额账户用款额度"等科目。

例：2019 年 8 月 10 日，D 事业单位开出的银行承兑汇票经银行承兑时，按照票面金额的 5‰ 支付银行承兑手续费 56.50 元，取得的增值税专用发票上金额为 53.30 元，增值税额为 3.20 元。作会计分录如下（单位：元）：

借：业务活动费用　　　　　　　　　　53.30
　　应交增值税——应交税金（进项税额）　3.20
　　贷：银行存款　　　　　　　　　　　56.50

同时：

借：事业支出　　　　　　　　　　　　56.50
　　贷：资金结存——货币资金　　　　　56.50

3.7.4　商业汇票到期付款的核算

收到银行支付到期票据的付款通知时，借记"应付票据"科目，贷记"银行存款"科目。

例：2019 年 8 月 31 日，D 事业单位有一张开出并承兑的商业汇票到期，票面金额为 5 万元，收到开户银行的付款通知，单位当日通知银行付款。作会计分录如下（单位：元）：

借：应付票据　　　　　　　　　　　　50 000
　　贷：银行存款　　　　　　　　　　　50 000

同时：

借：事业支出　　　　　　　　　　　　50 000
　　贷：资金结存——货币资金　　　　　50 000

3.7.5 银行承兑汇票到期无力支付的核算

银行承兑汇票到期,单位无力支付票款的,按照应付票据账面余额,借记"应付票据"科目,贷记"短期借款"科目。

例:2020年2月10日,D事业单位收到开户银行传来的付款通知,帝苑公司持有的银行承兑汇票11.3万元到期,但是D单位未能足额交存银行账户票款以承兑银行付款。作会计分录如下(单位:元):

借:应付票据——帝苑公司　　　　113 000
　　贷:短期借款　　　　　　　　　　113 000

3.7.6 商业承兑汇票到期无力支付的核算

商业承兑汇票到期,单位无力支付票款的,按照应付票据账面余额,借记"应付票据"科目,贷记"应付账款"科目。

例:2019年11月20日,D事业单位收到开户银行的付款通知,大宇公司商业承兑汇票10万元到期,D事业单位未能足额交存票款,银行将商业承兑汇票寄回持票人开户银行。作会计分录如下(单位:元):

借:应付票据　　　　　　　　　　100 000
　　贷:应付账款　　　　　　　　　　100 000

3.8 应付账款

"应付票据"核算的是购物或接受劳务没付款,也就是给销货方开具了商业汇票,让款项的结算有了保障。但是也有一些经常有往来的单位,根据平时的信誉赊购物资,这种未结算的款项就是"应付账款"。

3.8.1 应付账款概述

应付账款是指单位因购买物资、接受服务、开展工程建设等而应付的偿还期限在1年以内(含1年)的款项。

单位应当设置"应付账款"科目,核算应付账款的发生、偿还和转销等情况。本科目按照债权人进行明细核算,对于建设项目,还应设置"应付器材款"

"应付工程款"等明细科目,并按照具体项目进行明细核算。

应付账款入账时间的确定,应以与所购买物资所有权有关的风险和报酬已经转移或劳务已经接受或者工程已经开始建设为标志。但在实际工作中,应区别以下情况进行处理:

(1) 在物资和发票账单同时到达的情况下,应付账款一般待物资验收入库后,才按发票账单登记入账。这主要是为了确认所购入的物资是否在质量、数量和品种上都与合同上订明的条件相符,以免因先入账而在验收入库时发现购入物资错、漏、破损等问题再行调账。

(2) 在物资和发票账单未同时到达的情况下,由于应付账款需根据发票账单登记入账,有时货物已到但发票账单要间隔较长时间才能到达,由于这笔负债已经成立,应作为一项负债反映。为在资产负债表上客观地反映单位所拥有的资产和承担的债务,在实际工作中如果在月底之前收到发票账单,则按第一种方法入账,如果在月份终了仍未收到已入库物资的发票账单,则采用将所购物资和应付债务估计入账,待下月初再用红字予以冲回的办法。

应付账款的入账价值应该按发票账单所记载的实际价款、增值税额和代垫的运杂费、包装费等可按应付给供应单位价款的暂估价入账。

3.8.2 购进材料等发生应付账款的核算

收到所购材料、物资、设备或服务以及确认完成工程进度但尚未付款时,根据发票及账单等有关凭证,按照应付未付款项的金额,借记"库存物品""固定资产""在建工程"等科目,贷记"应付账款"科目。涉及增值税业务的,相关账务处理参见"应交增值税"科目。

例:D单位为一般纳税人,2019年4月15日,从雷达公司购入一批材料,增值税专用发票上注明金额为100 000元,增值税额为13 000元,对方垫付运费1 000元,增值税额为90元。已收到对方转来的运费增值税专用发票,材料已经验收入库,款项尚未支付。作会计分录如下(单位:元):

借:库存物品　　　　　　　　　　　　101 000
　　应交增值税——应交税金(进项税额)　13 090
　　贷:应付账款——雷达公司　　　　　　114 090

3.8.3 偿还应付账款的核算

偿付应付账款时,按照实际支付的金额,借记"应付账款"科目,贷记

"财政拨款收入""零余额账户用款额度""银行存款"等科目。

例：2019年4月30日，D事业单位偿还前欠雷达公司货款114 090元。作会计分录如下（单位：元）：

借：应付账款——雷达公司　　　　　　114 090
　　贷：银行存款　　　　　　　　　　　114 090

同时：
借：事业支出　　　　　　　　　　　　114 090
　　贷：资金结存——货币资金　　　　　114 090

3.8.4　转销应付账款的核算

无法偿付或债权人豁免偿还的应付账款，应当按照规定报经批准后进行账务处理。经批准核销时，借记"应付账款"科目，贷记"其他收入"科目。核销的应付账款不代表该笔款项就不用偿还了，应在备查簿中保留登记。

例：2019年12月31日，D单位确认一笔应付甲公司的货款20 000元为无法支付的款项，经批准对此予以转销。作会计分录如下（单位：元）：

借：应付账款——甲公司　　　　　　　20 000
　　贷：其他收入　　　　　　　　　　　20 000

同时设置"应付账款——甲公司"备查账。

3.9　应付政府补贴款（行政单位专用）

应付政府补贴款是指负责发放政府补贴的行政单位，按照规定应当支付给政府补贴接受者的各种政府补贴款。

"应付政府补贴款"科目应当按照应支付的政府补贴种类进行明细核算。单位还应当根据需要按照补贴接受者进行明细核算，或者建立备查簿对补贴接受者予以登记。

3.9.1　发生应付政府补贴的核算

发生应付政府补贴时，按照依规定计算确定的应付政府补贴金额，借记"业务活动费用"科目，贷记"应付政府补贴款"科目。

例：2019 年 1 月 3 日，C 行政单位（负责政府补贴款的发放）计算出应付政府补贴款 10 万元。作会计分录如下（单位：元）：

  借：业务活动费用   100 000
    贷：应付政府补贴款   100 000

3.9.2 支付应付政府补贴款的核算

支付应付政府补贴款时，按照支付金额，借记"应付政府补贴款"科目，贷记"零余额账户用款额度""银行存款"等科目。

例：2019 年 1 月 8 日，C 行政单位采取政府授权支付方式按补贴发放明细发放政府补贴款 10 万元。作会计分录如下（单位：元）：

  借：应付政府补贴款   100 000
    贷：零余额账户用款额度   100 000
  同时：
  借：行政支出   100 000
    贷：资金结存——零余额账户用款额度 100 000

3.10 预收账款（事业单位专用）

预收账款是指事业单位预先收取但尚未结算的款项。"预收账款"科目应当按照债权人进行明细核算。

从付款方预收款项时，按照实际预收的金额，借记"银行存款"等科目，贷记"预收账款"科目，确认有关收入时，按照预收账款账面余额，借记"预收账款"科目，按照应确认的收入金额，贷记"事业收入""经营收入"等科目，按照付款方补付或退回付款方的金额，借记或贷记"银行存款"等科目。涉及增值税业务的，相关账务处理参见"应交增值税"科目。

例：2019 年 4 月 5 日，甲单位与乙单位签订购销合同，向乙单位出售一批物品，货款为 10 万元，增值税额为 0.3 万元。根据购销合同规定，乙单位于合同签订之日，向甲单位预付货款 5 万元，剩余款项在交货时一次结清。4 月 19 日，甲单位按合同要求完成货物交易，收到余款。作会计分录如下（单位：元）：

4 月 5 日，收到乙单位预付的货款时：

  借：银行存款   50 000
    贷：预收账款——乙单位   50 000

同时：
借：资金结存——货币资金 50 000
　　贷：事业预算收入 50 000

4月19日，向乙单位发出货物时：
借：预收账款——乙单位 103 000
　　贷：事业收入 100 000
　　　　应交增值税 3 000

4月19日，收到乙单位补付的余款时：
借：银行存款 53 000
　　贷：预收账款——乙单位 53 000

同时：
借：资金结存——货币资金 53 000
　　贷：事业预算收入 53 000

注意：如果预先收到的款项多，货物结算款项少，也就是多收款了，则退回多收货款时，做与收到补付货款相反的会计分录。

3.11　其他应付款

其他应付款是指单位除应交增值税、其他应交税费、应缴财政款、应付职工薪酬、应付票据、应付账款、应付政府补贴款、应付利息、预收账款以外，其他各项偿还期限在1年内（含1年）的应付及暂收款项，如收取的押金、存入保证金、已经报销但尚未偿还银行的本单位公务卡欠款等。

同级政府财政部门预拨的下期预算款和没有纳入预算的暂付款项，以及采用实拨资金方式通过本单位转拨给下属单位的财政拨款，也通过"其他应付款"科目核算。

3.11.1　发生其他应付及暂收款项的核算

发生其他应付及暂收款项时，借记"银行存款"等科目，贷记"其他应付款"科目。支付（或退回）其他应付及暂收款项时，借记"其他应付款"科目，贷记"银行存款"等科目。将暂收款项转为收入时，借记"其他应付款"科目，贷记"事业收入"等科目。

例：2019年4月1日，A单位租出房屋收取押金30 000元，半年租金为60 000元。作会计分录如下（单位：元）：

  借：银行存款   90 000
    贷：其他应付款   30 000
      预收账款   60 000

同时：

  借：资金结存——货币资金   60 000
    贷：事业预算收入   60 000

每月月末确认收入时：

  借：预收账款   10 000
    贷：事业收入   10 000

例：2019年9月30日，房屋到期，承租方因为有业务没处理完毕要求再续租一个月，10月31日收回房屋检查合格后退还押金20 000元，其余抵付房租。作会计分录如下（单位：元）：

  借：其他应付款   30 000
    贷：银行存款   20 000
      事业收入   10 000

同时：

  借：资金结存——货币资金   10 000
    贷：事业预算收入   10 000

3.11.2 收到下期预算款和没有纳入预算的暂付款项的核算

  收到同级政府财政部门预拨的下期预算款和没有纳入预算的暂付款项，按照实际收到的金额，借记"银行存款"等科目，贷记"其他应付款"科目；待到下一预算期或批准纳入预算时，借记"其他应付款"科目，贷记"财政拨款收入"科目。

  例：2019年6月10日，F单位收到同级财政部门预拨的下个月预算款100万元。作会计分录如下（单位：元）：

  借：银行存款   1 000 000
    贷：其他应付款   1 000 000

  例：2019年7月1日，该预拨款进入预算期。作会计分录如下（单位：元）：

借：其他应付款　　　　　　　　　　1 000 000
　　贷：财政拨款收入　　　　　　　　　　　1 000 000

同时：

借：资金结存——货币资金　　　　　1 000 000
　　贷：财政拨款预算收入　　　　　　　　　1 000 000

3.11.3　采用实拨资金方式转拨给下属单位财政拨款的核算

采用实拨资金方式通过本单位转拨给下属单位的财政拨款，按照实际收到的金额，借记"银行存款"科目，贷记"其他应付款"科目；向下属单位转拨财政拨款时，按照转拨的金额，借记"其他应付款"科目，贷记"银行存款"科目。

例：2019年4月10日，A单位收到拨给下属单位的财政拨款10万元。作会计分录如下（单位：元）：

借：银行存款　　　　　　　　　　　100 000
　　贷：其他应付款　　　　　　　　　　　　　100 000

例：2019年4月20日，A单位将10万元财政拨款拨付给下属单位。作会计分录如下（单位：元）：

借：其他应付款　　　　　　　　　　100 000
　　贷：银行存款　　　　　　　　　　　　　　100 000

3.11.4　公务卡消费的核算

本单位公务卡持卡人报销时，按照审核报销的金额，借记"业务活动费用""单位管理费用"等科目，贷记"其他应付款"科目；偿还公务卡欠款时，借记"其他应付款"科目，贷记"零余额账户用款额度"等科目。

例：2019年5月15日，B事业单位公务卡持有人马克报销办公用品费1 000元，用公务卡结算。作会计分录如下（单位：元）：

借：单位管理费用　　　　　　　　　　1 000
　　贷：其他应付款　　　　　　　　　　　　　1 000

例：2019年6月10日，B事业单位零余额账户偿还公务卡欠款5 000元。作会计分录如下（单位：元）：

借：其他应付款　　　　　　　　　　　5 000
　　贷：零余额账户用款额度　　　　　　　　　5 000

同时：
借：事业支出　　　　　　　　　　　　　5 000
　　贷：资金结存——零余额账户用款额度　　　5 000

3.11.5　质保金的核算

涉及质保金形成其他应付款的，相关账务处理参见"固定资产"科目。

例：2019 年 11 月 30 日，B 事业单位行政办公楼完工，已经办理竣工决算，扣留质保金 10 万元（质保 1 年），余款结清。作会计分录如下（单位：元）：

借：在建工程　　　　　　　　　　　　　100 000
　　贷：其他应付款　　　　　　　　　　　　100 000

例：2020 年 11 月 30 日，B 事业单位采用财政直接支付方式退还质保金 10 万元。作会计分录如下（单位：元）：

借：其他应付款　　　　　　　　　　　　100 000
　　贷：财政拨款收入　　　　　　　　　　　100 000

同时：
借：事业支出　　　　　　　　　　　　　100 000
　　贷：财政拨款预算收入　　　　　　　　　100 000

3.11.6　无法偿付或债权人豁免偿还的其他应付款项的核算

无法偿付或债权人豁免偿还的其他应付款项，应当按照规定报经批准后进行账务处理。经批准核销时，借记"其他应付款"科目，贷记"其他收入"科目。

例：2019 年 12 月 31 日，B 单位有一笔"其他应付款——王强"5 000 元，一直找不到人，按规定报经批准予以转销。作会计分录如下（单位：元）：

借：其他应付款——王强　　　　　　　　5 000
　　贷：其他收入　　　　　　　　　　　　　5 000

注意：核销的其他应付款应在备查簿中保留登记。

3.12　预提费用

3.12.1　预提费用概述

预提费用是指单位预先提取的已经发生但尚未支付的费用，如预提租金费用等。事业单位按规定从科研项目收入中提取的项目间接费用或管理费，也通过"预提费用"科目核算。

"预提费用"科目应当按照预提费用的种类进行明细核算。对于提取的项目间接费用或管理费，应当在"预提费用"下设置"项目间接费用或管理费"明细科目，并按项目进行明细核算。

注意：事业单位计提的借款利息费用，通过"应付利息""长期借款"科目核算，不通过"预提费用"科目核算。

3.12.2 从科研项目收入中提取项目间接费用或管理费的核算

按规定从科研项目收入中提取项目间接费用或管理费时，按照提取的金额，借记"单位管理费用"科目，贷记"预提费用"（项目间接费用或管理费）科目。实际使用计提的项目间接费用或管理费时，按照实际支付的金额，借"预提费用"（项目间接费用或管理费）科目，贷记"银行存款""库存现金"等科目。

例：2019年4月15日，甲高校按照规定从A科研项目预算收入中提取项目管理费50 000元。作会计分录如下（单位：元）：

借：单位管理费用　　　　　　　　　　　　50 000
　　贷：预提费用——项目管理费　　　　　　　　50 000

同时：

借：非财政拨款结转——项目间接费用或管理费　50 000
　　贷：非财政拨款结余——项目间接费用或管理费　50 000

例：2019年4月30日，甲高校支付A科研项目所用电费2 000元。作会计分录如下（单位：元）：

借：预提费用——项目管理费　　　　　　　　2 000
　　贷：银行存款　　　　　　　　　　　　　　2 000

同时：

借：事业支出　　　　　　　　　　　　　　　2 000
　　贷：资金结存——货币资金　　　　　　　　　2 000

3.12.3 预提租金等费用的核算

按期预提租金等费用时，按照预提的金额，借记"业务活动费用""单位管理费用""经营费用"等科目，贷记"预提费用"科目。实际支付款项时，按照支付金额，借记"预提费用"科目，贷记"零余额账户用款额度""银行存款"等科目。

例：2019年7月1日，C事业单位以经营租赁方式租入一台摄像机，每月租金为1 000元，按季支付。作会计分录如下（单位：元）：

7月31日，计提租金时：
借：单位管理费用　　　　　　　　　　　　1 000
　　贷：预提费用　　　　　　　　　　　　　　1 000

8月31日，计提租金时：
借：单位管理费用　　　　　　　　　　　　1 000
　　贷：预提费用　　　　　　　　　　　　　　1 000

9月30日，计提租金时：
借：单位管理费用　　　　　　　　　　　　1 000
　　贷：预提费用　　　　　　　　　　　　　　1 000

10月1日支付租金时：
借：预提费用　　　　　　　　　　　　　　3 000
　　贷：银行存款　　　　　　　　　　　　　　3 000

同时：
借：事业支出　　　　　　　　　　　　　　3 000
　　贷：资金结存——货币资金　　　　　　　　3 000

第4章
政府会计收入是命脉

> 看到收入，我们首先会想到收入就是工资、奖金、提成……反正是我们付出了劳动换来的，是"命脉"。行政事业单位的收入有哪些呢？是否和我们的判断标准一样呢？

4.1 收入概述

收入是指报告期内导致政府会计主体净资产增加的、含有服务潜力或者经济利益的经济资源的流入。政府会计主体依法取得的应当上缴财政的收入款项等，不属于收入。

收入的确认应当同时满足以下条件：

（1）与收入相关的含有服务潜力或者经济利益的经济资源很可能流入政府会计主体。

（2）含有服务潜力或者经济利益的经济资源的流入会导致政府会计主体资产增加或者负债减少。

（3）流入金额能够可靠地计量。

符合收入定义和收入确认条件的项目，应当列入收入费用表。

政府会计主体的收入，按来源不同可以分为财政拨款收入、非同级财政拨款收入、捐赠收入、利息收入、租金收入和其他收入，这些是行政事业单位通用的科目；还有事业收入、上级补助收入、附属单位上缴收入、经营收入、投资收益，这些属于事业单位特有的收入类别。

4.2 财政拨款收入

根据字面意思，财政拨款收入的来源是财政拨款，但是不是所有的财政拨款都是财政拨款收入呢？

4.2.1 财政拨款收入概述

财政拨款收入是指政府会计主体从同级政府财政部门取得的各类财政拨款。同级政府财政部门预拨的下期预算款和没有纳入预算的暂付款项,以及采用实拨资金方式通过本单位转拨给下属单位的财政拨款,通过"其他应付款"科目核算,不通过本科目核算。

"财政拨款收入"科目可按照一般公共预算财政拨款、政府性基金预算财政拨款等拨款种类进行明细核算。

按照新《政府会计制度》的要求,行政事业单位在从同级财政部门取得财政拨款时和年末存在尚未支付或尚未下达的财政预算指标数时确认财政拨款收入。财政拨款收入的确认因财政资金支付方式的不同而不同,行政事业单位财政拨款收入的支付方式可分为国库集中支付和其他支付方式,而国库集中支付按照不同的支付主体又分为财政直接支付和财政授权支付。由于国库集中支付和其他支付方式所涉及的支付流程存在差异,所以导致不同方式下行政单位和事业单位财政拨款收入的账务处理也就不同。

4.2.2 财政直接支付方式取得财政拨款收入的核算

行政事业单位的工资福利支出、日常公用活动支出和大额的购买支出等一般采用财政直接支付方式。当行政单位和事业单位发生上述支出后,该单位会根据本年度所制订的部门预算和资金使用计划,向和行政事业单位处于同一级别的财政部门提出资金支付申请,财政部门审核通过后,通过国库支付执行机构委托代理银行将资金支付给供应商或收款单位。

行政事业单位根据委托代理银行转交来的"财政直接支付入账通知书"及相关原始凭证确认相应的财政拨款收入。同时,单位根据资金是用于购买库存物品、固定资产等资产还是购买服务业务或支付的职工薪酬,借记"库存物品""固定资产""业务活动费用""单位管理费用""应付职工薪酬"等科目,贷记"财政拨款收入"科目。涉及增值税业务的,相关账务处理参见"应交增值税"科目。

例:A单位为纳入预算管理的事业单位,2019年5月13日,A单位为大型会议室购买了一台空调,价款为20 000元,采用财政直接支付方式将上述款项支付给弘德商场。作会计分录如下(单位:元):

借：固定资产 20 000
　　贷：财政拨款收入——公共预算财政拨款　20 000

同时：
借：事业支出 20 000
　　贷：财政拨款预算收入 20 000

例：A 单位为纳入预算管理的事业单位，2019 年 5 月 18 日，A 单位发生维修费 2 500 元，采用财政直接支付方式支付款项。作会计分录如下（单位：元）：

借：单位管理费用 2 500
　　贷：财政拨款收入——公共预算财政拨款　2 500

同时：
借：事业支出 2 500
　　贷：财政拨款预算收入 2 500

4.2.3　财政直接支付方式年末拨款差额的核算

年末，行政单位或事业单位根据尚未使用的财政直接支付预算指标数（财政直接支付预算指标数减去实际支出数）确认财政拨款收入。此差额是年末单位本年尚未使用的财政直接支付预算指标数，该笔资金属于同级财政部门应返还给行政事业单位的资金。故年末，行政单位或事业单位将该笔未使用的资金作为应收款项核算，账务处理为借记"财政应返还额度——财政直接支付"科目，贷记"财政拨款收入"科目。

例：A 单位为纳入预算管理的事业单位，2019 年度财政直接支付的基本支出拨款的预算指标为 100 万元，2019 年 12 月 31 日，经计算本年度采用财政直接支付方式的基本支出为 95 万元，尚有未使用的财政直接支付预算指标 50 000 元。作会计分录如下（单位：元）：

借：财政应返还额度——财政直接支付 50 000
　　贷：财政拨款收入 50 000

同时：
借：资金结存——财政应返还额度 50 000
　　贷：财政拨款预算收入 50 000

4.2.4　财政直接支付方式取得财政拨款收入退回的核算

因差错更正或购货退回等发生国库直接支付款项退回的，属于以前年度支付的款项，按照退回金额，借记"财政应返还额度——财政直接支付"科目，贷记"以前年度盈余调整""库存物品"等科目；属于本年度支付的款项，按照退回金额，借记本科目，贷记"业务活动费用""库存物品"等科目。

例：A 单位为纳入预算管理的事业单位，2020 年 1 月 13 日，发现 2019 年 12 月 30 日采用财政直接支付方式购买的甲材料 5 000 元出现了质量问题，经双方协商一致，退货退款。作会计分录如下（单位：元）：

借：财政应返还额度——财政直接支付　　5 000
　　贷：库存物品　　　　　　　　　　　　　　　5 000

同时：

借：资金结存——财政应返还额度　　　　5 000
　　贷：财政拨款结转——年初余额调整　　　　　5 000

例：2019 年 11 月 5 日，C 事业单位发现上个月有一笔采用财政直接支付方式结算的费用发生差错，款项 3 400 元已经退回。作会计分录如下（单位：元）：

借：财政拨款收入　　　　　　　　　　　3 400
　　贷：业务活动费用　　　　　　　　　　　　　3 400

同时：

借：财政拨款预算收入　　　　　　　　　3 400
　　贷：事业支出　　　　　　　　　　　　　　　3 400

例：2020 年 1 月 5 日，D 单位发现 2019 年 12 月有一笔采用财政直接支付方式结算的费用发生差错，款项 8 000 元已经退回。作会计分录如下（单位：元）：

借：财政应返还额度——财政直接支付　　8 000
　　贷：以前年度盈余调整　　　　　　　　　　　8 000

同时：

借：资金结存——财政应返还额度　　　　8 000
　　贷：财政拨款结转——年初余额调整　　　　　8 000

4.2.5　财政授权支付方式取得财政拨款收入的核算

行政事业单位的一些非经常性的零星支出等一般采用财政授权支付方式。行政事业单位将资金支付给收款人前，首先会根据预算安排向同级财政部门申请财政授权支付额。财政部门审核通过后，将单位所申请的零余额账户用款额度下达到行政单位或事业单位开设在代理银行的相应账户。此时，行政事业单位收到代理银行转来的"财政授权支付额度到账通知书"后，按照通知书中的授权支付额度，借记"零余额账户用款额度"，贷记"财政拨款收入"科目。

例：2019年1月5日，B单位收到"财政授权支付额度到账通知书"，零余额账户用款额度为100 000元。作会计分录如下（单位：元）：

借：零余额账户用款额度　　　　　　100 000
　　贷：财政拨款收入　　　　　　　　　　100 000

同时：

借：资金结存——零余额账户用款额度　100 000
　　贷：财政拨款预算收入　　　　　　　　100 000

4.2.6　财政授权支付方式年末未拨款的核算

年末，行政事业单位根据尚未下达的财政授权支付预算指标数（财政授权支付预算指标数减去实际已经下达的支出数）确认财政拨款收入。此差额是单位年末尚未下达给行政事业单位的财政授权支付预算指标数，即该笔资金属于同级财政部门应返还给行政事业单位的资金。故年末，行政事业单位将该笔未下达零余额账户的资金作为应收款项核算，账务处理为借记"财政应返还额度——财政授权支付"科目，贷记"财政拨款收入"科目。

例：X单位2019年年初预算通知中的财政授权支付预算指标数是250 000元，到2019年12月31日，实际下达单位零余额账户的资金是200 000元。根据其差额50 000元，作会计分录如下（单位：元）：

借：财政应返还额度——财政授权支付　50 000
　　贷：财政拨款收入　　　　　　　　　　50 000

同时：

借：资金结存——财政应返还额度　　　50 000
　　贷：财政拨款预算收入　　　　　　　　50 000

4.2.7　财政实拨资金支付方式下财政拨款收入的核算

我国在采用国库集中支付之前，主要采用财政实拨资金支付方式。在该方式下，行政单位或事业单位根据单位的预算安排和资金的使用计划，向该单位处于同一级别的财政部门提出财政资金的拨入申请。财政部门审核通过之后，将行政单位或事业单位所需的资金直接拨入单位开设在银行的实存资金账户。此时，行政单位或事业单位根据开户银行转交的到账通知书，借记"银行存款"科目，同时贷记"财政拨款收入"科目。

例：S 单位属于企业化管理事业单位，采用财政实拨资金支付方式，2019 年 6 月 5 日，收到同级财政部门拨入的财政资金 500 000 元。作会计分录如下（单位：元）：

借：银行存款　　　　　　　　　　500 000
　　贷：财政拨款收入　　　　　　　　　500 000

同时：
借：资金结存——货币资金　　　　500 000
　　贷：财政拨款预算收入　　　　　　　500 000

4.2.8　财政拨款收入期末或年末结转的核算

期末或年末，行政事业单位财政拨款收入和企业的各种收入一样需要进行结转。行政事业单位的收入减去费用等于净资产，所以行政事业单位的收入类科目使用净资产科目进行结转。根据新政府会计制度的规定，行政事业单位财务会计的所有收入类发生额期末或年末全部转入"本期盈余"，即借记"财政拨款收入"科目，贷记"本期盈余"科目，结转后，"财政拨款收入"账户余额为零。

例：2019 年 12 月 31 日，D 单位计算出本年"财政拨款收入"账户的贷方发生额为 1 000 000 元，借方发生额 50 000 元，余额为 950 000 元，财政拨款预算收入余额为 950 000 元，进行月末结转。作会计分录如下（单位：元）：

借：财政拨款收入　　　　　　　　950 000
　　贷：本期盈余　　　　　　　　　　　950 000

同时：
借：财政拨款预算收入　　　　　　950 000
　　贷：财政拨款结转　　　　　　　　　950 000

4.3　非同级财政拨款收入

非同级财政拨款收入是指单位从非同级政府财政部门取得的经费拨款，包括从同级政府其他部门取得的横向转拨财政款、从上级或下级政府财政部门取得的经费拨款等。事业单位因开展科研及其辅助活动从非同级政府财政部门取得的经费拨款，应当通过"事业收入——非同级财政拨款"科目核算，不通过本科目核算。本科目应当按照本级横向转拨财政款和非本级财政拨款进行明细核算,并按照收入来源进行明细核算。

4.3.1 确认非同级财政拨款收入的核算

确认非同级财政拨款收入时,按照应收或实际收到的金额,借记"其他应收款""银行存款"等科目,贷记本科目。

例:2019年4月11日,B单位确认一笔上级财政部门经费拨款收入200 000元,款项尚未收到。作会计分录如下(单位:元):

借:其他应收款　　　　　　　　　　200 000
　　贷:非同级财政拨款收入　　　　　　　　200 000

例:2019年4月15日,B单位确认并收到一笔上级专项拨款100万元。作会计分录如下(单位:元):

借:银行存款　　　　　　　　　　1 000 000
　　贷:非同级财政拨款收入　　　　　　　　1 000 000

同时:

借:资金结存——货币资金　　　　　1 000 000
　　贷:非同级财政拨款预算收入　　　　　　1 000 000

4.3.2 收到确认的非同级财政拨款收入的核算

例:2019年4月20日,B单位收到上级财政部门拨入的经费200 000元。作会计分录如下(单位:元):

借:银行存款　　　　　　　　　　200 000
　　贷:其他应收款　　　　　　　　　　　　200 000

同时:

借:资金结存——货币资金　　　　　200 000
　　贷:非同级财政拨款预算收入　　　　　　200 000

4.3.3 非同级财政拨款收入期末结转的核算

期末,将本科目本期发生额转入本期盈余,借记本科目,贷记"本期盈余"科目。期末结转后,本科目应无余额。

例:2019年4月30日,B单位本月"非同级财政拨款收入"账户余额为

120万元,"非同级财政拨款预算收入"账户余额为120万元,其中:专项资金100万元,非专项资金20万元。进行月末结转,作会计分录如下(单位:元):

  借:非同级财政拨款收入   1 200 000
    贷:本期盈余   1 200 000
  同时:
  借:非同级财政拨款预算收入 1 200 000
    贷:其他结余   200 000
      非财政拨款结转   1 000 000

4.4 事业收入(事业单位专用)

  事业收入就是事业单位才会产生的收入,那只要是事业单位产生的收入就都计入"事业收入"吗?

4.4.1 事业收入概述

  事业收入是指事业单位开展专业业务活动及其辅助活动实现的收入,不包括从同级政府财政部门取得的各类财政拨款。

  专业业务活动是指事业单位根据本单位专业特点所从事或开展的主要业务活动。如文化事业单位的演出活动、科研事业单位的科研活动、教育事业单位的教育活动、医疗卫生事业单位的医疗保健活动等。

  辅助活动是指与其专业业务活动相关的、直接为专业业务活动服务的单位行政管理活动、后勤服务活动以及其他有关活动。

  本科目应当按照事业收入的类别、来源等进行明细核算。对于因开展科研及其辅助活动从非同级政府财政部门取得的经费拨款,应当在本科目下单设"非同级财政拨款"明细科目进行核算。

  注意:

  (1)事业单位按规定应上缴财政预算的资金和应缴财政专户的预算外资金不计入事业收入。

  (2)从财政专户核拨的预算外资金和部分经财政部门核准不上缴财政专户管理的预算外资金,应计入事业收入。

  按照取得方式的不同,对事业收入进行不同的账务处理。

4.4.2 采用财政专户返还方式管理的事业收入的核算

实现应上缴财政专户的事业收入时，按照实际收到或应收的金额，借记"银行存款""应收账款"等科目，贷记"应缴财政款"科目；向财政专户上缴款项时，按照实际上缴的款项金额，借记"应缴财政款"科目，贷记"银行存款"等科目；收到从财政专户返还的事业收入时，按照实际收到的返还金额，借记"银行存款"等科目，贷记本科目。

例：2019 年 3 月 1 日，A 技师学校开学收取本学期住宿费 50 000 元，存入银行，尚有 20 000 元未收齐。作会计分录如下（单位：元）：

借：银行存款　　　　　　　　　　50 000
　　应收账款　　　　　　　　　　20 000
　　贷：应缴财政款　　　　　　　　　　70 000

例：2019 年 3 月 31 日，A 技师学校收齐住宿费后存入银行，将全部住宿费上缴财政。作会计分录如下（单位：元）：

借：银行存款　　　　　　　　　　20 000
　　贷：应收账款　　　　　　　　　　20 000
借：应缴财政款　　　　　　　　　　70 000
　　贷：银行存款　　　　　　　　　　70 000

例：2019 年 4 月 3 日，A 技师学校收到从财政专户返还款 70 000 元。作会计分录如下（单位：元）：

借：银行存款　　　　　　　　　　70 000
　　贷：事业收入　　　　　　　　　　70 000

同时：

借：资金结存——货币资金　　　　70 000
　　贷：事业预算收入　　　　　　　　70 000

需要注意，事业单位业务活动的各项收费并非均属于事业收入。事业单位因代行政府职能而收取的款项需要上缴国库，形成政府的财政收入；事业单位收取的纳入财政专户管理的各项收入需要上缴财政专户，核拨后形成事业单位的财政专户返还收入。事业单位应当根据预算管理的要求，正确区分一项事业收费属于应缴国库款还是属于应缴财政专户款。

4.4.3 采用预收款方式确认的事业收入的核算

实际收到预收款项时，按照收到的款项金额，借记"银行存款"等科目，贷记"预收账款"科目；以合同完成进度确认事业收入时，按照基于合同完成进度计算的金额，借记"预收账款"科目，贷记本科目。

例：2019年3月1日，X科研事业单位收到甲项目款项100万元。作会计分录如下（单位：元）：

借：银行存款　　　　　　　　　1 000 000
　　贷：预收账款　　　　　　　　　　　1 000 000

同时：
借：资金结存——货币资金　　　1 000 000
　　贷：事业预算收入　　　　　　　　　1 000 000

例：承上例，2019年3月31日，X科研事业单位按项目完成进度确认收入20 000元。作会计分录如下（单位：元）：

借：预收账款　　　　　　　　　20 000
　　贷：事业收入　　　　　　　　　　　20 000

4.4.4 采用应收款方式确认的事业收入的核算

根据合同完成进度计算本期应收的款项，借记"应收账款"科目，贷记本科目；实际收到款项时，借记"银行存款"等科目，贷记"应收账款"科目。

例：2019年4月30日，B科研事业单位根据合同完工进度确认本期收入50 000元，款项尚未收到。作会计分录如下（单位：元）：

借：应收账款　　　　　　　　　50 000
　　贷：事业收入　　　　　　　　　　　50 000

例：承上例，2019年5月25日，B科研事业单位收到款项50 000元。作会计分录如下（单位：元）：

借：银行存款　　　　　　　　　50 000
　　贷：应收账款　　　　　　　　　　　50 000

同时：
借：资金结存——货币资金　　　50 000
　　贷：事业预算收入　　　　　　　　　50 000

4.4.5　采用其他方式确认的事业收入的核算

其他方式下确认的事业收入，按照实际收到的金额，借记"银行存款""库存现金"等科目，贷记本科目，涉及增值税业务的，相关账务处理参见"应交增值税"科目。

例：2019 年 5 月 17 日，甲事业单位销售一批科研中间产品，价款为 20 万元，增值税额为 0.6 万元，款项已经收存银行。作会计分录如下（单位：元）：

借：银行存款　　　　　　　　　　　　206 000
　　贷：事业收入　　　　　　　　　　200 000
　　　　应交增值税——应交税金（销项税额）6 000

同时：

借：资金结存——货币资金　　　　　　206 000
　　贷：事业预算收入　　　　　　　　206 000

4.4.6　事业收入期末结转的核算

期末，将本科目本期发生额转入本期盈余，借记本科目，贷记"本期盈余"科目期末结转后，本科目应无余额。

例：2019 年 5 月 31 日，甲事业单位核算出本月事业收入总金额为 25 万元，事业预算收入 25.6 万元，其中专项资金 20.6 万元，非专项资金 5 万元。月末结转，作会计分录如下（单位：元）：

借：事业收入　　　　　　　　　　　　250 000
　　贷：本期盈余　　　　　　　　　　250 000

同时：

借：事业预算收入　　　　　　　　　　256 000
　　贷：非财政拨款结转　　　　　　　206 000
　　　　其他结余　　　　　　　　　　 50 000

4.5　上级补助收入（事业单位专用）

上级补助收入是指事业单位从主管部门和上级单位取得的非财政拨款收入，

用于补助正常业务资金的不足，是非财政性资金，属于预算外资金来源。本科目应当按照发放补助单位、补助项目等进行明细核算。

4.5.1 确认上级补助的核算

确认上级补助收入时，按照应收或实际收到的金额，借记"其他应收款""银行存款"等科目，贷记本科目。实际收到应收的上级补助款时，按照实际收到的金额，借记"银行存款"等科目，贷记"其他应收款"科目。

例：2019 年 4 月 15 日，A 事业单位据上级主管部门下发的文件确认一笔上级补助款 50 000 元，款项尚未收到。作会计分录如下（单位：元）：

借：其他应收款　　　　　　　　50 000
　　贷：上级补助收入　　　　　　　　50 000

例：承上例，2019 年 4 月 25 日，A 事业单位收到上级补助款 50 000 元。作会计分录如下（单位：元）：

借：银行存款　　　　　　　　　50 000
　　贷：其他应收款　　　　　　　　　50 000

同时：

借：资金结存——货币资金　　　50 000
　　贷：上级补助预算收入　　　　　　50 000

例：2019 年 4 月 26 日，B 单位收到上级主管部门一项专项补助款 100 000 元。作会计分录如下（单位：元）：

借：银行存款　　　　　　　　　100 000
　　贷：上级补助收入　　　　　　　　100 000

同时：

借：资金结存——货币资金　　　100 000
　　贷：上级补助预算收入　　　　　　100 000

4.5.2 上级补助收入期末结转的核算

期末，将本科目本期发生额转入本期盈余，借记本科目，贷记"本期盈余"科目。期末结转后，本科目应无余额。

例：2019 年 4 月 30 日，计算出本月上级补助收入共计 150 000 元，上级补助预算收入 150 000 元，其中专项资金 100 000 元，非专项资金 50 000 元，月末结转。作会计分录如下（单位：元）：

  借：上级补助收入   150 000
    贷：本期盈余   150 000
  同时：
  借：上级补助预算收入   150 000
    贷：非财政拨款结转   100 000
      其他结余   50 000

4.6 附属单位上缴收入的核算（事业单位专用）

  附属单位上缴收入是指事业单位取得的附属独立核算单位按照有关规定上缴的收入。附属单位上缴收入包括附属事业单位上缴的收入和附属企业上缴的利润。本科目应当按照附属单位、缴款项目等进行明细核算。

4.6.1 确认附属单位上缴收入的核算

  确认附属单位上缴收入时，按照应收或收到的金额，借记"其他应收款""银行存款"等科目，贷记本科目。实际收到应收附属单位上缴款时，按照实际收到的金额，借记"银行存款"等科目，贷记"其他应收款"科目。

  例：2019年4月5日，B事业单位确认其附属企业（独立核算）应上缴的第1季度利润20 000元，款项尚未收到。作会计分录如下（单位：元）：

  借：其他应收款   20 000
    贷：附属单位上缴收入   20 000

  例：2019年4月10日，B事业单位收到其附属企业（独立核算）上缴的利润20 000元。作会计分录如下（单位：元）：

  借：银行存款   20 000
    贷：其他应收款   20 000
  同时：
  借：资金结存——货币资金   20 000
    贷：附属单位上缴预算收入   20 000

  例：2019年4月20日，B事业单位收到其附属单位（独立核算）上缴的专项资金100 000元。作会计分录如下（单位：元）：

借：银行存款	100 000	
贷：附属单位上缴收入		100 000

同时：

借：资金结存——货币资金	100 000	
贷：附属单位上缴预算收入		100 000

4.6.2　附属单位上缴收入期末结转的核算

期末，将本科目本期发生额转入本期盈余，借记本科目，贷记"本期盈余"科目。期末结转后，本科目应无余额。

例：2019年4月30日，B事业单位计算本月附属单位上缴收入120 000元，附属单位上缴预算收入情况为：专项资金100 000元，非专项资金20 000元。进行月末结转，作会计分录如下（单位：元）：

借：附属单位上缴收入	120 000	
贷：本期盈余		120 000

同时：

借：附属单位上缴预算收入	120 000	
贷：非财政拨款结转		100 000
其他结余		20 000

4.7　经营收入的核算（事业单位专用）

经营收入是指事业单位在专业业务活动及其辅助活动之外开展非独立核算经营活动取得的收入。本科目应当按照经营活动类别、项目和收入来源等进行明细核算。经营收入应当在提供服务或发出存货，同时收讫价款或者取得索取价款的凭据时，按照实际收到或应收的金额予以确认。

经营收入一般包括服务收入、销售收入、租赁收入和其他经营收入。

4.7.1　实现经营收入的核算

实现经营收入时，按照确定的收入金额，借记"银行存款""应收账款""应收票据"等科目，贷记本科目。涉及增值税业务的，相关账务处理参见"应交增值税"科目。

例：2019 年 5 月 15 日，A 学校汽修实训室（非独立核算）对外提供修理服务，收取维修费现金 1 000 元，交学校财务，税务代开发票，征收率为 3%，税款已在账户扣除。作会计分录如下（单位：元）：

借：库存现金　　　　　　　　　　　1 000
　　贷：经营收入　　　　　　　　　　970.87
　　　　银行存款　　　　　　　　　　29.13　[1 000÷(1+3%)×3%]

同时：

借：资金结存——货币资金　　　　　1 000
　　贷：经营预算收入　　　　　　　　1 000
借：经营支出　　　　　　　　　　　29.13
　　贷：资金结存——货币资金　　　　29.13

例：A 学校与甲单位签订长期供货合同，学生技能课做的手工艺品全部卖给甲单位，而且甲单位有权选定产品由 A 学校进行加工。2019 年 5 月 20 日，A 学校交付成品并取得收入 5 150 元，征收率为 3%，款项尚未收到。作会计分录如下（单位：元）：

借：应收账款　　　　　　　　　　　5 150
　　贷：经营收入　　　　　　　　　　5 000
　　　　应交增值税　　　　　　　　　150　[5 150÷(1+3%)×3%]

例：承上例，2019 年 5 月 30 日，A 学校收到上述款项。作会计分录如下（单位：元）：

借：银行存款　　　　　　　　　　　5 150
　　贷：应收账款　　　　　　　　　　5 150

同时：

借：资金结存——货币资金　　　　　5 150
　　贷：经营预算收入　　　　　　　　5 150

4.7.2　经营收入月末结转的核算

期末，将本科目本期发生额转入本期盈余，借记本科目，贷记"本期盈余"科目期末结转后，本科目应无余额。

例：2019 年 5 月 31 日，A 单位计算出本月经营收入为 5 970.87 元，经营预算收入为 6 150 元。进行期末结转，作会计分录如下（单位：元）：

借：经营收入　　　　　　　　　　　5 970.87
　　贷：本期盈余　　　　　　　　　　5 970.87

同时：
借：经营预算收入　　　　　　　　　　　　　　6 150
　　贷：经营结余　　　　　　　　　　　　　　　　　　6 150

4.8　其他收入的核算

除了以上几种收入外，还有其他情形产生的收入，如捐赠收入、利息收入和租金收入等。

4.8.1　捐赠收入的核算

"捐赠收入"科目核算单位接受其他单位或者个人捐赠取得的收入。本科目应当按照捐赠资产的用途和捐赠单位等进行明细核算。

接受捐赠的货币资金，按照实际收到的金额，借记"银行存款""库存现金"等科目，贷记本科目。接受捐赠的存货、固定资产等非现金资产，按照确定的成本，借记"库存物品""固定资产"等科目，按照发生的相关税费、运输费等，贷记"银行存款"等科目，按照其差额，贷记本科目。接受捐赠的资产按照名义金额入账的，按照名义金额，借记"库存物品""固定资产"等科目，贷记本科目；同时，按照发生的相关税费、运输费等，借记"其他费用"科目，贷记"银行存款"等科目。期末，将本科目本期发生额转入本期盈余，借记本科目，贷记"本期盈余"科目。期末结转后，本科目应无余额。

关于捐赠收入的核算前面已经在涉及时举例。

例：2019年6月30日，计算出本月"捐赠收入"的期末余额为10万元，"其他预算收入——捐赠收入"的期末余额为10万元（非专项资金）。进行月末结转，作会计分录如下（单位：元）：

借：捐赠收入　　　　　　　　　　　　　　　100 000
　　贷：本期盈余　　　　　　　　　　　　　　　　　100 000
同时：
借：其他预算收入——捐赠收入　　　　　　　100 000
　　贷：其他结余　　　　　　　　　　　　　　　　　100 000

4.8.2 利息收入的核算

"利息收入"科目核算单位取得的银行存款利息收入。取得银行存款利息时,按照实际收到的金额,借记"银行存款"科目,贷记本科目。期末,将本科目本期发生额转入本期盈余,借记本科目,贷记"本期盈余"科目。期末结转后,本科目应无余额。

例:2019年6月21日,B单位收到开户银行利息结算入账通知,本季度存款利息为615.30元。作会计分录如下(单位:元):

借:银行存款　　　　　　　　　　　615.30
　　贷:利息收入　　　　　　　　　　615.30

同时:

借:资金结存——货币资金　　　　　615.30
　　贷:其他预算收入——利息收入　　615.30

例:2019年6月30日,B单位计算出"利息收入"余额为615.30元,"其他预算收入——利息收入"余额为615.30元。进行月末结转,作会计分录如下(单位:元):

借:利息收入　　　　　　　　　　　615.30
　　贷:本期盈余　　　　　　　　　　615.30

同时:

借:其他预算收入——利息收入　　　615.30
　　贷:其他结余　　　　　　　　　　615.30

4.8.3 租金收入的核算

"租金收入"科目核算单位经批准利用国有资产出租取得并按照规定纳入本单位预算管理的租金收入。本科目应当按照出租国有资产类别和收入来源等进行明细核算。

国有资产出租收入应当在租赁期内各个期间按照直线法予以确认。

(1)采用预收租金方式的,预收租金时,按照收到的金额,借记"银行存款"等科目,贷记"预收账款"科目;分期确认租金收入时,按照各期租金金额,借记"预收账款"科目,贷记本科目。

(2)采用后付租金方式的,每期确认租金收入时,按照各期租金金额,借记

"应收账款"科目,贷记本科目;收到租金时,按照实际收到的金额,借记"银行存款"等科目,贷记"应收账款"科目。

(3) 采用分期收取租金方式的,每期收取租金时,按照租金金额,借记"银行存款"等科目,贷记本科目。涉及增值税业务的,相关账务处理参见"应交增值税"科目。

(4) 期末,将本科目本期发生额转入本期盈余,借记本科目,贷记"本期盈余"科目。

期末结转后,本科目应无余额。

例:2019 年 5 月 15 日,B 单位将临街房屋进行出租,租期为一年(2019 年 6 月 1 日—2020 年 5 月 31 日),租金于合同签订之日一次性支付,当日收到租金 60 000 元。作会计分录如下(单位:元):

2019 年 5 月 15 日,收到租金时:

借:银行存款   60 000
　　贷:预收账款   60 000

同时:

借:资金结存——货币资金   60 000
　　贷:其他预算收入——租金收入 60 000

2019 年 6 月 30 日,确认本月租金收入:

借:预收账款   5 000
　　贷:租金收入   5 000

2019 年 6 月 30 日,月末结转:

借:租金收入   5 000
　　贷:本期盈余   5 000

同时:

借:其他预算收入——租金收入   60 000
　　贷:其他结余   60 000

4.8.4　其他收入的核算

"其他收入"科目核算单位取得的除财政拨款收入、事业收入、上级补助收入、附属单位上缴收入、经营收入、非同级财政拨款收入、投资收益、捐赠收入、利息收入、租金收入以外的各项收入,包括现金盘盈收入、按照规定纳入单位预算管理的科技成果转化收入、行政单位收回已核销的其他应收款、无法偿付的应付及预收款项、置换换出资产评估增值等。本科目应当按照其他收入的类别、来源等进行明细核算。

(1) 现金盘盈收入：每日现金账款核对中发现的现金溢余，属于无法查明原因的部分，报经批准后，借记"待处理财产损溢"科目，贷记本科目。

例：2019 年 12 月 31 日，B 事业单位对现金进行清查，发现现金长款 65 元，无法查明原因。作会计分录如下（单位：元）：

批准前：

借：库存现金　　　　　　　　　　　65
　　贷：待处理财产损溢　　　　　　　　　65

批准后：

借：待处理财产损溢　　　　　　　　65
　　贷：其他收入　　　　　　　　　　　　65

同时：

借：资金结存——货币资金　　　　　65
　　贷：其他预算收入　　　　　　　　　　65

(2) 科技成果转化收入：单位科技成果转化所取得的收入，按照规定留归本单位的，按照所取得收入扣除相关费用之后的净收益，借记"银行存款"等科目，贷记本科目。

(3) 收回已核销的其他应收款：行政单位已核销的其他应收款在以后期间收回的，按照实际收回的金额，借记"银行存款"等科目，贷记本科目（参看第 2 章 "其他应收款的检查"）。

(4) 无法偿付的应付及预收款项：无法偿付或债权人豁免偿还的应付账款、预收账款、其他应付款及长期应付款，借记"应付账款""预收账款""其他应付款""长期应付款"等科目，贷记本科目。

(5) 置换换出资产评估增值：资产置换过程中，换出资产评估增值的，按照评估价值高于资产账面价值或账面余额的金额，借记有关科目，贷记本科目。具体账务处理参见"库存物品"等科目。以未入账的无形资产取得的长期股权投资，按照评估价值加相关税费作为投资成本，借记"长期股权投资"科目，按照发生的相关税费，贷记"银行存款""其他应交税费"等科目，按其差额，贷记本科目。

(6) 确认 (1) 至 (5) 以外的其他收入时，按照应收或实际收到的金额，借记"其他应收款""银行存款""库存现金"等科目,贷记本科目。涉及增值税业务的,相关账务处理参见"应交增值税"科目。

(7)期末,将本科目本期发生额转入本期盈余,借记本科目,贷记"本期盈余"科目。

期末结转后,本科目应无余额。

例:2019年12月31日,B事业单位核算出本月"其他收入"余额为10万元,"其他预算收入"余额为10万元。月末结转时作会计分录如下(单位:元):

借:其他收入　　　　　　　　　　　　100 000
　　贷:本期盈余　　　　　　　　　　　　　100 000
同时:
借:其他预算收入——其他　　　　　　100 000
　　贷:其他结余　　　　　　　　　　　　　100 000

第 5 章
政府会计费用谨慎行

> 说到费用，我的感慨更多：今天买了衣服；明天去旅游；超市大优惠"买满 300 元赠洗衣液，买满 1 000 元赠电饭煲"，我得赶紧买买买……还没到半个月，我的工资卡清零了，没事，还有信用卡可以刷，我继续快乐购。信用卡还款日，看着账单，我愁啊愁，愁白了少年头，为什么我当时没忍住？为什么你们都不拦着我？其实我也明白，是自己对费用的发生没有计划与节制，造成了超支和没必要的浪费。如今我是政府会计人员啦，可不能随着自己的性子对待单位的消费，我还是先学通政府会计费用的核算吧。

5.1 费用概述

费用是指报告期内导致政府会计主体净资产减少的、含有服务潜力或者经济利益的经济资源的流出。

费用的确认应当同时满足以下条件：

（1）与费用相关的含有服务潜力或者经济利益的经济资源很可能流出政府会计主体。

（2）含有服务潜力或者经济利益的经济资源流出会导致政府会计主体资产减少或者负债增加。

（3）流出金额能够可靠地计量。

符合费用定义和费用确认条件的项目，应当列入收入费用表。

政府会计主体的费用按照发生费用的业务活动类型分为行政事业单位通用的业务活动费用、资产处置费用和其他费用，还有事业单位专用的单位管理费用、上缴上级费用、对附属单位补助费用、经营费用和所得税费用。

从上面的分类中不难看出，行政单位费用核算比较简单，只有 3 种；事业单位的费用核算就相对较复杂一些，上述费用都适用事业单位，共有 8 种。关于费用的核算前述已有涉及，下面再熟悉一遍相关业务的核算。

5.2 业务活动费用

"业务活动费用"科目核算单位为实现其职能目标,依法履职或开展专业业务活动及其辅助活动所发生的各项费用。本科目应当按照项目、服务或者业务类别、支付对象等进行明细核算。为了满足成本核算需要,本科目下还可按照"工资福利费用""商品和服务费用""对个人和家庭的补助费用""对企业补助费用""固定资产折旧费""无形资产摊销费""公共基础设施折旧(摊销)费""保障性住房折旧费""计提专用基金"等成本项目设置明细科目,归集能够直接计入业务活动或采用一定方法计算后计入业务活动的费用。

5.2.1 计提履职或业务人员职工薪酬的核算

为履职或开展业务活动人员计提的薪酬,按照计算确定的金额,借记本科目,贷记"应付职工薪酬"科目。

例:2019 年 4 月 30 日,A 行政单位计提本月工资,其中业务活动人员工资为 50 000 元,单位管理人员工资为 20 000 元。作会计分录如下(单位:元):

借:业务活动费用　　　　　　　　　　70 000
　　贷:应付职工薪酬　　　　　　　　　　　70 000

例:2019 年 4 月 30 日,B 事业单位计提本月工资,其中业务活动人员工资为 50 000 元,单位管理人员工资为 20 000 元。作会计分录如下(单位:元):

借:业务活动费用　　　　　　　　　　50 000
　　单位管理费用　　　　　　　　　　20 000
　　贷:应付职工薪酬　　　　　　　　　　　70 000

5.2.2 履职或业务活动雇用外部人员劳务费的核算

为履职或开展业务活动发生的外部人员劳务费,按照计算确定的金额,借记本科目,按照代扣代缴个人所得税的金额,贷记"其他应交税费——应交个人所得税"科目,按照扣税后应付或实际支付的金额,贷记"其他应付款""财政拨款收入""零余额账户用款额度""银行存款"等科目。

例:2019 年 4 月 15 日,A 行政单位开展某业务活动,外聘主持人出场费为

8 000 元，代扣个人所得税 1 280 元，款项尚未支付。作会计分录如下（单位：元）：

  借：业务活动费用　　　　　　　　　　　　8 000
    贷：其他应交税费——应交个人所得税　　1 280
      其他应付款　　　　　　　　　　　6 720

5.2.3　履职或业务活动领用库存物品等的核算

  为履职或开展业务活动领用库存物品，以及动用发出相关政府储备物资，按照领用库存物品或发出相关政府储备物资的账面余额，借记本科目，贷记"库存物品""政府储备物资"科目。

  例：2019 年 4 月 20 日，B 事业单位组织技能大赛，领用库存物品 1 000 元。作会计分录如下（单位：元）：

  借：业务活动费用　　　　　　　　　　　　1 000
    贷：库存物品　　　　　　　　　　　　　1 000

5.2.4　履职或业务活动所用资产计提折旧（或摊销）的核算

  为履职或开展业务活动所使用的固定资产、无形资产以及为所控制的公共基础设施、保障性住房计提的折旧、摊销，按照计提金额，借记本科目，贷记"固定资产累计折旧""无形资产累计摊销""公共基础设施累计折旧（摊销）""保障性住房累计折旧"科目。

  例：2019 年 4 月 30 日，B 事业单位计提折旧 10 000 元，其中开展业务活动所用固定资产折旧 5 000 元，单位管理用固定资产折旧 2 000 元，工程使用固定资产折旧 3 000 元。作会计分录如下（单位：元）：

  借：业务活动费用　　　　　　　　　　　　5 000
    单位管理费用　　　　　　　　　　　　2 000
    在建工程　　　　　　　　　　　　　　3 000
    贷：固定资产累计折旧　　　　　　　　　10 000

5.2.5　履职或业务活动其他应交税金的核算

  为履职或开展业务活动发生的城市维护建设税、教育费附加、地方教育费附加、车船税、房产税、城镇土地使用税等，按照计算确定应交纳的金额，借记本科目，贷记"其他应交税费"等科目。

例：2019 年 4 月 30 日，B 事业单位计算出本月因开展活动产生的增值税 10 000 元，计算应交城建税（7%）、教育费附加（3%）、地方教育费附加（2%）。作会计分录如下（单位：元）：

借：业务活动费用　　　　　　　　　　　1 200
　　贷：其他应交税费——应交城建税　　　　　700
　　　　　　　　　　——应交教育费附加　　　300
　　　　　　　　　　——应交地方教育费附加　200

5.2.6　履职或业务活动其他费用的核算

为履职或开展业务活动发生其他各项费用时，按照费用确认金额，借记本科目，贷记"财政拨款收入""零余额账户用款额度""银行存款""应付账款""其他应付款""其他应收款"等科目。

例：2019 年 4 月 21 日，A 行政单位为某项活动采购鲜花 100 元，以现金支付。作会计分录如下（单位：元）：

借：业务活动费用　　　　　　　　　　　100
　　贷：库存现金　　　　　　　　　　　　100

同时：

借：行政支出　　　　　　　　　　　　　100
　　贷：资金结存——货币资金　　　　　　100

5.2.7　收入中提取专用基金并计入费用的核算

按照规定从收入中提取专用基金并计入费用的，一般按照预算会计下基于预算收入计算提取的金额，借记本科目，贷记"专用基金"科目。国家另有规定的，从其规定。

例：2019 年 12 月 31 日，B 事业单位按规定根据本年度预算收入提取专用基金 10 000 元。作会计分录如下（单位：元）：

借：业务活动费用　　　　　　　　　　　10 000
　　贷：专用基金　　　　　　　　　　　　10 000

5.2.8　发生当年购货退回等业务的核算

发生当年购货退回等业务，对于已计入本年业务活动费用的，按照收回或应收的金额，借记"财政拨款收入""零余额账户用款额度""银行存款""其他应收款"等科目，贷记本科目。

例：2019年5月10日，A行政单位4月组织活动购入的气球剩余1 000个，经和供应商协商退回，款项1 000元已入单位账户。作会计分录如下（单位：元）：

借：银行存款　　　　　　　　　　　　1 000
　　贷：业务活动费用　　　　　　　　　　1 000

同时：

借：资金结存——货币资金　　　　　　1 000
　　贷：行政支出　　　　　　　　　　　　1 000

5.2.9　业务活动费用期末结转的核算

期末，将本科目本期发生额转入本期盈余，借记"本期盈余"科目，贷记本科目。

期末结转后，本科目应无余额。

例：2019年6月30日，A行政单位计算出本月业务活动费用20万元，行政支出20万元（其中财政拨款15万元，非财政拨款5万元）。进行月末结转，作会计分录如下（单位：元）：

借：本期盈余　　　　　　　　　　　　200 000
　　贷：业务活动费用　　　　　　　　　　200 000

同时：

借：财政拨款结余　　　　　　　　　　150 000
　　非财政拨款结余　　　　　　　　　　 50 000
　　贷：行政支出　　　　　　　　　　　　200 000

5.3　单位管理费用（事业单位专用）

"单位管理费用"科目核算事业单位本级行政及后勤管理部门开展管理活动发生的各项费用，包括单位行政及后勤管理部门发生的人员经费、公用经费、资产折旧（摊销）等费用，以及由单位统一负担的离退休人员经费、工会经费、诉讼费、中介费等。

本科目应当按照项目、费用类别、支付对象等进行明细核算。

为了满足成本核算需要，本科目下还可按照"工资福利费用""商品和服务费用""对个人和家庭的补助费用""固定资产折旧费""无形资产摊销费"等成本项目设置明细科目，归集能够直接计入单位管理活动或采用一定方法计算后计入单位管理活动的费用。

5.3.1 计提管理人员工资的核算

为管理活动人员计提的薪酬，按照计算确定的金额，借记本科目，贷记"应付职工薪酬"科目。

例：2019 年 5 月 31 日，B 事业单位计算本月工资，其中业务活动人员工资为 80 000 元，办公室、财务和门卫工资为 20 000 元，单位负责人工资为 20 000 元。作会计分录如下（单位：元）：

借：业务活动费用　　　　　　　　　　80 000
　　单位管理费用　　　　　　　　　　40 000
　　贷：应付职工薪酬　　　　　　　　120 000

5.3.2 因管理需要发生外部人员劳务费的核算

为开展管理活动发生的外部人员劳务费，按照计算确定的费用金额，借记本科目，按照代扣代缴个人所得税的金额，贷记"其他应交税费——应交个人所得税"科目，按照扣税后应付或实际支付的金额，贷记"其他应付款""财政拨款收入""零余额账户用款额度""银行存款"等科目。

例：2019 年 5 月 20 日，B 事业单位雇佣一个临时工清理花园和草坪，劳务费 5 000 元，代扣个人所得税 800 元，采用财政直接支付方式支付。作会计分录如下（单位：元）：

借：单位管理费用　　　　　　　　　　5 000
　　贷：财政拨款收入　　　　　　　　4 200
　　　　其他应交税费——应交个人所得税　800
同时：
借：事业支出　　　　　　　　　　　　4 200
　　贷：财政拨款预算收入　　　　　　4 200

5.3.3 开展管理活动领用库存物品的核算

开展管理活动内部领用库存物品，按照领用物品实际成本，借记本科目，贷记"库存物品"科目。

例：2019年5月11日，B事业单位办公室因工作需要领用甲材料100米，成本为300元。作会计分录如下（单位：元）：

借：单位管理费用　　　　　　　　　　300
　　贷：库存物品　　　　　　　　　　　　300

5.3.4　为开展管理活动所使用固定资产、无形资产的核算

为管理活动所使用固定资产、无形资产计提的折旧、摊销，按照应提折旧、摊销额，借记本科目，贷记"固定资产累计折旧""无形资产累计摊销"科目。

例：2019年5月31日，B事业单位计提固定资产折旧，其中生产活动固定资产折旧10 000元，行政管理部门固定资产折旧5 000元。作会计分录如下（单位：元）：

借：业务活动费用　　　　　　　　　10 000
　　单位管理费用　　　　　　　　　 5 000
　　贷：固定资产累计折旧　　　　　　　15 000

例：2019年5月31日，B事业单位摊销无形资产价值，其中管理用软件摊销额为1 000元，业务活动用专利技术摊销额为5 000元。作会计分录如下（单位：元）：

借：业务活动费用　　　　　　　　　 5 000
　　单位管理费用　　　　　　　　　 1 000
　　贷：无形资产累计摊销　　　　　　　 6 000

5.3.5　为开展管理活动发生城市维护建设税等税费的核算

为开展管理活动发生城市维护建设税、教育费附加、地方教育费附加、车船税、房产税、城镇土地使用税等，按照计算确定应交纳的金额，借记本科目，贷记"其他应交税费"等科目。

例：2019年12月31日，计提本月因管理活动负担的城市维护建设税1 000元、教育费附加600元、地方教育费附加400元、车船税100元、房产税1 200元和城镇土地使用税3 000元。作会计分录如下（单位：元）：

借：单位管理费用　　　　　　　　　　　　6 300
　　贷：其他应交款——应交城市维护建设税　1 000
　　　　　　　　　　——应交教育费附加　　600
　　　　　　　　　　——应交地方教育费附加　400
　　　　　　　　　　——应交车船税　　　　100
　　　　　　　　　　——应交房产税　　　　1 200
　　　　　　　　　　——应交城镇土地使用税　3 000

5.3.6　为开展管理活动发生的其他各项费用的核算

为开展管理活动发生的其他各项费用，按照费用确认金额，借记本科目，贷记"财政拨款收入""零余额账户用款额度""银行存款""其他应付款""其他应收款"等科目。

例：2019年8月1日，B事业单位后勤处李琦报销差旅费600元，用零余额账户支付。作会计分录如下（单位：元）：

借：单位管理费用　　　　　　　　　　　　600
　　贷：零余额账户用款额度　　　　　　　　600

同时：

借：事业支出　　　　　　　　　　　　　　600
　　贷：资金结存——零余额账户用款额度　　600

5.3.7　当年购货发生退回等业务的核算

发生当年购货退回等业务，对于已计入本年单位管理费用的，按照收回或应收的金额，借记"财政拨款收入""零余额账户用款额度""银行存款""其他应收款"等科目，贷记本科目。

例：2019年11月15日，B事业单位购入矿泉水200瓶，金额为200元，现金付讫。作会计分录如下（单位：元）：

借：单位管理费用　　　　　　　　　　　　200
　　贷：库存现金　　　　　　　　　　　　　200

同时：

借：事业支出　　　　　　　　　　　　　　200
　　贷：资金结存——货币资金　　　　　　　200

例：承上例，2019年11月17日，B事业单位收到超市通知，11月15日所购矿泉水有质量问题，厂家要求凭票退货。单位如数退回该批购进矿泉水，收到现金200元。作会计分录如下（单位：元）：

借：库存现金　　　　　　　　　　　　200
　　贷：单位管理费用　　　　　　　　　　　200

同时：

借：资金结存——货币资金　　　　　　200
　　贷：事业支出　　　　　　　　　　　　　200

5.3.8 单位管理费用期末结转的核算

期末，将本科目本期发生额转入本期盈余，借记"本期盈余"科目，贷记本科目。

期末结转后，本科目应无余额。

例：2019年5月31日，B事业单位结算出本月单位管理费用50 000元，结转到本期盈余，事业支出为80 000元。作会计分录如下（单位：元）：

借：本期盈余　　　　　　　　　　　　50 000
　　贷：单位管理费用　　　　　　　　　　　50 000

同时：

借：财政拨款结转　　　　　　　　　　80 000
　　贷：事业支出　　　　　　　　　　　　　80 000

5.4 经营费用(事业单位专用)

"经营费用"科目核算事业单位在专业业务活动及其辅助活动之外开展非独立核算经营活动发生的各项费用。本科目应当按照经营活动类别、项目、支付对象等进行明细核算。为了满足成本核算需要，本科目下还可按照"工资福利费用""商品和服务费用""对个人和家庭的补助费用""固定资产折旧费""无形资产摊销费"等成本项目设置明细科目，归集能够直接计入单位经营活动或采用一定方法计算后计入单位经营活动的费用。

5.4.1 非独立核算经营活动人员薪酬的核算

为经营活动人员计提的薪酬，按照计算确定的金额，借记本科目，贷记"应付职工薪酬"科目。

例：B 事业单位有一招待所，非独立核算，2019 年 5 月 31 日，计提招待所服务人员工资 50 000 元，招待所负责人工资 8 000 元。作会计分录如下（单位：元）：

借：经营费用　　　　　　　　　　50 000
　　单位管理费用　　　　　　　　 8 000
　　贷：应付职工薪酬　　　　　　　　　　58 000

5.4.2 非独立核算经营活动领用或发出库存物品的核算

开展经营活动领用或发出库存物品，按照物品实际成本，借记本科目，贷记"库存物品"科目。

例：2019 年 6 月 12 日，B 事业单位招待所（非独立核算）领用经营活动需用的库存乙材料 1 000 元。作会计分录如下（单位：元）：

借：经营费用　　　　　　　　　　1 000
　　贷：库存物品　　　　　　　　　　　　1 000

5.4.3 非独立核算经营活动所使用固定资产、无形资产的核算

为经营活动所使用固定资产、无形资产计提的折旧、摊销，按照应提折旧、摊销额，借记本科目，贷记"固定资产累计折旧""无形资产累计摊销"科目。

例：2019 年 6 月 30 日，B 事业单位计提招待所（非独立核算）楼房折旧 5 000 元。作会计分录如下（单位：元）：

借：经营费用　　　　　　　　　　5 000
　　贷：固定资产累计折旧　　　　　　　　5 000

5.4.4 非独立核算经营活动发生税费的核算

开展经营活动发生城市维护建设税、教育费附加、地方教育费附加、车船税、房产税、城镇土地使用税等，按照计算确定应交纳的金额，借记本科目，贷记"其他应交税费"等科目。

例：2019 年 6 月 30 日，B 事业单位计算出招待所（非独立核算）负担的城市维护建设税 2 000 元、教育费附加 1 200 元、地方教育费附加 800 元、车船税 200 元、房产税 6 000 元、城镇土地使用税 4 000 元。作会计分录如下（单位：元）：

借：经营费用　　　　　　　　　　　　　　14 200
　　贷：其他应交款——应交城市维护建设税　2 000
　　　　　　　　　——应交教育费附加　　　1 200
　　　　　　　　　——应交地方教育费附加　800
　　　　　　　　　——应交车船税　　　　　200
　　　　　　　　　——应交房产税　　　　　6 000
　　　　　　　　　——应交城镇土地使用税　4 000

5.4.5　非独立核算经营活动发生的其他费用的核算

发生与经营活动相关的其他各项费用时，按照费用确认金额，借记本科目，贷记"银行存款""其他应付款""其他应收款"等科目。涉及增值税业务的，相关账务处理参见"应交增值税"科目。

例：2019年3月1日，B事业单位招待所（非独立核算）购进毛巾200条，金额为2 000元，单位开出转账支票支付。作会计分录如下（单位：元）：

借：经营费用　　　　　　　　　　　　　　2 000
　　贷：银行存款　　　　　　　　　　　　2 000

同时：

借：经营支出　　　　　　　　　　　　　　2 000
　　贷：资金结存——货币资金　　　　　　2 000

5.4.6　非独立核算经营活动发生购货退回等业务的核算

发生当年购货退回等业务，对于已计入本年经营费用的，按照收回或应收的金额，借记"银行存款""其他应收款"等科目，贷记本科目。

例：2019年3月3日，B事业单位招待所（非独立核算）购进的200条毛巾，其中有25条有瑕疵，经与商场协商，同意退货25条，款项250元已收存银行。作会计分录如下（单位：元）：

借：银行存款　　　　　　　　　　　　　　250
　　贷：经营费用　　　　　　　　　　　　250

同时：

借：资金结存——货币资金　　　　　　　　250
　　贷：经营支出　　　　　　　　　　　　250

5.4.7 非独立核算经营活动费用期末结转的核算

期末，将本科目本期发生额转入本期盈余，借记"本期盈余"科目，贷记本科目。

期末结转后，本科目应无余额。

例：2019 年 6 月 30 日，B 事业单位计算出招待所（非独立核算）经营费用余额为 60 000 元，经营支出余额为 60 000 元。作会计分录如下（单位：元）：

借：本期盈余　　　　　　　　　　60 000
　　贷：经营费用　　　　　　　　　　　60 000

同时：

借：非财政拨款结转　　　　　　　60 000
　　贷：经营支出　　　　　　　　　　　60 000

5.5 资产处置费用

"资产处置费用"科目核算单位经批准处置资产时发生的费用，包括转销的被处置资产价值，以及在处置过程中发生的相关费用或者处置收入小于相关费用形成的净支出。资产处置的形式按照规定包括无偿调拨、出售、出让、转让、置换、对外捐赠、报废、毁损以及货币性资产损失核销等。

单位在资产清查中查明的资产盘亏、毁损以及资产报废等，应当先通过"待处理财产损溢"科目进行核算，再将处理资产价值和处理净支出计入本科目。

短期投资、长期股权投资、长期债券投资的处置，按照相关资产科目的规定进行账务处理。

本科目应当按照处置资产的类别、资产处置的形式等进行明细核算。

5.5.1 按规定处置固定资产等资产的会计核算

按照规定报经批准处置资产时，按照处置资产的账面价值，借记本科目 [处置固定资产、无形资产、公共基础设施、保障性住房的，还应借记"固定资产累计折旧""无形资产累计摊销""公共基础设施累计折旧（摊销）""保障性住房累计折旧"科目]，按照处置资产的账面余额，贷记"库存物品""固定资产""无形资产""公共基础设施""政府储备物资""文物文化资产""保障性住房"

"其他应收款""在建工程"等科目。

例：2019年5月15日，F行政单位出售小轿车一辆，该小轿车账面余额为10万元，已提折旧6万元。作会计分录如下（单位：元）：

借：资产处置费用——处置固定资产　　40 000
　　固定资产累计折旧　　　　　　　　60 000
　　贷：固定资产　　　　　　　　　　　　　　100 000

5.5.2 处置资产过程发生相关费用的核算

处置资产过程中仅发生相关费用的，按照实际发生金额，借记本科目，贷记"银行存款""库存现金"等科目。

例：2019年5月6日，F行政单位对外捐赠汽车时发生过户费用10 000元，开出转账支票支付。作会计分录如下（单位：元）：

借：资产处置费用　　　　　　　　　　10 000
　　贷：银行存款　　　　　　　　　　　　　　10 000

同时：

借：其他支出　　　　　　　　　　　　10 000
　　贷：资金结存——货币资金　　　　　　　　10 000

5.5.3 处置资产过程净支出的核算

处置资产过程中取得收入的，按照取得的价款，借记"库存现金""银行存款"等科目，按照处置资产过程中发生的相关费用，贷记"银行存款""库存现金"等科目，按照其差额，借记本科目或贷记"应缴财政款"等科目。涉及增值税业务的，相关账务处理参见"应交增值税"科目。

例：2019年5月15日，F行政单位出售小轿车并取得价款8 000元，办理过户手续费等费用10 000元。作会计分录如下（单位：元）：

借：银行存款　　　　　　　　　　　　8 000
　　资产处置费用　　　　　　　　　　2 000
　　贷：银行存款　　　　　　　　　　　　　　10 000

同时：

借：其他支出　　　　　　　　　　　　2 000
　　贷：资金结存——货币资金　　　　　　　　2 000

5.5.4 现金盘点短款无法查明原因的核算

单位账款核对中发现的现金短缺,属于无法查明原因的,报经批准核销时,借记本科目,贷记"待处理财产损溢"科目。

例:2019年6月30日,F行政单位对现金进行清查盘点,实点金额为1 852元,库存现金账面余额为1 893元,短缺41元,无法查明原因。作会计分录如下(单位:元):

批准前:

借:待处理财产损溢　　　　　　　　　　41
　　贷:库存现金　　　　　　　　　　　　　　41

批准后:

借:资产处置费用　　　　　　　　　　　41
　　贷:待处理财产损溢　　　　　　　　　　41

同时:

借:其他支出　　　　　　　　　　　　　41
　　贷:资金结存——货币资金　　　　　　　41

5.5.5 财产清查盘亏或者毁损、报废财产物资的核算

单位资产清查过程中盘亏或者毁损、报废的存货、固定资产、无形资产、公共基础设施、政府储备物资、文物文化资产、保障性住房等,报经批准处理时,按照处理资产价值,借记本科目,贷记"待处理财产损溢——待处理财产价值"科目。处理收支结清时,处理过程中所取得收入小于所发生相关费用的,按照相关费用减去处理收入后的净支出,借记本科目,贷记"待处理财产损溢——处理净收入"科目。

例:2019年6月30日,F行政单位清查盘点财产物资,发现一批包装物破损,该包装物账面价值为4 000元,清理过程中发生清理费、运费共计800元,现金支付,包装物卖废品所得500元,款项存入银行。作会计分录如下(单位:元):

批准前:

借:待处理财产损溢——待处理财产价值　　4 000
　　贷:库存物品　　　　　　　　　　　　　4 000

批准后:

借：资产处置费用　　　　　　　　　　　　　　4 000
　　贷：待处理财产损溢——待处理财产价值　　4 000

清理费用的处理：

借：待处理财产损溢——处理净收入　　　　　　800
　　贷：库存现金　　　　　　　　　　　　　　　800

清理收入的处理：

借：银行存款　　　　　　　　　　　　　　　　500
　　贷：待处理财产损溢——处理净收入　　　　500

清理净支出的处理：

借：资产处置费用　　　　　　　　　　　　　　300
　　贷：待处理财产损溢——处理净收入　　　　300

同时：

借：其他支出　　　　　　　　　　　　　　　　300
　　贷：资金结存——货币资金　　　　　　　　300

5.5.6　资产处置费用期末结转的核算

期末，将本科目本期发生额转入本期盈余，借记"本期盈余"科目，贷记本科目。

期末结转后，本科目应无余额。

例：2019年6月30日，F行政单位"资产处置费用"账面余额为4 341元。进行期末结转，作会计分录如下（单位：元）：

借：本期盈余　　　　　　　　　　　　　　　4 341
　　贷：资产处置费用　　　　　　　　　　　4 341

5.6　上缴上级费用（事业单位专用）

"上缴上级费用"科目核算事业单位按照财政部门和主管部门的规定上缴上级单位款项发生的费用。本科目应当按照收缴款项单位、缴款项目等进行明细核算。

5.6.1　发生上缴上级支出的核算

单位发生上缴上级支出的，按照实际上缴的金额或者按照规定计算出应当上缴上级单位的金额，借记本科目，贷记"银行存款""其他应付款"等科目。

例：2019 年 5 月 24 日，甲单位附属 E 事业单位（独立核算）按规定比例计算上缴甲单位支出 150 000 元，账户已划转 100 000 元，余款暂欠。作会计分录如下（单位：元）：

借：上缴上级费用　　　　　　　　150 000
　　贷：银行存款　　　　　　　　　　　100 000
　　　　其他应付款　　　　　　　　　　　50 000

同时：
借：上缴上级支出　　　　　　　　100 000
　　贷：资金结存——货币资金　　　　　100 000

5.6.2　上缴上级费用期末结转的核算

期末，将本科目本期发生额转入本期盈余，借记"本期盈余"科目，贷记本科目。

期末结转后，本科目应无余额。

例：2019 年 5 月 31 日，E 事业单位"上缴上级费用"余额为 15 万元，"上缴上级支出"余额为 10 万元，进行月末结转，作会计分录如下（单位：元）：

借：本期盈余　　　　　　　　　　150 000
　　贷：上缴上级费用　　　　　　　　　150 000

同时：
借：其他结余　　　　　　　　　　100 000
　　贷：上缴上级支出　　　　　　　　　100 000

5.7　对附属单位补助费用(事业单位专用)

"对附属单位补助费用"科目核算事业单位用财政拨款收入之外的收入对附属单位补助发生的费用。本科目应当按照接受补助单位、补助项目等进行明细核算。

5.7.1　对附属单位补助支出的核算

单位发生对附属单位补助支出的，按照实际补助的金额或者按照规定计算出应当对附属单位补助的金额，借记本科目，贷记"银行存款""其他应付款"等科目。

例：2019年5月5日，甲事业单位按规定计算出对其附属单位E事业单位补助款5万元，已经付款3万元。作会计分录如下（单位：元）：

借：对附属单位补助费用　　　　　　50 000
　　贷：银行存款　　　　　　　　　　　　30 000
　　　　其他应付款　　　　　　　　　　　20 000

同时：

借：对附属单位补助支出　　　　　　30 000
　　贷：资金结存——货币资金　　　　　　30 000

例：2019年5月20日，甲事业单位对其附属单位E事业单位支付所欠补助款2万元。作会计分录如下（单位：元）：

借：其他应付款　　　　　　　　　　20 000
　　贷：银行存款　　　　　　　　　　　　20 000

同时：

借：对附属单位补助支出　　　　　　20 000
　　贷：资金结存——货币资金　　　　　　20 000

注意：对附属单位补助支出不能用财政直接支付方式，也就是贷方不能是"财政拨款收入""财政拨款预算收入"等科目。

5.7.2　对附属单位补助费用期末结转的核算

期末，将本科目本期发生额转入本期盈余，借记"本期盈余"科目，贷记本科目。

期末结转后，本科目应无余额。

例：2019年5月31日，甲事业单位"对附属单位补助费用"余额为50 000元，"对附属单位补助支出"余额为50 000元，进行期末结转，作会计分录如下（单位：元）：

借：本期盈余　　　　　　　　　　　50 000
　　贷：对附属单位补助费用　　　　　　　50 000

同时：

借：其他结余　　　　　　　　　　　50 000
　　贷：对附属单位补助支出　　　　　　　50 000

5.8 所得税费用(事业单位专用)

"所得税费用"科目核算有企业所得税缴纳义务的事业单位按规定缴纳企业所得税所形成的费用。

5.8.1 所得税费用发生的核算

发生企业所得税纳税义务的,按照税法规定计算的应交税金数额,借记本科目,贷记"其他应交税费——单位应交所得税"科目。实际缴纳时,按照缴纳金额,借记"其他应交税费——单位应交所得税"科目,贷记"银行存款"科目。

例:H事业单位是企业化管理的事业单位,对外提供检验服务,2019年12月31日,核算出本年度收入总额为200万元,费用总额120万元,其中所得税费用3万元。H事业单位符合小微企业条件,享受小微企业优惠。

本年应交所得税 = (200 − 120 + 3) × 20% × 25% = 4.15(万元)

本月应纳所得税额 = 4.15 − 3 = 1.15(万元)

作会计分录如下(单位:元):

借:所得税费用　　　　　　　　　　　11 500
　　贷:其他应交税费——单位应交所得税　11 500

例:2020年1月5日,H事业单位申报缴纳了12月企业所得税1.15万元。

作会计分录如下(单位:元):

借:其他应交税费——单位应交所得税　11 500
　　贷:银行存款　　　　　　　　　　　11 500

同时:

借:非财政拨款结余　　　　　　　　　11 500
　　贷:资金结存——货币资金　　　　　11 500

5.8.2 所得税费用期末/年末结转的核算

期末/年末,将本科目本期/本年发生额转入本期盈余,借记"本期盈余"科目,贷记本科目。期末/年末结转后,本科目应无余额。

例：2019 年 12 月 31 日，H 事业单位将"所得税费用"期末余额 11 500 元转入"本期盈余"。作会计分录如下（单位：元）：

借：本期盈余　　　　　　　　　　　　　11 500
　　贷：所得税费用　　　　　　　　　　　　11 500

5.9　其他费用

本科目核算单位发生的除业务活动费用、单位管理费用、经营费用、资产处置费用、上缴上级费用、附属单位补助费用、所得税费用以外的各项费用，包括利息费用、坏账损失、罚没支出、现金资产捐赠支出以及相关税费、运输费等。

本科目应当按照其他费用的类别等进行明细核算。单位发生的利息费用较多的，可以单独设置"5701 利息费用"科目。

5.9.1　利息费用的核算

按期计算确认借款利息费用时，按照计算确定的金额，借记"在建工程"科目或本科目，贷记"应付利息""长期借款——应计利息"科目。

例：2019 年 5 月 3 日，A 事业单位取得周转借款 30 万元，年利率为 6%，期限为 1 年，按季度结息。作会计分录如下（单位：元）：

5 月 3 日取得借款时：

借：银行存款　　　　　　　　　　　　　300 000
　　贷：短期借款　　　　　　　　　　　　　300 000

同时：

借：资金结存——货币资金　　　　　　　300 000
　　贷：债务预算收入　　　　　　　　　　　300 000

5 月 31 日，计提本月利息：

本月利息 = 300 000 × 6% ÷ 360 × 28 = 1 400（元）

借：其他费用　　　　　　　　　　　　　1 400
　　贷：应付利息　　　　　　　　　　　　　1 400

6 月 30 日，计提利息：

本月利息 = 300 000 × 6% ÷ 12 = 1 500（元）

借：其他费用 1 500
　　贷：应付利息 1 500

6月30日，支付本季度利息：

借：应付利息 2 900
　　贷：银行存款 2 900

同时：

借：其他支出 2 900
　　贷：资金结存——货币资金 2 900

5.9.2　坏账损失的核算（事业单位专用）

年末，事业单位按照规定对收回后不需上缴财政的应收账款和其他应收款计提坏账准备时，按照计提金额，借记本科目，贷记"坏账准备"科目；冲减多提的坏账准备时，按照冲减金额，借记"坏账准备"科目，贷记本科目。

例：2019年12月31日，A事业单位采用账龄分析法分别计算出应收账款的坏账准备为2 000元，其他应收款的坏账准备为200元，年初"坏账准备——应收账款"余额为1 500元，"坏账准备——其他应收款"余额为800元。作会计分录如下（单位：元）：

借：其他费用 500
　　贷：坏账准备——应收账款 500
借：坏账准备——其他应收款 600
　　贷：其他费用 600

5.9.3　罚没支出的核算

单位发生罚没支出的，按照实际缴纳或应当缴纳的金额，借记本科目，贷记"银行存款""库存现金""其他应付款"等科目。

例：2019年6月13日，A行政单位车辆违章，通过银行缴纳罚款100元。作会计分录如下（单位：元）：

借：其他费用 100
　　贷：银行存款 100

同时：

借：其他支出 100
　　贷：资金结存——货币资金 100

5.9.4 现金资产捐赠支出的核算

单位对外捐赠现金资产的,按照实际捐赠的金额,借记本科目,贷记"银行存款""库存现金"等科目。

例:2019 年 6 月 1 日,A 事业单位通过当地民政局向当地孤儿院捐赠资金 10 万元,开出转账支票支付,收到捐款收据。作会计分录如下(单位:元):

借:其他费用　　　　　　　　　　　　100 000
　　贷:银行存款　　　　　　　　　　　　100 000

同时:
借:其他支出　　　　　　　　　　　　100 000
　　贷:资金结存——货币资金　　　　　　100 000

5.9.5 单位以名义金额计量的资产发生的相关税费等的核算

单位接受捐赠(或无偿调入)以名义金额计量的存货、固定资产、无形资产,以及成本无法可靠取得的公共基础设施、文物文化资产等发生的相关税费、运输费等,按照实际支付的金额,借记本科目,贷记"财政拨款收入""零余额账户用款额度""银行存款""库存现金"等科目。

例:2019 年 6 月 13 日,A 事业单位收到寒寒公司捐赠的设备一台,无法取得其成本,按名义金额入账,采用财政直接支付方式支付运费 500 元。作会计分录如下(单位:元):

借:固定资产　　　　　　　　　　　　1
　　贷:捐赠收入　　　　　　　　　　　　1
借:其他费用　　　　　　　　　　　　500
　　贷:财政拨款收入　　　　　　　　　　500

同时:
借:其他支出　　　　　　　　　　　　500
　　贷:财政拨款预算收入　　　　　　　　500

5.9.6 单位发生的与受托代理资产相关的费用的核算

单位发生的与受托代理资产相关的税费、运输费、保管费等,按照实际支付或应付的金额,借记本科目,贷记"零余额账户用款额度""银行存款""库存现金""其他应付款"等科目。

例：2019 年 5 月 5 日，A 事业单位收到 R 公司委托代管的物资，有关凭证上注明的金额为 50 000 元，物资已经验收入库。作会计分录如下（单位：元）：

借：受托代理资产　　　　　　　　　　50 000
　　贷：受托代理负债　　　　　　　　　　50 000

2019 年 5 月 31 日，A 事业单位支付托管物资的保管费 500 元，用现金支付。作会计分录如下（单位：元）：

借：其他费用　　　　　　　　　　　　500
　　贷：库存现金　　　　　　　　　　　　500

同时：

借：其他支出　　　　　　　　　　　　500
　　贷：资金结存——货币资金　　　　　　500

5.9.7　其他费用期末结转的核算

期末，将本科目本期发生额转入本期盈余，借记"本期盈余"科目，贷记本科目。

期末结转后，本科目应无余额。

例：2019 年 12 月 31 日，A 事业单位核算出本月"其他费用"10 000 元，"其他支出"80 000 元，其中财政拨款支出 20 000 元，非财政专项资金支出 35 000 元，其他 25 000 元。作会计分录如下（单位：元）：

借：本期盈余　　　　　　　　　　　　10 000
　　贷：其他费用　　　　　　　　　　　　10 000

同时：

借：财政拨款结转　　　　　　　　　　20 000
　　非财政拨款结转　　　　　　　　　　35 000
　　其他结余　　　　　　　　　　　　　25 000
　　贷：其他支出　　　　　　　　　　　　80 000

从前面介绍的费用不难看出，和收入一样，部分费用科目是事业单位专用的，部分费用科目是公用的。行政单位比较简单，只有"业务活动费用""资产处置费用""其他费用"，最常用的就是"业务活动费用"，而事业单位就比较复杂，分得也较细，有的事业单位还涉及所得税费用。

第6章
政府会计净资产掌握准

> 净资产啊,我的怎么是负数?我还有信用卡没还啊,我一定要算明白,我的钱都去哪儿了,我怎么就负债累累啦?

6.1 净资产概述

学过企业财务会计,就知道"所有者权益"这个要素。现在要学习政府会计中的净资产就类似于所有者权益。

净资产是指政府会计主体所有,并可以自由支配的资产,也就是政府会计主体资产扣除负债后的净额。它反映国家和行政事业单位对净资产的所有权。净资产的金额取决于资产和负债的计量,净资产项目应当列入资产负债表。

政府会计主体的净资产包括累计盈余、专用基金、权益法调整、本期盈余、本年盈余分配、无偿调拨净资产和以前年度盈余调整等。没有一个熟悉的,都是"新面孔",我们先看例题,再对照理论,然后再看一遍例题,就会豁然开朗的。

6.2 本期盈余

"本期盈余"科目核算单位本期各项收入、费用相抵后的余额。本科目期末如为贷方余额,则反映单位自年初至当期期末累计实现的盈余;如为借方余额,则反映单位自年初至当期期末累计发生的亏损。年末,将本科目余额转入"本年盈余分配"科目,本科目余额即为零。

是不是感觉似曾相识?它和企业财务会计中的"本年利润"很相似。以下介绍"本期盈余"的核算。

6.2.1 收入、费用转入的核算

期末,将各类收入科目的本期发生额转入本期盈余,借记"财政拨款收入""事业收入""上级补助收入""附属单位上缴收入""经营收入""非同级财政

拨款收入""投资收益""捐赠收入""利息收入""租金收入""其他收入"科目,贷记本科目;将各类费用科目本期发生额转入本期盈余,借记本科目,贷记"业务活动费用""单位管理费用""经营费用""所得税费用""资产处置费用""上缴上级费用""对附属单位补助费用""其他费用"科目。

例:2019 年 4 月 30 日,A 事业单位计算出收入、费用账户余额如下:"财政拨款收入"5 万元、"事业收入"8 万元、"上级补助收入"1 万元、"附属单位上缴收入"1 万元、"非同级财政拨款收入"5 万元、"租金收入"0.5 万元、"业务活动费用"6 万元、"单位管理费用"8 万元、"所得税费用"0.4 万元、"资产处置费用"1 万元、"上缴上级费用"0.2 万元、"其他费用"2 万元,进行期末结转。作会计分录如下(单位:元):

借:财政拨款收入　　　　　　　　　50 000
　　事业收入　　　　　　　　　　　80 000
　　上级补助收入　　　　　　　　　10 000
　　附属单位上缴收入　　　　　　　10 000
　　非同级财政拨款收入　　　　　　50 000
　　租金收入　　　　　　　　　　　 5 000
　贷:本期盈余　　　　　　　　　　205 000
借:本期盈余　　　　　　　　　　　176 000
　贷:业务活动费用　　　　　　　　 60 000
　　单位管理费用　　　　　　　　　80 000
　　资产处置费用　　　　　　　　　10 000
　　上缴上级费用　　　　　　　　　 2 000
　　其他费用　　　　　　　　　　　20 000
　　所得税费用　　　　　　　　　　 4 000

6.2.2　本期盈余年末结转的核算

年末,完成上述结转后,将本科目余额转入"本年盈余分配"科目,借记或贷记本科目,贷记或借记"本年盈余分配"科目。

年末结账后,本科目应无余额。

例:2019 年 12 月 31 日,B 行政单位"本期盈余"年末贷方余额为 20 万元。进行年末结转,作会计分录如下(单位:元):

借：本期盈余　　　　　　　　　　　　　　200 000
　　贷：本年盈余分配　　　　　　　　　　　　　200 000

例：2019 年 12 月 31 日，A 事业单位"本期盈余"为借方余额 5 000 元。进行年末结转，作会计分录如下（单位：元）：

借：本年盈余分配　　　　　　　　　　　　5 000
　　贷：本期盈余　　　　　　　　　　　　　　　5 000

6.3　本年盈余分配

"本年盈余分配"科目核算单位本年度盈余分配的情况和结果。它也是单位净资产的来源之一，要得到足够的重视。

6.3.1　本期盈余转入的核算

年末，将"本期盈余"科目余额转入本科目，借记或贷记"本期盈余"科目，贷记或借记本科目。

例：2020 年 12 月 31 日，A 事业单位"本期盈余"余额为 10 万元，结转到"本年盈余分配"，作会计分录如下（单位：元）：

借：本期盈余　　　　　　　　　　　　　　100 000
　　贷：本年盈余分配　　　　　　　　　　　　　100 000

6.3.2　计提专用基金的核算

年末，根据有关规定从本年度非财政拨款结余或经营结余中提取专用基金的，按照预算会计下计算的提取金额，借记本科目，贷记"专用基金"科目。

例：2020 年 12 月 31 日，A 事业单位按规定从本年度非财政拨款结余中提取专用基金 2 万元。作会计分录如下（单位：元）：

借：本年盈余分配　　　　　　　　　　　　20 000
　　贷：专用基金　　　　　　　　　　　　　　　20 000

6.3.3　本年盈余分配年末结转的核算

年末，按照规定完成上述处理后，将本科目余额转入累计盈余，借记或贷记本科目，贷记或借记"累计盈余"科目。年末结账后，本科目应无余额。

例：2020 年 12 月 31 日，A 事业单位的"本年盈余分配"计提完专用基金后余额为 8 万元，转入"累计盈余"。作会计分录如下（单位：元）：

借：本年盈余分配　　　　　　　　　　80 000
　　贷：累计盈余　　　　　　　　　　　　80 000

可见，"本年盈余分配"和企业财务会计中的"利润分配——未分配利润"是不一样的，只是有点类似。

6.4　累计盈余

"累计盈余"科目核算单位历年实现的盈余扣除盈余分配后滚存的金额，以及因无偿调入调出资产产生的净资产变动额。按照规定上缴、缴回、单位间调剂结转结余资金产生的净资产变动额，以及对以前年度盈余的调整金额，也通过本科目核算。本科目期末余额，反映单位未分配盈余（或未弥补亏损）的累计数以及截至上年末无偿调拨净资产变动的累计数。本科目年末余额，反映单位未分配盈余（或未弥补亏损）以及无偿调拨净资产变动的累计数。

6.4.1　"本年盈余分配"转入的核算

年末，将"本年盈余分配"科目的余额转入累计盈余，借记或贷记"本年盈余分配"科目，贷记或借记本科目。

例：2019 年 12 月 31 日，B 行政单位"本年盈余分配"年末贷方余额为 20 万元，年末结转到"累计盈余"，作会计分录如下（单位：元）：

借：本年盈余分配　　　　　　　　　　200 000
　　贷：累计盈余　　　　　　　　　　　　200 000

例：2019 年 12 月 31 日，A 事业单位"本年盈余分配"为借方余额 5 000 元，进行年末结转，作会计分录如下（单位：元）：

借：累计盈余　　　　　　　　　　　　5 000
　　贷：本年盈余分配　　　　　　　　　　5 000

6.4.2　"无偿调拨净资产"转入的核算

年末，将"无偿调拨净资产"科目的余额转入累计盈余，借记或贷记"无偿调拨净资产"科目，贷记或借记本科目。

例：2019 年 12 月 31 日，A 事业单位"无偿调拨净资产"余额为借方余额 80 000 元，转入"累计盈余"。作会计分录如下（单位：元）：

借：累计盈余　　　　　　　　　　　　80 000
　　贷：无偿调拨净资产　　　　　　　　　　80 000

6.4.3　上缴、缴回、调出、调入结转结余资金的核算

按照规定上缴财政拨款结转结余、缴回非财政拨款结转资金、向其他单位调出财政拨款结转资金时，按照实际上缴、缴回、调出金额，借记本科目，贷记"财政应返还额度""零余额账户用款额度""银行存款"等科目。按照规定从其他单位调入财政拨款结转资金时，按照实际调入金额，借记"零余额账户用款额度""银行存款"等科目，贷记本科目。

例：2019 年 5 月 6 日，A 事业单位从其他单位调入财政授权内拨款结转资金 100 万元。作会计分录如下（单位：元）：

借：零余额账户用款额度　　　　　　　1 000 000
　　贷：累计盈余　　　　　　　　　　　　1 000 000

同时：

借：资金结存——零余额账户用款额度　1 000 000
　　贷：财政拨款结转——归集调入　　　　1 000 000

6.4.4　"以前年度盈余调整"转入的核算

将"以前年度盈余调整"科目的余额转入本科目，借记或贷记"以前年度盈余调整"科目，贷记或借记本科目。

例：2019 年 3 月 15 日，A 事业单位从零余额账户支付上年度的业务招待费，金额为 30 000 元。作会计分录如下（单位：元）：

借：以前年度盈余调整　　　　　　　　30 000
　　贷：零余额账户用款额度　　　　　　　　30 000

同时：

借：财政拨款结转——年初余额调整　　30 000
　　贷：资金结存——零余额账户用款额度　30 000

例：2019 年 3 月 31 日，A 事业单位将"以前年度盈余调整"转入"累计盈

余"。作会计分录如下（单位：元）：

  借：累计盈余   30 000
    贷：以前年度盈余调整   30 000

6.4.5 使用专用基金购置固定资产、无形资产的核算

  按照规定使用专用基金购置固定资产、无形资产的，按照固定资产、无形资产成本金额，借记"固定资产""无形资产"科目，贷记"银行存款"等科目；同时，按照专用基金使用金额，借记"专用基金"科目，贷记本科目。

  例：2020年1月8日，A事业单位（一般纳税人）使用专用基金购入设备一台，取得增值税专用发票上注明的金额为2万元，增值税额为0.26万元，设备已经安装交付使用，款项已经汇出。作会计分录如下（单位：元）：

  借：固定资产   20 000
    应交增值税——应交税金（进项税额） 2 600
    贷：银行存款   22 600
  借：专用基金   22 600
    贷：累计盈余   22 600
  同时：
  借：专用结余   22 600
    贷：资金结存——货币资金   22 600

6.5 专用基金（事业单位专用）

  "专用基金"科目核算事业单位按照规定提取或设置的具有专门用途的净资产，主要包括修购基金、职工福利基金、医疗基金、科技成果转化基金、住房基金和其他基金。修购基金由单位事业收入和经营收入中提取以及固定资产残值变价收入转入形成，专门用于固定资产的维修购置开支；职工福利基金按规定从单位结余和收入中提取形成，专门用于职工集体福利设施、集体福利待遇、职工个人生活困难补助等开支；医疗基金按当地财政部门规定的公费医疗开支标准从单位收入中提取形成，专门用于职工公费医疗开支。

  本科目应当按照专用基金的类别进行明细核算。

  本科目期末贷方余额，反映事业单位累计提取或设置的尚未使用的专用

基金。

6.5.1 从本年度非财政拨款结余等中提取专用基金的核算

年末,根据有关规定从本年度非财政拨款结余或经营结余中提取专用基金的,按照预算会计下计算的提取金额,借记"本年盈余分配"科目,贷记本科目。

例:2019年12月31日,A事业单位按规定从本年度"非财政拨款结余"中提取专用基金50 000元。作会计分录如下(单位:元):

借:本年盈余分配　　　　　　　　　　　50 000
　　贷:专用基金　　　　　　　　　　　　50 000

同时:

借:非财政拨款结余分配　　　　　　　　50 000
　　贷:专用结余　　　　　　　　　　　　50 000

6.5.2 从收入中提取专用基金的核算

根据有关规定从收入中提取专用基金并计入费用的,一般按照预算会计下基于预算收入计算提取的金额,借记"业务活动费用"等科目,贷记本科目。国家另有规定的,从其规定。

例:2019年12月31日,A事业单位按照预算收入计提专用基金20 000元计入费用。作会计分录如下(单位:元):

借:业务活动费用　　　　　　　　　　　20 000
　　贷:专用基金　　　　　　　　　　　　20 000

6.5.3 收到设置的专用基金的核算

根据有关规定设置的其他专用基金,按照实际收到的基金金额,借记"银行存款"等科目,贷记本科目。

例:2019年5月4日,A事业单位收到按规定设置的专用基金20 000元。作会计分录如下(单位:元):

借:银行存款　　　　　　　　　　　　　20 000
　　贷:专用基金　　　　　　　　　　　　20 000

6.5.4 使用提取的专用基金的核算

按照规定使用提取的专用基金时,借记本科目,贷记"银行存款"等科目。使用提取的专用基金购置固定资产、无形资产的,按照固定资产、无形资产成本金额,借记"固定资产""无形资产"科目,贷记"银行存款"等科目;同时,按照专用基金使用金额,借记本科目,贷记"累计盈余"科目。

例:2019 年 6 月 14 日,A 事业单位使用专用基金支付专项费用 50 000 元。作会计分录如下(单位:元):

借:专用基金　　　　　　　　　　50 000
　　贷:银行存款　　　　　　　　　50 000

同时:

借:事业支出　　　　　　　　　　50 000
　　贷:资金结存——货币资金　　　50 000

例:2019 年 8 月 12 日,A 事业单位使用专用基金购买一项专利权,价款为 10 万元。作会计分录如下(单位:元):

借:无形资产　　　　　　　　　　100 000
　　贷:银行存款　　　　　　　　　100 000

借:专用基金　　　　　　　　　　100 000
　　贷:累计盈余　　　　　　　　　100 000

同时:

借:事业支出　　　　　　　　　　100 000
　　贷:资金结存——货币资金　　　100 000

6.6 无偿调拨净资产的核算

"无偿调拨净资产"科目核算行政事业单位无偿调入或调出非现金资产所引起的的净资产变动金额。

6.6.1 无偿调入资产的核算

按照规定取得无偿调入的存货、长期股权投资、固定资产、无形资产、公共基础设施、政府储备物资、文物文化资产、保障性住房等，按照确定的成本，借记"库存物品""长期股权投资""固定资产""无形资产""公共基础设施""政府储备物资""文物文化资产""保障性住房"等科目，按照调入过程中发生的归属于调入方的相关费用，贷记"零余额账户用款额度""银行存款"等科目，按照其差额，贷记本科目。

无偿调拨固定资产、无形资产、公共基础设施、政府储备物资、文物文化资产、保障性住房的核算，例题参看第 2 章相关内容。

例：2019 年 4 月 15 日，B 行政单位接受上级部门无偿调入甲材料一批，价值为 5 万元，材料已经验收入库，另外现金支付运杂费 500 元。作会计分录如下（单位：元）：

借：库存物品　　　　　　　　　　　50 500
　　贷：无偿调拨净资产　　　　　　50 000
　　　　库存现金　　　　　　　　　　500

同时：
借：其他支出　　　　　　　　　　　　500
　　贷：资金结存——货币资金　　　　500

6.6.2　无偿调出资产的核算

按照规定经批准无偿调出存货、长期股权投资、固定资产、无形资产、公共基础设施、政府储备物资、文物文化资产、保障性住房等，按照调出资产的账面余额或账面价值，借记本科目，按照固定资产累计折旧、无形资产累计摊销、公共基础设施累计折旧或摊销、保障性住房累计折旧的金额，借记"固定资产累计折旧""无形资产累计摊销""公共基础设施累计折旧（摊销）""保障性住房累计折旧"科目，按照调出资产的账面余额，贷记"库存物品""长期股权投资""固定资产""无形资产""公共基础设施""政府储备物资""文物文化资产""保障性住房"等科目；同时，按照调出过程中发生的归属于调出方的相关费用，借记"资产处置费用"科目，贷记"零余额账户用款额度""银行存款"等科目。

例：2019 年 8 月 13 日，A 事业单位无偿调出一台设备，账面余额为 10 万元，已提折旧 6 万元，现金支付运费 500 元。作会计分录如下（单位：元）：

借：无偿调拨净资产　　　　　　　　40 000
　　固定资产累计折旧　　　　　　　60 000
　　贷：固定资产　　　　　　　　　100 00

借：资产处置费用	500	
贷：库存现金		500

同时：

借：其他支出	500	
贷：资金结存——货币资金		500

6.6.3 无偿调拨净资产年末结转的核算

年末，将本科目余额转入累计盈余，借记或贷记本科目，贷记或借记"累计盈余"科目。

年末结账后，本科目应无余额。

例：2019 年 10 月 31 日，A 事业单位核算出"无偿调拨净资产"余额为借方 20 000 元，进行期末结转，作会计分录如下（单位：元）：

借：累计盈余	20 000	
贷：无偿调拨净资产		20 000

6.7 以前年度盈余调整

"以前年度盈余调整"科目核算单位本年度发生的调整以前年度盈余的事项，包括本年度发生的重要前期差错更正涉及调整以前年度盈余的事项。

6.7.1 调整以前年度收入的核算

调整增加以前年度收入时，按照调整增加的金额，借记有关科目，贷记本科目。调整减少的，做相反会计分录。

例：2020 年 3 月 5 日，A 事业单位发现 2019 年 12 月 5 日有一笔预收账款 50 万元，经查期末之前已经将商品交给买方，并且符合收入确认条件，但是 2019 年没有确认收入，也没进行增值税纳税申报。该批商品合同价款为 100 万元，增值税额为 13 万元。作会计分录如下（单位：元）：

借：预收账款	1 130 000	
贷：以前年度盈余调整		1 000 000
应交增值税——未交税金		130 000

例：2020年3月6日，B事业单位发现2019年12月8日有一笔应税收入为10万元，增值税额为1.3万元，当时会计人员误把11.3万元全部计入收入。作会计分录如下（单位：元）：

  借：以前年度盈余调整   13 000

   贷：应交税费——未交税金   13 000

6.7.2 调整以前年度费用的核算

调整增加以前年度费用时，按照调整增加的金额，借记本科目，贷记有关科目；调整减少的，做相反会计分录。

例：承前例，2020年3月5日，A事业单位应确认收入的商品成本为60万元。作会计分录如下（单位：元）：

  借：以前年度盈余调整   600 000

   贷：库存物品   600 000

例：承前例，2020年3月6日B事业单位发现的那笔错账，根据应交增值税计算的应计提的城市维护建设税为910元，教育费附加为390元，地方教育费附加为260元。作会计分录如下（单位：元）：

  借：以前年度盈余调整   1 560

   贷：其他应交税费——应交城建税 910

       ——应交教育费附加 390

       ——应交地方教育费附加 260

例：2020年3月10日，B事业单位发现上年列支的一项汽车加油款属于个人支出，不应列为单位支出，金额为1500元，予以冲回，款项尚未收到。作会计分录如下（单位：元）：

  借：其他应收款   1 500

   贷：以前年度盈余调整   1 500

6.7.3 盘盈非流动资产的核算

盘盈的各种非流动资产，报经批准后处理时，借记"待处理财产损溢"科目，贷记本科目。

例：2019年12月31日，B事业单位进行清查盘点时发现盘盈一台设备，该设备市场价为20 000元，八成新。作会计分录如下（单位：元）：

批准前：
借：固定资产　　　　　　　　　　　　　16 000
　　贷：待处理财产损溢　　　　　　　　　　　　16 000

批准后：
借：待处理财产损溢　　　　　　　　　　16 000
　　贷：以前年度盈余调整　　　　　　　　　　　16 000

6.7.4　以前年度盈余调整期末结转的核算

经上述调整后，应将本科目的余额转入累计盈余，借记或贷记"累计盈余"科目，贷记或借记本科目，本科目结转后应无余额。

例：2020 年 3 月 31 日，B 事业单位计算出"以前年度盈余调整"余额为贷方 386 940 元，结转到"累计盈余"。作会计分录如下（单位：元）：

借：以前年度盈余调整　　　　　　　　　386 940
　　贷：累计盈余　　　　　　　　　　　　　　　386 940

通过本章例题可以看出，"本期盈余""本年盈余分配""无偿调拨净资产""以前年度盈余调整"年末无余额，净资产的总额为"累计盈余""专用基金"余额汇总数。

03

第 3 篇　预算会计篇

第 7 章
预算收入要理清

前面介绍的会计核算都是以财务会计为主线进行的，相对应的预算会计核算也做了介绍。以下集中了解一下政府会计制度中预算会计科目的相关内容。预算会计与以前的行政事业单位会计类似，记账基础依然是收付实现制，但是它又与以前的行政事业单位会计有所区别。现行预算会计科目只有收入、支出和结余，没有往来款项，所以其记账相对简单。首先，我们先来看看预算收入类的科目。

7.1 预算收入概述

预算收入是指政府会计主体在预算年度内依法取得的并纳入预算管理的现金流入。预算收入一般在实际收到时予以确认，以实际收到的金额计量。

预算收入科目与财务会计收入一样，也是区分了通用科目和事业单位专用科目。其中，财政拨款预算收入、非同级财政拨款预算收入、其他预算收入是行政事业单位通用科目，事业预算收入、上级补助预算收入、附属单位上缴预算收入、经营预算收入、投资预算收益是事业单位专用科目。这些科目与前面介绍的财务会计收入大多是一一对应的，比如，财政拨款收入与财政拨款预算收入、事业收入与事业预算收入、上级补助收入与上级补助预算收入等。这样就好理解了，财务会计记哪个收入，预算会计就在"收入"前加"预算"二字。真是这样吗？

7.2 财政拨款预算收入

"财政拨款预算收入"科目核算单位从同级政府财政部门取得的各类财政拨款。本科目应当设置"基本支出"和"项目支出"两个明细科目，并按照《政府收支分类科目》中"支出功能分类科目"的项级科目进行明细核算。同时，在"基本支出"明细科目下按照"人员经费"和"日常公用经费"进行明细核算;在"项目支出"明细科目下按照具体项目进行明细核算。有一般公共预算财政拨款、政府性基金预算财政拨款等两种或两种以上财政拨款的单位,还应当按照财政拨款的种类进行明细核算。

收入类科目比较简单,增加记贷方,减少记借方,年末无余额。但是财政拨款预算收入最容易混淆的是年底结转前不同财政拨款方式下的年终结算。

7.2.1 财政直接支付方式的核算

财政直接支付方式下,单位根据收到的"财政直接支付入账通知书"及相关原始凭证,按照通知书中的直接支付金额,借记"行政支出""事业支出"等科目,贷记本科目。

年末,根据本年度财政直接支付预算指标数与当年财政直接支付实际支出数的差额,借记"资金结存——财政应返还额度"科目,贷记本科目。

例:2019 年 5 月 6 日,A 事业单位收到银行转来的"财政直接支付入账通知书":日常活动经费 2 万元,某项活动专项活动经费 1 万元。作会计分录如下(单位:元):

借:事业支出　　　　　　　　　　　30 000
　　贷:财政拨款预算收入　　　　　　　　30 000

财务会计:

借:业务活动费用　　　　　　　　　30 000
　　贷:财政拨款收入　　　　　　　　　　30 000

例:2019 年 5 月 13 日,B 行政单位通过财政直接支付方式支付 4 月份工资 13 万元。作会计分录如下(单位:元):

借:行政支出　　　　　　　　　　　130 000
　　贷:财政拨款预算收入　　　　　　　　130 000

财务会计:

借:应付职工薪酬　　　　　　　　　130 000
　　贷:财政拨款收入　　　　　　　　　　130 000

例:2019 年 12 月 31 日,A 事业单位计算汇总出本年度采用财政直接支付的实际支出额为 200 万元,本年度财政直接支付预算指标为 230 万元,结算差额为 30 万元。作会计分录如下(单位:元):

借：资金结存——财政应返还额度　　　　300 000
　　贷：财政拨款预算收入　　　　　　　　　　　　300 000
财务会计：
借：财政应返还额度——财政直接支付　　300 000
　　贷：财政拨款收入　　　　　　　　　　　　　　300 000

7.2.2　财政授权支付方式的核算

在通常情况下，根据预算指标申请用款计划，财政部门批复后，单位根据收到的"财政授权支付额度到账通知书"，按照通知书中的授权支付额度，借记"资金结存——零余额账户用款额度"科目，贷记本科目。

年末，单位本年度财政授权支付预算指标数大于零余额账户用款额度下达数的，按照两者差额，借记"资金结存——财政应返还额度"科目，贷记本科目。

例：2019年4月1日，B行政单位收到"财政授权支付额度到账通知书"，收到财政拨款10万元。作会计分录如下（单位：元）：

借：资金结存——零余额账户用款额度　　100 000
　　贷：财政拨款预算收入　　　　　　　　　　　　100 000
财务会计：
借：零余额账户用款额度　　　　　　　　100 000
　　贷：财政拨款收入　　　　　　　　　　　　　　100 000

例：2019年4月5日，B行政单位从零余额账户中支付工程物资款95 000元。作会计分录如下（单位：元）：

借：行政支出　　　　　　　　　　　　　95 000
　　贷：资金结存——零余额账户用款额度　　　　　95 000
财务会计：
借：工程物资　　　　　　　　　　　　　95 000
　　贷：零余额账户用款额度　　　　　　　　　　　95 000

例：2019年12月31日，B行政单位汇总计算出本年度收到财政授权支付的款项为200万元，本年度财政授权支付预算指标数为210万元，结算差额为10万元。作会计分录如下（单位：元）：

借：资金结存——财政应返还额度　　　　100 000
　　贷：财政拨款预算收入　　　　　　　　　　　　100 000

财务会计：
借：财政应返还额度——财政授权支付　　　100 000
　　贷：财政拨款收入　　　　　　　　　　　　　100 000

7.2.3　其他方式下财政拨款的核算

在其他方式下，单位按照本期预算收到财政拨款预算收入时，按照实际收到的金额，借记"资金结存——货币资金"科目，贷记本科目。单位收到下期预算的财政预拨款，应当在下个预算期，按照预收的金额，借记"资金结存——货币资金"科目，贷记本科目。

例：2019 年 11 月 25 日，B 行政单位按照本期预算取得其他方式财政预算拨款 20 000 元，款项已到户。作会计分录如下（单位：元）：

借：资金结存——货币资金　　　　　　　　20 000
　　贷：财政拨款预算收入　　　　　　　　　　20 000

财务会计：
借：银行存款　　　　　　　　　　　　　　20 000
　　贷：财政拨款收入　　　　　　　　　　　　20 000

例：2019 年 12 月 25 日，A 事业单位取得下年度预算其他方式财政预算拨款 20 000 元，款项已到户。作会计分录如下（单位：元）：

2019 年 12 月 25 日：
财务会计：
借：银行存款　　　　　　　　　　　　　　20 000
　　贷：其他应付款　　　　　　　　　　　　　20 000

2020 年 1 月 1 日：
借：资金结存——货币资金　　　　　　　　20 000
　　贷：财政拨款预算收入　　　　　　　　　　20 000

财务会计：
借：其他应付款　　　　　　　　　　　　　20 000
　　贷：财政拨款收入　　　　　　　　　　　　20 000

7.2.4　国库直接支付款项因差错更正等款项退回的核算

因差错更正、购货退回等发生国库直接支付款项退回的，属于本年度支付的款项，按照退回金额，借记本科目，贷记"行政支出""事业支出"等科目。

例：2019 年 6 月 12 日，A 事业单位发现 5 月 6 日采用财政直接支付的某项活动专项活动经费 10 000 元不应支出，退回国库。作会计分录如下（单位：元）：

借：财政拨款预算收入　　　　　　　　　10 000
　　贷：事业支出　　　　　　　　　　　　　　10 000

财务会计：
借：财政拨款收入　　　　　　　　　　　10 000
　　贷：业务活动费用　　　　　　　　　　　　10 000

例：2019 年 5 月 15 日，B 行政单位发现 5 月 4 日采用财政直接支付方式购进的茶叶 500 元有质量问题，经与供货方协商退货退款，手续已经办理完毕。作会计分录如下（单位：元）：

借：财政拨款预算收入　　　　　　　　　500
　　贷：行政支出　　　　　　　　　　　　　　500

财务会计：
借：财政拨款收入　　　　　　　　　　　500
　　贷：业务活动费用　　　　　　　　　　　　500

7.2.5　财政拨款预算收入年末结转的核算

年末，将本科目本年发生额转入财政拨款结转，借记本科目，贷记"财政拨款结转——本年收支结转"科目。

年末结转后，本科目应无余额。

例：2019 年 12 月 31 日，A 事业单位结算出本年度"财政拨款预算收入"余额为 15 万元，"财政拨款收入"余额为 15 万元。该单位平时期末没做结转，年末结转时作会计分录如下（单位：元）：

借：财政拨款预算收入　　　　　　　　　150 000
　　贷：财政拨款结转——本年收支结转　　　　150 000

财务会计：
借：财政拨款收入　　　　　　　　　　　150 000
　　贷：本期盈余　　　　　　　　　　　　　　150 000

7.3　事业预算收入（事业单位专用）

"事业预算收入"科目核算事业单位开展专业业务活动及其辅助活动取得的

现金流入。事业单位因开展科研及其辅助活动从非同级政府财政部门取得的经费拨款，也通过本科目核算。本科目应当按照事业预算收入类别、项目、来源、《政府收支分类科目》中"支出功能分类科目"项级科目等进行明细核算。对于因开展科研及其辅助活动从非同级政府财政部门取得的经费拨款，应当在本科目下单设"非同级财政拨款"明细科目进行明细核算；事业预算收入中如有专项资金收入，还应按照具体项目进行明细核算。

7.3.1 采用财政专户返还方式管理的事业预算收入的核算

采用财政专户返还方式管理的事业预算收入，收到从财政专户返还的事业预算收入时，按照实际收到的返还金额，借记"资金结存——货币资金"科目，贷记本科目。

例：C事业单位对外提供检验服务，实行收支两条线，采用财政专户返还方式管理，2019年3月5日，收到检验费20 000元。作会计分录如下（单位：元）：

财务会计：
借：银行存款　　　　　　　　　　　　　20 000
　　贷：应缴财政款　　　　　　　　　　　　　20 000

例：2019年3月31日，C事业单位将本月所收检验费10万元上缴财政专户。作会计分录如下（单位：元）：

财务会计：
借：应缴财政款　　　　　　　　　　　　100 000
　　贷：银行存款　　　　　　　　　　　　　　100 000

例：2019年4月5日，C事业单位的用款计划60 000元的申请通过，收到从财政专户返还的款项60 000元。

借：资金结存——货币资金　　　　　　　60 000
　　贷：事业预算收入　　　　　　　　　　　　60 000
财务会计：
借：银行存款　　　　　　　　　　　　　60 000
　　贷：事业收入　　　　　　　　　　　　　　60 000

7.3.2 收到其他事业预算收入的核算

收到其他事业预算收入时，按照实际收到的款项金额，借记"资金结存——

货币资金"科目，贷记本科目。

例：2019 年 6 月 15 日，B 事业单位对外提供专业业务活动，收取服务费 5 000 元，存入银行。作会计分录如下（单位：元）：

借：资金结存——货币资金　　　　　5 000
　　贷：事业预算收入　　　　　　　　　5 000

财务会计：
借：银行存款　　　　　　　　　　　5 000
　　贷：事业收入　　　　　　　　　　　5 000

7.3.3　事业预算收入期末/年末结转的核算

期末/年末，将本科目本期/本年发生额中的专项资金收入转入非财政拨款结转，借记本科目下各专项资金收入明细科目，贷记"非财政拨款结转——本年收支结转"科目；将本科目本期/本年发生额中的非专项资金收入转入其他结余，借记本科目下各非专项资金收入明细科目，贷记"其他结余"科目。

期末/年末结转后，本科目应无余额。

例：2019 年 6 月 30 日，C 事业单位事业收入余额为 100 万元，事业预算收入是 120 万元，其中发生的专项资金收入为 80 万元，非专项资金收入为 40 万元。进行期末结转，作会计分录如下（单位：元）：

借：事业预算收入　　　　　　　　1 200 000
　　贷：非财政拨款结转　　　　　　　800 000
　　　　其他结余　　　　　　　　　　400 000

财务会计：
借：事业收入　　　　　　　　　　1 000 000
　　贷：本期盈余　　　　　　　　　1 000 000

7.4　上级补助预算收入（事业单位专用）

"上级补助预算收入"科目核算事业单位从主管部门和上级单位取得的非财政补助现金流入。本科目应当按照发放补助单位、补助项目、《政府收支分类科目》中"支出功能分类科目"的项级科目等进行明细核算。上级补助预算收入中如有专项资金收入，还应按照具体项目进行明细核算。

7.4.1 收到上级补助预算收入的核算

收到上级补助预算收入时,按照实际收到的金额,借记"资金结存——货币资金"科目,贷记本科目。

例:2019 年 7 月 8 日,D 事业单位收到上级补助款 20 万元,款项已经划入银行账户。作会计分录如下(单位:元):

借:资金结存——货币资金　　　　200 000
　　贷:上级补助预算收入　　　　　　　200 000

财务会计:
借:银行存款　　　　　　　　　　200 000
　　贷:上级补助收入　　　　　　　　　200 000

7.4.2 上级补助预算收入期末/年末结转的核算

期末/年末,将本科目本期/本年发生额中的专项资金收入转入非财政拨款结转,借记本科目下各专项资金收入明细科目,贷记"非财政拨款结转——本年收支结转"科目;将本科目本期/本年发生额中的非专项资金收入转入其他结余,借记本科目下各非专项资金收入明细科目,贷记"其他结余"科目。

期末/年末结转后,本科目应无余额。

例:2019 年 12 月 31 日,D 事业单位"上级补助预算收入"年末余额为 100 万元,其中专项资金收入为 40 万元,非专项资金收入为 60 万元,"上级补助收入"年末余额为 80 万元。进行年末结转,作会计分录如下(单位:元):

借:上级补助预算收入　　　　　1 000 000
　　贷:非财政拨款结转——本年收支结转　400 000
　　　　其他结余　　　　　　　　　　　600 000

财务会计:
借:上级补助收入　　　　　　　　800 000
　　贷:本期盈余　　　　　　　　　　　800 000

7.5　附属单位上缴预算收入(事业单位专用)

"附属单位上缴预算收入"科目核算事业单位取得附属独立核算单位根据有

关规定上缴的现金流入。本科目应当按照附属单位、缴款项目、《政府收支分类科目》中"支出功能分类科目"的项级科目等进行明细核算。附属单位上缴预算收入中如有专项资金收入，还应按照具体项目进行明细核算。

7.5.1 收到独立核算附属单位缴款的核算

收到附属单位缴来款项时，按照实际收到的金额，借记"资金结存——货币资金"科目，贷记本科目。

例：2019年12月1日，D事业单位确认其附属单位应上缴收入为10万元，接银行通知，实际收到60 000元，余款暂欠。作会计分录如下（单位：元）：

借：资金结存——货币资金　　　　　　60 000
　　贷：附属单位上缴预算收入　　　　　　　　60 000

财务会计：

借：银行存款　　　　　　　　　　　　60 000
　　其他应收款　　　　　　　　　　　40 000
　　贷：附属单位上缴收入　　　　　　　　　100 000

例：承上例，2019年12月18日，D事业单位收到其附属单位欠缴的应缴收入40 000元。作会计分录如下（单位：元）：

借：资金结存——货币资金　　　　　　40 000
　　贷：附属单位上缴预算收入　　　　　　　　40 000

财务会计：

借：银行存款　　　　　　　　　　　　40 000
　　贷：其他应收款　　　　　　　　　　　　　40 000

7.5.2 附属单位上缴预算收入期末/年末结转的核算

期末/年末，将本科目本期/本年发生额中的专项资金收入转入非财政拨款结转，借记本科目下各专项资金收入明细科目，贷记"非财政拨款结转——本年收支结转"科目；将本科目本期/本年发生额中的非专项资金收入转入其他结余，借记本科目下各非专项资金收入明细科目，贷记"其他结余"科目。

期末/年末结转后，本科目应无余额。

例：2019年12月31日，D事业单位结算出"附属单位上缴预算收入"期末余额为30万元，其中专项资金收入16万元，非专项资金收入为14万元，"附属单位上缴收入"为 50 万元。作会计分录如下（单位：元）：

  借：附属单位上缴预算收入   300 000
    贷：非财政拨款结转——本年收支结转 160 000
      其他结余   140 000

财务会计：
  借：附属单位上缴收入   500 000
    贷：本期盈余   500 000

7.6　经营预算收入（事业单位专用）

"经营预算收入"科目核算事业单位在专业业务活动及其辅助活动之外开展非独立核算经营活动取得的现金流入。本科目应当按照经营活动类别、项目、《政府收支分类科目》中"支出功能分类科目"的项级科目等进行明细核算。

7.6.1　非独立核算经营活动收到经营预算收入的核算

收到经营预算收入时，按照实际收到的金额，借记"资金结存——货币资金"科目，贷记本科目。

例：2019 年 6 月 15 日，D 事业单位非独立核算的食堂对外营业，经营收入为 13 000 元，收到的现金 9 000 元存入银行，其余为各单位签单。作会计分录如下（单位：元）：

  借：资金结存——货币资金   9 000
    贷：经营预算收入   9 000

财务会计：
  借：银行存款   9 000
    应收账款   4 000
    贷：经营收入   13 000

例：2019 年 6 月 30 日，D 事业单位收到签单单位欠款 4 000 元，存入银行。作会计分录如下（单位：元）：

  借：资金结存——货币资金   4 000
    贷：经营预算收入   4 000

财务会计：

借：银行存款 4 000
　　贷：应收账款 4 000

7.6.2 经营预算收入期末/年末结转的核算

期末/年末，将本科目本期/本年发生额转入经营结余，借记本科目，贷记"经营结余"科目。

期末/年末结转后，本科目应无余额。

例：2019年6月30日，D事业单位非独立核算经营收入为20万元，经营预算收入余额为18万元。

借：经营预算收入 180 000
　　贷：经营结余 180 000

财务会计：
借：经营收入 200 000
　　贷：本期盈余 200 000

7.7 债务预算收入（事业单位专用）

"债务预算收入"科目核算事业单位按照规定从银行和其他金融机构等借入的、纳入部门预算管理的、不以财政资金作为偿还来源的债务本金。本科目应当按照贷款单位、贷款种类、《政府收支分类科目》中"支出功能分类科目"的项级科目等进行明细核算。债务预算收入中如有专项资金收入，还应按照具体项目进行明细核算。

7.7.1 借入借款的核算

借入各项短期或长期借款时，按照实际借入的金额，借记"资金结存——货币资金"科目，贷记本科目。

例：2019年5月31日，X事业单位从工商银行借入周转资金10万元，期限为1年，利率为6%。作会计分录如下（单位：元）：

借：资金结存——货币资金 100 000
　　贷：债务预算收入 100 000

财务会计：
借：银行存款　　　　　　　　　　　　　100 000
　　贷：短期借款　　　　　　　　　　　　　100 000

例：承上例，2020年5月31日，X事业单位归还工商银行借款本金10万元。作会计分录如下（单位：元）：
借：债务还本支出　　　　　　　　　　　100 000
　　贷：资金结存——货币资金　　　　　　　100 000
财务会计：
借：短期借款　　　　　　　　　　　　　100 000
　　贷：银行存款　　　　　　　　　　　　　100 000

例：2019年6月10日，X事业单位从农业银行借入工程借款200万元，期限为3年，利率为9%。作会计分录如下（单位：元）：
借：资金结存——货币资金　　　　　　　2 000 000
　　贷：债务预算收入　　　　　　　　　　　2 000 000
财务会计：
借：银行存款　　　　　　　　　　　　　2 000 000
　　贷：长期借款　　　　　　　　　　　　　2 000 000

例：承上例，2022年6月9日，X事业单位归还农业银行借款本金200万元。作会计分录如下（单位：元）：
借：债务还本支出　　　　　　　　　　　2 000 000
　　贷：资金结存——货币资金　　　　　　　2 000 000
财务会计：
借：长期借款　　　　　　　　　　　　　2 000 000
　　贷：银行存款　　　　　　　　　　　　　2 000 000

7.7.2　债务预算收入期末/年末结转的核算

期末/年末，将本科目本期/本年发生额中的专项资金收入转入非财政拨款结转，借记本科目下各专项资金收入明细科目，贷记"非财政拨款结转——本年收支结转"科目；将本科目本期/本年发生额中的非专项资金收入转入其他结余，借记本科目下各非专项资金收入明细科目，贷记"其他结余"科目。

期末/年末结转后，本科目应无余额。

例：2019 年 12 月 31 日，X 事业单位"债务预算收入"余额为 210 万元，其中专项资金为 200 万元，非专项资金为 10 万元。

借：债务预算收入　　　　　　　　　　2 100 000
　　贷：非财政拨款结转——本年收支结转　2 000 000
　　　　其他结余　　　　　　　　　　　　100 000

7.8　非同级财政拨款预算收入

"非同级财政拨款预算收入"科目核算单位从非同级政府财政部门取得的财政拨款，包括本级横向转拨财政款和非本级财政拨款。对于因开展科研及其辅助活动从非同级政府财政部门取得的经费拨款，应当通过"事业预算收入——非同级财政拨款"科目进行核算，不通过本科目核算。

本科目应当按照非同级财政拨款预算收入的类别、来源、《政府收支分类科目》中"支出功能分类科目"的项级科目等进行明细核算。非同级财政拨款预算收入中如有专项资金收入，还应按照具体项目进行明细核算。

7.8.1　取得非同级财政拨款预算收入的核算

取得非同级财政拨款预算收入时，按照实际收到的金额，借记"资金结存——货币资金"科目，贷记本科目。

例：2019 年 12 月 5 日，F 行政单位确认一笔上级拨款经费，金额为 10 万元，实际收到 6 万元，尚欠 4 万元。作会计分录如下（单位：元）：

借：资金结存——货币资金　　　　　　60 000
　　贷：非同级财政拨款预算收入　　　　60 000

财务会计：

借：银行存款　　　　　　　　　　　　60 000
　　其他应收款　　　　　　　　　　　40 000
　　贷：非同级财政拨款收入　　　　　100 000

例：2019 年 12 月 25 日，F 行政单位收到上级所欠经费 4 万元。作会计分录如下（单位：元）：

借：资金结存——货币资金　　　　　　40 000
　　贷：非同级财政拨款预算收入　　　　40 000

财务会计：
借：银行存款   40 000
　　贷：其他应收款   40 000

7.8.2　非同级财政拨款预算收入期末/年末结转的核算

期末/年末，将本科目本期/本年发生额中的专项资金收入转入非财政拨款结转，借记本科目下各专项资金收入明细科目，贷记"非财政拨款结转——本年收支结转"科目；将本科目本期/本年发生额中的非专项资金收入转入其他结余，借记本科目下各非专项资金收入明细科目，贷记"其他结余"科目。

期末/年末结转后，本科目应无余额。

例：2019年12月31日，F行政单位"非同级财政拨款预算收入"余额为60万元，其中专项资金为36万元，非专项资金为24万元，"非同级财政拨款收入"余额为70万元。该单位业务非常少，所以平时没做结转，年终一次性结转时作会计分录如下（单位：元）：

借：非同级财政拨款预算收入   600 000
　　贷：非财政拨款结转——本年收支结转   360 000
　　　　其他结余   240 000

财务会计：
借：非同级财政拨款收入   700 000
　　贷：本期盈余   700 000

7.9　其他预算收入

"其他预算收入"科目核算单位除财政拨款预算收入、事业预算收入、上级补助预算收入、附属单位上缴预算收入、经营预算收入、债务预算收入、非同级财政拨款预算收入、投资预算收益之外的纳入部门预算管理的现金流入，包括捐赠预算收入、利息预算收入、租金预算收入、现金盘盈收入等。

本科目应当按照其他收入类别、《政府收支分类科目》中"支出功能分类科目"的项级科目等进行明细核算。其他预算收入中如有专项资金收入，还应按照具体项目进行明细核算。

单位发生的捐赠预算收入、利息预算收入、租金预算收入金额较大或业务较多的，可单独设置"捐赠预算收入""利息预算收入""租金预算收入"等科目。

7.9.1 接受捐赠现金资产、收到存款利息和租金的核算

接受捐赠现金资产、收到银行存款利息、收到资产承租人支付的租金时，按照实际收到的金额，借记"资金结存——货币资金"科目，贷记本科目。

例：2019年6月6日，甲事业单位收到香港红红公司捐赠的现金20万元，用于单位文明建设，款项已经存入银行。作会计分录如下（单位：元）：

借：资金结存——货币资金　　　200 000
　　贷：其他预算收入　　　　　　　　　200 000

财务会计：
借：银行存款　　　　　　　　　200 000
　　贷：捐赠收入　　　　　　　　　　　200 000

例：2019年6月21日，甲事业单位收到银行存款利息结算单，本季度存款利息为800元。作会计分录如下（单位：元）：

借：资金结存——货币资金　　　800
　　贷：其他预算收入　　　　　　　　　800

财务会计：
借：银行存款　　　　　　　　　800
　　贷：利息收入　　　　　　　　　　　800

例：2019年6月1日，甲事业单位将闲置的一辆汽车租给丁丁公司，租期为6个月（2019年6月1日至2019年11月30日），租金6 000元一次性交清，款项存入银行。作会计分录如下（单位：元）：

借：资金结存——货币资金　　　6 000
　　贷：其他预算收入　　　　　　　　　6 000

财务会计：
6月1日：
借：银行存款　　　　　　　　　6 000
　　贷：预收账款　　　　　　　　　　　6 000

6月30日，确认本月收入：
借：预收账款　　　　　　　　　1 000
　　贷：租金收入　　　　　　　　　　　1 000

7.9.2 现金溢余的核算

每日现金账款核对中如发现现金溢余，按照溢余的现金金额，借记"资金结存——货币资金"科目，贷记本科目。经核实，属于应支付给有关个人和单位的部分，按照实际支付的金额，借记本科目，贷记"资金结存——货币资金"科目。

例：2019年6月4日，甲事业单位出纳下班前进行现金盘点，实点数为5 424元，账面余额为4 929元，原因待查。作会计分录如下（单位：元）：

借：资金结存——货币资金　　　495（5424－4929）
　　贷：其他预算收入　　　　　　　　　　495

财务会计：
借：库存现金　　　　　　　　　　495
　　贷：待处理财产损溢　　　　　　　　　495

例：承上例，2019年6月5日，甲事业单位现金盘盈部分原因：应付李梦瑶差旅费450元，账上已记，钱尚未领走；另外45元，无法查明原因。作会计分录如下（单位：元）：

财务会计：
借：待处理财产损溢　　　　　　　495
　　贷：其他应付款　　　　　　　　　　450
　　　　其他收入　　　　　　　　　　　45

例：承上例，2019年6月6日，李梦瑶领走差旅费450元。作会计分录如下（单位：元）：

借：其他预算收入　　　　　　　　450
　　贷：资金结存——货币资金　　　　　450

财务会计：
借：其他应付款——李梦瑶　　　　450
　　贷：库存现金　　　　　　　　　　　450

7.9.3 其他预算收入期末/年末结转的核算

期末/年末，将本科目本期/本年发生额中的专项资金收入转入非财政拨款结转，借记本科目下各专项资金收入明细科目，贷记"非财政拨款结转——本年收支结转"科目;将本科目本期/本年发生额中的非专项资金收入转入其他结余,借记本科目下各非专项资金收入明细科目,贷记"其他结余"科目。

期末/年末结转后,本科目应无余额。

例:2019年6月,甲事业单位就发生以上几项其他预算收入,6月30日经汇总计算,"其他预算收入"余额为206 845元,其中专项资金为200 000元。"捐赠收入"余额为200 000元,"利息收入"余额为800元,"租金收入"余额为1 000元,"其他收入"余额为45元。作会计分录如下(单位:元):

借:其他预算收入　　　　　　　　　206 845
　　贷:非财政拨款结转——本月收支结转　200 000
　　　　其他结余　　　　　　　　　　　6 845

财务会计:

借:捐赠收入　　　　　　　　　　　200 000
　　利息收入　　　　　　　　　　　　　800
　　租金收入　　　　　　　　　　　　1 000
　　其他收入　　　　　　　　　　　　　 45
　　贷:本期盈余　　　　　　　　　　201 845

第 8 章
预算支出要慎重

预算支出是指政府会计主体在预算年度内依法发生并纳入预算管理的现金流出。预算支出一般在实际支付时予以确认，以实际支付的金额计量，也就是它以收付实现制作为计量方式，在实际支付的时候才确认为支出，以实际支付的金额入账，尤其是增值税一般纳税人的单位，取得增值税专用发票的，支付的金额含有增值税进项税额，按含税额计入预算支出类科目，而财务会计中的费用是按不含税的金额计入费用类科目的。具体操作可以参考实例，进行对比分析。

8.1 行政支出（行政单位专用）

8.1.1 行政支出概述（行政单位专用）

"行政支出"科目核算行政单位履行其职责实际发生的各项现金流出。本科目应当分别按照"财政拨款支出""非财政专项资金支出""其他资金支出""基本支出""项目支出"等进行明细核算，并按照《政府收支分类科目》中"支出功能分类科目"的项级科目进行明细核算；"基本支出"和"项目支出"明细科目下应当按照《政府收支分类科目》中"部门预算支出经济分类科目"的款级科目进行明细核算，同时在"项目支出"明细科目下按照具体项目进行明细核算。

有一般公共预算财政拨款、政府性基金预算财政拨款等两种或两种以上财政拨款的行政单位，还应当在"财政拨款支出"明细科目下按照财政拨款的种类进行明细核算。

对于预付款项，可通过在本科目下设置"待处理"明细科目进行核算，待确认具体支出项目后再转入本科目下相关明细科目。年末结账前，应将本科目"待处理"明细科目余额全部转入本科目下相关明细科目。

8.1.2 支付单位职工薪酬的核算

向单位职工个人支付薪酬时，按照实际支付的金额，借记本科目，贷记"财政拨款预算收入""资金结存"科目。按照规定代扣代缴个人所得税以及代扣代缴或为职工缴纳职工社会保险费、住房公积金等时，按照实际缴纳的金额，借记本科目，贷记"财政拨款预算收入""资金结存"科目。

例：2019 年 5 月 25 日，财政拨付 A 行政单位工资 120 000 元。作会计分录如下（单位：元）：

借：行政支出　　　　　　　　　　　120 000
　　贷：财政拨款预算收入　　　　　　　　　120 000

财务会计：

借：应付职工薪酬——工资　　　　　120 000
　　贷：财政拨款收入　　　　　　　　　　　120 000

例：2019 年 5 月 25 日，A 行政单位计算应代扣代缴的个人负担的社会保险费 2 500 元、住房公积金 10 000 元、个人所得税 500 元。作会计分录如下（单位：元）：

借：应付职工薪酬——工资　　　　　13 000
　　贷：其他应付款——个人住房公积金　　　10 000
　　　　　　　　　——个人社会保险　　　　 2 500
　　　　其他应交税费——个人所得税　　　　　500

例：2019 年 6 月 3 日，财政拨付代扣代缴社保费 10 000 元（单位负担 7 500 元，个人负担 2 500 元），代扣代缴住房公积金 20 000 元（单位负担 10 000 元，个人负担 10 000 元），代扣代缴的个人所得税为 500 元。作会计分录如下（单位：元）：

借：行政支出　　　　　　　　　　　30 500
　　贷：财政拨款预算收入　　　　　　　　　30 500

财务会计：

借：应付职工薪酬——社保费　　　　 7 500
　　　　　　　　——住房公积金　　 10 000
　　其他应付款——个人住房公积金　 10 000
　　　　　　　——个人社会保险　　　2 500
　　其他应交税费——个人所得税　　　　500
　　贷：财政拨款收入　　　　　　　　　　　30 500

8.1.3　支付外部人员劳务费的核算

按照实际支付给外部人员个人的金额，借记本科目，贷记"财政拨款预算收入""资金结存"科目。按照规定代扣代缴个人所得税时,按照实际缴纳的金额,借记本科目,贷记"财政拨款预算收入""资金结存"科目。

例:2019年5月8日,A行政单位采用财政直接支付方式支付空调挪机费1 760元(劳务费2 000元,代扣代缴个人所得税240元),以现金支付。作会计分录如下(单位:元):

借:行政支出　　　　　　　　　　　　1 760
　　贷:资金结存——货币资金　　　　　　　1 760
财务会计:
借:业务活动费用　　　　　　　　　　　2 000
　　贷:库存现金　　　　　　　　　　　　　1 760
　　　　其他应交税费——个人所得税　　　　240

8.1.4　购买存货、固定资产、无形资产等的核算

为购买存货、固定资产、无形资产等以及在建工程支付相关款项时,按照实际支付的金额,借记本科目,贷记"财政拨款预算收入""资金结存"科目。

例:2019年6月15日,A行政单位购入一台电脑,价款为5 000元,采用财政直接支付方式支付。作会计分录如下(单位:元):

借:行政支出　　　　　　　　　　　　5 000
　　贷:财政拨款预算收入　　　　　　　　　5 000
财务会计:
借:固定资产　　　　　　　　　　　　5 000
　　贷:财政拨款收入　　　　　　　　　　　5 000

8.1.5　预付或暂付款项的核算

发生预付账款时,按照实际支付的金额,借记本科目,贷记"财政拨款预算收入""资金结存"科目。对于暂付款项,在支付款项时可不做预算会计处理,待结算或报销时,按照结算或报销的金额,借记本科目,贷记"资金结存"科目。

例:2019年5月14日,A行政单位李固出差预借差旅费2 000元,以现金支付。作会计分录如下(单位:元):

财务会计：

借：其他应收款——李固　　　　　　　2 000
　　贷：库存现金　　　　　　　　　　　　　2 000

例：承上例，2019 年 5 月 20 日，A 行政单位李固出差回来，报销差旅费 1 800 元，余款交回。

借：行政支出　　　　　　　　　　　　1 800
　　贷：资金结存——货币资金　　　　　　　1 800

财务会计：

借：业务活动费用——商品和服务费用　1 800
　　库存现金　　　　　　　　　　　　　200
　　贷：其他应收款——李固　　　　　　　　2 000

8.1.6　支付其他支出的核算

发生其他各项支出时，按照实际支付的金额，借记本科目，贷记"财政拨款预算收入""资金结存"科目。

例：2019 年 5 月 21 日，A 行政单位以现金支付消防安全改造费 500 元。作会计分录如下（单位：元）：

借：行政支出　　　　　　　　　　　　500
　　贷：资金结存——货币资金　　　　　　　500

财务会计：

借：业务活动费用　　　　　　　　　　500
　　贷：库存现金　　　　　　　　　　　　　500

8.1.7　购货退回退款的核算

因购货退回等发生款项退回，或者发生差错更正的，属于当年支出收回的，按照收回或更正金额，借记"财政拨款预算收入""资金结存"科目，贷记本科目。

例：2019 年 6 月 18 日，A 行政单位发现 6 月 15 日所购电脑不适合本单位，与供货商协商一致，退货退款，款项已经退回财政。作会计分录如下（单位：元）：

借：财政拨款预算收入　　　　　　　　5 000
　　贷：行政支出　　　　　　　　　　　　　5 000

财务会计：
借：财政拨款收入　　　　　　　　　　　　5 000
　　贷：固定资产　　　　　　　　　　　　　5 000

8.1.8　行政支出期末/年末结转的核算

期末/年末，将本科目本期/本年发生额中的财政拨款支出转入财政拨款结转，借记"财政拨款结转——本年收支结转"科目，贷记本科目下各财政拨款支出明细科目；将本科目本期/本年发生额中的非财政专项资金支出转入非财政拨款结转，借记"非财政拨款结转——本年收支结转"科目，贷记本科目下各非财政专项资金支出明细科目；将本科目本期/本年发生额中的其他资金支出（非财政非专项资金支出）转入其他结余，借记"其他结余"科目，贷记本科目下其他资金支出明细科目。

期末/年末结转后，本科目应无余额。

例：2019 年 11 月 30 日，A 行政单位核算出本月行政支出余额为 50 万元，其中财政拨款支出 30 万元，非财政拨款支出中专项资金支出 15 万元，非专项资金支出 5 万元。进行期末结转，作会计分录如下（单位：元）：

借：财政拨款结转——本年收支结转　　　　300 000
　　非财政拨款结转——本年收支结转　　　 150 000
　　其他结余　　　　　　　　　　　　　　　50 000
　　贷：行政支出　　　　　　　　　　　　　500 000

8.2　事业支出（事业单位专用）

8.2.1　事业支出概述

"事业支出"科目核算事业单位开展专业业务活动及其辅助活动实际发生的各项现金流出。单位发生教育、科研、医疗、行政管理、后勤保障等活动的，可在本科目下设置相应的明细科目进行核算，或单设"7201 教育支出""7202 科研支出""7203 医疗支出""7204 行政管理支出""7205 后勤保障支出"等一级会计科目进行核算。

本科目应当分别按照"财政拨款支出""非财政专项资金支出""其他资金支出""基本支出""项目支出"等进行明细核算，并按照《政府收支分类科目》

中"支出功能分类科目"的项级科目进行明细核算;"基本支出"和"项目支出"明细科目下应当按照《政府收支分类科目》中"部门预算支出经济分类科目"的款级科目进行明细核算,同时在"项目支出"明细科目下按照具体项目进行明细核算。

有一般公共预算财政拨款、政府性基金预算财政拨款等两种或两种以上财政拨款的事业单位,还应当在"财政拨款支出"明细科目下按照财政拨款的种类进行明细核算。

对于预付款项,可通过在本科目下设置"待处理"明细科目进行明细核算,待确认具体支出项目后再转入本科目下相关明细科目。年末结账前,应将本科目"待处理"明细科目余额全部转入本科目下相关明细科目。

8.2.2 支付单位职工（经营部门职工除外）薪酬的核算

向单位职工个人支付薪酬时,按照实际支付的数额,借记本科目,贷记"财政拨款预算收入""资金结存"科目。按照规定代扣代缴个人所得税以及代扣代缴或为职工缴纳职工社会保险费、住房公积金等时,按照实际缴纳的金额,借记本科目,贷记"财政拨款预算收入""资金结存"科目。

例:2019年8月5日,B事业单位支付7月份工资10万元,由银行代发。作会计分录如下（单位:元）:

借:事业支出　　　　　　　　　　　　　100 000
　　贷:资金结存——货币资金　　　　　　100 000

财务会计:

借:应付职工薪酬　　　　　　　　　　　100 000
　　贷:银行存款　　　　　　　　　　　　100 000

例:2019年8月7日,B事业单位申报缴纳社会保险费6 000元,其中单位负担4 500元,个人负担1 500元。作会计分录如下（单位:元）:

借:事业支出　　　　　　　　　　　　　6 000
　　贷:资金结存——货币资金　　　　　　6 000

财务会计:

借:应付职工薪酬——社会保险　　　　　4 500
　　其他应付款——个人社会保险　　　　1 500
　　贷:银行存款　　　　　　　　　　　　6 000

8.2.3 为专业业务活动支付外部人员劳务费的核算

按照实际支付给外部人员个人的金额,借记本科目,贷记"财政拨款预算收入""资金结存"科目。按照规定代扣代缴个人所得税时,按照实际缴纳的金额,借记本科目,贷记"财政拨款预算收入""资金结存"科目。

例:2019 年 8 月 8 日,B 事业单位以现金支付聘请专家的讲课费 5 000 元,代扣个人所得税 800 元,实付 4 200 元。作会计分录如下(单位:元):

借:事业支出　　　　　　　　　　　4 200
　　贷:资金结存——货币资金　　　　　　4 200
财务会计:
借:业务活动费用　　　　　　　　　5 000
　　贷:库存现金　　　　　　　　　　　　4 200
　　　　其他应交税费——个人所得税　　　　800

8.2.4 开展专业业务活动过程中购买资产的核算

开展专业业务活动及其辅助活动过程中为购买存货、固定资产、无形资产等以及在建工程支付相关款项时,按照实际支付的金额,借记本科目,贷记"财政拨款预算收入""资金结存"科目。

例:2019 年 6 月 5 日,X 事业单位(一般纳税人)购进甲材料 1 000 千克,取得的增值税专用发票上注明的金额为 10 000 元,增值税额为 1 300 元,材料已经验收入库,款项通过网银汇出。作会计分录如下(单位:元):

借:事业支出　　　　　　　　　　　11 300
　　贷:资金结存——货币资金　　　　　　11 300
财务会计:
借:库存物品　　　　　　　　　　　10 000
　　应交增值税——应交税金(进项税额)　1 300
　　贷:银行存款　　　　　　　　　　　　11 300

8.2.5 开展专业业务活动预付或暂付款项的核算

开展专业业务活动及其辅助活动过程中发生预付账款时,按照实际支付的金额,借记本科目,贷记"财政拨款预算收入""资金结存"科目。对于暂付款项，在支付款项时可不做预算会计处理，待结算或报销时，按照结算或报销的金额，借记本科目，贷记"资金结存"科目。

例：2019 年 6 月 8 日，B 事业单位某项活动需要科技公司的技术支持，经双方协商签订技术服务合同 20 万元，按照合同约定预付给科技公司技术服务费 50 000 元，银行转账已完成。作会计分录如下（单位：元）：

财务会计：
借：预付账款　　　　　　　　　　　50 000
　　贷：银行存款　　　　　　　　　　　50 000

例：2019 年 7 月 15 日，科技公司对 B 事业单位的技术服务已经完成，支付余款，并收到科技公司开来的发票。作会计分录如下（单位：元）：

借：事业支出　　　　　　　　　　　200 000
　　贷：资金结存——货币资金　　　　　200 000

财务会计：
借：业务活动费用　　　　　　　　　200 000
　　贷：预付账款　　　　　　　　　　　50 000
　　　　银行存款　　　　　　　　　　　150 000

8.2.6 开展专业业务活动交纳相关税费的核算

开展专业业务活动及其辅助活动过程中交纳的相关税费以及发生的其他各项支出，按照实际支付的金额，借记本科目，贷记"财政拨款预算收入""资金结存"科目。

例：2019 年 7 月 8 日，X 事业单位（一般纳税人）申报缴纳 6 月份增值税 1 650 元。作会计分录如下（单位：元）：

借：事业支出　　　　　　　　　　　1 650
　　贷：资金结存——货币资金　　　　　1 650

财务会计：
借：应交增值税——未交税金　　　　1 650
　　贷：银行存款　　　　　　　　　　　1 650

例：2019 年 7 月 10 日，B 事业单位申报交纳 6 月份城市维护建设税 100 元。作会计分录如下（单位：元）：

借：事业支出　　　　　　　　　　　　100
　　贷：资金结存——货币资金　　　　　　100
财务会计：
借：其他应交税费——应交城市维护建设税　100
　　贷：银行存款　　　　　　　　　　　100

8.2.7　开展专业业务活动退货退款的核算

开展专业业务活动及其辅助活动过程中因购货退回等发生款项退回，或者发生差错更正的，属于当年支出收回的，按照收回或更正金额，借记"财政拨款预算收入""资金结存"科目，贷记本科目。

例：2019年6月8日，X事业单位（一般纳税人）发现6月5日购进的甲材料1 000千克存在严重质量问题，经双方协商，同意退货退款，货款已经两清，原发票已经认证抵扣，销货方开具了红字发票。作会计分录如下（单位：元）：

借：资金结存——货币资金　　　　　　11 300
　　贷：事业支出　　　　　　　　　　　11 300
财务会计：
借：银行存款　　　　　　　　　　　　11 300
　　贷：库存物品　　　　　　　　　　　10 000
　　　　应交增值税——应交税金（进项税额转出）　1 300

8.2.8　事业支出期末/年末结转的核算

期末/年末，将本科目本期/本年发生额中的财政拨款支出转入财政拨款结转，借记"财政拨款结转——本年收支结转"科目，贷记本科目下各财政拨款支出明细科目；将本科目本期/本年发生额中的非财政专项资金支出转入非财政拨款结转，借记"非财政拨款结转——本年收支结转"科目，贷记本科目下各非财政专项资金支出明细科目；将本科目本期/本年发生额中的其他资金支出（非财政非专项资金支出）转入其他结余，借记"其他结余"科目，贷记本科目下其他资金支出明细科目。

期末/年末结转后，本科目应无余额。

例：2019年6月30日，B事业单位核算出本月事业支出余额为60万元，其中财政拨款支出为 30 万元，非财政拨款支出中专项资金支出为 18 万元，非专项资金支出为 12 万元，进行期末结转，作会计分录如下（单位：元）：

  借：财政拨款结转——本年收支结转   300 000
     非财政拨款结转——本年收支结转 180 000
     其他结余   120 000
    贷：事业支出   600 000

8.3 经营支出（事业单位专用）

8.3.1 经营支出概述

"经营支出"科目核算事业单位在专业业务活动及其辅助活动之外开展非独立核算经营活动实际发生的各项现金流出。

本科目应当按照经营活动类别、项目、《政府收支分类科目》中"支出功能分类科目"的项级科目和"部门预算支出经济分类科目"的款级科目等进行明细核算。

对于预付款项，可通过在本科目下设置"待处理"明细科目进行明细核算，待确认具体支出项目后再转入本科目下相关明细科目。年末结账前，应将本科目"待处理"明细科目余额全部转入本科目下相关明细科目。

8.3.2 支付经营部门职工薪酬的核算

向职工个人支付薪酬时，按照实际的金额，借记本科目，贷记"资金结存"科目。

按照规定代扣代缴个人所得税以及代扣代缴或为职工缴纳职工社会保险费、住房公积金时，按照实际缴纳的金额，借记本科目，贷记"资金结存"科目。

例：2019 年 7 月 1 日，B 事业单位支付对外营业的职工食堂（非独立核算）职工工资 20 000 元，现金支付。作会计分录如下（单位：元）：

  借：经营支出   20 000
    贷：资金结存——货币资金   20 000

财务会计：

借:应付职工薪酬——工资　　　　　　20 000
　　贷:库存现金　　　　　　　　　　　　　20 000

8.3.3 为经营活动支付外部人员劳务费的核算

按照实际支付给外部人员个人的金额,借记本科目,贷记"资金结存"科目。按照规定代扣代缴个人所得税时,按照实际缴纳的金额,借记本科目,贷记"资金结存"科目。

例:2019年7月5日,B事业单位支付对外营业的职工食堂(非独立核算)蒸箱维修费500元,以现金支付。作会计分录如下(单位:元):

借:经营支出　　　　　　　　　　　　500
　　贷:资金结存——货币资金　　　　　　　500

财务会计:

借:经营费用　　　　　　　　　　　　500
　　贷:库存现金　　　　　　　　　　　　　500

8.3.4 开展经营活动过程中购买存货等资产的核算

开展经营活动过程中为购买存货、固定资产、无形资产等以及在建工程支付相关款项时,按照实际支付的金额,借记本科目,贷记"资金结存"科目。

例:2019年7月8日,B事业单位对外营业的职工食堂(非独立核算)购进冰柜一个,价款为2 000元,开出转账支票支付。作会计分录如下(单位:元):

借:经营支出　　　　　　　　　　　　2 000
　　贷:资金结存——货币资金　　　　　　2 000

财务会计:

借:固定资产　　　　　　　　　　　　2 000
　　贷:银行存款　　　　　　　　　　　　　2 000

8.3.5 开展经营活动过程中发生预付或暂付款项的核算

开展经营活动过程中发生预付账款时,按照实际支付的金额,借记本科目,贷记"资金结存"科目。对于暂付款项,在支付款项时可不做预算会计处理,待结算或报销时,按照结算或报销的金额,借记本科目,贷记"资金结存"科目。

例:2019年6月5日,B事业单位与凯凯建筑公司签订经营活动用礼堂承建合同。该礼堂是在原职工食堂上扩建出来的，管理权限归职工食堂（非独立核算），预付备料款5万元。作会计分录如下（单位：元）：

借：经营支出　　　　　　　　　　　　　50 000
　　贷：资金结存——货币资金　　　　　　　　50 000

财务会计：
借：预付账款——预付备料款　　　　　　50 000
　　贷：银行存款　　　　　　　　　　　　　　50 000

8.3.6　开展经营活动过程中交纳相关税费的核算

因开展经营活动交纳的相关税费以及发生的其他各项支出，按照实际支付的金额，借记本科目，贷记"资金结存"科目。

例：2019年6月6日，B事业单位申报交纳上月职工食堂（非独立核算）应交增值税10 000元，城市维护建设税700元，教育费附加300元，地方教育费附加200元。作会计分录如下（单位：元）：

借：经营支出　　　　　　　　　　　　　11 200
　　贷：资金结存——货币资金　　　　　　　　11 200

财务会计：
借：应交增值税——未交税金　　　　　　10 000
　　其他应交税费——应交城市维护建设税　　700
　　　　　　　　——应交教育费附加　　　　300
　　　　　　　　——应交地方教育费附加　　200
　　贷：银行存款　　　　　　　　　　　　　11 200

8.3.7　开展经营活动过程中发生退货退款的核算

开展经营活动中因购货退回等发生款项退回，或者发生差错更正的，属于当年支出收回的，按照收回或更正金额，借记"资金结存"科目，贷记本科目。

例：2019年7月12日，B事业单位发现7月8日入账的职工食堂（非独立核算）购进的冰柜发生故障，与供货方协商退款，款项已经收存银行，冰柜已经退回。作会计分录如下（单位：元）：

借：资金结存——货币资金　　　　　　　2 000
　　贷：经营支出　　　　　　　　　　　　　　2 000

财务会计：
  借：银行存款   2 000
   贷：固定资产   42 000

8.3.8 经营支出期末/年末结转的核算

期末/年末，将本科目本期/本年发生额转入经营结余，借记"经营结余"科目，贷记本科目。

期末/年末结转后，本科目应无余额。

例：2019 年 8 月 31 日，B 事业单位核算出"经营支出"期末余额为 10 万元，"经营费用"期末余额为 8 万元。进行期末结转，作会计分录如下（单位：元）：

  借：经营结余   100 000
   贷：经营支出   100 000
财务会计：
  借：本期盈余   80 000
   贷：经营费用   80 000

8.4 上缴上级支出（事业单位专用）

"上缴上级支出"科目核算事业单位按照财政部门和主管部门的规定上缴上级单位款项发生的现金流出。本科目应当按照收缴款项单位、缴款项目、《政府收支分类科目》中"支出功能分类科目"的项级科目和"部门预算支出经济分类科目"的款级科目等进行明细核算。

8.4.1 上缴上级单位款项的核算

按照规定将款项上缴上级单位的，按照实际上缴的金额，借记本科目，贷记"资金结存"科目。

例：2019 年 5 月 13 日，B 事业单位上缴上级管理费 20 000 元。作会计分录如下（单位：元）：

```
借：上缴上级支出                    20 000
    贷：资金结存——货币资金              20 000
财务会计：
借：上缴上级费用                    20 000
    贷：银行存款                       20 000
```

8.4.2 上缴上级支出期末/年末结转的核算

期末/年末，将本科目本期/本年发生额转入其他结余，借记"其他结余"科目，贷记本科目。

期末/年末结转后，本科目应无余额。

例：2019年5月31日，B事业单位"上缴上级支出"余额为20 000元，"上缴上级费用"余额为20 000元，进行期末结转，作会计分录如下（单位：元）：

```
借：其他结余                       20 000
    贷：上缴上级支出                    20 000
财务会计：
借：本期盈余                       20 000
    贷：上缴上级费用                    20 000
```

8.5 对附属单位补助支出（事业单位专用）

"对附属单位补助支出"科目核算事业单位用财政拨款预算收入之外的收入对附属单位补助发生的现金流出。本科目应当按照接受补助单位、补助项目、《政府收支分类科目》中"支出功能分类科目"的项级科目和"部门预算支出经济分类科目"的款级科目等进行明细核算。

8.5.1 对附属单位支付补助款的核算

发生对附属单位补助支出的，按照实际补助的金额，借记本科目，贷记"资金结存"科目。

例：2019年12月11日，B事业单位拨付给下属单位补助款50 000元。作会计分录如下（单位：元）：

借：对附属单位补助支出　　　　　　　50 000
　　　贷：资金结存——货币资金　　　　　　50 000
财务会计：
借：对附属单位补助费用　　　　　　　50 000
　　　贷：银行存款　　　　　　　　　　　　50 000

8.5.2　对附属单位补助支出期末/年末结转的核算

期末/年末，将本科目本期/本年发生额转入其他结余，借记"其他结余"科目，贷记本科目。

期末/年末结转后，本科目应无余额。

例：2019年12月31日，B事业单位"对附属单位补助支出"余额为50 000元，"对附属单位补助费用"余额为50 000元，进行期末结转，作会计分录如下（单位：元）：

借：其他结余　　　　　　　　　　　　50 000
　　　贷：对附属单位补助支出　　　　　　　50 000
财务会计：
借：本期盈余　　　　　　　　　　　　50 000
　　　贷：对附属单位补助费用　　　　　　　50 000

8.6　债务还本支出（事业单位专用）

"债务还本支出"科目核算事业单位偿还自身承担的纳入预算管理的从金融机构举借的债务本金的现金流出。本科目应当按照贷款单位、贷款种类、《政府收支分类科目》中"支出功能分类科目"的项级科目和"部门预算支出经济分类科目"的款级科目等进行明细核算。

8.6.1　偿还借款的核算

偿还各项短期或长期借款时，按照偿还的借款本金，借记本科目，贷记"资金结存"科目。

例：2019年8月5日，B事业单位的周转借款10万元到期，偿还本金。作

会计分录如下（单位：元）：

借：债务还本支出　　　　　　　　　　100 000
　　贷：资金结存——货币资金　　　　　　　100 000
财务会计：
借：短期借款　　　　　　　　　　　　100 000
　　贷：银行存款　　　　　　　　　　　　　100 000

8.6.2　债务还本支出期末/年末结转的核算

期末/年末，将本科目本期/本年发生额转入其他结余，借记"其他结余"科目，贷记本科目。

期末/年末结转后，本科目应无余额。

例：2019年8月31日，B事业单位核算出"债务还本支出"期末余额为10万元，进行期末结转，作会计分录如下（单位：元）：

借：其他结余　　　　　　　　　　　　100 000
　　贷：债务还本支出　　　　　　　　　　　100 000

8.7　其他支出

除了以上介绍的几种预算支出之外，肯定还有一些其他各种各样的支出，由于发生的概率很小或金额很少，单位没必要进行详细核算，就归属于"其他支出"了。

8.7.1　其他支出概述

"其他支出"科目核算单位除行政支出、事业支出、经营支出、上缴上级支出、对附属单位补助支出、投资支出、债务还本支出以外的各项现金流出，包括利息支出、对外捐赠现金支出、现金盘亏损失、接受捐赠（调入）和对外捐赠（调出）非现金资产发生的税费支出、资产置换过程中发生的相关税费支出、罚没支出等。

"其他支出"科目应当按照其他支出的类别，"财政拨款支出""非财政专项资金支出""其他资金支出"，《政府收支分类科目》中"支出功能分类科目"的项级科目和"部门预算支出经济分类科目"的款级科目等进行明细核算。其他支出中如有专项资金支出,还应按照具体项目进行明细核算。

有一般公共预算财政拨款、政府性基金预算财政拨款等两种或两种以上财政拨款的事业单位,还应当在"财政拨款支出"明细科目下按照财政拨款的种类进行明细核算。

单位发生利息支出、捐赠支出等其他支出金额较大或业务较多的,可单独设置"7902 利息支出""7903 捐赠支出"等科目。

8.7.2 利息支出的核算

支付银行借款利息时,按照实际支付金额,借记本科目,贷记"资金结存"科目。

例:2019 年 6 月 30 日,B 事业单位支付本季度短期借款利息 6 000 元,原已预提 4 000 元。作会计分录如下(单位:元):

借:其他支出　　　　　　　　　　　6 000
　　贷:资金结存——货币资金　　　　　　6 000
财务会计:
借:其他费用　　　　　　　　　　　2 000
　　应付利息　　　　　　　　　　　4 000
　　贷:银行存款　　　　　　　　　　　6 000

8.7.3 对外捐赠现金资产的核算

对外捐赠现金资产时,按照捐赠金额,借记本科目,贷记"资金结存——货币资金"科目。

例:2019 年 12 月 4 日,B 事业单位捐赠给山区希望小学现金 20 000 元。作会计分录如下(单位:元):

借:其他支出　　　　　　　　　　　20 000
　　贷:资金结存——货币资金　　　　　20 000
财务会计:
借:其他费用　　　　　　　　　　　20 000
　　贷:库存现金　　　　　　　　　　　20 000

8.7.4 现金盘亏损失的核算

每日现金账款核对中如发现现金短缺,按照短缺的现金金额,借记本科目,贷记"资金结存——货币资金"科目。经核实，属于应当由有关人员赔偿的，按照收到的赔偿金额，借记"资金结存——货币资金"科目，贷记本科目。

例：2019 年 6 月 18 日，A 行政单位对库存现金进行突击检查，实点数为 2 415 元，账面结余数为 3 415 元。无法查明原因，领导决定由出纳负责赔偿 800 元，其他的由单位负担。作会计分录如下（单位：元）：

批准前：

借：其他支出　　　　　　　　　　　　1 000
　　贷：资金结存——货币资金　　　　　　　　　1 000

财务会计：

借：待处理财产损溢　　　　　　　　　1 000
　　贷：库存现金　　　　　　　　　　　　　　　1 000

批准后：

借：资金结存——货币资金　　　　　　800
　　贷：其他支出　　　　　　　　　　　　　　　800

财务会计：

借：其他应收款　　　　　　　　　　　800
　　资产处置费用　　　　　　　　　　200
　　贷：待处理财产损溢　　　　　　　　　　　1 000

8.7.5　捐赠和无偿调拨非现金资产发生的税费支出的核算

接受捐赠（无偿调入）非现金资产发生的归属于捐入方（调入方）的相关税费、运输费等，以及对外捐赠（无偿调出）非现金资产发生的归属于捐出方（调出方）的相关税费、运输费等，按照实际支付金额，借记本科目，贷记"资金结存"科目。

例：2019 年 5 月 13 日，B 事业单位将自有设备捐赠给玛法公司，该设备账面价值为 8 万元，已提折旧 5 万元，支付相关税费 2 000 元。作会计分录如下（单位：元）：

借：其他支出　　　　　　　　　　　　2 000
　　贷：资金结存——货币资金　　　　　　　　　2 000

财务会计：

借：资产处置费用　　　　　　　　　　30 000
　　固定资产累计折旧　　　　　　　　50 000
　　贷：固定资产　　　　　　　　　　　　　　80 000

```
借：资产处置费用                    2 000
    贷：银行存款                    2 000
```

例：2019年6月8日，A行政单位接受捐赠一批办公用品，按名义价款入账，现金支付运费200元，办公用品已经验收入库。作会计分录如下（单位：元）：

```
借：其他支出                        200
    贷：资金结存——货币资金          200
财务会计：
借：库存物品                         1
    贷：捐赠收入                     1
借：其他费用                        200
    贷：库存现金                    200
```

8.7.6　资产置换过程中发生的相关税费支出的核算

资产置换过程中发生的相关税费，按照实际支付金额，借记本科目，贷记"资金结存"科目。

例：2019年12月8日，B事业单位拿一辆闲置汽车换入一批建筑用材料，汽车账面余额为12万元，已提折旧6万元，换入材料价款8万元，材料已经验收入库。汽车缴纳相关税费1 739.80元。作会计分录如下（单位：元）：

```
借：其他支出                     1 739.80
    贷：资金结存——货币资金       1 739.80
财务会计：
借：库存物品                      80 000
    固定资产累计折旧              60 000
    贷：固定资产                 120 000
        银行存款                  1 739.80
        其他收入                 18 260.20
```

8.7.7　发生罚没等其他支出的核算

发生罚没等其他支出时，按照实际支出金额，借记本科目，贷记"资金结存"科目。

例：2019 年 12 月 30 日，B 事业单位支付环保检查罚款 5 000 元。作会计分录如下（单位：元）：

借：其他支出　　　　　　　　　　　　5 000
　　贷：资金结存——货币资金　　　　　　　5 000
财务会计：
借：其他费用　　　　　　　　　　　　5 000
　　贷：银行存款　　　　　　　　　　　　5 000

8.7.8　其他支出期末/年末结转的核算

期末/年末，将本科目本期/本年发生额中的财政拨款支出转入财政拨款结转，借记"财政拨款结转——本年收支结转"科目，贷记本科目下各财政拨款支出明细科目；将本科目本期/本年发生额中的非财政专项资金支出转入非财政拨款结转，借记"非财政拨款结转——本年收支结转"科目，贷记本科目下各非财政专项资金支出明细科目；将本科目本期/本年发生额中的其他资金支出（非财政非专项资金支出）转入其他结余，借记"其他结余"科目，贷记本科目下各其他资金支出明细科目。

期末/年末结转后，本科目应无余额。

例：2019 年 12 月 31 日，A 行政单位"其他支出"余额为 15 万元，其中财政拨款支出 2 万元，非财政拨款支出 13 万元（其中专项资金 8 万元，非专项资金 5 万元），"其他费用"余额为 2 万元，进行期末结转，作会计分录如下（单位：元）：

借：财政拨款结转——本年收支结转　　20 000
　　非财政拨款结转——本年收支结转　　80 000
　　其他结余　　　　　　　　　　　　50 000
　　贷：其他支出　　　　　　　　　　　150 000
财务会计：
借：本期盈余　　　　　　　　　　　　20 000
　　贷：其他费用　　　　　　　　　　　　20 000

第 9 章
预算结余分得细

> 前面我们一起学习了《政府会计制度》的预算收入科目和预算支出科目，接下来，将预算收入和预算支出都转入结余科目，才能完成期末的结转和数据的归集吗？这么简单与笼统吗？

9.1 预算结余概述

预算结余是各级财政预算收入和支出年终相抵后的差额，是财政三项结余的一种。预算结余应每月月末结算一次。年终财政部门将一般预算收入、补助收入（一般预算补助）、上解收入、调入资金等，与相应的支出，即预算支出、补助支出（一般预算补助）、上解支出等冲销后，即为当年的预算结余。当年预算结余加上上年末预算滚存结余为本年末预算滚存结余。预算结余共包括九个科目，分别为：资金结存、财政拨款结转、财政拨款结余、非财政拨款结转、非财政拨款结余、专用结余、经营结余、其他结余、非财政拨款结余分配。

预算结余类科目中一个比较特殊的科目就是"资金结存"了。如果你仅以为它在结余科目里，只是用来结转结余的，那就大错特错了。

9.2 资金结存

资金结存是"预算结余"里面比较特殊的，但是它的发生又比较频繁，是重中之重。

9.2.1 资金结存概述

涉及资金结存的业务很多，前已述及，以下只是温习。

"资金结存"科目核算单位纳入部门预算管理的资金的流入、流出、调整和滚存等情况。本科目年末借方余额反映单位预算资金的累计滚存情况。资金结存设置三个明细科目，即"货币资金""零余额账户用款额度""财政应返还额度"。

（1）"货币资金"：本明细科目核算单位以库存现金、银行存款、其他货币资金形态存在的资金。本明细科目年末借方余额，反映单位尚未使用的货币资金。

（2）"零余额账户用款额度"：本明细科目核算实行国库集中支付的单位根据财政部门批复的用款计划收到和支用的零余额账户用款额度。年末结账后，本明细科目应无余额。

（3）"财政应返还额度"：本明细科目核算实行国库集中支付的单位可以使用的以前年度财政直接支付资金额度和财政应返还的财政授权支付资金额度。本明细科目下可设置"财政直接支付""财政授权支付"两个明细科目进行明细核算。本明细科目年末借方余额，反映单位应收财政返还的资金额度。

9.2.2 财政授权支付方式取得预算收入的核算

财政授权支付方式下，单位根据代理银行转来的财政授权支付额度到账通知书，按照通知书中的授权支付额度，借记本科目（零余额账户用款额度），贷记"财政拨款预算收入"科目。

例：2×20年2月1日，A行政单位收到银行转来的财政授权支付额度到账通知书，金额为20万元，系财政基本支出拨款。作会计分录如下（单位：元）：

借：资金结存——零余额账户用款额度　　　200 000
　　贷：财政拨款预算收入　　　　　　　　　　　　　200 000
财务会计：
借：零余额账户用款额度　　　　　　　　　200 000
　　贷：财政拨款收入　　　　　　　　　　　　　　　200 000

9.2.3 国库集中支付以外的其他支付方式取得预算收入的核算

以国库集中支付以外的其他支付方式取得预算收入时，按照实际收到的金额，借记本科目（货币资金），贷记"财政拨款预算收入""事业预算收入""经营预算收入"等科目。

例：2×20年2月1日，B事业单位销售一批科研中间产品，价款为20万元，增值税额为0.6万元，款项已收存银行。作会计分录如下（单位：元）：

借：资金结存——货币资金　　　　　　　　206 000
　　贷：事业预算收入　　　　　　　　　　　　　　　206 000

财务会计：
借：银行存款　　　　　　　　　　　　　　206 000
　　贷：事业收入　　　　　　　　　　　　　200 000
　　　　应交增值税　　　　　　　　　　　　　6 000

9.2.4　财政授权支付方式发生相关支出的核算

在财政授权支付方式下，发生相关支出时，按照实际支付的金额，借记"行政支出""事业支出"等科目，贷记本科目（零余额账户用款额度）。

例：2×20 年 2 月 3 日，A 行政单位职员报销差旅费 1 200 元，零余额账户支付。作会计分录如下（单位：元）：

借：行政支出　　　　　　　　　　　　　　1 200
　　贷：资金结存——零余额账户用款额度　　1 200

财务会计：
借：业务活动费用　　　　　　　　　　　　1 200
　　贷：零余额账户用款额度　　　　　　　　1 200

9.2.5　零余额账户提取现金的核算

从零余额账户提取现金时，借记本科目（货币资金），贷记本科目（零余额账户用款额度）。退回现金时，做相反会计分录。

例：2×20 年 3 月 8 日，A 行政单位开出现金支票从零余额账户提取现金 10 000 元。作会计分录如下（单位：元）：

借：资金结存——货币资金　　　　　　　10 000
　　贷：资金结存——零余额账户用款额度　10 000

财务会计：
借：库存现金　　　　　　　　　　　　　10 000
　　贷：零余额账户用款额度　　　　　　　10 000

9.2.6　使用以前年度财政直接支付额度发生支出的核算

使用以前年度财政直接支付额度发生支出时，按照实际支付金额，借记"行政支出""事业支出"等科目，贷记本科目（财政应返还额度）。

例：2×20 年 1 月 15 日，A 行政单位使用上年度财政直接支付额度支付维修费 2 000 元。作会计分录如下（单位：元）：

  借：行政支出   2 000

    贷：资金结存——财政应返还额度   2 000

财务会计：

  借：业务活动费用   2 000

    贷：财政应返还额度   2 000

9.2.7 其他支付方式发生相关支出的核算

国库集中支付以外的其他支付方式下，发生相关支出时，按照实际支付的金额，借记"事业支出""经营支出"等科目，贷记本科目（货币资金）。

例：2×20 年 6 月 5 日，B 事业单位支付单位招待所（非独立核算）毛巾等款 2 000 元。作会计分录如下（单位：元）：

  借：经营支出   2 000

    贷：资金结存——货币资金   2 000

财务会计：

  借：经营费用   2 000

    贷：银行存款   2 000

9.2.8 上缴或注销财政拨款结转结余资金额度的核算

按照规定上缴财政拨款结转结余资金或注销财政拨款结转结余资金额度的，按照实际上缴资金数额或注销的资金额度数额，借记"财政拨款结转——归集上缴"或"财政拨款结余——归集上缴"科目，贷记本科目（财政应返还额度、零余额账户用款额度、货币资金）。

例：2×20 年 12 月 31 日，B 事业单位按规定上缴采用财政请授权支付方式当年财政拨款结转资金 5 万元。作会计分录如下（单位：元）：

  借：财政拨款结转——归集上缴   50 000

    贷：资金结存——零余额账户用款额度 50 000

财务会计：

  借：累计盈余   50 000

    贷：零余额账户用款额度   50 000

9.2.9 按照规定缴回非财政拨款结转资金的核算

按规定向原资金拨入单位缴回非财政拨款结转资金的，按照实际缴回资金数额，借记"非财政拨款结转——缴回资金"科目，贷记本科目（货币资金）。

例：2×20 年 12 月 31 日，B 事业单位缴回上级部门拨款结转资金 4 万元。作会计分录如下（单位：元）：

　　借：非财政拨款结转——缴回资金　　　40 000
　　　　贷：资金结存——货币资金　　　　　　40 000

财务会计：
　　借：累计盈余　　　　　　　　　　　　40 000
　　　　贷：银行存款　　　　　　　　　　　　40 000

9.2.10 收到调入的财政拨款结转资金的核算

收到从其他单位调入的财政拨款结转资金的，按照实际调入资金的数额，借记本科目（财政应返还额度、零余额账户用款额度、货币资金），贷记"财政拨款结转——归集调入"科目。

例：2×20 年 12 月 31 日，X 事业单位收到从 A 事业单位调入的财政拨款结转资金 8 万元。作会计分录如下（单位：元）：

　　借：资金结存——货币资金　　　　　　80 000
　　　　贷：财政拨款结转——归集调入　　　　80 000
　　借：银行存款　　　　　　　　　　　　80 000
　　　　贷：累计盈余　　　　　　　　　　　　80 000

9.2.11 按照规定使用专用基金的核算

按照规定使用专用基金时，按照实际支付金额，借记"专用结余"科目（从非财政拨款结余中提取的专用基金）或"事业支出"等科目（从预算收入中计提的专用基金），贷记本科目（货币资金）。

例：2×20 年 4 月 8 日，B 事业单位使用专用基金（从非财政拨款结余或经营结余中计提的）购买一台专用设备，价款为 10 万元，增值税额为 1.3 万元，款项通过专项资金支付。

借：专用结余 113 000
　　贷：资金结存——货币资金 113 000

财务会计：
借：固定资产 113 000
　　贷：银行存款 113 000
借：专用基金 113 000
　　贷：累计盈余 113 000

9.2.12　因购货退回、发生差错更正等的核算

因购货退回、发生差错更正等退回国库直接支付、授权支付款项，或者收回货币资金的，属于本年度支付的，借记"财政拨款预算收入"科目或本科目（零余额账户用款额度、货币资金），贷记相关支出科目；属于以前年度支付的，借记本科目（财政应返还额度、零余额账户用款额度、货币资金），贷记"财政拨款结转""财政拨款结余""非财政拨款结转""非财政拨款结余"科目。

例：2×20年6月8日，A行政单位发现上个月采用财政授权支付方式支付的劳务费计算错误，多付5 000元，款项已经退回。作会计分录如下（单位：元）：

借：资金结存——零余额账户用款额度 5 000
　　贷：行政支出 5 000

财务会计：
借：零余额账户用款额度 5 000
　　贷：业务活动费用 5 000

9.2.13　事业单位实际交纳企业所得税的核算

有企业所得税交纳义务的事业单位缴纳所得税时，按照实际交纳金额，借记"非财政拨款结余——累计结余"科目，贷记本科目（货币资金）。

例：2×20年7月6日，X事业单位申报交纳第二季度所得税2 000元。作会计分录如下（单位：元）：

借：非财政拨款结余——累计结余 2 000
　　贷：资金结存——货币资金 2 000

财务会计：

借：其他应交税费——单位应交所得税　　　2 000
　　贷：银行存款　　　　　　　　　　　　　　　　　　2 000

9.2.14　年末财政直接支付预算与实际支出的差额的核算

年末，根据本年度财政直接支付预算指标数与当年财政直接支付实际支出数的差额，借记本科目（财政应返还额度），贷记"财政拨款预算收入"科目。

例：2×20 年 12 月 31 日，B 事业单位汇总出本年度采用财政直接支付方式发生的支出为 120 万元，年初预算指标为 136 万元。作会计分录如下（单位：元）：

借：资金结存——财政应返还额度　　　160 000
　　贷：财政拨款预算收入　　　　　　　　　　　　　160 000

财务会计：

借：财政应返还额度——财政直接支付　　160 000
　　贷：财政拨款收入　　　　　　　　　　　　　　　160 000

9.2.15　年末注销零余额账户用款额度的核算

年末，单位依据代理银行提供的对账单做注销额度的相关账务处理，借记本科目（财政应返还额度），贷记本科目（零余额账户用款额度）；本年度财政授权支付预算指标数大于零余额账户用款额度下达数的，根据未下达的用款额度，借记本科目（财政应返还额度），贷记"财政拨款预算收入"科目。

例：2×20 年 12 月 31 日，B 单位银行对账单余额为 6 000 元，做注销额度处理时，作会计分录如下（单位：元）：

借：资金结存——财政应返还额度　　　　6 000
　　贷：资金结存——零余额账户用款额度　　　　　　6 000

财务会计：

借：财政应返还额度——财政授权支付　　6 000
　　贷：零余额账户用款额度　　　　　　　　　　　　6 000

例：2×20 年 12 月 31 日，A 单位汇总出本年度采用财政授权支付下达的用款额度为 200 万元，预算指标数为 240 万元，年末确认未下达的财政用款额度 40 万元。作会计分录如下（单位：元）：

借：资金结存——财政应返还额度　　　400 000
　　贷：财政拨款预算收入　　　　　　　　　　　　　400 000

财务会计：

借：财政应返还额度——财政授权支付　　400 000

　　贷：财政拨款收入　　400 000

9.2.16　下年初恢复或收到上年末用款额度的核算

下年初，单位依据代理银行提供的额度恢复到账通知书做恢复额度的相关账务处理，借记本科目（零余额账户用款额度），贷记本科目（财政应返还额度）。单位收到财政部门批复的上年末未下达零余额账户用款额度的，借记本科目（零余额账户用款额度），贷记本科目（财政应返还额度）。

例：2×21年1月5日，B单位收到银行单据"额度恢复到账通知书"6 000元。作会计分录如下（单位：元）：

借：资金结存——零余额账户用款额度　　6 000

　　贷：资金结存——财政应返还额度　　6 000

财务会计：

借：零余额账户用款额度　　6 000

　　贷：财政应返还额度——财政授权支付　　6 000

例：2×21年1月4日，A单位收到上年末未下达零余额账户用款额度400 000元。作会计分录如下（单位：元）：

借：资金结存——零余额账户用款额度　　400 000

　　贷：资金结存——财政应返还额度　　400 000

财务会计：

借：零余额账户用款额度　　400 000

　　贷：财政应返还额度——财政授权支付　　400 000

9.3　财政拨款结转

财政拨款结转资金是指当年支出预算已执行但尚未完成，或因故未执行，下年需按原用途继续使用的财政拨款资金。

9.3.1　财政拨款结转概述

"财政拨款结转"科目核算单位取得的同级财政拨款结转资金的调整、结转和滚存情况。本科目年末贷方余额，反映单位滚存的财政拨款结转资金数额。

"财政拨款结转"科目设置下列明细科目：

1. 与会计差错更正、以前年度支出收回相关的明细科目

"年初余额调整"：本明细科目核算因发生会计差错更正、以前年度支出收回等原因，需要调整财政拨款结转的金额。年末结账后，本明细科目应无余额。

2. 与财政拨款调拨业务相关的明细科目

（1）"归集调入"：本明细科目核算按照规定从其他单位调入财政拨款结转资金时，实际调增的额度数额或调入的资金数额。年末结账后，本明细科目应无余额。

（2）"归集调出"：本明细科目核算按照规定向其他单位调出财政拨款结转资金时，实际调减的额度数额或调出的资金数额。年末结账后，本明细科目应无余额。

（3）"归集上缴"：本明细科目核算按照规定上缴财政拨款结转资金时，实际核销的额度数额或上缴的资金数额。年末结账后，本明细科目应无余额。

（4）"单位内部调剂"：本明细科目核算经财政部门批准对财政拨款结余资金改变用途，调整用于本单位其他未完成项目等的调整金额。年末结账后，本明细科目应无余额。

3. 与年末财政拨款结转业务相关的明细科目

（1）"本年收支结转"：本明细科目核算单位本年度财政拨款收支相抵后的余额。年末结账后，本明细科目应无余额。

（2）"累计结转"：本明细科目核算单位滚存的财政拨款结转资金。本明细科目年末贷方余额，反映单位财政拨款滚存的结转资金数额。

本科目还应当设置"基本支出结转""项目支出结转"两个明细科目，并在"基本支出结转"明细科目下按照"人员经费""日常公用经费"进行明细核算，在"项目支出结转"明细科目下按照具体项目进行明细核算；同时，本科目还应按照《政府收支分类科目》中"支出功能分类科目"的相关科目进行明细核算。

有一般公共预算财政拨款、政府性基金预算财政拨款等两种或两种以上财政拨款的，还应当在本科目下按照财政拨款的种类进行明细核算。

9.3.2 因发生会计差错更正退回以前年度款项的账务处理

因发生会计差错更正退回以前年度国库直接支付、授权支付款项或财政性货币资金，或者因发生会计差错更正增加以前年度国库直接支付、授权支付支出或财政性货币资金支出，属于以前年度财政拨款结转资金的，借记或贷记"资金结存——财政应返还额度、零余额账户用款额度、货币资金"科目，贷记或借记本科目（年初余额调整）。

例：2×20年1月6日，B单位发现2019年12月5日采用财政直接支付方式发放的工资中林安乐的工资做重了，金额为5 000元，林安乐当即退回现金5 000元。作会计分录如下（单位：元）：

借：资金结存——财政应返还额度　　5 000
　　贷：财政拨款结转——年初余额调整　　5 000

财务会计：

借：财政应返还额度——财政直接支付　　5 000
　　贷：以前年度盈余调整　　5 000

例：2×20年1月8日，A单位发现2019年12月5日采用财政授权支付方式发放的工资中没有林小童的工资，金额为4 500元，当即补做林小童工资，由零余额账户支付。作会计分录如下（单位：元）：

借：财政拨款结转——年初余额调整　　4 500
　　贷：资金结存——零余额账户用款额度　　4 500

财务会计：

借：以前年度盈余调整　　4 500
　　贷：零余额账户用款额度　　4 500

9.3.3 因购货退回、预付款项收回等退回以前年度款项的账务处理

因购货退回、预付款项收回等发生以前年度支出又收回国库直接支付、授权支付款项或收回财政性货币资金，属于以前年度财政拨款结转资金的，借记"资金结存——财政应返还额度、零余额账户用款额度、货币资金"科目，贷记本科目（年初余额调整）。

例：2×20年1月5日，A单位发现2019年12月26日购买的5箱A4复印纸出现严重的质量问题，经与经销商协商一致，全部退回，收到现金750元。作

会计分录如下（单位：元）：

借：资金结存——货币资金　　　　　　　　750
　　贷：财政拨款结转——年初余额调整　　　750
财务会计：
借：库存现金　　　　　　　　　　　　　　750
　　贷：以前年度盈余调整　　　　　　　　750

9.3.4 按照规定从其他单位调入财政拨款结转资金的核算

按照规定从其他单位调入财政拨款结转资金的，按照实际调增的额度数额或调入的资金数额，借记"资金结存——财政应返还额度、零余额账户用款额度、货币资金"科目，贷记本科目（归集调入）。

例：2×20 年 3 月 5 日，X 事业单位收到从 B 单位调入的财政拨款结转资金 10 万元。作会计分录如下（单位：元）：

借：资金结存——货币资金　　　　　　　100 000
　　贷：财政拨款结转——归集调入　　　100 000
财务会计：
借：银行存款　　　　　　　　　　　　　100 000
　　贷：累计盈余　　　　　　　　　　　100 000

9.3.5 按照规定向其他单位调出财政拨款结转资金的核算

按照规定向其他单位调出财政拨款结转资金的，按照实际调减的额度数额或调出的资金数额，借记本科目（归集调出），贷记"资金结存——财政应返还额度、零余额账户用款额度、货币资金"科目。

例：2×20 年 3 月 5 日，B 单位向 X 事业单位调出财政拨款结转资金 10 万元。作会计分录如下（单位：元）：

借：财政拨款结转——归集调出　　　　　100 000
　　贷：资金结存——货币资金　　　　　100 000
财务会计：
借：累计盈余　　　　　　　　　　　　　100 000
　　贷：银行存款　　　　　　　　　　　100 000

9.3.6 按照规定上缴财政拨款结转资金或注销财政拨款结转资金额度的核算

按照规定上缴财政拨款结转资金或注销财政拨款结转资金额度的，按照实际上缴资金数额或注销的资金额度数额，借记本科目（归集上缴），贷记"资金结存——财政应返还额度、零余额账户用款额度、货币资金"科目。

例：2×20 年 8 月 1 日，B 单位零余额账户上缴财政拨款结转资金 5 万元。作会计分录如下（单位：元）：

借：财政拨款结转——归集上缴　　　　　50 000
　　贷：资金结存——零余额账户用款额度　　　50 000

财务会计：

借：累计盈余　　　　　　　　　　　　　50 000
　　贷：零余额账户用款额度　　　　　　　　　50 000

9.3.7 经财政部门批准对财政拨款结余资金改变用途的核算

经财政部门批准对财政拨款结余资金改变用途，调整用于本单位基本支出或其他未完成项目支出的，按照批准调剂的金额，借记"财政拨款结余——单位内部调剂"科目，贷记本科目（单位内部调剂）。

例：2×20 年 1 月 20 日，经财政部门批准，B 单位的基本支出拨款结余资金 10 万元调剂为项目支出。作会计分录如下（单位：元）：

借：财政拨款结余——单位内部调剂　　　100 000
　　贷：财政拨款结转——单位内部调剂　　　　100 000

财务会计不用做处理。

9.3.8 年末财政拨款预算收入、预算支出转入的核算

年末，将财政拨款预算收入本年发生额转入本科目，借记"财政拨款预算收入"科目，贷记本科目（本年收支结转）；将各项支出中财政拨款支出本年发生额转入本科目，借记本科目（本年收支结转），贷记各项支出（财政拨款支出）科目。

例：2×20 年 12 月 31 日，X 事业单位"财政拨款预算收入"余额为 300 万元，事业支出余额为 280 万元，其中财政拨款支出 235 万元，非财政拨款支出为

45万元。作会计分录如下（单位：元）：

借：财政拨款预算收入　　　　　　　　　3 000 000
　　贷：财政拨款结转——本年收支结转　　3 000 000
借：财政拨款结转——本年收支结转　　　2 350 000
　　非财政拨款结转——本年收支结转　　　450 000
　　贷：事业支出　　　　　　　　　　　　2 800 000

财务会计不用做处理。

9.3.9　年末冲销"财政拨款结转"有关明细科目余额的核算

年末冲销有关明细科目余额。将本科目（本年收支结转、年初余额调整、归集调入、归集调出、归集上缴、单位内部调剂）余额转入本科目（累计结转）。结转后，本科目除"累计结转"明细科目外，其他明细科目应无余额。

例：2×20年12月31日，B单位"财政拨款结转"明细科目余额：本年收支结转为400万元（贷方），年初余额调整为10万元（借方），归集调入为5万元（贷方），归集调出为3万元（借方），归集上缴为2万元（借方），单位内部调剂为8万元（贷方）。作会计分录如下（单位：元）：

借：财政拨款结转——归集调入　　　　　　50 000
　　　　　　　　——单位内部调剂　　　　 80 000
　　　　　　　　——本年收支结转　　　4 000 000
　　贷：财政拨款结转——累计结转　　　 4 130 000
借：财政拨款结转——累计结转　　　　　 150 000
　　贷：财政拨款结转——归集上缴　　　　 20 000
　　　　　　　　　——年初余额调整　　　100 000
　　　　　　　　　——归集调出　　　　　 30 000

财务会计不用做处理。

9.3.10　年末将符合财政拨款结余性质的项目结转的核算

年末完成上述结转后，"财政拨款结转"明细科目只有"累计结转"有余额了。对财政拨款结转各明细项目执行情况进行分析，按照有关规定将符合财政拨款结余性质的项目余额转入财政拨款结余，借记本科目（累计结转），贷记"财政拨款结余——结转转入"科目。

例：2×20 年 12 月 31 日，B 单位通过对"财政拨款结转"各明细项目执行情况进行分析，将符合财政拨款结余性质的项目余额 20 万元转入财政拨款结余，作会计分录如下（单位：元）：

借：财政拨款结转——累计结转　　　200 000
　　贷：财政拨款结余——结转转入　　200 000

财务会计不用做处理。

9.4　财政拨款结余

财政拨款结余资金是指支出预算工作目标已完成，或由于受政策变化、计划调整等因素影响工作终止，当年剩余的财政拨款资金。

9.4.1　财政拨款结余概述

"财政拨款结余"科目核算单位取得的同级财政拨款项目支出结余资金的调整、结转和滚存情况。本科目年末贷方余额反映单位滚存的财政拨款结余资金数额。

"财政拨款结余"科目设置下列明细科目：

1. 与会计差错更正、以前年度支出收回相关的明细科目

"年初余额调整"：本明细科目核算因发生会计差错更正、以前年度支出收回等原因，需要调整财政拨款结余的金额。年末结账后，本明细科目应无余额。

2. 与财政拨款结余资金调整业务相关的明细科目

（1）"归集上缴"：本明细科目核算按照规定上缴财政拨款结余资金时，实际核销的额度数额或上缴的资金数额。年末结账后，本明细科目应无余额。

（2）"单位内部调剂"：本明细科目核算经财政部门批准对财政拨款结余资金改变用途，调整用于本单位其他未完成项目等的调整金额。年末结账后，本明细科目应无余额。

3. 与年末财政拨款结余业务相关的明细科目

（1）"结转转入"：本明细科目核算单位按照规定转入财政拨款结余的财政拨款结转资金。年末结账后，本明细科目应无余额。

（2）"累计结余"：本明细科目核算单位滚存的财政拨款结余资金。本明细科目年末贷方余额，反映单位财政拨款滚存的结余资金数额。本科目还应当按照

具体项目、《政府收支分类科目》中"支出功能分类科目"的相关科目等进行明细核算。

有一般公共预算财政拨款、政府性基金预算财政拨款等两种或两种以上财政拨款的，还应当在本科目下按照财政拨款的种类进行明细核算。

9.4.2 因会计差错退回以前年度结余资金的核算

因发生会计差错更正退回以前年度国库直接支付、授权支付款项或财政性货币资金，或者因发生会计差错更正增加以前年度国库直接支付、授权支付支出或财政性货币资金支出，属于以前年度财政拨款结余资金的，借记或贷记"资金结存——财政应返还额度、零余额账户用款额度、货币资金"科目，贷记或借记本科目（年初余额调整）。

例：2×20 年 3 月 2 日，A 单位发现上年度采用国库直接支付方式、使用财政拨款结余资金支付的 2019 年 11 月绩效工资中，马晓霞由于请长期事假，没有绩效工资，但是工资表中却有金额 3 200 元，已经发放，联系本人后，款项当即退回国库。作会计分录如下（单位：元）：

借：资金结存——财政应返还额度　　　　　3 200
　　贷：财政拨款结余——年初余额调整　　　　　　3 200

财务会计：

借：财政应返还额度　　　　　　　　　　　3 200
　　贷：以前年度盈余调整　　　　　　　　　　　　3 200

9.4.3 因购货退回等收到以前年度结余资金的核算

因购货退回、预付款项收回等发生以前年度支出又收回国库直接支付、授权支付款项或收回财政性货币资金，属于以前年度财政拨款结余资金的，借记"资金结存——财政应返还额度、零余额账户用款额度、货币资金"科目，贷记本科目（年初余额调整）。

例：2×20 年 1 月 6 日，X 单位 2019 年 12 月 5 日预付的材料款由于材料不足，剩余 2 万元退回零余额账户。该资金属于上年度财政拨款结余资金。作会计分录如下（单位：元）：

借：资金结存——零余额账户用款额度　　20 000
　　贷：财政拨款结余——年初余额调整　　　　　20 000

财务会计：

借：零余额账户用款额度　　　　　　　20 000
　　贷：预付账款　　　　　　　　　　　　　20 000

9.4.4　财政拨款结余资金改变用途的核算

经财政部门批准对财政拨款结余资金改变用途，调整用于本单位基本支出或其他未完成项目支出的，按照批准调剂的金额，借记本科目（单位内部调剂），贷记"财政拨款结转——单位内部调剂"科目。

例：2×20年8月2日，经财政部门批准，A单位财政拨款结余资金项目支出转为本单位基本支出，金额为5万元。作会计分录如下（单位：元）：

借：财政拨款结余——单位内部调剂　　50 000
　　贷：财政拨款结转——单位内部调剂　　　50 000

财务会计不用做处理。

9.4.5　上缴或注销财政拨款结余资金额度的核算

按照规定上缴财政拨款结余资金或注销财政拨款结余资金额度的，按照实际上缴资金数额或注销的资金额度数额，借记本科目（归集上缴），贷记"资金结存——财政应返还额度、零余额账户用款额度、货币资金"科目。

例：2×20年12月31日，X单位注销财政拨款结余资金10万元，用零余额账户上缴。作会计分录如下（单位：元）：

借：财政拨款结余——归集上缴　　　　100 000
　　贷：资金结存——零余额账户用款额度　　100 000

财务会计：

借：累计盈余　　　　　　　　　　　　100 000
　　贷：零余额账户用款额度　　　　　　　　100 000

9.4.6　年末符合财政拨款结余性质的项目结转的核算

年末，对财政拨款结转各明细项目执行情况进行分析，按照有关规定将符合财政拨款结余性质的项目余额转入财政拨款结余，借记"财政拨款结转——累计结转"科目，贷记本科目（结转转入）。

例：2×20年12月31日，X单位经查"财政拨款结转"各明细账，分析出

有一明细 5 万元符合财政拨款结余性质,已经转入"财政拨款结转——累计结转",进行结转时作会计分录如下(单位:元):

借:财政拨款结转——累计结转　　　　50 000
　　贷:财政拨款结余——结转转入　　　　50 000

财务会计不用做处理。

9.4.7　年末冲销有关明细科目余额的核算

年末冲销有关明细科目余额时,将本科目(年初余额调整、归集上缴、单位内部调剂、结转转入)余额转入本科目(累计结余)。结转后,本科目除"累计结余"明细科目外,其他明细科目应无余额。

例:2×20 年 12 月 31 日,X 单位财政拨款结余各明细余额:年初余额调整为贷方 2 万元,归集上缴为借方 10 万元,单位内部调剂为借方 6 万元,结转转入为贷方 5 万元。作会计分录如下(单位:元):

借:财政拨款结余——年初余额调整　　　20 000
　　　　　　　　——结转转入　　　　　50 000
　　贷:财政拨款结余——累计结余　　　　70 000
借:财政拨款结余——累计结余　　　　160 000
　　贷:财政拨款结余——归集上缴　　　　100 00
　　　　　　　　——单位内部调剂　　　60 000

财务会计不用做处理。

9.5　非财政拨款结转

9.5.1　非财政拨款结转概述

"非财政拨款结转"科目核算单位除财政拨款收支、经营收支以外各非同级财政拨款专项资金的调整、结转和滚存情况。本科目年末贷方余额反映单位滚存的非同级财政拨款专项结转资金数额。

"非财政拨款结转"科目应设置下列明细科目:

(1)"年初余额调整":本明细科目核算因发生会计差错更正、以前年度支出收回等原因,需要调整非财政拨款结转的资金。年末结账后,本明细科目应无余额。

(2)"缴回资金":本明细科目核算按照规定缴回非财政拨款结转资金时,实际缴回的资金数额。年末结账后,本明细科目应无余额。

(3)"项目间接费用或管理费":本明细科目核算单位取得的科研项目预算收入中,按照规定计提项目间接费用或管理费的数额。年末结账后,本明细科目应无余额。

(4)"本年收支结转":本明细科目核算单位本年度非同级财政拨款专项收支相抵后的余额。年末结账后,本明细科目应无余额。

(5)"累计结转":本明细科目核算单位滚存的非同级财政拨款专项结转资金。本明细科目年末贷方余额,反映单位非同级财政拨款滚存的专项结转资金数额。本科目还应当按照具体项目、《政府收支分类科目》中"支出功能分类科目"的相关科目等进行明细核算。

9.5.2 提取项目管理费或间接费的核算

按照规定从科研项目预算收入中提取项目管理费或间接费时,按照提取金额,借记本科目(项目间接费用或管理费),贷记"非财政拨款结余——项目间接费用或管理费"科目。

例:2×20年5月31日,A单位按规定从科研项目预算收入中提取项目管理费2万元,间接费1万元。作会计分录如下(单位:元):

借:非财政拨款结转——项目间接费用或管理费　　30 000
　　贷:非财政拨款结余——项目间接费用或管理费　　30 000

财务会计:

借:单位管理费用　　　　　　　　　　　　　　　　30 000
　　贷:预提费用——项目间接费用或管理费　　　　　30 000

9.5.3 会计差错更正收到或支出货币资金的核算

因会计差错更正收到或支出非同级财政拨款货币资金,属于非财政拨款结转资金的,按照收到或支出的金额,借记或贷记"资金结存——货币资金"科目,贷记或借记本科目(年初余额调整)。

例:2×20年1月8日,B单位发现2019年11月6日非同级财政拨款资金发放的精神文明奖有误。按政策临时工减半发放,但是由于会计做表时做成全额发放，致使多结算精神文明奖支出 5 万元，临时工已将款项退回并存入银行（该部分资金属于非财政拨款结转资金）。作会计分录如下（单位：元）：

借：资金结存——货币资金　　　　　　50 000
　　贷：非财政拨款结转——年初余额调整　　50 000

财务会计：
借：银行存款　　　　　　　　　　　　50 000
　　贷：以前年度盈余调整　　　　　　　　50 000

例：2×20 年 1 月 8 日，B 单位发现 2019 年 11 月 6 日非同级财政拨款资金发放的精神文明奖有误。按政策退休职工应全额发放，但是由于会计做表时做成退休职工减半发放，致使少结算精神文明奖支出 1 万元，已通过银行将少发款项打入个人账户（该部分资金属于非财政拨款结转资金）。作会计分录如下（单位：元）：

借：非财政拨款结转——年初余额调整　　10 000
　　贷：资金结存——货币资金　　　　　　10 000

财务会计：
借：以前年度盈余调整　　　　　　　　10 000
　　贷：银行存款　　　　　　　　　　　　10 000

9.5.4　收回以前年度支出等的核算

因收回以前年度支出等收到非同级财政拨款货币资金，属于非财政拨款结转资金的，按照收到的金额，借记"资金结存——货币资金"科目，贷记本科目（年初余额调整）。

例：2×20 年 3 月 18 日，上级部门审核发现 B 单位 2018 年发放的高考奖金因没有政府备案资料，属于非法支付，全部收回，总金额为 12 万元，存入银行。该资金属于非财政拨款结转资金。作会计分录如下（单位：元）：

借：资金结存——货币资金　　　　　　120 000
　　贷：非财政拨款结转——年初余额调整　　120 000

财务会计：
借：银行存款　　　　　　　　　　　　120 000
　　贷：以前年度盈余调整　　　　　　　　120 000

9.5.5　缴回非财政拨款结转资金的核算

按照规定缴回非财政拨款结转资金的，按照实际缴回资金数额，借记本科目

（缴回资金），贷记"资金结存——货币资金"科目。

例：2×20年12月31日，C单位非财政拨款结转资金10万元，按上级要求缴回。作会计分录如下（单位：元）：

借：非财政拨款结转——缴回资金　　　　100 000
　　贷：资金结存——货币资金　　　　　　　　100 000

财务会计：
借：累计盈余　　　　　　　　　　　　　100 000
　　贷：银行存款　　　　　　　　　　　　　　100 000

9.5.6　年末各专项资金收入结转的核算

年末，将事业预算收入、上级补助预算收入、附属单位上缴预算收入、非同级财政拨款预算收入、债务预算收入、其他预算收入本年发生额中的专项资金收入转入本科目，借记"事业预算收入""上级补助预算收入""附属单位上缴预算收入""非同级财政拨款预算收入""债务预算收入""其他预算收入"科目下各专项资金收入明细科目，贷记本科目（本年收支结转）。

例：2019年12月31日，B单位对预算收入进行分析计算，其中专项资金：事业预算收入中为10万元，上级补助预算收入中为12万元。作会计分录如下（单位：元）：

借：事业预算收入　　　　　　　　　　　100 000
　　上级补助预算收入　　　　　　　　　　120 000
　　贷：非财政拨款结转——本年收支结转　　　220 000

财务会计不用做处理。

9.5.7　年末专项资金支出结转的核算

年末，将行政支出、事业支出、其他支出本年发生额中的非财政拨款专项资金支出转入本科目，借记本科目（本年收支结转），贷记"行政支出""事业支出""其他支出"科目下各非财政拨款专项资金支出明细科目。

例：2019年12月31日，B事业单位对预算支出进行分析计算，其中非财政拨款专项资金：事业支出中为5万元，其他支出中为12万元。作会计分录如下（单位：元）：

借：非财政拨款结转——本年收支结转	170 000	
贷：事业支出		50 000
其他支出		120 000

财务会计不用做处理。

9.5.8 年末冲销有关明细科目余额的核算

年末冲销有关明细科目余额时，将本科目（年初余额调整、项目间接费用或管理费、缴回资金、本年收支结转）余额转入本科目（累计结转）。结转后，本科目除"累计结转"明细科目外，其他明细科目应无余额。

例：2019年12月31日，B事业单位"非财政拨款结转"各明细科目余额：年初余额调整为贷方10万元，项目间接费用或管理费为借方5万元，缴回资金为借方2万元，本年收支结转为贷方2万元。结转到"非财政拨款结转——累计结转"，作会计分录如下（单位：元）：

借：非财政拨款结转——年初余额调整	100 000	
——本年收支结转	20 000	
贷：非财政拨款结转——累计结转		120 000
借：非财政拨款结转——累计结转	70 000	
贷：非财政拨款结转——缴回资金		20 000
——项目间接费用或管理费		50 000

财务会计不用做处理。

9.5.9 年末留归本单位使用的剩余资金的核算

年末完成上述结转后，应当对非财政拨款专项结转资金各项目情况进行分析，将留归本单位使用的非财政拨款专项（项目已完成）剩余资金转入非财政拨款结余，借记本科目（累计结转），贷记"非财政拨款结余——结转转入"科目。

例：2019年12月31日，B事业单位对非财政拨款专项结转资金各项目情况进行分析计算，非财政拨款结转专项资金总计110万元，其中项目已经完成的非财政拨款结转专项资金70万元，项目已经完成的发生非财政拨款结转专项资金支出60万元，剩余10万元经批准留归本单位使用。作会计分录如下（单位：元）：

借：非财政拨款结转——累计结转	100 000	
贷：非财政拨款结余——结转转入		100 000

财务会计不用做处理。

9.6 非财政拨款结余

非财政拨款结余所涉及的资金大多为专项资金。

9.6.1 非财政拨款结余概述

"非财政拨款结余"科目核算单位历年滚存的非限定用途的非同级财政拨款结余资金,主要为非财政拨款结余扣除结余分配后滚存的金额。

"非财政拨款结余"科目设置下列明细科目:

(1)"年初余额调整":本明细科目核算因发生会计差错更正、以前年度支出收回等原因,需要调整非财政拨款结余的资金。年末结账后,本明细科目应无余额。

(2)"项目间接费用或管理费":本明细科目核算单位取得的科研项目预算收入中,按照规定计提的项目间接费用或管理费数额。年末结账后,本明细科目应无余额。

(3)"结转转入":本明细科目核算按照规定留归单位使用,由单位统筹调配,纳入单位非财政拨款结余的非同级财政拨款专项剩余资金。年末结账后,本明细科目应无余额。

(4)"累计结余":本明细科目核算单位历年滚存的非同级财政拨款、非专项结余资金。本明细科目年末贷方余额,反映单位非同级财政拨款滚存的非专项结余资金数额。本科目还应当按照《政府收支分类科目》中"支出功能分类科目"的相关科目进行明细核算。

9.6.2 从科研项目预算收入中提取项目管理费或间接费的核算

按照规定从科研项目预算收入中提取项目管理费或间接费时,借记"非财政拨款结转——项目间接费用或管理费"科目,贷记本科目(项目间接费用或管理费)。

例:2×20年12月31日,C单位按规定从科研项目预算收入中提取项目管理费50 000万元,间接费30 000元。作会计分录如下(单位:元):

借:非财政拨款结转——项目间接费用或管理费　80 000
　　贷:非财政拨款结余——项目间接费用或管理费　80 000

财务会计：

借：单位管理费用　　　　　　　　　　　　　　80 000

　　贷：预提费用——项目间接费用或管理费　　80 000

9.6.3　事业单位实际交纳企业所得税的核算

有企业所得税交纳义务的事业单位实际交纳企业所得税时，按照交纳金额，借记本科目（累计结余），贷记"资金结存——货币资金"科目。

例：2×20 年 4 月 5 日，X 单位申报交纳一季度企业所得税 2 000 元。作会计分录如下（单位：元）：

借：非财政拨款结余——累计结余　　　2 000

　　贷：资金结存——货币资金　　　　　2 000

财务会计：

借：其他应交税费——单位应交所得税　2 000

　　贷：银行存款　　　　　　　　　　　2 000

9.6.4　会计差错更正收到或支出非同级财政拨款的核算

因会计差错更正收到或支出非同级财政拨款货币资金，属于非财政拨款结余资金的，按照收到或支出的金额，借记或贷记"资金结存——货币资金"科目，贷记或借记本科目（年初余额调整）。

例：2×20 年 3 月 15 日，X 单位在填报上年度报表的时候，发现 2019 年 6 月 13 日发生的维修费用 60 000 元（非财政拨款结余资金），其中有 5 000 元维修人员工时费所用员工为本单位维修人员，不需另外支付工时费，已经收到退回款项，存入银行。作会计分录如下（单位：元）：

借：资金结存——货币资金　　　　　　5 000

　　贷：非财政拨款结余——年初余额调整　5 000

财务会计：

借：银行存款　　　　　　　　　　　　5 000

　　贷：以前年度盈余调整　　　　　　　5 000

例：2×20 年 3 月 15 日，X 单位在填报上年度报表的时候，发现 2019 年 7 月 23 日发生的活动费用结算了 20 000 元（非财政拨款结余资金），活动主持人是另外雇用的，费用 800 元忘记结算了。当即以现金支付给主持人，并取得了发票。作会计分录如下（单位：元）：

借：非财政拨款结余——年初余额调整　　　800
　　贷：资金结存——货币资金　　　　　　　　800

财务会计：

借：以前年度盈余调整　　　　　　　　　　　800
　　贷：库存现金　　　　　　　　　　　　　　800

9.6.5　收回以前年度支出等的核算

因收回以前年度支出等收到非同级财政拨款货币资金，属于非财政拨款结余资金的，按照收到的金额，借记"资金结存——货币资金"科目，贷记本科目（年初余额调整）。

例：2×20年1月31日，X单位收到上级主管部门要求退回的2019年发放的值班费8 000元（属于非财政拨款结余资金），存入银行。作会计分录如下（单位：元）：

借：资金结存——货币资金　　　　　　　　8 000
　　贷：非财政拨款结余——年初余额调整　　　8 000

财务会计：

借：银行存款　　　　　　　　　　　　　　8 000
　　贷：以前年度盈余调整　　　　　　　　　　8 000

9.6.6　年末专项（项目已完成）剩余资金转入的核算

年末，将留归本单位使用的非财政拨款专项（项目已完成）剩余资金转入本科目，借记"非财政拨款结转——累计结转"科目，贷记本科目（结转转入）。

例：2019年12月31日，甲单位非财政拨款专项资金使用情况统计完毕，已经完成的项目专项资金剩余10 000元，经批准留归本单位使用。作会计分录如下（单位：元）：

借：非财政拨款结转——累计结转　　　　10 000
　　贷：非财政拨款结余——结转转入　　　　10 000

财务会计不用做处理。

9.6.7　年末冲销有关明细科目余额的核算

年末冲销有关明细科目余额。将本科目（年初余额调整、项目间接费用或管理费、结转转入）余额结转入本科目（累计结余）。结转后，本科目除"累计结余"明细科目外，其他明细科目应无余额。

例：2019年12月31日，甲单位"非财政拨款结余"有关明细科目余额：年初余额调整为借方8 500元，项目间接费用或管理费为借方60 000元，结转转入为贷方80 000元。作会计分录如下（单位：元）：

借：非财政拨款结余——结转转入　　　　　80 000
　　贷：非财政拨款结余——累计结余　　　　　80 000
借：非财政拨款结余——累计结余　　　　　68 500
　　贷：非财政拨款结余——年初余额调整　　　8 500
　　　　——项目间接费用或管理费　　　　　60 000

财务会计不用做处理。

9.6.8　年末"非财政拨款结余分配"余额转入的核算

年末，事业单位将"非财政拨款结余分配"科目余额转入非财政拨款结余。"非财政拨款结余分配"科目为借方余额的，借记本科目（累计结余），贷记"非财政拨款结余分配"科目；"非财政拨款结余分配"科目为贷方余额的，借记"非财政拨款结余分配"科目，贷记本科目（累计结余）。年末，行政单位将"其他结余"科目余额转入非财政拨款结余。

例：2019年12月31日，X事业单位"非财政拨款结余分配"科目余额为借方20 000元。作会计分录如下（单位：元）：

借：非财政拨款结余——累计结余　　　　　20 000
　　贷：非财政拨款结余分配　　　　　　　　20 000

财务会计不用做处理。

例：2019年12月31日，A事业单位"非财政拨款结余分配"科目余额为贷方25 000元。作会计分录如下（单位：元）：

借：非财政拨款结余分配　　　　　　　　　25 000
　　贷：非财政拨款结余——累计结余　　　　　25 000

财务会计不用做处理。

9.6.9　年末"其他结余"余额转入的核算

年末，"其他结余"科目为借方余额的，借记本科目（累计结余），贷记

"其他结余"科目;"其他结余"科目为贷方余额的,借记"其他结余"科目,贷记本科目(累计结余)。

例:2×20年12月31日,B单位"其他结余"余额为借方8 000元,进行年末结转,作会计分录如下(单位:元):

借:非财政拨款结余——累计结余　　　8 000
　　贷:其他结余　　　　　　　　　　　　　8 000

如为贷方余额,做相反的会计分录。
财务会计不用做处理。

9.7　专用结余(事业单位专用)

"专用结余"科目核算事业单位按照规定从非财政拨款结余中提取的具有专门用途的资金的变动和滚存情况。本科目应当按照专用结余的类别进行明细核算。年末贷方余额反映事业单位从非同级财政拨款结余中提取的专用基金的累计滚存数额。

9.7.1　从非财政拨款结余或经营结余中提取专用基金的核算

根据有关规定从本年度非财政拨款结余或经营结余中提取基金的,按照提取金额,借记"非财政拨款结余分配"科目,贷记本科目。

例:2019年12月31日,B事业单位按规定从本年度非财政拨款结余中提取职工福利基金20 000元。作会计分录如下(单位:元):

借:非财政拨款结余分配　　　　　　20 000
　　贷:专用结余　　　　　　　　　　　　　20 000

财务会计:

借:本年盈余分配　　　　　　　　　　20 000
　　贷:专用基金　　　　　　　　　　　　　20 000

9.7.2　使用提取的专用基金的核算

根据规定使用从非财政拨款结余或经营结余中提取的专用基金时,按照使用金额,借记本科目,贷记"资金结存——货币资金"科目。

例：2×20 年 3 月 5 日，B 事业单位使用从非财政拨款结余中提取的职工福利基金发放福利 6 000 元。作会计分录如下（单位：元）：

  借：专用结余   6 000

    贷：资金结存——货币资金   6 000

财务会计：

  借：专用基金   6 000

    贷：银行存款   6 000

9.8　经营结余（事业单位专用）

"经营结余"科目核算事业单位本年度经营活动收支相抵后余额弥补以前年度经营亏损后的余额。本科目可以按照经营活动类别进行明细核算。年末结账后，本科目一般无余额；如为借方余额，反映事业单位累计发生的经营亏损。

注意： 医疗行业要慎重使用本科目。

9.8.1　年末经营预算收入、经营支出转入的核算

年末，将经营预算收入本年发生额转入本科目，借记"经营预算收入"科目，贷记本科目；将经营支出本年发生额转入本科目，借记本科目，贷记"经营支出"科目。

例：2019 年 12 月 31 日，B 事业单位"经营预算收入"余额为 8 万元，"经营支出"余额为 6 万元，进行年末结转。作会计分录如下（单位：元）：

  借：经营预算收入   80 000

    贷：经营结余   80 000

  借：经营结余   60 000

    贷：经营支出   60 000

财务会计不用做处理。

9.8.2　年末"经营结余"结转的核算

年末，完成上述结转后，如本科目为贷方余额，将本科目贷方余额转入"非财政拨款结余分配"科目，借记本科目，贷记"非财政拨款结余分配"科目；

如本科目为借方余额，为经营亏损，不予结转。

例：2019 年 12 月 31 日，B 事业单位"经营结余"余额为贷方 2 万元，进行年末结转，作会计分录如下（单位：元）：

借：经营结余　　　　　　　　　　　20 000
　　贷：非财政拨款结余分配　　　　　　20 000

财务会计不用做处理。

注意：年末"经营结余"余额如果在借方，则不予结转。

9.9 其他结余

"其他结余"科目核算单位本年度除财政拨款收支、非同级财政专项资金收支和经营收支以外各项收支相抵后的余额。年末结账后，本科目应无余额。

简单地说就是：预算收入里面的非财政拨款、非专项资金都转入其他结余；预算支出也一样，非同级财政、非专项资金也都转入其他结余。最后其他结余再通过"非财政拨款结余分配"转入"非财政拨款结余"。也就是"其他结余"是没有限定用途的结余。

9.9.1 年末非专项资金收入以及投资预算收益转入的核算

年末，将事业预算收入、上级补助预算收入、附属单位上缴预算收入、非同级财政拨款预算收入、债务预算收入、其他预算收入本年发生额中的非专项资金收入以及投资预算收益本年发生额转入本科目，借记"事业预算收入""上级补助预算收入""附属单位上缴预算收入""非同级财政拨款预算收入""债务预算收入""其他预算收入"科目下各非专项资金收入明细科目和"投资预算收益"科目，贷记本科目（"投资预算收益"科目本年发生额为借方净额时，借记本科目，贷记"投资预算收益"科目）。

例：2019 年 12 月 31 日，B 事业单位除"财政拨款预算收入""经营预算收入"，各预算收入余额：事业预算收入为 30 万元，上级补助预算收入为 15 万元，附属单位上缴预算收入为 5 万元，非同级财政拨款预算收入为 10 万元，债务预算收入为 100 万元，投资预算收益为借方 1 万元，其他预算收入为 11 万元。通过对其发生额进行分析计算，其中专项资金：事业预算收入中有 10 万元，上级补助预算收入中有 12 万元。将本年发生额中扣除已经结转的专项资金收入进行结转，作会计分录如下（单位：元）：

借：事业预算收入　　　　　　　　　　200 000
　　上级补助预算收入　　　　　　　　 30 000
　　附属单位上缴预算收入　　　　　　 50 000
　　非同级财政拨款预算收入　　　　　100 000
　　债务预算收入　　　　　　　　　1 000 000
　　其他预算收入　　　　　　　　　　110 000
　　贷：其他结余　　　　　　　　　1 490 000
借：其他结余　　　　　　　　　　　　 10 000
　　贷：投资预算收益　　　　　　　　 10 000

财务会计不用做处理。

9.9.2　年末非同级财政、非专项资金支出转入的核算

年末，将行政支出、事业支出、其他支出本年发生额中的非同级财政、非专项资金支出，以及上缴上级支出、对附属单位补助支出、投资支出、债务还本支出本年发生额转入本科目，借记本科目，贷记"行政支出""事业支出""其他支出"科目下各非同级财政、非专项资金支出明细科目和"上缴上级支出""对附属单位补助支出""投资支出""债务还本支出"科目。

例：2019 年 12 月 31 日，B 事业单位事业支出余额为 25 万元、其他支出为 16 万元，通过对预算支出发生额进行分析计算，其中财政拨款和非财政拨款专项资金：事业支出中为 5 万元，其他支出中为 12 万元；上缴上级支出为 1 万元，对附属单位补助支出为 2 万元，投资支出为 10 万元，债务还本支出为 80 万元。对非同级财政、非专项资金支出、上缴上级支出、对附属单位补助支出、投资支出、债务还本支出进行结转。作会计分录如下（单位：元）：

借：其他结余　　　　　　　　　　　1 170 000
　　贷：事业支出　　　　　　　　　　200 000
　　　　其他支出　　　　　　　　　　 40 000
　　　　上缴上级支出　　　　　　　　 10 000
　　　　对附属单位补助支出　　　　　 20 000
　　　　投资支出　　　　　　　　　　100 000
　　　　债务还本支出　　　　　　　　800 000

财务会计不用做处理。

9.9.3 年末行政单位"其他结余"结转的核算

年末,完成上述结转后,行政单位将本科目余额转入"非财政拨款结余——累计结余"科目。

例:2019 年 12 月 31 日,A 行政单位计算出"其他结余"余额为贷方余额 5 万元,转入"非财政拨款结余"。作会计分录如下(单位:元):

借:其他结余　　　　　　　　　　　　50 000
　贷:非财政拨款结余——累计结余　　　　50 000

财务会计不用做处理。

例:2019 年 12 月 31 日,B 行政单位计算出"其他结余"余额为借方余额 2 万元,转入"非财政拨款结余"。

借:非财政拨款结余——累计结余　　　　20 000
　贷:其他结余　　　　　　　　　　　　20 000

财务会计不用做处理。

9.9.4 年末事业单位"其他结余"结转的核算

事业单位将本科目余额转入"非财政拨款结余分配"科目。当本科目为贷方余额时,借记本科目,贷记"非财政拨款结余——累计结余"或"非财政拨款结余分配"科目;当本科目为借方余额时,借记"非财政拨款结余——累计结余"或"非财政拨款结余分配"科目,贷记本科目。

例:2019 年 12 月 31 日,B 事业单位"其他结余"余额为贷方 10 万元,进行结转,作会计分录如下(单位:元):

借:其他结余　　　　　　　　　　　　100 000
　贷:非财政拨款结余分配　　　　　　　100 000

如果"其他结余"为借方余额,则做相反的会计分录。
财务会计不用做处理。

9.10　非财政拨款结余分配

"非财政拨款结余分配"科目核算事业单位本年度非财政拨款结余分配的情

况和结果。年末结账后，本科目应无余额。

9.10.1 年末"其他结余""经营结余"转入的核算

年末，将"其他结余"科目余额转入本科目。当"其他结余"科目为贷方余额时，借记"其他结余"科目，贷记本科目；当"其他结余"科目为借方余额时，借记本科目，贷记"其他结余"科目。

年末，将"经营结余"科目贷方余额转入本科目，借记"经营结余"科目，贷记本科目。

例：2×20年12月31日，B事业单位"其他结余"借方余额为1万元，"经营结余"贷方余额为8万元。作会计分录如下（单位：元）：

借：非财政拨款结余分配　　　　　10 000
　　贷：其他结余　　　　　　　　　　10 000
借：经营结余　　　　　　　　　　80 000
　　贷：非财政拨款结余分配　　　　　80 000

财务会计不用做处理。

9.10.2 提取专用基金的核算

根据有关规定提取专用基金的，按照提取的金额，借记本科目，贷记"专用结余"科目。

例：2×20年12月31日，B事业单位按规定从本年度非财政拨款结余中提取职工福利基金2万元。作会计分录如下（单位：元）：

借：非财政拨款结余分配　　　　　20 000
　　贷：专用结余　　　　　　　　　　20 000

财务会计：
借：本年盈余分配　　　　　　　　20 000
　　贷：专用基金　　　　　　　　　　20 000

9.10.3 年末"非财政拨款结余分配"结转的核算

年末，按照规定完成上述处理后，将本科目余额转入非财政拨款结余。当本科目为借方余额时，借记"非财政拨款结余——累计结余"科目，贷记本科目；当本科目为贷方余额时，借记本科目，贷记"非财政拨款结余——累计结余"

科目。

例：2×20年12月31日，B事业单位"其他结余""经营结余"结转完毕，也进行了从非财政拨款结余或经营结余中提取专用基金的核算，目前"非财政拨款结余分配"余额为贷方5万元。进行结转，作会计分录如下（单位：元）：

借：非财政拨款结余分配　　　　　　　　50 000
　　贷：非财政拨款结余——累计结余　　　50 000

"非财政拨款结余分配"如为借方余额，则做相反的会计分录。

财务会计不用做处理。

以上就是预算会计结转结余所用到的所有科目。通过实际案例，可知财政资金、非财政专项资金、其他资金都包括什么，三类资金都在预算会计下哪些科目核算。

需注意：根据不同的资金来源，在期末的时候分别转入财政拨款结转、非财政拨款结转、其他结余、结余分配，财政拨款结转符合国家资金要求的转入财政拨款结余，中间有调剂的，当然一定要有财政的批复，同意本单位继续使用某项专项的时候，从财政拨款结余再转入财政拨款结转，可双向对转。

非财政的专项资金在下一年继续使用的时候依然在结转科目核算，当不再使用，解除限定用途时，就在"非财政拨款结余"科目下核算。

其他结余和经营结余的贷方通过"非财政拨款结余分配"科目，提取完专用结余的余额，结转到"非财政拨款结余"。

04

第4篇 财务报表篇

第10章
政府会计报表最关键

学过会计的人员都知道,单位对外、对内提供会计信息的主要途径就是会计报表。企业财务会计基本报表有资产负债表、利润表、现金流量表、所有者权益变动表和附注,那么政府会计主体的报表有哪些呢?具体的会计报表见表10-1。

表10-1 政府会计报表

	编号	报表名称	编制期
财务会计报表	会政财01表	资产负债表	月度、年度
	会政财02表	收入费用表	月度、年度
	会政财03表	净资产变动表	年度
	会政财04表	现金流量表	年度
		附注	年度
预算会计报表	会政预01表	预算收入支出表	年度
	会政预02表	预算结转结余变动表	年度
	会政预03表	财政拨款预算收入支出表	年度

怎么这么多?不要担心,其实懂得基本原理后,利用账上数字填写就行了,不是很复杂。因为政府会计信息采用的是双基础、双功能,所以报表也得体现双报表形式。

10.1 会计报表概述

所谓"双报告",即通过财务会计核算形成财务报告,通过预算会计核算形成决算报告。既然是双报告,以下就分别学习。

10.1.1 财务会计报表概述

财务会计报表是指对政府会计主体某一特定日期的财务状况、某一会计期间的运行情况和现金流量等信息的结构性表述文件。它是以权责发生制为基础,以财务会计核算生成的数据为准提供的会计信息。财务会计报表包括会计报表和附注，会计报表至少应当包括资产负债表、收入费用表和现金流量表，新的政府会计制度特别指出，单位可根据实际情况自行选择编制现金流量表，政府会计主体应当根据相关规定编制合并财务报表。

资产负债表是指反映政府会计主体在某一特定日期的财务状况的报表。

收入费用表是指反映政府会计主体在一定会计期间运行情况的报表。

现金流量表是指反映政府会计主体在一定会计期间现金及现金等价物流入和流出情况的报表。

附注是指对在资产负债表、收入费用表、现金流量表等报表中列示项目所做的进一步说明，以及对未能在这些报表中列示项目的说明。

10.1.2 预算会计报表概述

预算会计报表是反映政府会计主体某一特定日期财务状况和某一会计期间预算执行结果的书面文件。它由会计报表和报表说明书组成，综合、系统、全面地反映了单位预算收支活动的情况。政府决算报告的编制主要以收付实现制为基础，以预算会计核算生成的数据为准。

预算会计报表至少包括预算收入支出表、预算结转结余变动表和财政拨款预算收入支出表。

行政事业单位应当根据登记完整、核对无误的账簿记录和其他有关资料编制会计报表，做到数字真实、计算准确、内容完整、报送及时。

现在大多数单位都使用财务软件记账，所以报表都是自动生成的，没有这么复杂，但是我们还是要看一下各报表的编制方法，以便第一次使用财务软件进行初始化和后期发生政策变更时修改报表公式。

根据新政府会计制度要求，行政单位和事业单位均要编制资产负债表、收入费用表和净资产变动表。

10.2 资产负债表

资产负债表是政府会计主体必须填报的报表之一，体现单位的财务状况。

10.2.1　资产负债表概述

资产负债表反映行政事业单位在某一特定日期的全部资产、负债和净资产的情况。

资产负债表是会计报表的重要组成部分，可以提供反映会计期末行政事业单位占有或使用的资源、承担的债务和形成的净资产情况的会计信息。

行政事业单位的资产负债表采用账户式结构，按照"资产＝负债＋净资产"的平衡原理，左方列示流动资产和非流动资产各项目；右方列示流动负债、非流动负债和净资产各项目。

资产负债表包括"期末余额"和"年初余额"两栏数字。"期末余额"栏的数字根据本期各账户的期末余额直接填列，或经过分析、计算后填列；"年初余额"栏的数字根据上年年末资产负债表"期末余额"栏内的数字填列。

10.2.2　资产负债表日期的填写

因为资产负债表反映某一特定日期的财务状况，所以其日期是固定的期末那天。

月报表：1月份的资产负债表，日期就填为1月31日。如编制2×20年2月份的资产负债表，日期就为2×20年2月29日。以此类推。

季报表：第1季度的日期为3月31日，第2季度的日期为6月30日……

半年报：上半年报是6月30日，下半年报是12月31日。

年报：12月31日。

由以上日期可以看出，3月月报表和第1季度报表是同一张报表；6月月报表和第2季度报表、上半年报表是同一张表；9月月报表和第3季度报表是同一张表；12月月报表、第4季度报表、下半年报表和年报表是同一张报表。

10.2.3　资产负债表年初余额的填写

如果单位当年才成立，那么年初余额就不用填写了；如果不是第一年成立的，那么资产负债表的"年初余额"栏内各项数字应当根据上年年末资产负债表"期末余额"栏内数字填列。

如果本年度资产负债表规定的各个项目的名称和内容同上年度不一致，则应当对上年年末资产负债表规定的各个项目的名称和数字按照本年度的规定进行调整，填入资产负债表的"年初余额"栏内。

10.2.4 "货币资金"的填写

"货币资金"项目,反映单位期末库存现金、银行存款、零余额账户用款额度、其他货币资金的合计数。本项目应当根据"库存现金""银行存款""零余额账户用款额度""其他货币资金"科目的期末余额的合计数列示;若单位存在通过"库存现金""银行存款"科目核算的受托代理资产还应当按照前述合计数扣减"库存现金""银行存款"科目下"受托代理资产"明细科目的期末余额后的金额填列。

例如:总账账户余额为"库存现金"54 500元、"银行存款"100 000元、"零余额账户用款额度"8 000元、"其他货币资金"60 000元,经查"库存现金日记账"中"库存现金——受托代理资产"期末余额为50 000元。

资产负债表"货币资金"填写金额计算如下:

货币资金 = 54 500 + 100 000 + 8 000 + 60 000 − 50 000 = 172 500(元)

10.2.5 "应收账款净额"的填写

"应收账款净额"项目,反映单位期末尚未收回的应收账款减去已计提的坏账准备后的净额。本项目应当根据"应收账款"科目的期末余额,减去"坏账准备"科目中对应收账款计提的坏账准备的期末余额后的金额填列。

例如:"应收账款"总账期末余额为借方100万元,"坏账准备"明细账"坏账准备——应收账款"期末余额为贷方5万元。

应收账款净额 = 1 000 000 − 50 000 = 950 000(元)

10.2.6 "其他应收款净额"的填写

"其他应收款净额"项目,反映单位期末尚未收回的其他应收款减去已计提的坏账准备后的净额。本项目应当根据"其他应收款"科目的期末余额减去"坏账准备"科目中对其他应收款计提的坏账准备的期末余额后的金额填列。

例如:"其他应收款"总账期末余额为借方50 000元,"坏账准备"明细账"坏账准备——其他应收款"期末余额为贷方2 000元。

其他应收款净额 = 50 000 − 2 000 = 4 8000(元)

10.2.7 "存货"的填写

"存货"项目,反映单位期末存储的存货的实际成本。本项目应当根据"在途物品""库存物品""加工物品"科目的期末余额的合计数填列。

例如:总账中"在途物品"为 50 000 元,"库存物品"为 80 000 元,"加工物品"为 20 000 元。

存货 = 50 000 + 80 000 + 20 000 = 150 000(元)

10.2.8 "一年内到期的非流动资产"的填写

"一年内到期的非流动资产"项目,反映单位期末非流动资产项目中将在 1 年内(含 1 年)到期的金额,如事业单位将在 1 年内(含 1 年)到期的长期债券投资金额。本项目应当根据"长期债券投资"等科目的明细科目的期末余额分析填列。

例:总账中"长期债券投资"余额为 50 万元,"长期待摊费用"余额为 6 万元,经查此两个账户的备查账:"长期待摊费用"还有 11 个多月到期,"长期债券投资"有 10 万元一年内到期。

到期日减去资产负债表日≤1 年,不用计算出来准确数字,就可以判断为"一年内到期"。

资产负债表日就是资产负债表上填写的日期。

一年内到期的非流动资产 = 60 000 + 100 000 = 160 000(元)

10.2.9 "长期债券投资""长期待摊费用"的填写

"长期债券投资"项目,反映事业单位期末持有的长期债券投资的账面余额。本项目应当根据"长期债券投资"科目的期末余额减去其中将于 1 年内(含 1 年)到期的长期债券投资余额后的金额填列。

"长期待摊费用"项目反映单位期末已经支出,但应由本期和以后各期负担的分摊期限在 1 年以上(不含 1 年)的各项费用。本项目应当根据"长期待摊费用"科目的期末余额填列。

例:总账中"长期债券投资"余额为 50 万元,"长期待摊费用"余额为 6 万元,经查此两个账户的备查簿:"长期待摊费用"还有 11 个多月到期,"长期债券投资"有 10 万元一年内到期。

长期债券投资 = 500 000 - 100 000 = 400 000（元）
长期待摊费用 = 60 000 - 60 000 = 0（元）

10.2.10 "固定资产净值"等资产净值的填写

"固定资产净值"项目，反映单位期末固定资产的账面价值。本项目应当根据"固定资产"科目期末余额减去"固定资产累计折旧"科目期末余额后的金额填列。

"无形资产净值"项目，反映单位期末无形资产的账面价值。本项目应当根据"无形资产"科目期末余额减去"无形资产累计摊销"科目期末余额后的金额填列。

"公共基础设施净值"项目，反映单位期末控制的公共基础设施的账面价值。本项目应当根据"公共基础设施"科目期末余额减去"公共基础设施累计折旧（摊销）"科目期末余额后的金额填列。

"保障性住房净值"项目反映单位期末控制的保障性住房的账面价值。本项目应当根据"保障性住房"科目期末余额减去"保障性住房累计折旧"科目期末余额后的金额填列。

例：总账余额中"固定资产"期末余额为 100 万元，"固定资产累计折旧"期末余额为 5 万元，"无形资产"期末余额为 10 万元，"无形资产累计摊销"期末余额为 2 万元，"公共基础设施"期末余额为 5 万元，"公共基础设施累计折旧（摊销）"期末余额为 2 万元，"保障性住房"期末余额为 60 万元，"保障性住房累计折旧"期末余额为 8 万元。

固定资产净值 = 1 000 000 - 50 000 = 950 000（元）
无形资产净值 = 100 000 - 20 000 = 80 000（元）
公共基础设施净值 = 50 000 - 20 000 = 30 000（元）
保障性住房净值 = 600 000 - 80 000 = 520 000（元）

10.2.11 "受托代理资产"的填写

"受托代理资产"项目，反映单位期末受托代理资产的价值。本项目应当根据"受托代理资产"科目的期末余额与"库存现金""银行存款"科目下"受托代理资产"明细科目的期末余额的合计数填列。

例："库存现金"总账余额为 54 500 元，其中"库存现金——受托代理资产"期末余额为 50 000 元,"银行存款"总账余额为 100 000 元,没有受托代理资产。

$$受托代理资产 = 50\,000 \text{ 元}$$

10.2.12 "一年内到期的非流动负债"的填写

"一年内到期的非流动负债"项目,反映单位期末将于 1 年内(含 1 年)偿还的非流动负债的余额。本项目应当根据"长期应付款""长期借款"等科目的明细科目的期末余额分析填列。

例:"长期应付款"总账余额为 10 万元,"长期借款"总账余额为 100 万元,经查备查簿,"长期应付款"一年内到期的余额为 6 万元,"长期借款"一年内到期的余额为 40 万元。

$$一年内到期的非流动负债 = 60\,000 + 400\,000 = 460\,000 \text{(元)}$$

10.2.13 "长期借款""长期应付款"的填写

"长期借款"项目,反映事业单位期末长期借款的余额。本项目应当根据"长期借款"科目的期末余额减去其中将于 1 年内(含 1 年)到期的长期借款余额后的金额填列。

"长期应付款"项目反映单位期末长期应付款的余额。本项目应当根据"长期应付款"科目的期末余额减去其中将于 1 年内(含 1 年)到期的长期应付款余额后的金额填列。

一年内到期在进行判断时也是用"到期日"减去"资产负债表日"小于或等于 1 年,只要和 1 年比较,小于或等于 1 年就可以了。

例:"长期应付款"总账余额为 10 万元,"长期借款"总账余额为 100 万元,经查备查簿,"长期应付款"有一年内到期的余额为 6 万元,"长期借款"有一年内到期的余额为 40 万元。

$$长期应付款 = 100\,000 - 60\,000 = 40\,000 \text{(元)}$$
$$长期借款 = 1\,000\,000 - 400\,000 = 600\,000 \text{(元)}$$

10.2.14 根据总账余额直接填列

以上介绍的项目都是需要计算填列的,除了需要计算填列的项目外,属于直接填列的项目,直接找到相应总账,查找余额直接填写到资产负债表中。比如

"短期投资""财政应返还额度""应收票据""预付账款""应收股利""应收利息""待摊费用""长期股权投资""工程物资""在建工程""研发支出""政府储备物资""文物文化资产""待处理财产损溢""短期借款""应交增值税""其他应交税费""应缴财政款""应付职工薪酬""应付票据""应付账款""应付政府补贴款""应付利息""预收账款""其他应付款""预提费用""预计负债""累计盈余""专用基金""权益法调整""无偿调拨净资产""本期盈余"等。

10.2.15 资产负债表中八个合计的计算

资产负债表中一共有八个需要计算的合计，它们都是根据已经填列的报表中的数字计算而来的。

（1）"流动资产合计"项目，反映单位期末流动资产的合计数。本项目应当根据本表中"货币资金""短期投资""财政应返还额度""应收票据""应收账款净额""预付账款""应收股利""应收利息""其他应收款净额""存货""待摊费用""一年内到期的非流动资产""其他流动资产"项目金额的合计数填列。

（2）"非流动资产合计"项目，反映单位期末非流动资产的合计数。本项目应当根据本表中"长期股权投资""长期债券投资""固定资产净值""工程物资""在建工程""无形资产净值""研发支出""公共基础设施净值""政府储备物资""文物文化资产""保障性住房净值""长期待摊费用""待处理财产损溢""其他非流动资产"项目金额的合计数填列

（3）"资产总计"项目，反映单位期末资产的合计数。本项目应当根据本表中"流动资产合计""非流动资产合计""受托代理资产"项目金额的合计数填列。

（4）"流动负债合计"项目，反映单位期末流动负债合计数。本项目应当根据本表中"短期借款""应交增值税""其他应交税费""应缴财政款""应付职工薪酬""应付票据""应付账款""应付政府补贴款""应付利息""预收账款""其他应付款""预提费用""一年内到期的非流动负债""其他流动负债"项目金额的合计数填列。

（5）"非流动负债合计"项目，反映单位期末非流动负债合计数。本项目应当根据本表中"长期借款""长期应付款""预计负债""其他非流动负债"项目金额的合计数填列。

（6）"负债合计"项目，反映单位期末负债的合计数。本项目应当根据本表

中"流动负债合计""非流动负债合计""受托代理负债"项目金额的合计数填列。

（7）"净资产合计"项目，反映单位期末净资产合计数。本项目应当根据本表中"累计盈余""专用基金""权益法调整""无偿调拨净资产"（月度报表）、"本期盈余"（月度报表）项目金额的合计数填列。

（8）"负债和净资产总计"项目，应当按照本表中"负债合计""净资产合计"项目金额的合计数填列。

10.2.16 资产负债表填写实例

例：2×20年6月30日结账后，A事业单位各科目余额如表10-2所示。据此编制资产负债表，如表10-3所示。

表10-2 科目余额表

2×20年6月30日 单位：元

资产	借方余额	负债和净资产	贷方余额
库存现金	54 500	短期借款	1 000 000
受托代理资产	50 000	应交增值税	24 500
银行存款	100 000	其他应交税费	5 400
零余额账户用款额度	8 000	应缴财政款	450 000
其他货币资金	60 000	应付职工薪酬	50 000
财政应返还额度		应付票据	50 000
应收票据		应付账款	80 000
应收账款	1 000 000	预收账款	150 000
坏账准备	-52 000	其他应付款	40 000
应收账款	-50 000	长期借款	1 000 000
其他应收款	-2 000	一年内到期	400 000
预付账款		长期应付款	100 000
其他应收款	50 000	一年内到期	60 000
在途物品	50 000	累计盈余	500 000
库存物品	80 000	专用基金	50 000
加工物品	20 000	无偿调拨净资产	50 000
长期债券投资	500 000	本期盈余	60 600
一年内到期	100 000		
固定资产	1 000 000		
固定资产累计折旧	-50 000		

(续)

资产	借方余额	负债和净资产	贷方余额
在建工程	100 000		
无形资产	100 000		
无形资产累计摊销	-20 000		
公共基础设施	50 000		
公共基础设施累计折旧	-20 000		
保障性住房	600 000		
保障性住房累计折旧	-80 000		
长期待摊费用	60 000		
一年内到期	60 000		
合计	3 610 500	合计	3 610 500

表 10-3 资产负债表

会政财 01 表

编制单位：A 事业单位　　　　　2×20 年 6 月 30 日　　　　　　　　　　单位：元

资产	期末余额	年初余额	负债和净资产	期末余额	年初余额
流动资产：		略	流动负债：		略
货币资金	172 500		短期借款	1 000 000	
短期投资			应交增值税	24 500	
财政应返还额度			其他应交税费	5 400	
应收票据			应缴财政款	450 000	
应收账款净额	950 000		应付职工薪酬	50 000	
预付账款			应付票据	50 000	
应收股利			应付账款	80 000	
应收利息			应付政府补贴款		
其他应收款净额	48 000		应付利息		
存货	150 000		预收账款	150 000	
待摊费用			其他应付款	40 000	
一年内到期的非流动资产	160 000		预提费用		
其他流动资产			一年内到期的非流动负债	460 000	
流动资产合计	1 480 500		其他流动负债		
非流动资产：			流动负债合计	2 309 900	
长期股权投资			非流动负债：		

(续)

资产	期末余额	年初余额	负债和净资产	期末余额	年初余额
长期债券投资	400 000		长期借款	600 000	
固定资产原值	1 000 000		长期应付款	40 000	
减：固定资产累计折旧	50 000		预计负债		
固定资产净值	950 000		其他非流动负债		
工程物资			**非流动负债合计**	640 000	
在建工程	100 000		受托代理负债		
无形资产原值	100 000		**负债合计**	2 949 900	
减：无形资产累计摊销	20 000				
无形资产净值	80 000				
研发支出					
公共基础设施原值	50 000				
减：公共基础设施累计摊销	20 000				
公共基础设施净值	30 000				
政府储备物资					
文物文化遗产					
保障性住房原值	600 000				
减：保障性住房累计折旧	80 000		**净资产：**		
保障性住房净值	520 000		累计盈余	500 000	
长期待摊费用			专用基金	50 000	
待处置资产损溢			权益法调整		
其他非流动资产			无偿调拨净资产	50 000	
非流动资产合计	2 080 000		本期盈余	60 600	
受托代理资产	50 000		**净资产合计**	660 600	
资产总计	3 610 500		**负债和净资产总计**	3 610 500	

10.3 收入费用表

收入费用表也是单位必须填报的报表之一，反映一个单位的经营成果，是很受关注的数据。

10.3.1 收入费用表概述

收入费用表是反映单位在某一会计期间内发生的收入、费用及当期盈余情况的报表。

收入费用表的编制依据是"收入－费用＝本期盈余"。

收入费用表金额有两栏：本月数和本年累计数。"本月数"栏反映各项目的本月实际发生数。编制年度收入费用表时，应当将本栏改为"本年数"，反映本年度各项目的实际发生数。"本年累计数"栏反映各项目自年初至报告期期末的累计实际发生数。编制年度收入费用表时，应当将本栏改为"上年数"，反映上年度各项目的实际发生数，"上年数"栏应当根据上年年度收入费用表中"本年数"栏内所列数字填列。

如果本年度收入费用表规定的项目的名称和内容同上年度不一致，应当对上年度收入费用表项目的名称和数字按照本年度的规定进行调整，将调整后的金额填入本年度收入费用表的"上年数"栏内。

如果本年度单位发生了因前期差错更正、会计政策变更等调整以前年度盈余的事项，还应当对年度收入费用表中"上年数"栏中的有关项目金额进行相应调整。

10.3.2 收入费用表日期的填写

因为收入费用表反映某一会计期间运营情况，所以其日期是一段时间。

月报表：编制2×20年1月份的收入费用表，日期就为2×20年1月；编制2×20年2月份的收入费用表，日期就为2×20年2月，以此类推。

季报表：编制2×20年第1季度收入费用表，日期为2×20年第1季度；第2季度，则为2×20年第2季度……

半年报：编制2×20年上半年报，日期就是2×20年上半年；下半年报，日期就是2×20年下半年。

年报：编制2×20年收入费用表年报，日期就是2×20年。

由以上日期可以看出来，它和资产负债表明显不同，每个期间的收入费用表都要重新编写，没有重复。

10.3.3 收入费用表各项目的填写

"财政拨款收入""事业收入""上级补助收入""附属单位上缴收入""经营收入""非同级财政拨款收入""投资收益""捐赠收入""利息收入""租金收入""其他收入""业务活动费用""单位管理费用""经营费用""资产处置费用""上缴上级费用""对附属单位补助费用""所得税费用""其他费用"的

填写并不复杂，基本上是各科目本期增加方发生额合计数，偶尔出现相反方向发生额的则要减去。

"政府性基金收入"项目，反映单位本期取得的财政拨款收入中属于政府性基金预算拨款的金额。本项目应当根据"财政拨款收入"相关明细科目的本期发生额填列。

如事业收入贷方发生额合计为 100 万元，因本期发生销货退回情况，所以有借方发生额 5 万元，那么事业收入就填写 95 万元。

10.3.4 "本期收入"的填写

"本期收入"项目，反映单位本期收入总额。本项目应当根据本表中"财政拨款收入""事业收入""上级补助收入""附属单位上缴收入""经营收入""非同级财政拨款收入""投资收益""捐赠收入""利息收入""租金收入""其他收入"项目金额的合计数填列。

例：收入费用表项目填写的"财政拨款收入"为 5 万元，"事业收入"为 15 万元，"上级补助收入"为 10 万元，"捐赠收入"为 4 万元，"利息收入"为 0.1 万元，"其他收入"为 2 万元，没有其他收入项目。

本期收入 = 50 000 + 150 000 + 100 000 + 40 000 + 1 000 + 20 000 = 361 000（元）

10.3.5 "本期费用"的填写

"本期费用"项目，反映单位本期费用总额。本项目应当根据本表中"业务活动费用""单位管理费用""经营费用""资产处置费用""上缴上级费用""对附属单位补助费用""所得税费用""其他费用"项目金额的合计数填列。

例：收入费用表项目填写的"业务活动费用"为 8 万元，"单位管理费用"为 3 万元，"资产处置费用"为 1 万元，"上缴上级费用"为 5 万元，"其他费用"为 2 万元，没有其他费用项目。

本期费用 = 80 000 + 30 000 + 10 000 + 50 000 + 20 000 = 190 000（元）

10.3.6 "本期盈余"的填写

"本期盈余"项目，反映单位本期收入扣除本期费用后的净额。本项目应当根据本表中"本期收入"项目金额减去"本期费用"项目金额后的金额填列；如为负数，以"-"号填列。

例：收入费用表项目填写的"本期收入"为 36.1 万元，"本期费用"为 19 万元。

$$本期盈余 = 361\,000 - 190\,000 = 171\,000（元）$$

10.3.7 "本年累计数"的填写

收入费用表"本年累计数"在填写时有两种情况：

（1）每年 1 月份的收入费用表："本年累计数" = "本月数"。

（2）每年 2 月至 12 月的收入费用表：当月"本年累计数" = 上个月"本年累计数" + "本月数"

例：2020 年 6 月收入费用表中财政拨款收入"本月数"为 10 万元，"本年累计数"为 50 万元，7 月份"本月数"为 5 万元，7 月份的"本年累计数" = 50 + 5 = 55（万元）。

10.3.8 收入费用表的编制实例

例：B 事业单位 2×20 年 8 月收入、费用类科目发生额如表 10-4、表 10-5 所示。

表 10-4　收入、费用类科目发生额

2×20 年 8 月　　　　　　　　　　　　　　　　　　　　　　　　　单位：元

项目	本月借方发生额	本月贷方发生额	1~7 月本年累计数
财政拨款收入	20 000	1 000 000	2 000 000
其中：政府性基金收入		50 000	250 000
事业收入	50 000	1 500 000	6 800 000
上级补助收入		140 000	250 000
附属单位上缴收入			60 000
经营收入		150 000	640 000
非同级财政拨款收入			300 000
投资收益			5 000
捐赠收入		50 000	
利息收入			8 000
租金收入		3 000	21 000
其他收入		60 000	600 000
业务活动费用	800 000	30 000	600 000
单位管理费用	200 000	5 000	1 000 000

（续）

项目	本月借方发生额	本月贷方发生额	1～7月本年累计数
经营费用	65 000		400 000
资产处置费用	20 000		65 000
上缴上级费用	20 000		80 000
对附属单位补助费用			60 000
所得税费用	342 600		1 655 800
其他费用	50 000		450 000

表 10－5　收入费用表

编制单位：B事业单位　　　　　　　2×20年8月　　　　　　　会政财02表
单位：元

项目	本月数	本年累计数
一、本期收入	2 833 000	13 767 000
（一）财政拨款收入	980 000	2 980 000
其中：政府性基金收入	50 000	250 000
（二）事业收入	1 450 000	8 250 000
（三）上级补助收入	140 000	390 000
（四）附属单位上缴收入		60 000
（五）经营收入	150 000	790 000
（六）非同级财政拨款收入		300 000
（七）投资收益		5 000
（八）捐赠收入	50 000	50 000
（九）利息收入		8 000
（十）租金收入	3 000	24 000
（十一）其他收入	60 000	660 000
二、本期费用	1 462 600	5 773 400
（一）业务活动费用	770 000	1 370 000
（二）单位管理费用	195 000	1 195 000
（三）经营费用	65 000	465 000
（四）资产处置费用	20 000	85 000
（五）上缴上级费用	20 000	100 000
（六）对附属单位补助费用		60 000
（七）所得税费用	342 600	1 998 400
（八）其他费用	50 000	500 000
三、本期盈余	1 370 400	7 993 600

10.4 净资产变动表

净资产变动表也是单位必须申报编写的报表之一，可以一目了然地体现单位的净资产增减变动情况。

10.4.1 净资产变动表概述

净资产变动表反映单位在某一会计年度内净资产项目的变动情况。

净资产变动表金额有两栏，"本年数"栏反映本年度各项目的实际变动数，"上年数"栏反映上年度各项目的实际变动数，应当根据上年度净资产变动表中"本年数"栏内所列数字填列。

如果上年度净资产变动表规定的项目的名称和内容与本年度不一致，应对上年度净资产变动表项目的名称和数字按照本年度的规定进行调整，将调整后金额填入本年度净资产变动表"上年数"栏内。

10.4.2 "上年年末余额"行的填列方法

"上年年末余额"行，反映单位净资产各项目上年年末的余额。本行各项目应当根据"累计盈余""专用基金""权益法调整"科目上年年末余额填列。

这个是最简单的，只要找到上年末编制的净资产变动表，把该表中项目"五、本年年末余额"本年数各栏数字填列到今年净资产变动表中"一、上年年末余额"的"本年数"各栏中。

以下以B事业单位2020年的业务为例。

例：2019年12月31日净资产变动表中"五、本年年末余额""本年数"中"累计盈余200 000""专用基金50 000""权益法调整0""净资产合计250 000"。那么2×20年12月31日净资产变动表"一、上年年末余额"行"本年数"填写"累计盈余200 000""专用基金50 000""权益法调整0""净资产合计250 000"。

10.4.3 "以前年度盈余调整"行的填列方法

"以前年度盈余调整"行，反映单位本年度调整以前年度盈余的事项对累计盈余进行调整的金额。本行"累计盈余"项目应当根据本年度"以前年度盈余调整"科目转入"累计盈余"科目的金额填列;如调整减少累计盈余,以"-"号填列。

例:A事业单位"累计盈余"明细账显示:2×20年5月"以前年度盈余调整"转入"累计盈余"的贷方金额为20 000元,2×20年8月"以前年度盈余调整"转入"累计盈余"的借方金额为2000元。

那么,"二、以前年度盈余调整"行"本年数""累计盈余"栏填18 000 (20 000 – 2 000),"净资产合计"填18 000。

10.4.4 "本年年初余额"行的填列方法

"本年年初余额"行,反映经过以前年度盈余调整后,单位净资产各项目的本年年初余额。本行"累计盈余""专用基金""权益法调整"项目应当根据其各自在"上年年末余额"和"以前年度盈余调整"行对应项目金额的合计数填列。

例:2×20年12月31日净资产变动表"一、上年年末余额"行"本年数""累计盈余200 000""专用基金50 000""权益法调整0""净资产合计250 000","二、以前年度盈余调整"行"累计盈余"金额18 000。

那么,"三、本年年初余额"本年数"累计盈余"填218 000(200 000 + 18 000),"专用基金"填50 000,"权益法调整"填0,"净资产合计"填268 000 (218 000 + 50 000 + 0)。

10.4.5 "本年盈余"行的填列方法

"本年盈余"行,反映单位本年发生的收入、费用对净资产的影响。本行"累计盈余"项目应当根据年末由"本期盈余"科目转入"本年盈余分配"科目的金额填列;如转入时借记"本年盈余分配"科目,则以"-"号填列。

例:查看"本年盈余分配"明细账,2×20年12月31日业务,摘要为"本期盈余转入"行,借方发生额为50 000元。

那么,"(一)本年盈余"行对应"本年数""累计盈余"栏填写"-50 000","净资产合计"栏填写"-50 000"。

10.4.6 "无偿调拨净资产"行的填列方法

"无偿调拨净资产"行,反映单位本年无偿调入、调出非现金资产事项对净资产的影响。本行"累计盈余"项目应当根据年末由"无偿调拨净资产"科目转入"累计盈余"科目的金额填列;如转入时借记"累计盈余"科目,则以"-"号填列。

例:查看"累计盈余"明细账,2×20年12月31日业务,摘要为"无偿调拨净资产转入"行,贷方发生额为45 000元。

那么,"(二)无偿调拨净资产"行对应"本年数""累计盈余"栏填写"45 000"、"净资产合计"栏填写"45 000"。

10.4.7 "归集调整预算结转结余"行的填列方法

"归集调整预算结转结余"行,反映单位本年财政拨款结转结余资金归集调入、归集上缴或调出,以及非财政拨款结转资金缴回对净资产的影响。本行"累计盈余"项目应当根据"累计盈余"科目明细账记录分析填列;如归集调整减少预算结转结余,则以"-"号填列。

例:查看"累计盈余"明细账,2×20年12月31日业务,摘要为"上缴财政拨款结转结余"行,借方发生额为40 000元;摘要为"甲单位调入财政拨款结转资金"行,贷方发生额为25 000元。

那么,"(三)归集调整预算结转结余"行对应"本年数""累计盈余"栏填写"-15 000"(25 000-40 000),"净资产合计"栏填写"-15 000"。

10.4.8 "提取或设置专用基金"等行的填列方法

"提取或设置专用基金"行,反映单位本年提取或设置专用基金对净资产的影响。本行"累计盈余"项目应当根据"从预算结余中提取"行"累计盈余"项目的金额填列。本行"专用基金"项目应当根据"从预算收入中提取""从预算结余中提取""设置的专用基金"行"专用基金"项目金额的合计数填列。

"从预算收入中提取"行,反映单位本年从预算收入中提取专用基金对净资产的影响。本行"专用基金"项目应当通过对"专用基金"科目明细账记录的分析,根据本年按有关规定从预算收入中提取基金的金额填列。

"从预算结余中提取"行,反映单位本年根据有关规定从本年度非财政拨款结余或经营结余中提取专用基金对净资产的影响。本行"累计盈余""专用基金"项目应当通过对"专用基金"科目明细账记录的分析,根据本年按有关规定从本年度非财政拨款结余或经营结余中提取基金的金额填列;本行"累计盈余"项目以"-"号填列。

"设置的专用基金"行，反映单位本年根据有关规定设置的其他专用基金对净资产的影响。本行"专用基金"项目应当通过对"专用基金"科目明细账记录的分析，根据本年按有关规定设置的其他专用基金的金额填列。

例：查看"专用基金"明细账，2×20年业务，摘要为"从预算收入中提取"行，贷方发生额为80 000元；摘要为"设置的专用基金"行，贷方发生额为100 000元，摘要为"使用专用基金购入设备"行，借方发生额为50 000元，没有其他发生额。

那么，"从预算收入中提取"行对应"本年数""专用基金"栏填写"80 000"、"净资产合计"栏填写"80 000"。

"从预算结余中提取"行对应"本年数""累计盈余"和"专用基金"栏都填写"0"，"净资产合计"栏填写"0"。

"设置的专用基金"行对应"本年数""专用基金"栏填写"100 000""净资产合计"栏填写"100 000"。

"（四）提取或设置专用基金"行对应"本年数""累计盈余"填0，"专用基金"栏填写"180 000"（80 000＋0＋100 000），"净资产合计"栏填写"180 000"。

10.4.9 "使用专用基金"行的填列方法

"使用专用基金"行，反映单位本年按规定使用专用基金对净资产的影响。本行"累计盈余""专用基金"项目应当通过对"专用基金"科目明细账记录的分析，根据本年按规定使用专用基金的金额填列；本行"专用基金"项目以"-"号填列。

例：查看"专用基金"明细账，2×20年业务，摘要为"从预算收入中提取"行，贷方发生额为80 000元；摘要为"设置的专用基金"行，贷方发生额为100 000元，摘要为"使用专用基金购入设备"行，借方发生额为50 000元，没有其他发生额。

那么，"（五）使用专用基金"行对应"本年数""累计盈余"填0，"专用基金"栏填写"-50 000"，"净资产合计"栏填写"-50 000"。

10.4.10 "权益法调整"行的填列方法

"权益法调整"行，反映单位本年按照被投资单位除净损益和利润分配以外的所有者权益变动份额而调整长期股权投资账面余额对净资产的影响。本行"权益法调整"项目应当根据"权益法调整"科目本年发生额填列；若本年净发生额为借方时，以"-"号填列。

例：查看"权益法调整"明细账，2×20年业务，摘要为"按照被投资单位除净损益和利润分配以外的所有者权益应享有的份额"行，贷方发生额为10 000元。

那么，"（六）权益法调整"行对应"本年数"下"权益法调整"栏填写"10 000"，"净资产合计"栏填写"10 000"。

10.4.11 "本年变动金额"行的填列方法

"本年变动金额"行，反映单位净资产各项目本年变动总金额。本行"累计盈余""专用基金""权益法调整"项目应当根据其各自在"本年盈余""无偿调拨净资产""归集调整预算结转结余""提取或设置专用基金""使用专用基金""权益法调整"行对应项目金额的合计数填列。

例：承上例，"四、本年变动金额"行"本年数"下"累计盈余"填"-20 000"（-50 000+45 000-15 000+0+0），"专用基金"填"130 000"（180 000-50 000），"权益法调整"填"10 000"，"净资产合计"填"120 000"（-20 000+130 000+10 000）。

10.4.12 "本年年末余额"行的填列方法

"本年年末余额"行，反映单位本年各净资产项目的年末余额。本行"累计盈余""专用基金""权益法调整"项目应当根据其各自在"本年年初余额""本年变动金额"行对应项目金额的合计数填列。

例：承上例，"五、本年年末余额"行"本年数"下"累计盈余"填"198 000"（218 000-20 000），"专用基金"填"180 000"（50 000+130 000），"权益法调整"填"10 000"，"净资产合计"填"388 000"（198 000+180 000+10 000）。

注意：本表各行"净资产合计"项目的填列方法为所在行"累计盈余""专用基金""权益法调整"项目金额的合计数。

10.4.13 净资产变动表的编制实例

根据上述业务编制净资产变动表，如表10-6所示。

表 10-6 净资产变动表

会政财 03 表

编制单位：B 事业单位　　2×20 年　　单位：元

项目	本年数				上年数			
	累计盈余	专用基金	权益法调整	净资产合计	累计盈余	专用基金	权益法调整	净资产合计
一、上年年末余额	200 000	50 000	0	250 000	略			
二、以前年度盈余调整	18 000	—	—	18 000				
三、本年年初余额	218 000	50 000	0	268 000				
四、本年变动金额	-20 000	130 000	10 000	120 000				
（一）本年盈余	-50 000	—	—	-50 000				
（二）无偿调拨净资产	45 000	—	—	45 000				
（三）归集调整预算结转结余	-15 000	—	—	-15 000				
（四）提取或设置专用基金	0	180 000	—	180 000				
其中：从预算收入中提取	—	80 000	—	80 000				
从预算结余中提取	0	0	—	0				
设置的专用基金	—	100 000	—	100 000				
（五）使用专用基金	0	-50 000	—	-50 000				
（六）权益法调整	—	—	10 000	10 000				
五、本年年末余额	198 000	180 000	10 000	388 000				

10.5　现金流量表

10.5.1　现金流量表概述

现金流量表是以现金为基础编制的财务状况变动表，它反映单位在某一会计年度内现金流入和流出的信息。

本表所指的现金，是指单位的库存现金以及其他可以随时用于支付的款项。它包括库存现金、可以随时用于支付的银行存款、其他货币资金、零余额账户用款额度、财政应返还额度以及通过财政直接支付方式支付的款项。

现金流量表基本内容包括日常活动、投资活动、筹资活动的现金流量。现金流量是指现金的流入和流出。

现金流量表金额有两栏:"本年金额"栏反映各项目的本年实际发生数;"上年金额"栏反映各项目的上年实际发生数,根据上年现金流量表中"本年金额"栏内所列数字填列。

现金流量表的编制方法有两种,即间接法和直接法。政府会计主体采用直接法编制现金流量表。直接法就是通过现金收入和现金支出的主要类别直接判断属于哪个项目的现金流量。

10.5.2 业务金额属性初判断

投资业务包括对外投资相关业务,最终形成固定资产、无形资产、公共基础设施、保障性住房等的支出和处置收入;筹资业务主要包括财政资本性支出拨款和借款相关业务;其他的一般属于日常业务。实际工作中投资业务和筹资业务比较少。根据会计分录判断属于现金流入还是流出,之后再细分具体属于哪个小项目。

借方是"库存现金""银行存款""零余额账户用款额度",贷方不是"库存现金""银行存款""零余额账户用款额度"的判断为收到现金;贷方是"库存现金""银行存款""零余额账户用款额度""其他货币资金",借方不是"库存现金""银行存款""零余额账户用款额度""其他货币资金"的,判断为现金支出。

根据"现金日记账""银行存款日记账""零余额账户用款额度""其他货币资金""财政应返还额度""财政拨款收入"明细账先进行粗略判断,判断不准的,再按照账簿中的月份及凭证号找到相应的记账凭证,根据摘要和所附原始凭证进行具体判断。

以下重点看一下"本年金额"栏各项目的填列方法。

10.5.3 "财政基本支出拨款收到的现金"的填写

"财政基本支出拨款收到的现金"项目,反映单位本年接受财政基本支出拨款取得的现金。本项目应当根据"零余额账户用款额度""财政拨款收入""银行存款"等科目及其所属明细科目的记录分析填列。

例:2×20年1月5日,B事业单位采用财政授权支付方式,收到财政基本支出拨款20 000元,款项已经到户。作会计分录如下(单位:元):

借:零余额账户用款额度　　　　　20 000
　　贷:财政拨款收入　　　　　　　　　20 000

这 20 000 元属于日常活动"财政基本支出拨款收到的现金","收到现金"的,重点看借方是"库存现金""银行存款""零余额账户用款额度"的记账凭证,其贷方科目不是"库存现金""银行存款""零余额账户用款额度"的,再看其贷方科目及记账凭证摘要,判断属于哪个项目收到的现金,是日常活动、筹资活动还是投资活动,如果属于日常活动的,再判断属于日常活动中哪一项收到的现金。筹资活动和投资活动收到现金的判断方法相同。

10.5.4 "财政非资本性项目拨款收到的现金"的填写

"财政非资本性项目拨款收到的现金"项目,反映单位本年接受除用于购建固定资产、无形资产、公共基础设施等资本性项目以外的财政项目拨款取得的现金。本项目应当根据"银行存款""零余额账户用款额度""财政拨款收入"等科目及其所属明细科目的记录分析填列。

例:2×20 年 1 月 20 日,B 事业单位收到财政部门拨款 100 000 元,专项用于清理河道垃圾费。作会计分录如下(单位:元):

借:零余额账户用款额度　　　　　　100 000
　　贷:财政拨款收入　　　　　　　　　　100 000

可以判断收到的现金 100 000 元属于日常活动"财政非资本性项目拨款收到的现金"。

10.5.5 "事业活动收到的除财政拨款以外的现金"的填写

"事业活动收到的除财政拨款以外的现金"项目,反映事业单位本年开展专业业务活动及其辅助活动取得的除财政拨款以外的现金。本项目应当根据"库存现金""银行存款""其他货币资金""应收账款""应收票据""预收账款""事业收入"等科目及其所属明细科目的记录分析填列。

例:2×20 年 2 月 1 日,B 事业单位销售一批库存物品,价款为 20 000 元,增值税额为 2 600 元,款项已经收存银行。作会计分录如下(单位:元):

借:银行存款　　　　　　　　　　　22 600
　　贷:事业收入　　　　　　　　　　　　20 000
　　　　应交增值税——应交税金(销项税额)　2 600

22 600 元属于日常活动"事业活动收到的除财政拨款以外的现金"。

10.5.6 "收到的其他与日常活动有关的现金"的填写

"收到的其他与日常活动有关的现金"项目,反映单位本年收到的除以上项目之外的与日常活动有关的现金。本项目应当根据"库存现金""银行存款""其他货币资金""上级补助收入""附属单位上缴收入""经营收入""非同级财政拨款收入""捐赠收入""利息收入""租金收入""其他收入"等科目及其所属明细科目的记录分析填列。

例:2×20年3月21日,B事业单位收到一季度银行存款利息100元。作会计分录如下(单位:元):

借:银行存款　　　　　　　　　　100
　贷:利息收入　　　　　　　　　　　　100

100元属于日常活动"收到的其他与日常活动有关的现金"。

10.5.7 "日常活动的现金流入小计"的填写

"日常活动的现金流入小计"项目,反映单位本年日常活动产生的现金流入的合计数。本项目应当根据本表中"财政基本支出拨款收到的现金""财政非资本性项目拨款收到的现金""事业活动收到的除财政拨款以外的现金""收到的其他与日常活动有关的现金"项目金额的合计数填列。

例:2×20年12月31日,B事业单位现金流量表中已经汇总填写完成的项目金额:"财政基本支出拨款收到的现金"为1 000 000元,"财政非资本性项目拨款收到的现金"为200 000元,"事业活动收到的除财政拨款以外的现金"为800 000元,"收到的其他与日常活动有关的现金"为500 000元。

"日常活动的现金流入小计" = 1 000 000 + 200 000 + 800 000 + 500 000
　　　　　　　　　　　　 = 2 500 000(元)

"日常活动的现金流入小计"以上项目填列金额合计数为2 500 000元。

10.5.8 "购买商品、接受劳务支付的现金"的填写

"购买商品、接受劳务支付的现金"项目,反映单位本年在日常活动中用于购买商品、接受劳务支付的现金。本项目应当根据"库存现金""银行存款""财政拨款收入""零余额账户用款额度""预付账款""在途物品""库存物品""应付账款""应付票据""业务活动费用""单位管理费用""经营费用"等科

目及其所属明细科目的记录分析填列。

"支付现金"的,重点看贷方是"库存现金""银行存款""零余额账户用款额度""财政拨款收入"的记账凭证,其借方科目不是"库存现金""银行存款""零余额账户用款额度"的,再看其借方科目及记账凭证摘要,判断属于哪个项目支付的现金,是日常活动、筹资活动还是投资活动,如果属于日常活动的,再判断属于日常活动中哪一项支付的现金。筹资活动和投资活动支付现金的判断方法相同。

例:2×20年3月16日,B事业单位购入甲材料取得增值税普通发票上注明的金额为10 000元,增值税额为1 300元。材料已经验收入库,用银行存款支付。作会计分录如下(单位:元):

借:库存物品　　　　　　　　　　　　11 300
　　贷:银行存款　　　　　　　　　　　　11 300

11 300元属于日常活动"购买商品、接受劳务支付的现金"。

进行判断时重点看支付的现金用途是否是"购买商品、接受劳务"。

10.5.9 "支付给职工以及为职工支付的现金"的填写

"支付给职工以及为职工支付的现金"项目,反映单位本年支付给职工以及为职工支付的现金。本项目应当根据"库存现金""银行存款""零余额账户用款额度""财政拨款收入""应付职工薪酬""业务活动费用""单位管理费用""经营费用"等科目及其所属明细科目的记录分析填列。

例:2×20年3月10日,B事业单位申报缴纳社会保险费10 000元(单位负担8 000元,个人负担2 000元)。作会计分录如下(单位:元):

借:其他应付款——个人社会保险　　　　2 000
　　应付职工薪酬——单位社会保险　　　　8 000
　　贷:银行存款　　　　　　　　　　　　10 000

10 000元属于日常活动"支付给职工以及为职工支付的现金"。

关键是判断是否是"支付给职工或为职工支付"的现金。

10.5.10 "支付的各项税费"的填写

"支付的各项税费"项目,反映单位本年用于交纳日常活动相关税费而支付的现金。本项目应当根据"库存现金""银行存款""零余额账户用款额度""应交增值税""其他应交税费""业务活动费用""单位管理费用""经营费用""所得税费用"等科目及其所属明细科目的记录分析填列。

例：2×20年3月11日，B事业单位申报交纳增值税1 000元。作会计分录如下（单位：元）：

借：应交增值税——未交税金　　　　　1 000
　　贷：银行存款　　　　　　　　　　　　　1 000

1 000元属于日常活动"支付的各项税费"。

关键是判断是否属于税法规定应该交给税务部门的税费。

10.5.11 "支付的其他与日常活动有关的现金"的填写

"支付的其他与日常活动有关的现金"项目，反映单位本年支付的除上述项目之外与日常活动有关的现金。本项目应当根据"库存现金""银行存款""零余额账户用款额度""财政拨款收入""其他应付款""业务活动费用""单位管理费用""经营费用""其他费用"等科目及其所属明细科目的记录分析填列。

除了以上三种情况支付的现金，其余属于日常活动支付的现金就填写到"支付的其他与日常活动有关的现金"。

例：2×20年3月18日，B事业单位支付本月贷款利息2 000元。作会计分录如下（单位：元）：

借：其他费用　　　　　　　　　　　2 000
　　贷：银行存款　　　　　　　　　　　　2 000

2 000元属于日常活动"支付的其他与日常活动有关的现金"。

10.5.12 "日常活动的现金流出小计"的填写

"日常活动的现金流出小计"项目，反映单位本年日常活动产生的现金流出的合计数。本项目应当根据本表中"购买商品、接受劳务支付的现金""支付给职工以及为职工支付的现金""支付的各项税费""支付的其他与日常活动有关的现金"项目金额的合计数填列。

例：2×20年12月31日，B事业单位填写的现金流量表中日常活动"购买商品、接受劳务支付的现金"为1 800 000元，"支付给职工以及为职工支付的现金"为600 000元，"支付的各项税费"为20 000元，"支付的其他与日常活动有关的现金"为250 000元。

"日常活动的现金流出小计" = 1 800 000 + 600 000 + 20 000 + 250 000
= 2 670 000（元）

10.5.13 "日常活动产生的现金流量净额"的填写

"日常活动产生的现金流量净额"项目，应当按照本表中"日常活动的现金流入小计"项目金额减去"日常活动的现金流出小计"项目金额后的金额填列；如为负数，以"－"号填列。

例：2×20年12月31日，B事业单位填写的现金流量表中"日常活动的现金流入小计"为250万元，"日常活动的现金流出小计"为267万元。

日常活动产生的现金流量净额 = 25 000 00 − 2 670 000 = − 170 000（元）

也就是现金流入数减去现金流出数，如果出现负数，就直接填写负数，如例题，"日常活动产生的现金流量净额"就填写"− 170 000"。

10.5.14 "收回投资收到的现金"的填写

"收回投资收到的现金"项目，反映单位本年出售、转让或者收回投资收到的现金。本项目应该根据"库存现金""银行存款""短期投资""长期股权投资""长期债券投资"等科目的记录分析填列。

例：2×20年8月5日，B事业单位将短期持有的股票对外出售。该股票账面余额为10万元，取得款项11.2万元。作会计分录如下（单位：元）：

借：银行存款　　　　　　　　　　112 000
　　贷：短期投资　　　　　　　　100 000
　　贷：投资收益　　　　　　　　 12 000

112 000元属于投资活动"收回投资收到的现金"。

10.5.15 "取得投资收益收到的现金"的填写

"取得投资收益收到的现金"项目，反映单位本年因对外投资而收到被投资单位分配的股利或利润，以及收到投资利息而取得的现金。本项目应当根据"库存现金""银行存款""应收股利""应收利息""投资收益"等科目的记录分析填列。

例：2×20年3月15日，B事业单位收到华创公司分来的投资红利2万元。作会计分录如下（单位：元）：

借：银行存款　　　　　　　　　　　　　　　　20 000
　　贷：投资收益　　　　　　　　　　　　　　　　20 000

20 000元属于投资活动"取得投资收益收到的现金"。这个项目主要看长期股权投资或长期债券投资分得的红利或收到的利息。

10.5.16 "处置固定资产、无形资产、公共基础设施等收回的现金净额"的填写

"处置固定资产、无形资产、公共基础设施等收回的现金净额"项目，反映单位本年处置固定资产、无形资产、公共基础设施等非流动资产所取得的现金，减去为处置这些资产而支付的有关费用之后的净额。由于自然灾害所造成的固定资产等长期资产损失而收到的保险赔款收入，也在本项目反映。本项目应当根据"库存现金""银行存款""待处理财产损溢"等科目的记录分析填列。

例：2×20年8月5日，B事业单位将闲置的一辆汽车对外出售。该汽车账面余额为10万元，已提折旧6万元，出售取得的总金额为5.15万元，其中增值税额为0.1万元。作会计分录如下（单位：元）：

借：资产处置费用　　　　　　　　　　　　　　40 000
　　固定资产累计折旧　　　　　　　　　　　　60 000
　　贷：固定资产　　　　　　　　　　　　　　100 000
借：银行存款　　　　　　　　　　　　　　　　51 500
　　贷：应缴财政款　　　　　　　　　　　　　50 500
　　　　应交增值税——未交税金　　　　　　　 1 000

51 500元属于投资活动"处置固定资产、无形资产、公共基础设施等收回的现金净额"。

10.5.17 "收到的其他与投资活动有关的现金"的填写

"收到的其他与投资活动有关的现金"项目，反映单位本年收到的除上述项目之外与投资活动有关的现金。对于金额较大的现金流入，应当单列项目反映。本项目应当根据"库存现金""银行存款"等有关科目的记录分析填列。

例：2×20年7月15日，B事业单位收到购买股票时含有的宣告发放但未支付的股利2 000元。作会计分录如下（单位：元）：

借：银行存款　　　　　　　　　　　　　　2 000
　　贷：短期投资　　　　　　　　　　　　　　2 000

2 000元属于投资活动"收到的其他与投资活动有关的现金"。属于投资活动收到的现金，但不属于上面三项投资活动收到的现金，就归属于这项。

10.5.18 "投资活动的现金流入小计"的填写

"投资活动的现金流入小计"项目，反映单位本年投资活动产生的现金流入的合计数。本项目应当根据本表中"收回投资收到的现金""取得投资收益收到的现金""处置固定资产、无形资产、公共基础设施等收回的现金净额""收到的其他与投资活动有关的现金"项目金额的合计数填列。

例：2×20年12月31日，B事业单位填写的现金流量表中投资活动"收回投资收到的现金"为20万元、"取得投资收益收到的现金"为5万元、"处置固定资产、无形资产、公共基础设施等收回的现金净额"为21万元、"收到的其他与投资活动有关的现金"为25万元。

投资活动的现金流入小计 = 200 000 + 50 000 + 210 000 + 250 000 = 710 000（元）

10.5.19 "购建固定资产、无形资产、公共基础设施等支付的现金"的填写

"购建固定资产、无形资产、公共基础设施等支付的现金"项目，反映单位本年购买和建造固定资产、无形资产、公共基础设施等非流动资产所支付的现金；融资租入固定资产支付的租赁费不在本项目反映，在筹资活动的现金流量中反映。本项目应当根据"库存现金""银行存款""固定资产""工程物资""在建工程""无形资产""研发支出""公共基础设施""保障性住房"等科目的记录分析填列。

例：2×20年8月18日，B事业单位购入一批工程用材料，取得的增值税普通发票上注明金额为10万元，增值税额为1.3万元，款项采用银行汇票结算。作会计分录如下（单位：元）：

借：工程物资　　　　　　　　　　　　　　113 000
　　贷：其他货币资金　　　　　　　　　　　　113 000

113 000元属于投资活动"购建固定资产、无形资产、公共基础设施等支付的现金"。

10.5.20 "对外投资支付的现金"的填写

"对外投资支付的现金"项目,反映单位本年为取得短期投资、长期股权投资、长期债券投资而支付的现金。本项目应当根据"库存现金""银行存款""短期投资""长期股权投资""长期债券投资"等科目的记录分析填列。

例:2×20年8月5日,B事业单位购买3年期国库券10万元。作会计分录如下(单位:元):

借:长期债券投资　　　　　　　　　100 000
　　贷:银行存款　　　　　　　　　　100 000

100 000元属于投资活动"对外投资支付的现金"。

10.5.21 "上缴处置固定资产、无形资产、公共基础设施等净收入支付的现金"的填写

"上缴处置固定资产、无形资产、公共基础设施等净收入支付的现金"项目,反映本年单位将处置固定资产、无形资产、公共基础设施等非流动资产所收回的现金净额予以上缴财政所支付的现金。本项目应当根据"库存现金""银行存款""应缴财政款"等科目的记录分析填列。

例:2×20年8月10日,B事业单位将8月5日出售汽车所得的价款5.05万元上缴财政。作会计分录如下(单位:元):

借:应缴财政款　　　　　　　　　　50 500
　　贷:银行存款　　　　　　　　　　50 500

50 500元属于投资活动"上缴处置固定资产、无形资产、公共基础设施等净收入支付的现金"。

10.5.22 "支付的其他与投资活动有关的现金"的填写

"支付的其他与投资活动有关的现金"项目,反映单位本年支付的除上述项目之外与投资活动有关的现金。对于金额较大的现金流出,应当单列项目反映。本项目应当根据"库存现金""银行存款"等有关科目的记录分析填列。

例:2×20年8月20日,B事业单位接受一台捐赠设备,以名义价入账,另以现金支付运送该设备的运费200元。作会计分录如下(单位:元):

借：固定资产　　　　　　　　　　　　　　1
　　贷：捐赠收入　　　　　　　　　　　　　　1
借：其他费用　　　　　　　　　　　　　　200
　　贷：库存现金　　　　　　　　　　　　　　200

200元属于投资活动"支付的其他与投资活动有关的现金"。

10.5.23 "投资活动的现金流出小计"的填写

"投资活动的现金流出小计"项目，反映单位本年投资活动产生的现金流出的合计数。本项目应当根据本表中"购建固定资产、无形资产、公共基础设施等支付的现金""对外投资支付的现金""上缴处置固定资产、无形资产、公共基础设施等净收入支付的现金""支付的其他与投资活动有关的现金"项目金额的合计数填列。

例：2×20年12月31日，B事业单位填写的现金流量表中投资活动"购建固定资产、无形资产、公共基础设施等支付的现金"为80万元，"对外投资支付的现金"为30万元，"上缴处置固定资产、无形资产、公共基础设施等净收入支付的现金"为15万元，"支付的其他与投资活动有关的现金"为20万元。

投资活动的现金流出小计 = 800 000 + 300 000 + 150 000 + 200 000
　　　　　　　　　　　= 1 450 000（元）

10.5.24 "投资活动产生的现金流量净额"的填写

"投资活动产生的现金流量净额"项目，应当按照本表中"投资活动的现金流入小计"项目金额减去"投资活动的现金流出小计"项目金额后的金额填列；如为负数，以"-"号填列。

例：2×20年12月31日，B事业单位填写的现金流量表中"投资活动的现金流入小计"为71万元，"投资活动的现金流出小计"为145万元。

投资活动产生的现金流量净额 = 7 100 00 - 1 450 000 = -740 000

也就是投资活动产生的现金流入减去现金流出，如果为负数，则报表中以负数填写。本例数字填写为"-740 000"。

10.5.25 "财政资本性项目拨款收到的现金"的填写

"财政资本性项目拨款收到的现金"项目，反映单位本年接受用于购建固定资产、无形资产、公共基础设施等资本性项目的财政项目拨款取得的现金。本项目应当根据"银行存款""零余额账户用款额度""财政拨款收入"等科目及其所属明细科目的记录分析填列。

例：2×20 年 3 月 15 日，B 事业单位收到文体活动中心楼项目财政拨款 100 万元。作会计分录如下（单位：元）：

借：零余额账户用款额度　　　　　　 1 000 000
　　贷：财政拨款收入　　　　　　　　　　　 1 000 000

1 000 000 元属于筹资活动"财政资本性项目拨款收到的现金"。

10.5.26 "取得借款收到的现金"的填写

"取得借款收到的现金"项目反映事业单位本年举借短期、长期借款所收到的现金。本项目应当根据"库存现金""银行存款""短期借款""长期借款"等科目记录分析填列。

例：2×20 年 3 月 1 日，B 事业单位借入三年期贷款 300 万元，用于建造文体活动中心楼。作会计分录如下（单位：元）：

借：银行存款　　　　　　　　　　　 3 000 000
　　贷：长期借款　　　　　　　　　　　　　 3 000 000

3 000 000 元属于筹资活动"取得借款收到的现金"。

10.5.27 "收到的其他与筹资活动有关的现金"的填写

"收到的其他与筹资活动有关的现金"项目，反映单位本年收到的除上述项目之外与筹资活动有关的现金。对于金额较大的现金流入，应当单列项目反映。本项目应当根据"库存现金""银行存款"等有关科目的记录分析填列。

例：2×20 年 8 月 1 日，B 事业单位收到双开公司捐赠的现金 10 万元，存入银行。作会计分录如下（单位：元）：

借：银行存款　　　　　　　　　　　　 100 000
　　贷：捐赠收入　　　　　　　　　　　　　　 100 000

100 000 元属于筹资活动"收到的其他与筹资活动有关的现金"。

10.5.28 "筹资活动的现金流入小计"的填写

"筹资活动的现金流入小计"项目，反映单位本年筹资活动产生的现金流入的合计数。本项目应当根据本表中"财政资本性项目拨款收到的现金""取得借款收到的现金""收到的其他与筹资活动有关的现金"项目金额的合计数填列。

例：2×20年12月31日，B事业单位所填列的现金流量表中"财政资本性项目拨款收到的现金"为200万元，"取得借款收到的现金"为400万元，"收到的其他与筹资活动有关的现金"84万元。

筹资活动的现金流入小计＝2 000 000＋4 000 000＋840 000＝6 840 000（元）

10.5.29 "偿还借款支付的现金"的填写

"偿还借款支付的现金"项目，反映事业单位本年偿还借款本金所支付的现金。本项目应当根据"库存现金""银行存款""短期借款""长期借款"等科目的记录分析填列。

例：2×20年11月5日，B事业单位一笔周转借款10万元到期，归还本金。作会计分录如下（单位：元）：

借：短期借款　　　　　　　　　　100 000
　　贷：银行存款　　　　　　　　　　　100 000

100 000元属于筹资活动"偿还借款支付的现金"。

10.5.30 "偿付利息支付的现金"的填写

"偿付利息支付的现金"项目，反映事业单位本年支付的借款利息等。本项目应当根据"库存现金""银行存款""应付利息""长期借款"等科目的记录分析填列。

例：2×20年11月30日，B事业单位支付工程贷款利息2万元。作会计分录如下（单位：元）：

借：在建工程　　　　　　　　　　20 000
　　贷：银行存款　　　　　　　　　　　20 000

20 000元属于筹资活动"偿付利息支付的现金"。

10.5.31 "支付的其他与筹资活动有关的现金"的填写

"支付的其他与筹资活动有关的现金"项目，反映单位本年支付的除上述项目之外与筹资活动有关的现金，如融资租入固定资产所支付的租赁费。本项目应当根据"库存现金""银行存款""长期应付款"等科目的记录分析填列。

例：2×20年5月12日，B事业单位支付果果公司设备融资租赁费5万元。作会计分录如下（单位：元）：

借：长期应付款　　　　　　　　　　50 000
　　贷：银行存款　　　　　　　　　　　　50 000

50 000元属于筹资活动"支付的其他与筹资活动有关的现金"。

10.5.32 "筹资活动的现金流出小计"的填写

"筹资活动的现金流出小计"项目反映单位本年筹资活动产生的现金流出的合计数。本项目应当根据本表中"偿还借款支付的现金""偿付利息支付的现金""支付的其他与筹资活动有关的现金"项目金额的合计数填列。

例：2×20年12月31日，B事业单位所填列的现金流量表中"偿还借款支付的现金"为350万元，"偿付利息支付的现金"为80万元，"支付的其他与筹资活动有关的现金"为100万元。

筹资活动的现金流出小计 = 3 500 000 + 800 000 + 1 000 000 = 5 300 000（元）

10.5.33 "筹资活动产生的现金流量净额"的填写

"筹资活动产生的现金流量净额"项目应当按照本表中"筹资活动的现金流入小计"项目金额减去"筹资活动的现金流出小计"金额后的金额填列；如为负数，则以"-"号填列。

例：2020年12月31日，B事业单位所填列的现金流量表中"筹资活动的现金流入小计"为684万元，"筹资活动的现金流出小计"为530万元。

筹资活动产生的现金流量净额 = 6 840 000 - 5 300 000 = 1 540 000（元）

10.5.34 "汇率变动对现金的影响额"的填写

"汇率变动对现金的影响额"项目，反映单位本年外币现金流量折算为人民币时，所采用的现金流量发生日的汇率折算的人民币金额与外币现金流量净额按期末汇率折算的人民币金额之间的差额。

10.5.35 "现金净增加额"的填写

"现金净增加额"项目反映单位本年现金变动的净额。本项目应当根据本表中"日常活动产生的现金流量净额""投资活动产生的现金流量净额""筹资活动产生的现金流量净额""汇率变动对现金的影响额"项目金额的合计数填列；如为负数，则以"-"号填列。

例：2×20年12月31日，B事业单位所填列的现金流量表中"日常活动产生的现金流量净额"为"-170 000"，"投资活动产生的现金流量净额"为"-740 000"，"筹资活动产生的现金流量净额"为"1 540 000"，"汇率变动对现金的影响额"为"0"。

现金净增加额 = -170 000 - 740 000 + 1 540 000 + 0 = 630 000（元）

检验现金流量表是否填对时，找到"资产负债表"年报，用"货币资金"年末数减去年初数，计算结果和现金流量表中的"现金净增加额"应该相等。

10.5.36 现金流量表编制实例

根据以上项目所举的例子，填写现金流量表，如表10-7所示。

表10-7 现金流量表　　　　　　　　　　　　会政财04表

编制单位：B事业单位　　　　2×20年　　　　单位：元

项　目	本年金额	上年金额
一、日常活动产生的现金流量：		略
财政基本支出拨款收到的现金	1 000 000	
财政非资本性项目拨款收到的现金	200 000	
事业活动收到的除财政拨款以外的现金	800 000	
收到的其他与日常活动有关的现金	500 000	
日常活动的现金流入小计	2 500 000	
购买商品、接受劳务支付的现金	1 800 000	
支付给职工以及为职工支付的现金	600 000	
支付的各项税费	20 000	
支付的其他与日常活动有关的现金	250 000	
日常活动的现金流出小计	2 670 000	
日常活动产生的现金流量净额	-170 000	
二、投资活动产生的现金流量：		
收回投资收到的现金	200 000	
取得投资收益收到的现金	50 000	
处置固定资产、无形资产、公共基础设施等收回的现金净额	210 000	
收到的其他与投资活动有关的现金	250 000	

(续)

项　　目	本年金额	上年金额
投资活动的现金流入小计	710 000	
购建固定资产、无形资产、公共基础设施等支付的现金	800 000	
对外投资支付的现金	300 000	
上缴处置固定资产、无形资产、公共基础设施等净收入支付的现金	150 000	
支付的其他与投资活动有关的现金	200 000	
投资活动的现金流出小计	1450 000	
投资活动产生的现金流量净额	−740 000	
三、筹资活动产生的现金流量：		
财政资本性项目拨款收到的现金	2 000 000	
取得借款收到的现金	4 000 000	
收到的其他与筹资活动有关的现金	840 000	
筹资活动的现金流入小计	6 840 000	
偿还借款支付的现金	3 500 000	
偿还利息支付的现金	800 000	
支付的其他与筹资活动有关的现金	1 000 000	
筹资活动的现金流出小计	5 300 000	
筹资活动产生的现金流量净额	1 540 000	
四、汇率变动对现金的影响额	0	
五、现金净增加额	630 000	

10.6 预算收入支出表

预算收入支出表体现了预算收入、预算支出、预算收支差额，会直接影响下一年度的预算。

10.6.1 预算收入支出表概述

预算收入支出表反映单位在某一会计年度内各项预算收入、预算支出和预算收支差额的情况。

本表金额也是分为两栏：本年数和上年数。"本年数"栏反映各项目的本年实际发生数。"上年数"栏反映各项目上年度的实际发生数，应当根据上年度预算收入支出表中"本年数"栏内所列数字填列。

如果本年度预算收入支出表规定的项目的名称和内容同上年度不一致，应当对上年度预算收入支出表项目的名称和数字按照本年度的规定进行调整，将调整后金额填入本年度预算收入支出表的"上年数"栏。

以下介绍预算收入支出表中"本年数"栏各项目的内容和填列方法。

10.6.2 预算收入支出表各项目的填写

预算收入支出表的项目没有难度。"财政拨款预算收入""事业预算收入""上级补助预算收入""附属单位上缴预算收入""经营预算收入""债务预算收入""非同级财政拨款预算收入""投资预算收益""其他预算收入""行政支出""事业支出""经营支出""上缴上级支出""对附属单位补助支出""投资支出""债务还本支出""其他支出"都是根据各相应科目相关明细科目的本年发生额直接填列的。

"本年预算收入"项目，反映单位本年预算收入总额。本项目应当根据本表中"财政拨款预算收入""事业预算收入""上级补助预算收入""附属单位上缴预算收入""经营预算收入""债务预算收入""非同级财政拨款预算收入""投资预算收益""其他预算收入"项目金额的合计数填列。

"本年预算支出"项目，反映单位本年预算支出总额。本项目应当根据本表中"行政支出""事业支出""经营支出""上缴上级支出""对附属单位补助支出""投资支出""债务还本支出""其他支出"项目金额的合计数填列。

"本年预算收支差额"项目，反映单位本年各项预算收支相抵后的差额。本项目应当根据本表中"本期预算收入"项目金额减去"本期预算支出"项目金额后的金额填列；如相减后金额为负数，以"－"号填列。

10.6.3 预算收入支出表编制实例

例：2×20年12月31日，X事业单位结账完毕，汇总出本年度预算收入和预算支出类各科目累计发生额，如表10-8所示。

表 10 – 8 预算收入、预算支出类科目本年度累计发生额

2×20 年   单位：元

预算支出类	本年数	预算收入类	本年数
（1）事业支出	5 000 000	（1）财政拨款预算收入	3 000 000
（2）经营支出	120 000	（2）事业预算收入	8 000 000
（3）上缴上级支出	200 000	（3）上级补助预算收入	150 000
（4）债务还本支出	2 000 000	（4）经营预算收入	150 000
（5）其他支出	2 400 000	（5）债务预算收入	3 000 000
其中：利息支出	360 000	（6）非同级财政拨款预算收入	100 000
		（7）其他预算收入	260 000
		其中：利息预算收入	3 500
		捐赠预算收入	100 000
		租金预算收入	120 000
预算支出合计	9 720 000	预算收入合计	14 660 000

编制预算收入支出表，如表 10 - 9 所示。

表 10 – 9 预算收入支出表

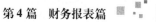

编制单位：X 事业单位   2×20 年度   单位：元

项目	本年数	上年数
一、本年预算收入	14 660 000	
（一）财政拨款预算收入	3 000 000	
其中：政府性基金收入		
（二）事业预算收入	8 000 000	
（三）上级补助预算收入	150 000	
（四）附属单位上缴预算收入		
（五）经营预算收入	150 000	
（六）债务预算收入	3 000 000	
（七）非同级财政拨款预算收入	100 000	
（八）投资预算收益		
（九）其他预算收入	260 000	

(续)

项目	本年数	上年数
其中：利息预算收入	3 500	
捐赠预算收入	100 000	
租金预算收入	120 000	
二、本年预算支出	9 720 000	
（一）行政支出		
（二）事业支出	5 000 000	
（三）经营支出	120 000	
（四）上缴上级支出	200 000	
（五）对附属单位补助支出		
（六）投资支出		
（七）债务还本支出	2 000 000	
（八）其他支出	2 400 000	
其中：利息支出	360 000	
捐赠支出		
三、本年预算收支差额	4 940 000	

10.7 预算结转结余变动表

预算结转结余变动表的编制看起来有点复杂，需要分析，在平时的业务核算过程中我们就要细心，按照报表要求填报数据项目，做好准备。

10.7.1 预算结转结余变动表概述

预算结转结余变动表反映单位在某一会计年度内预算结转结余的变动情况。

预算结转结余变动表金额也是两栏：本年数和上年数。"本年数"栏反映各项目的本年实际发生数。"上年数"栏反映各项目的上年实际发生数，应当根据上年度预算结转结余变动表中"本年数"栏内所列数字填列。

如果本年度预算结转结余变动表规定的项目的名称和内容同上年度不一致，应当对上年度预算结转结余变动表项目的名称和数字按照本年度的规定进行调整，将调整后金额填入本年度预算结转结余变动表的"上年数"栏。

预算结转结余变动表也比较好填写，根据预算结转结余科目"年初余额""本期发生额""年末余额"计算填列。

10.7.2 预算结转结余变动表的填写

1."年初预算结转结余"项目，反映单位本年预算结转结余的年初余额。本项目应当根据本项目下"财政拨款结转结余""其他资金结转结余"项目金额的合计数填列。

（1）"财政拨款结转结余"项目，反映单位本年财政拨款结转结余资金的年初余额。本项目应当根据"财政拨款结转""财政拨款结余"科目本年年初余额合计数填列。

（2）"其他资金结转结余"项目，反映单位本年其他资金结转结余的年初余额。本项目应当根据"非财政拨款结转""非财政拨款结余""专用结余""经营结余"科目本年年初余额的合计数填列。

2."年初余额调整"项目，反映单位本年预算结转结余年初余额调整的金额。本项目应当根据本项目下"财政拨款结转结余""其他资金结转结余"项目金额的合计数填列。

（1）"财政拨款结转结余"项目，反映单位本年财政拨款结转结余资金的年初余额调整金额。本项目应当根据"财政拨款结转""财政拨款结余"科目下"年初余额调整"明细科目的本年发生额的合计数填列；如调整减少年初财政拨款结转结余，以"－"号填列。

（2）"其他资金结转结余"项目反映单位本年其他资金结转结余的年初余额调整金额。本项目应当根据"非财政拨款结转""非财政拨款结余"科目下"年初余额调整"明细科目的本年发生额的合计数填列；如调整减少年初其他资金结转结余，以"－"号填列。

3."本年变动金额"项目，反映单位本年预算结转结余变动的金额。本项目应当根据本项目下"财政拨款结转结余""其他资金结转结余"项目金额的合计数填列。

（1）"财政拨款结转结余"项目，反映单位本年财政拨款结转结余资金的变动。本项目应当根据本项目下"本年收支差额""归集调入""归集上缴或调出"项目金额的合计数填列。

"本年收支差额"项目，反映单位本年财政拨款资金收支相抵后的差额。本项目应当根据"财政拨款结转"科目下"本年收支结转"明细科目本年转入的预算收入与预算支出的差额填列；差额为负数的，以"-"号填列。

"归集调入"项目，反映单位本年按照规定从其他单位归集调入的财政拨款结转资金。本项目应当根据"财政拨款结转"科目下"归集调入"明细科目的本年发生额填列。

"归集上缴或调出"项目，反映单位本年按照规定上缴的财政拨款结转结余资金及按照规定向其他单位调出的财政拨款结转资金。本项目应当根据"财政拨款结转""财政拨款结余"科目下"归集上缴"明细科目，以及"财政拨款结转"科目下"归集调出"明细科目本年发生额的合计数填列，以"-"号填列。

（2）"其他资金结转结余"项目，反映单位本年其他资金结转结余的变动。本项目应当根据本项目下"本年收支差额""缴回资金""使用专用结余""支付所得税"项目金额的合计数填列。

"本年收支差额"项目，反映单位本年除财政拨款外的其他资金收支相抵后的差额。本项目应当根据"非财政拨款结转"科目下"本年收支结转"明细科目、"其他结余"科目、"经营结余"科目本年转入的预算收入与预算支出的差额的合计数填列；如为负数，以"-"号填列。

"缴回资金"项目，反映单位本年按照规定缴回的非财政拨款结转资金。本项目应当根据"非财政拨款结转"科目下"缴回资金"明细科目本年发生额的合计数填列，以"-"号填列。

"使用专用结余"项目，反映本年事业单位根据规定使用从非财政拨款结余或经营结余中提取的专用基金的金额。本项目应当根据"专用结余"科目明细账中本年使用专用结余业务的发生额填列，以"-"号填列。

"支付所得税"项目，反映有企业所得税缴纳义务的事业单位本年实际缴纳的企业所得税金额。本项目应当根据"非财政拨款结余"明细账中本年实际缴纳企业所得税业务的发生额填列，以"-"号填列。

4."年末预算结转结余"项目，反映单位本年预算结转结余的年末余额。本项目应当根据本项目下"财政拨款结转结余""其他资金结转结余"项目金额的合计数填列。

（1）"财政拨款结转结余"项目，反映单位本年财政拨款结转结余的年末余额。本项目应当根据本项目下"财政拨款结转""财政拨款结余"项目金额的合计数填列。

本项目下"财政拨款结转""财政拨款结余"项目，应当分别根据"财政拨款结转""财政拨款结余"科目的本年年末余额填列。

（2）"其他资金结转结余"项目，反映单位本年其他资金结转结余的年末余额。本项目应当根据本项目下"非财政拨款结转""非财政拨款结余""专用结余""经营结余"项目金额的合计数填列。

本项目下"非财政拨款结转""非财政拨款结余""专用结余""经营结余"项目，应当分别根据"非财政拨款结转""非财政拨款结余""专用结余""经营结余"科目的本年年末余额填列。

注意，"预算结转结余变动表"填得是否正确，可以用以下这个公式进行检验：

年末预算结转结余 = 年初预算结转结余 + 年初余额调整 + 本年变动金额

如果按这个公式计算出来的结果与报表中填写的"年末预算结转结余"相等，填写就是正确的。

10.7.3 预算结转结余变动表编制实例

例：2×20年12月31日，Y事业单位结账后，预算结转结余各科目余额及发生额情况如表10-10所示。

表10-10 预算结转结余发生额及余额

2×20年12月31日　　　　　　　　　　　　　　　　　单位：元

账户名称	年初余额	本年累计发生额	年末余额
财政拨款结转	1 200 000	1 500 000	2 700 000
年初余额调整			
归集调入		1 000 000	
归集调出		360 000	
归集上缴		140 000	
单位内部调剂			
本年收支结转		1 000 000	
累计结转	1 200 000	1 500 000	2 700 000
财政拨款结余	500 000	300 000	800 000
年初余额调整		300 000	
归集上缴			
单位内部调剂			
结转转入			
累计结转	500 000	300 000	800 000

(续)

账户名称	年初余额	本年累计发生额	年末余额
非财政拨款结转	250 000	300 000	550 000
年初余额调整			
缴回资金			
项目间接费用或管理费			
本年收支结转		300 000	
累计结转	250 000	300 000	550 000
非财政拨款结余	100 000		100 000
年初余额调整			
项目间接费用或管理费			
结转转入			
累计结转	100 000		100 000
专用结余	200 000	120 000	320 000
经营结余	1 000 000	1 200 000	2 200 000
其他结余	560 000	650 000	1 210 000

上述预算结转结余发生额及余额表中专用结余、经营结余、其他结余科目的本年变动额均未涉及转入预算收入与预算支出的差额。

编制预算结转结余表，如表10-11所示。

表10-11 预算结转结余表

会政预02表

编制单位：Y事业单位　　　　　　2×20年　　　　　　单位：元

项目	本年数	上年数
一、年初预算结转结余	2 050 000	略
（一）财政拨款结转结余	1 700 000	
（二）其他资金结转结余	350 000	
二、年初余额调整（减少以"-"号填列）	300 000	
（一）财政拨款结转结余	300 000	
（二）其他资金结转结余		
三、本年变动金额（减少以"-"号填列）	1 800 000	
（一）财政拨款结转结余	1 500 000	
1. 本年收支差额	1 000 000	
2. 归集调入	1 000 000	

(续)

项目	本年数	上年数
3. 归集上缴或调出	-500 000	
(二) 其他资金结转结余	300 000	
1. 本年收支差额	300 000	
2. 缴回资金		
3. 使用专业结余		
4. 支付所得税		
四、年末预算结转结余	4 150 000	
(一) 财政拨款结转结余	3 500 000	
1. 财政拨款结转	2 700 000	
2. 财政拨款结余	800 000	
(二) 其他资金结转结余	650 000	
1. 非财政拨款结转	550 000	
2. 非财政拨款结余	100 000	
3. 专用结余		
4. 经营结余（如有余额，以"-"号填列）		

10.8 财政拨款预算收入支出表

财政拨款预算收入支出表反映财政拨款产生的预算收入和支出情况，所以也要求政府会计人员平时就做好分析与数据统计。

10.8.1 财政拨款预算收入支出表概述

财政拨款预算收入支出表反映单位本年财政拨款预算资金收入、支出及相关变动的具体情况。

本表"项目"栏内各项目，根据单位取得的财政拨款种类分项设置。其中"项目支出"项目下，根据每个项目设置；单位取得除一般公共财政预算拨款和政府性基金预算拨款以外的其他财政拨款的，应当按照财政拨款种类增加相应的资金项目及其明细项目。

本表各栏及其对应项目的内容和填列方法具体如下：

（1）"年初财政拨款结转结余"栏中各项目，反映单位年初各项财政拨款结转结余的金额。各项目应当根据"财政拨款结转""财政拨款结余"及其明细科目的年初余额填列。本栏中各项目的数额应当与上年度财政拨款预算收入支出表中"年末财政拨款结转结余"栏中各项目的数额相等。

（2）"调整年初财政拨款结转结余"栏中各项目反映单位对年初财政拨款结转结余的调整金额。各项目应当根据"财政拨款结转""财政拨款结余"科目下"年初余额调整"明细科目及其所属明细科目的本年发生额填列；如调整减少年初财政拨款结转结余，以"-"号填列。

（3）"本年归集调入"栏中各项目，反映单位本年按规定从其他单位调入的财政拨款结转资金金额。各项目应当根据"财政拨款结转"科目下"归集调入"明细科目及其所属明细科目的本年发生额填列。

（4）"本年归集上缴或调出"栏中各项目，反映单位本年按规定实际上缴的财政拨款结转结余资金，及按照规定向其他单位调出的财政拨款结转资金金额。各项目应当根据"财政拨款结转""财政拨款结余"科目下"归集上缴"科目和"财政拨款结转"科目下"归集调出"明细科目，及其所属明细科目的本年发生额填列，以"-"号填列。

（5）"单位内部调剂"栏中各项目，反映单位本年财政拨款结转结余资金在单位内部不同项目等之间的调剂金额。各项目应当根据"财政拨款结转"和"财政拨款结余"科目下的"单位内部调剂"明细科目及其所属明细科目的本年发生额填列；对单位内部调剂减少的财政拨款结余金额，以"-"号填列。

（6）"本年财政拨款收入"栏中各项目，反映单位本年从同级财政部门取得的各类财政预算拨款金额。各项目应当根据"财政拨款预算收入"科目及其所属明细科目的本年发生额填列。

（7）"本年财政拨款支出"栏中各项目，反映单位本年发生的财政拨款支出金额。各项目应当根据"行政支出""事业支出"等科目及其所属明细科目本年发生额中的财政拨款支出数的合计数填列。

（8）"年末财政拨款结转结余"栏中各项目，反映单位年末财政拨款结转结余的金额。各项目应当根据"财政拨款结转""财政拨款结余"科目及其所属明细科目的年末余额填列。

10.8.2 财政拨款预算收入支出表编制实例

例：2×20年12月31日，Y事业单位结账后，预算结转结余各科目余额及发生额情况如表10-12所示。

表 10-12　预算结转结余发生额及余额

2×20 年 12 月 31 日

账户名称	年初余额	本年累计发生额	年末余额
财政拨款结转	1 200 000	1 500 000	2 700 000
年初余额调整			
归集调入		1 000 000	
归集调出		360 000	
归集上缴		140 000	
单位内部调剂			
本年收支结转		1 000 000	
累计结转	1 200 000	1 500 000	2 700 000
财政拨款结余	500 000	300 000	800 000
年初余额调整		300 000	
归集上缴			
单位内部调剂			
结转转入			
累计结转	500 000	300 000	800 000
非财政拨款结转	250 000	300 000	550 000
年初余额调整			
缴回资金			
项目间接费用或管理费			
本年收支结转		300 000	
累计结转	250 000	300 000	550 000
非财政拨款结余	100 000		100 000
年初余额调整			
项目间接费用或管理费			
结转转入			
累计结转	100 000		100 000
专用结余	200 000	120 000	320 000
经营结余	1 000 000	1 200 000	2 200 000
其他结余	560 000	650 000	1 210 000

上述预算结转结余发生额及余额表中专用结余、经营结余、其他结余科目的本年变动额均未涉及转入预算收入与预算支出的差额。编制财政拨款预算收入支出表，如表 10-13 所示。

编制单位：Y 事业单位　　　　表 10-13　财政拨款预算收入支出表　2×20 年　　　　会政预 03 表
单位：元

项目	年初财政拨款结转结余		调整年初财政拨款结转结余	本年归集调入	本年归集上缴或调出	单位内部调剂		本年财政拨款收入	本年财政拨款支出	年末财政拨款结转结余	
	结转	结余				结转	结余			结转	结余
一、一般公共预算财政拨款	500 000	300 000	300 000	200 000	50 000			3 500 000	3 500 000	650 000	600 000
(一) 基本支出	200 000	180 000	300 000		50 000			1 500 000	1 500 000	150 000	480 000
1. 人员经费	120 000	100 000	50 000					900 000	900 000	120 000	150 000
2. 公用经费	80 000	80 000	250 000	200 000	50 000			600 000	600 000	30 000	330 000
(二) 项目支出	300 000	120 000		200 000				2 000 000	2 000 000	500 000	120 000
1. A 项目	200 000	120 000		200 000				1 200 000	1 200 000	400 000	120 000
2. B 项目	100 000							800 000	800 000	100 000	
二、政府性基金预算财政拨款	700 000	200 000		800 000	450 000			4 500 000	3 500 000	2 050 000	200 000
(一) 基本支出	500 000	120 000						3 500 000	3 500 000	500 000	120 000
1. 人员经费	300 000	40 000						2 000 000	1 500 000	300 000	80 000
2. 公用经费	200 000	80 000						1 500 000	2 000 000	200 000	40 000
(二) 项目支出	200 000	80 000		800 000	450 000			1 000 000	1 000 000	1 550 000	80 000
1. C 项目	200 000	80 000		800 000	450 000			1 000 000	1 000 000	1 550 000	80 000
2. D 项目											
总计	1 200 000	500 000	300 000	1 000 000	500 000			8 000 000	7 000 000	2 700 000	800 000

10.9 附注

附注是对在会计报表中列示的项目所做的进一步说明,以及对未能在会计报表中列示项目的说明。附注是财务报表的重要组成部分。凡对报表使用者的决策有重要影响的会计信息,不论本制度是否有明确规定,单位均应当充分披露。

10.9.1 附注主要包括的内容

(1) 单位的基本情况。单位应当简要披露其基本情况,包括单位主要职能、主要业务活动、所在地、预算管理关系等。

(2) 会计报表编制基础。

(3) 遵循政府会计准则、制度的声明。

(4) 重要会计政策和会计估计。

单位应当采用与其业务特点相适应的具体会计政策,并充分披露报告期内采用的重要会计政策和会计估计。主要包括以下内容:

1) 会计期间。

2) 记账本位币,外币折算汇率。

3) 坏账准备的计提方法。

4) 存货类别、发出存货的计价方法、存货的盘存制度,以及低值易耗品和包装物的摊销方法。

5) 长期股权投资的核算方法。

6) 固定资产分类、折旧方法、折旧年限和年折旧率;融资租入固定资产的计价和折旧方法。

7) 无形资产的计价方法;使用寿命有限的无形资产,其使用寿命估计情况;使用寿命不确定的无形资产,其使用寿命不确定的判断依据;单位内部研究开发项目划分研究阶段和开发阶段的具体标准。

8) 公共基础设施的分类、折旧(摊销)方法、折旧(摊销)年限,以及其确定依据。

9) 政府储备物资分类,以及确定其发出成本所采用的方法。

10) 保障性住房的分类、折旧方法、折旧年限。

11) 其他重要的会计政策和会计估计。

12）本期发生重要会计政策和会计估计变更的，变更的内容和原因、受其重要影响的报表项目名称和金额、相关审批程序，以及会计估计变更开始适用的时点。

10.9.2 会计报表重要项目说明

单位应当按照资产负债表和收入费用表项目列示顺序，采用文字和数据描述相结合的方式披露重要项目的明细信息。报表重要项目的明细金额合计，应当与报表项目金额相衔接。

10.9.3 本年盈余与预算结余的差异情况说明

为了反映单位财务会计和预算会计因核算基础和核算范围不同所产生的本年盈余数与本年预算结余数之间的差异，单位应当按照重要性原则，对本年度发生的各类影响收入（预算收入）和费用（预算支出）的业务进行适度归并和分析，披露将年度预算收入支出表中"本年预算收支差额"调节为年度收入费用表中"本期盈余"的信息。

10.9.4 其他重要事项说明

（1）资产负债表日存在的重要或有事项说明。没有重要或有事项的，也应说明。

（2）以名义金额计量的资产名称、数量等情况，以及以名义金额计量理由的说明。

（3）通过债务资金形成的固定资产、公共基础设施、保障性住房等资产的账面价值、使用情况、收益情况及与此相关的债务偿还情况等的说明。

（4）重要资产置换、无偿调入（出）、捐入（出）、报废、重大毁损等情况的说明。

（5）事业单位将单位内部独立核算单位的会计信息纳入本单位财务报表情况的说明。

（6）政府会计具体准则中要求附注披露的其他内容。

（7）有助于理解和分析单位财务报表需要说明的其他事项。